本书受中央高校基本科研业务费专项资金、
中国政法大学交叉学科培育与建设计划资助出版

法治的哲学之维

第6辑

中国政法大学人文学院哲学系 编
本辑主编 文 兵 李 璐

当代中国出版社
Contemporary China Publishing House

图书在版编目（CIP）数据

法治的哲学之维．第6辑／中国政法大学人文学院哲学系编；文兵，李璐主编．-- 北京：当代中国出版社，2022.8
ISBN 978-7-5154-1214-6

Ⅰ．①法… Ⅱ．①中… ②文… ③李… Ⅲ．①社会主义法制—建设—研究—中国②法哲学—中国—文集 Ⅳ．① D920.0-53 ② D90-53

中国版本图书馆 CIP 数据核字（2022）第138462号

出 版 人　冀祥德
责任编辑　姜楷杰
责任校对　康　莹
印刷监制　刘艳平
封面制作　鲁　娟
出版发行　当代中国出版社
地　　址　北京市地安门西大街旌勇里8号
网　　址　http://www.ddzg.net
邮政编码　100009
编 辑 部　（010）66572264
市 场 部　（010）66572281　66572157
印　　刷　北京润田金辉印刷有限公司
开　　本　787毫米×1092毫米　1/16
印　　张　22.25印张　1插页　407千字
版　　次　2022年8月第1版
印　　次　2022年8月第1次印刷
定　　价　89.00元

目录

法文化史

会议综述

立足“实然”，讲好“应然”

——构建当代中国价值观念的阅读札记（四则）

李德顺

能够区分“实然”与“应然”，是一种基本的思维能力。比如，要说明你对某件事情的某种主张，就要交代它是从哪里得出来的。具体说，是观察真实的历史所得出的描述性事实判断（为此须有确切的证据），还是从现在的体会和需要出发所提出的规范（评价、倡导）性价值陈述（为此须提出合理的理由）？简单说，你讲的是一种“事实”描述，还是一种“价值”取向？对于想要讲道理的人来说，在这个问题上保持一定的分寸感，是一定要自觉的。

一、中西关于“是”和“应该”的不同思路

在西方哲学史上，区分“实然”和“应然”、“是”和“应该”，是一个历史性的大事件。学过哲学的人都应该记得“休谟问题”。休谟提出的“休谟问题”是说，他发现传统哲学有一大毛病，就是本来是在讲“实然”、讲“是什么”的，但是讲着讲着，突然就跳到了“应该”怎样上去了。这里的中间环节、过渡条件是什么？没有反思，没有交代。休谟认为，实然与应然之间，其实并没有因果联系[①]。

“休谟问题”震动了哲学界，难倒了一大片人。按照罗素的总结，在西方哲学两千多年的发展中，很多思想混乱的根源，都是由于分不清“实然”和“应然”、“是”和“应该”，因而把对“世界的本性”的描述和理解，与对“最佳生活方式”的追求混为一谈所造成的[②]。正因为如此，后来很多哲学家、科学家、逻辑学家们，一直在围绕“是”和“应该”的关系，就“是否能够以及如何从‘是’过渡到‘应该’，从‘实然’走向‘应然’”的问题，进行探

① 参见休谟：《人性论》，关文运译，郑之骧校，商务印书馆 1997 年版，第 509—510 页。

② 罗素：《西方哲学史》下卷，马元德译，商务印书馆 1976 年版，第 395—396 页。

讨和争论。

从问题的提出即可以知道，西方哲学由此表现出来的主导思维，是要遵循一种“以实然引导应然”（“是→应该”）的路径和走向，即主张先弄清“是”的实然，再考察能否及如何过渡向“应该”。在西方，多数哲学家倾向于相信存在着这样的过渡联系，并具体关注着过渡的逻辑。为此他们也提供了很多说法。其中实用主义是一个极端，它认为说到底“是”也就是“应该”、“事实”也就是“价值”、“真理乃是一种价值形式，而逻辑判断则是一种评价”[①]。但也有人，如逻辑实证主义者罗素、艾耶尔等，则得出相反结论说，从“是”到“应该”的过渡是不可能的。因为在他们看来，“是”属于存在范畴，“应该”属于价值范畴；而价值只能是情感的、非理性的现象，不可能从理性中推出。因此关于“应然”的问题，必须剔除于科学领域之外。“关于‘价值’的问题完全是在知识的范围以外”，“科学不讲‘价值’”[②]。总之，无论答案是肯定还是否定，通过这一思维路径的争论，结果都突出了“‘是’和‘应该’的关系”问题本身，推动了思考的自觉和深化。

在中国传统哲学中，同样也存在着这个问题。但中国传统哲学的思考路径，却似乎与西方相反，主要是一种“以应然引导实然”（“应该→是”）的走向：经常是先确定了“应该”是怎样的，然后选择一定的实例来证明它就是“实然”的，以此来强调价值规范源自“天地之道、万物之理”，并相信万物之实也从来就是如此。

例如，有一个最经典的表达，是孔子说的“天地之性人为贵”[③]。他把“贵贱”这种表示价值（应然）的概念，说成是“天地之性”，即世界的本然。那么，何以见得这是世界的本然，而不是人自己的标榜呢？荀子为此所做的论证和解释也很经典：“水火有气而无生，草木有生而无知，禽兽有知而无义，人有气有生有知亦且有义，故最为天下贵也。”[④]其中的逻辑似乎是：事物的构成要素和属性越复杂，它就越贵重，反之则越轻贱。那么这个判断的根据，即衡量贵贱的尺度，是从哪里来的呢？显然是按照儒家的仁义学说先验地设定出来的。当然，强调“人为贵”，从道义和动机上看总是好的。但是对它的论证，却是一个逻辑上独断式的自我循环。实际上，在自然界很难说固有这样的秩序。相反，人们倒是可以依据同样的逻辑，说“人是最为天下贱”的。比如道家的老庄就认为，世界万物本无贵贱，而标榜仁义道德，则恰恰意味着虚伪、堕落和卑贱。

---

① 参见席勒：《人本主义研究》，麻乔志译，上海人民出版社 1986 年版。
② 罗素：《宗教与科学》，商务印书馆 1982 年版，徐奕春、林国夫译，第 336、119 页。
③《孝经·圣治章第九》。
④《荀子·王制》。

同样，古人关于人“性本善”还是“性本恶”的争论，也是一个把“应然”当作“实然”来述说的命题。争论中的各方，无论主张性善论还是性恶论，都未曾注意到，其实“善恶”只是一种价值判断（基于“应然”），并非任何存在者固有的属性（“实然”）。而孟子说：“人性之善，犹水之就下也”①，恰恰未注意到，水性之实然（向下），何以就直接支持了人道之应然（向上）？这里只是作了比拟式的论断，并无分析论证。关于人性善恶的争论已持续了两千年，至今也无法形成定论。原因就在于其中一直缺少对实然的正视，只是从中选例，而无科学的理解和分析。

上述思想代表了中国哲学的一个特点，即张岱年先生所说的“真善不二”：“即善即真，即真即善，真善不二”，相信只有善的才是真的，恶的必定是假的②。这就从与西方相反的路径上，混淆了“是”与“应该”。这种混沌不分，经常导致重应然而轻实然，从而在传统文化中滋长了一种不能直面现实，习惯以愿望代替现实的心理状态。这是我国传统文化中遗传下来的一个带有普遍性的缺点。

尽管中西的路径似乎相反，但研究“应然”与“实然”的关系，却是同样重要的。我们看到，西方对这个问题的觉悟，催生了现代文明的许多重要因素，如科学、民主、法治的理念和实践探索等。这个经验值得我们汲取。

二、关于最高价值范畴“正义”的思考路径

阐明和体现“正义”，无疑是任何价值体系都要认同的最高目标。中外古人凭借自己对生活中全部光明、真实、正直、善良、美好等的完整想象和追求，创造了“正义”这个最高价值观念，为人类追求幸福高尚的生活提供指南，并让它与一切邪恶、黑暗、罪行、腐朽等相对立。

无论是被看作“天经地义”的自然启示，还是来自人类良知的“绝对命令”，“正义”作为东西方都承认的普世价值，已经成为人们信仰的对象。人们可以像相信“天地永恒”一样相信“正义永恒”，像相信“真理必胜”一样相信“正义必胜”。因此“正义”也成为一个普遍的评价尺度，这个尺度既适用于评判每个人的每个行为，也适用于评判任何国家社会的制度体系。

但在中西方正义观念的传统之间，却存在着思考方式和路径细节上的某些差异。这可以通过原本是个单一词汇的“justice”，在中文里变成了一个由“正”和“义”构成的复合词这一点，看出端倪。从中文的角度看，如何理解

①《孟子·告子上》。

② 参见张岱年：《中国哲学大纲》，中国社会科学出版社 1982 年版，第 7 页。

和处理“正”与“义”的关系，必然成为一个思考的起点。“正”主要是个描述词，源于对对象事物本身“实然”状况的认知和理解；“义”则主要是个价值词，源于对人的主体行为之“应然”的认知与理解。因此在“正”与“义”两个词之间，就可能包含一种偏正关系：是首先确认“正”之本态，以正为义，以正导义，从实然导出应然？还是首先确认“义”之准则，以义为正，以义导正，以应然来指导实然？

这两种可能的选择，正好反映出中西方传统思维的不同特点。大体上可以这样说：西方传统重在“以正为义”，而中国传统则重在“以义为正”。

以“正”为“义”的思路，是以承认和尊重人的天然本性、自在生命和现实状态为根据，去思考和说明什么是应有的善。这种思路将一切具体的善恶美丑都置于权利的天平上加以称量，相信符合人性之“实然”的，就是“应然”的，只有符合并维护人性而不是背离人性的东西，才是正确的、最好的、应该的。所以在西方思想史上，多是从人的权利与社会秩序角度，进行现实性的具体分析，从而将正义一步步地具体化为诸如“实质正义”与“形式正义”、“制度正义”与“程序正义”、“权利正义”与“分配正义”、“矫正（补偿）正义”与“惩罚正义”、“社会正义”与“生态正义”等具体类型，再一一分析研究，不断地寻找合理可行的改进措施。

而“以义为正”的思路，则是沿着首先将“人性”加以道德化（应然）设定的方向去思考，一开始就把“义”树立为“人”的唯一标志和标准，强调“义”才是人之为人的特有之“正”，有义才是“人”，无义则无以为“人”。所以儒家总是将“义”应用于人伦道德和个人修养的“应然”层面。按照这种思路，古人用“义”与“利”的对立来强调“义”的内涵；用“天理”与“人欲”的尊卑来阐发“义”的根基；用“君子”与“小人”的身份来展示“义”的形象；用祸福荣辱的后果来印证“义”的威力；等等，都是着意于贯彻“以义为正”的正义观。

但是，由于其中缺少对人的权利与社会制度的关注，使“正义”长期是一个似有似无、可以被各种道德规范替代的“弱”概念。直到近代以来，随着中国社会面临现代化的挑战，加上西方价值观念的影响，“正义”才重新成为一个核心价值范畴。

无论西方“以正为义”的传统，还是中国“以义为正”的传统，都曾塑造了历史的文明，也积累了无数的经验和教训，面临着新的时代难题。如今仍然存在着回答这个根本问题的挑战：“究竟何为正义？要什么样的正义？”而回答这个问题的关键，或者说一个根本性的理论难点，在于究竟如何处理正义概念本身含有的“实然”（正）与“应然”（义）两方面含义之间的关系。这正需要我们阐述一种新的思维方式。

三、“道器”、“体用”问题上的传统迷思

中国传统文化“以应然引导实然”的思维习惯，通过“道器之辩”和“体用之辩”可以看得很明显。它们都属于对世界、人生和文化中“本末”问题的大思考。而其中最明显的盲区，恰恰在于对“实然”和“应然”的未加区分。

在中国古代哲学中，“道”作为最高范畴，貌似揭示万物存在的终极起源，即表达一种最高的“实然”状态，实则是在猜测万物生息的内在义理和理想化的逻辑，即表达一种普遍的“应然”秩序。老子说：“有物混成，先天地生。寂兮寥兮，独立而不改，周行而不殆，可以为天下母。吾不知其名，字之曰道，强为之名曰大。”[①]尽管“道可道，非常道”，但可以看出，用今天的话来讲，所谓“道”有点像是包罗万象的统一性，是先天地之生的万物本原，或一切事物永恒规律的代表。古人虽然赋予了“道”以至大无外、至小无内、至高无上的形象和地位，却并不主张充分地了解它、分析它、描述它，而只是强调要无条件地接受和运用它。管子说：“道也者，通乎无上，详乎无穷，运乎诸生”，因此“闻一物以贯万物，谓之知道。”[②]既然如此，那么人们应该做的事，只是着眼于现实的事物，解决现实的问题，这才是解道、循道，体现“道”的意义的途径。

这意味着，在中国，对“道”的追求和把握，主要是走向人文化，而不是科学化的道路。而最能代表这条道路的，当然是孔子和儒家。孔儒不否认“天道”，却并不多讲“天道”。他们主要讲伦理政治，是将恍如“实然”之理的“天道”，直接落实为世俗“应然”体系的“人道”——人世的最高原则、治国的根本原则。

与“道”相对的是“器”，指各种派生的、有形的或具体的事物，即已成实然的存在物。“道”与“器”的关系，被看作“本末”关系，“道本器末”。既然道是根本，器是从生从属的东西，那么在追求根本、注重高远的人看来，就应该重本轻末、重道轻器，“以道御器”。

与“道器”相联系的是“体用”。“体用”是比“道器”晚些（魏晋时期）形成的概念，其含义复杂多变。唐朝崔憬的解释是：“凡天地万物，皆有形质。就形质之中，有体有用。体者即形质也。用者即形质上之妙用也。”若按这种解释，“道器”有些接近于“实体和功能”；但崔又说：“动物以形躯为体，以灵识为用；植物以枝干为体，以生性为用”[③]，结果就如孙中山所说：“何谓体？

①《老子》第二十五章。

②《管子·宙合》。

③（唐）崔憬：《周易探玄》。

即物质。何谓用？即精神。”[①]于是“道—器”就成了“物质—精神”；而张之洞对“中学为体，西学为用”的解释，则将“体用”与“可变不可变”联系在一起，强调“伦纪”、“圣道”、“心术”之为“体”，是不可变的，而法制、器械、工艺等代表“用”，是可以因时势而变的[②]。这样，“体用”又有了“目的与手段”的价值含义。

总之，在中国传统话语中，无论“道器”还是“体用”，都被赋予了“存在”与“价值”的双重含义。作为存在范畴，它们分别指存在物的不同层次和状态，如实体与现象、绝对与相对、核心的与外围的，等等。而这些存在层级和状态的划分，并不引导人们对存在和有关概念本身进行深入的追究，因为它们直接就是用来说明“重要不重要”和“可否取舍改变”的，即直接为价值判断服务的前提预设。所以自老子、孔子以来的传统，总是循环论证来强调“重道轻器”、“重体轻用”。这正是典型地把实然和应然混为一体，并让实然服从于应然的价值（道德）主义理路。这种理路必然有其内在的缺陷和历史局限性。

第一，它人为地割裂了存在者和它的存在方式、事物的本质和现象、文化的本质内容和外在形式等之间的联系。它把“道、体”与“器、用”割裂开来，只看到前者高于后者、统率后者的一面，没有看到前者寓于后者、依赖于后者的一面。如此必不能完整地认识事物的存在及其价值。如严复在其《与外交报主人论教育书》中就曾指出：所谓体用，只是就同一事物而言。譬如，有牛之体则有负重之用，有马之体则有致远之用，没听说要“以牛为体以马为用”的。

第二，它所体现的思维方式，是一种主观先验的思维方式，不注重科学论证，因此也不利于哲学和人文科学的发展。对道体和器用的实践把握，往往归结于“运用之妙，存乎一心”，即过分依赖于个人的智谋权术，不重视开成社会的普遍精神、方法、规则、程序、法制等。所以它只是支持“人治”而非“法治”的理论。使“认人不认（道）理”、“重成事不重立规矩”成为一个影响深远的社会风尚。这不能不说是观念本身的缺陷所致。

第三，它所承认的思想境界，至多表现了少数“君子”们的兴趣和志向，而且只有更少数人才能达到其境界。对于大多数人来说，这种要求则太高、太难了。因此若将这些作为社会的应然理想和原则，就往往意味着脱离实际、脱离群众，不关心广大人民百姓的疾苦，更不尊重实践的现实和人民日常生活的境界。这也为统治者以“守道”为名，牺牲人们的现实利益，动辄强加

---

① 孙中山：《军人精神教育》。

② 张之洞：《张文襄公全集·劝学篇》第二〇三卷，中国书店 1990 年版，第 19 页。

于人，甚至“以理杀人”，提供了基本的理由。

毫无疑问，“重道守体”本身是非常重要的。但是，道本身不是先验的、一成不变的简单公式和绝对教条，对于我们来说，唯一正确的根本之道，是科学的真理体系和为人民服务的价值原则，它们是要在实践中把握，在实践中检验和发展的。忘记了这一点，也就违背了最根本之道——实事求是。

过分沉溺于玄远的“应然之道”，却不关注通过器用所体现出来的“实然之道”，必然导致轻视科学技术、生产创新等基本社会实践。科学技术研究在中国长期没有得到统治者应有的鼓励和重视，特别是自近代以来，根本就没有产生我国的现代科学、实验科学。

从历史上看，当“重道”原则被加以抽象片面的理解，并且被绝对化了的时期，比起只知“重器”，即只从眼前现实出发、目光有些短浅但脚踏实地的思想境界，往往还能够造成更大的危害。我们“文革”时期“左”的表现，把这一点发挥得最为充分：它不仅把高度政治化、道德化的“道”，片面地当作唯一的“道”，用以排斥经济、生产、科学、技术、业务等国计民生之道，而且对政治、道德之“道”本身，也采取了非常不负责任的实用主义态度，只求服务于一时的“斗争”需要，却缺乏科学、认真、细致的研究和建设，任凭少数人随心所欲地解释，使马克思主义、社会主义之道也屡受践踏，结果是国家“道器两伤”。这种深刻的历史教训很值得深思。

四、注重探究从“实然”到“应然”的路径

当前，如何构建当代中国价值观念，讲好“中国精神”，是一个重大的理论目标。当我们力求为之提炼阐明一些基本理念的时候，不能忘记首先需要明确的是：我们所讲、所求的，究竟是“实然”的层面，还是“应然”的层面？

例如，邓小平讲，“社会主义的本质，是解放生产力，发展生产力，消灭剥削，消除两极分化，最终达到共同富裕。”这是个重要的结论。那么对于中国特色社会主义事业来说，这是在讲已经实现了的东西呢，还是在讲应该努力追求和实现的目标？应该说，作为社会主义本质的规定，邓小平讲的既有“实然”的根据，也有“应然”的规定。这里的“实然”，并不是哪个社会主义国家已经实现了的现实，而是指凝结在历史实践中的经验和教训，包括中国对改革开放前后的事实所揭示和证明了的社会发展规律的认识；而这里的“应然”，实际上也就是在讲由之得出的社会主义建设所要追求和实现的核心价值。总之应该说，邓小平关于社会主义本质的规定，体现了实然与应然的现实统一，而且其重点是讲“应然”。正因为如此，这个判断才更具有指导和

激励的意义。

我们在讲中国道路和中国精神的时候，首先就要弄清楚并说明基本的、完整的“实然”：解放七十多年来，改革开放四十多年来，中国社会发生了怎样的变化？目前的实际情况怎样，离我们的目标还有多远？哪些成就和经验可以作为基础？有什么困难和问题成为阻力？……对这些只能实事求是，不可想当然，更不可用主观愿望代替现实。然后，才能进一步有针对性地讲“应然”：如何实现社会主义的本质目标、核心价值追求？如何面对目前的问题和挑战才是合理有效的？应该怎样提炼和明确必要的理念、规范等？……对这些，则需要坚持社会主义的理想信念，不可犹豫动摇。

可见，这里既有“实然”问题，也有“应然”问题，而更尖锐的是两者的关系问题：我们怎样从“实然”中看到“应然”的路径，用“应然”去引导而不是解构掩盖“实然”？目前，这个层次的表述非常需要反思和提升。我们的理论探讨和理论表述，迫切需要以现实中实实在在的问题、需要和条件为依据，为对象，为源头，来进行理论阐述，不能只根据零星杂乱的现实碎片，就去坐在屋子里凭空想象，简单断言事情应该怎么怎么样，每个人应该怎么怎么样，国家政府应该怎么怎么样等。

要知道，“应然”这种东西，如果它不在“实然”当中有基础、有条件、有约束，或者有动力的话，那么你越是高喊“应然”，就越是会陷入空想。因为世界上属于“应然”的好东西，总是有很多，甚至无穷无尽的。凭着善良美好的意愿，人们也总是可以提出无限多种“应该如何”的设想和要求。但是，在提出“应然”的时候，却常常对“何以应该如此”缺少缜密的思考和可行性论证。就像医生对病人的病情尚未诊断清楚透彻，就急于开出一堆药方，结果必然无效的一样。实践证明，脱离了“实然”去讲“应然”，不是抓不住中心，就是变成空想、空话。

从“实然”中认识“应然”，是科学理性思维的一项原则。我们不能忘记，马克思的科学社会主义同空想社会主义的根本区别，并不在于关于人类未来美好社会的应然设想和追求，而恰恰在于，马克思是把未来的光明前景与资本主义社会的现实发展紧紧联系在一起，看到了正是资本主义本身，在造就着相应的因素和条件，培育着相应的主体，实践着这样的历史必然进程。这才是马克思科学社会主义的特征。所以说，要学习继承马克思的思维方式，就要学会结合“实然”来讲“应然”。

我们固然应该有理想，抱有关于“应然”未来的坚定信念。但如果脱离了“实然”的基础和环境，却只能带来对现实的不满足，并不等于得到了如何前进的启示。当人们不知道“应然”的可能性和条件性，看不到在现实中“应然”的东西是怎样不断地发生、成长和聚集起来的形势的时候，就可能陷入一种焦虑动摇的心态，陷入一种缺乏建设性的理论困境。例如，有些人一看见今天的某些实然现象，就总是认为这也不行，那也不好，讲得让人垂头丧气；一旦讲起“应该如何”的理想状态时，则是一味天马行空，纵情发挥，不着边际，仿佛要一口吃个胖子，结果却是让人无所措手足。所以，不应总是把“实然”和“应然”分离开来，使它们互相抵消。有时候，关于现实问题的争论往往在于，你说的是实然，我说的是应然，这样的对话就对不到一起。如果我们在一起，探讨你说的实然如何走向我说的应然，我们就要学着交流、相互理解，分享经验，达成共识。

在现实条件下，我们需要自觉把握的，是怎样创造条件从实然走向应然，这就首先需要找准从实然向应然的过渡条件和过渡环节。这才是我们理论研究和总结经验的重点和关键。只有这样才能“接地气”。

学习吸收人类文明的成果也是如此。比如，我们觉得外国的有些东西比我们的好，应该实事求是地承认差距。但是，如果我们只看人家的成果，只会羡慕人家今天的状况，却不注意人家是如何取得这样的成果的，更不关心人家昨天曾经历了怎样的付出和代价，这就是没有搞清楚完整的实然。这就好像是：有人看见邻居家的花园很美，但自己却不会去学习别人怎么种花养花，却只是想把人家的花园搬到自己家来，或者干脆自己搬到人家花园去居住。这种“坐享其成”式的应然目标，当然是不大能行得通的。而我们学界的种种“西化”和“复古”心态，往往也是如此。不能只想从前人或他人那里得到“好的成果”，即符合自己认为“应然”的东西，却不注意它们是在怎样的“实然”条件下形成和存在的，更不想通过自己的努力去造就“好”的过程。无论是西化还是复古，思想认识中的毛病，都在于看不见我们现实生活中真实的路径，不理解怎样从实然走向应然的实际过程。

总之，在形成当代中国价值观念，阐述中国精神的方面，我们应该关注的是一个历史的中国，一个在现实中走向未来的中国。要立足于对这个历史进程的深刻的反思，而不要离开这个根基，漫无边际地去堆砌“好词”。好词是无限的，可以堆砌很多。但是，好词再多，如果没有历史足迹，没有逻辑层次，就没有任何理论价值。所以我们不必纠缠于概念和话语，而要在探索中国精神在现实生活中的存在、基础、条件、表现方式和发挥作用的机理等方面，下足功夫。

（作者系中国政法大学终身教授）

政治哲学与法哲学

自由的四个层面

韩水法

一、引言

康德指出，自由的实在性构成了整个理性体系的拱顶石。自康德之后，人们提出了无数种自由学说，直到当代，其中一些主流的学说几乎使自由消解在语言分析的枝叶之间。因此，当我们在这里考察自由问题，我们需要重温康德的思想，回到问题和理论的原点。

这里有两个最可选择的原点。第一个是笛卡尔式的原点。他的方法是通过怀疑达到纯粹思想本身，再由此而返回到心灵和物体的确实知识。第二个就是康德的原点。在康德看来，无论知识还是道德都是无可否认的事实，哲学的根本任务就是分析它们是如何可能的，由此，康德以其批判的方法梳理出“理性的先天形式”和“感觉的质料”两种认识元素，并且证明人类所获得的知识只是现象。他还证明，除了自然规律，道德规律也是由人的理性建立起来的。

与笛卡尔式的原点相比，康德的原点更为合理和便捷，它把人们所确实拥有的经验知识作为哲学讨论和理论构造的基础。本文关于自由的讨论也遵循同一原则，从确实存在的自由现象着手，来梳理和分析这种现象的特点。就此而论，本文的研究目标要比康德的低许多，因为它将不会讨论这种自由是如何可能的，而仅仅努力梳理它的现象、活动、特性和作用，并且清楚地叙述出来。但是，这项工作在今天的哲学环境中，无疑是一项极具挑战性的工作，因为它要确认一个主流的意见试图予以消解的现象和活动。

这样，本文的工作就面临许多困难。最大的困难就是，在那种严格地遵守时一空和因果法则的物理世界统一性的信念占据主流地位的今天，肯定并描述自由的现象就等于承认一种非物理的现象的存在。这当然会受到各种质疑，因为它直接挑起当代主流哲学着力回避的一个问题，即这个世界存在不一致性，至少甚至存在着无法还原的不一致性。我在这里描述自由的不同层面，而以康德的理性批判为原点，这看起来是具有回归到传统的理性形而上学去的倾向。但是，人们在这里必须深入反省的一点是：被人回避的问题并不等于它的不存在。更何况，任何现象都是人类意识能够思考、分析和批判的对象。关键之点依然在于，被描述的现象或对象是否可以清楚地与其他现象和对象区别开来。依据这样的理由，本文所讨论的自由及其四个层面是能够足够明确地描述出来的，并得到相当清楚的分析。激进的物理主义或还原主义只要一发表观点或理论，就立刻表现出它们的自相矛盾：有一个意识现象或活动在对这个物理世界做出某种观察和判断。

自由问题在今天这个时代还关涉人类认识的一个基本态度，这就是理智的诚实。迄今为止，依然存在着许多这样的现象：人们认识和了解它们，却无法解释它们为什么如此。在这里，我们可以引证爱因斯坦的洞见。

爱因斯坦认为，物理世界是一个因果体系，“在自然现象的因果体系中，没有非物理的因素。”[①] 这种因果体系的实质就是一种秩序。我们要在这个基础上来理解爱因斯坦如下一个重要思想，而他的赞叹也突出了一种坚硬的事实。“借助于思维（运用概念，创造并且使用概念之间的确定的函数关系，并且把感觉经验同这些概念对应起来），我们的全部感觉经验就能够整理出秩序来，这是一个使我们叹服的事实，但却是一个我们永远无法理解的事实。可以说，‘世界的永久秘密就在于它的可理解性。’要是没有这种可理解性，关于实在的外在世界的假设就会是毫无意义的，这是伊曼努耳·康德的伟大的认识之一。”[②] 物理世界的因果性体系是与它的可理解性直接关联在一起的，它们互为根据，没有这种因果性体系，自然现象也就缺乏可理解性，而如果缺乏可理解性，物理世界对人类也就毫无意义。爱因斯坦把这样一个思想归之于康德的贡献，这对本文来说，就具有了特别的意义。不过，这种可理解性却是不可理解的这样一个观点，却是爱因斯坦的独特见解。

本文所论述的自由及其层面在多个的意义上等于爱因斯坦的问题：自由存在，是我们观察到的现象；但它为什么是可能的，则难以理解，但这并不妨碍人们认识它的现象和性质。

二、自由的第一个层面

爱因斯坦的洞见以及任何其他人的类似观点，以及这种观点的表达本身，都直接关涉一个基本行为，这就是意识。在本文中，意识就是指那种从事认识和思维的行为和由这类行为造就的现象。人们一般所谓的理智

---

①《爱因斯坦文集》第 1 卷，许良英、范岱年编译，商务印书馆 1976 年版，第 523 页。
②《爱因斯坦文集》第 1 卷，许良英、范岱年编译，商务印书馆 1976 年版，第 343 页。

（intelligence）活动在这里也就等于意识。一般而言，人的意识行为贯彻于本文所论述的自由的各个层面，它是人类自由的核心因素。但是，与人们以往的理解不同，意识作为自由的第一要义，乃是指它的认识活动。因此，自由的第一层面当然也就是指意识的认识活动，不过，有时为了行文的方便，本文也径直以意识来指称意识的这个第一层面。

物理世界的可理解性是通过意识的认识这种非物理的行为实现的，因此，这也就承带了意识现象与物理世界之间的区分。人们认真地反思这个物理世界和关于它的认识时，必然会产生爱因斯坦式的疑问。在一个很短的时间内，比如在一堂课内，一位教师可以比较详细地讨论和分析黑洞的理论和模型，从而使学生获得关于黑洞的知识。在这一段不到一个小时的时间内，师生们通过思想可以出入黑洞，而身体则安坐于教室里面；但是，在实际的物理世界，任何物体进入黑洞都无法逃逸出来，更不用说诸如教室里发生的这种潇洒的自如进出。

因此，除非意识是非物理的，否则，它就无法逾越物理法则而进行思想和认识。在人类文字文明的5500多年的历史里，在现代物理学只发展了100多年的时间内，人类对自然的认识在时间范围已经达到了150亿年之久，追溯到宇宙诞生之初，在空间上已经超过300亿光年之远。只需简单反思，人们就可清楚地领会到这是一个多么惊人的事实：人的物理存在要越过这样久远的时间和达到如此遥远的空间，是根本不可能的。但是，令人不解的是，似乎很少有人对意识现象的这一特征感到惊奇，人们对此已经司空见惯了，仿佛这是理所应当的。或者因为这个问题太过复杂，人们对此唯恐避之不及。

当我谈到意识的认识这种非物理行为的特征时，人们立刻就会想到意识的物理基础，即它产生于大脑的神经元活动，而后者遵循物理世界的规律。如果没有遵循物理规律的大脑神经元的活动和它们之间的关联，就没有意识。这个断定无疑是极其正确的。但是，它并没有同时说明意识行为的非物理的特性，同样，大脑神经元活动的物理性质并不排斥意识的非物理的性质。如果我们进一步追究：对大脑神经元活动的认识，究竟是神经元的自我认识，还是由基于这种活动的意识所进行的认识？很显然，结论只能是这样：正是意识的理智活动认识到了神经元的活动。

塞尔承认意识的非物理特征，并且认为意识是无法还原为物理行为的。他为此提出了关于意识的一个特别的术语，即意识具有第一人称的本体论。（Consciousness is not reducible in the way that other biological properties typically are，because it has a first person ontology.）[①] 他还强调，意识与意识的经验就是

① John R. Serle, *The Mystery of Consciousness,* New York: A New York Review Book, 1997, p. 213.

同一样事情。[1]但是，他并没有直接地指出，意识的根本特征就在于，它是非物理的超时—空的行为。意识的认知和思维之不受物理规律的制约，正是人们能够认识物理世界的条件。这样一个结论，乃是当代许多人所畏惧而不敢直接承认的，而其中的障碍就是物理世界严格的时—空条件和因果性规律的限制，以及人们关于物理世界知识的一致性。对各种可能的反驳和抗议，我在这里预先简单地申明，意识行为的非物理的特性，与意识所获得的认识——尤其自然科学的认识——最终要符合物理世界的规律，并不存在冲突。正如研究一家戒备森严的监狱，通过三维影像、图纸和其他手段，人们的思想可以从这个监狱进进出出，不需要履行任何手续，但由此人们却认识到，这个监狱有一整套严格的手续规定每个人的出入。

因此，意识的认识活动的这种特性就是自由的所在。自由的第一个层面由两个方面的特性组成：第一，意识的认识能够超越物理时—空的限制而活动；第二，意识的认识活动并不受物理因果性的制约。后面一点原本与第一个特性是重合的，不过，因为意识的认识并不能够还原为大脑神经元的物理活动，所以，意识现象就无法用物理事物的因果关系予以解释。这样，后一个特性就与第一个特性具有了不同的意义。

因此，自由的第一层面就具有形而上学的意义，它的对偶正是物理世界严格的时—空条件和因果性。这个层面的自由对物理世界的抽象的本身来说，可以是没有干系的，但对人类及其认识来说，却至关重要。

人类对自然的认识，就其最好的状况而言，就如在广袤天空里面的若干稀疏的网格连接，而多数情况就如夜空中的天体，是以点状的形式呈现的。人们日常视野里这些夜空中的星体是彼此孤立地存在的，单单通过裸眼的观察，它们之间的必然联系是无法发现的。事实上，天体之间不仅存在必然的联系，并且服从一致的物理规律。但是，人类的认识，相对于物理世界的无穷的联系和无数的层面来说，不仅极其有限，而且是相当不完整和不连贯的。人类认识的基本倾向又是要追求所有知识之间的合理的、一致的联结。于是，人类认识在这里面临双重的困难：一方面，自然内部的各种关联，极其复杂，无限多样；另一方面，人们所能获得的经验的和观察的材料不仅有限，而且这些经验之间也没有彼此之间的有效关联。于是，意识自由而主动的活动就发挥了至关重要的作用。将有限而分散的观察材料连接起来，对不知其所以然的经验现象做出解释，是通过意识的理论构造达到的。理论构造在现代科学活动中居于中心地位。现代科学认识从根本上来说不是归纳的，而是综合的，并且是多重的综合，人们对物理世界的认知和理解是由理论的想象、数

---

① John R. Serle, *The Mystery of Consciousness,* New York: A New York Review Book, 1997, p. 214.

学运算、逻辑推演和实验的验证等综合活动构造出来的。

意识通过理论的构造，从有限的经验的和观察的材料而获得一般的和普遍的知识，获得对自然规律的认识。这种观点的主要内容已经由康德的先天综合判断的学说揭示出来，后来在《判断力批判》中提出的想象力的自由活动的学说又强化和发展了康德的这一洞见。康德以先天综合判断为核心的理论哲学阐述了意识的这种综合活动的基本特征，但是由于受当时物理学思想的限制，他并没有充分领会物理世界的规律和联系的多样性，因此，他后期为审美判断所提出的想象力自由活动的学说，看来更切合现代自然科学知识构成的特征。在康德那里，审美标准或美的规律之所以难以确定，乃是因为美包含了知性无数可能的联系和形式，换言之，无数可能的知性形式的不可预料的关联都可以造就美，而人的审美的认识能力无法将它们一一梳理和排列出来。今天，自然科学的认识所面临的境况也与此相似，虽然人们一如既往地追求最终的统一规律和理论，但物理世界层出不穷的现象使得人们任何既有的认识都只属于一种局部的、有限的知识。这一事实更加突出了意识的自由和主动性在人类的认识之中不可或缺的重要性。

无疑，康德因果性的基本观念与现代自然科学的基本原则依然是一致的，而其具体内容则可以暂时搁置不论。但是，由于物理世界的层面和联系是无限多样的，人们获得知识的进程并不是从点到面、再到一个整体的逐渐扩张的方式——库恩说，常规的科学研究就是这样进行的[①]——而是随机的、片断的和网格式的，所以，人们认识自然的历程是革命性的，是从一个范式到另一个范式的跳跃，从一种理论到一种新理论的转换。这样，一方面，自然科学知识展现为几个点或几个现象之间的网格状的联系，从而人类的意识在进行认识时，不仅对于对象，而且对于认识的方式，具有相当大的选择性；另一方面，自然科学的可能性依赖于理论构造，而不同的理论——或如库恩所说，不同的范式——就给人们揭示出不同的自然现象，构成不同的自然对象。理论构造本身就体现了意识的选择性，而如果对同一物理现象存在多种不同的理论和范式，那么这种选择的自主特点就显得更加突出了。虽然，自然科学的理论最终要通过实验和其他观察材料得到验证，但是，缺乏这种自由的选择和主动的构造，这种验证也是不可能的，更何况，实验的或验证的方式也是由意识设计出来的。

在物理世界，物理过程是不可逆的。一个生命从受精卵到胚胎、婴儿、成人到死亡，一颗恒星从形成到主序星、中子星，都是单向的过程。在这个

① 托马斯·库恩：《科学革命的结构》，金吾伦、胡新和译，北京大学出版社2012年版，第24页。

过程之中，无论生命还是恒星的发展过程都不会逆向进行，也就是说，不会出现从成人变为胎儿，从主序星变为原始恒星的过程。但是，在意识和人类的认识之中，任何一个物理现象和事件都是可逆的，也就是说，它是可以从相反的进程来考察和认识的。

在自然之中，如果物理过程是可逆的，那么迄今为止人类所拥有的关于物理世界的知识和规律就会统统崩溃，因为秩序不再存在，一切都根本不复存在了。但是在意识中，倘若物理过程不可以从相反的方向来考察和研究，那么认识就是不可能的。简单地说，在意识之中，时间是可逆的，事件可以从后果进行到原因。虽然，这种逆向的过程仅仅是意识之中可能的，但它毕竟表明了颠倒物理世界的时间次序和因果次序的一种现象。

到此为止，我可以做一个小结：自由的第一层面就是意识的认识活动的非物理的特性。仅仅从描述的角度来说，意识正是因为具有这样的非物理的特性，才使得人类对物理世界，对自然的认识成为可能。意识的这种认识活动并不改变物理世界的规律和次序。倘若意识活动能够造成这种改变，它就会使得对物理世界的认识变成不可能。不过，意识通过自身的认识活动，在遵循和利用自然规律的前提下，确实可能给自然的状况带来一些变动。这就带出了自由的第二个层面。

三、自由的第二个层面

物理世界是由无数的层面及其关系构成的，而科学认识通过理论范式揭示了这些层面和关系之中的若干种。不同的理论范式揭示不同的层面和关系，而意识能够将这些不同的层面和关系结合起来，制造出在物理世界并不自然地存在的物理设备，如手机、发动机、汽车、飞机和飞船等，以及其他物品，如药品等。这个层面的自由主要体现为意识能够选择所发现的各种物理关系，在理论上予以不同的组合，提出各种物理设备和物品的设计，并将这种设计付诸实现。在这些设备和物品问世之后，它能够依照物理规律来控制和支配这些人工的物理设备的运行和物品的使用。

这个层面的自由包含如下几个方面的因素：

第一，这些构成现代社会物质条件的设备和物品不是由物理世界自然地产生出来的，而是人工的产物。在自然科学基础之上的合理设计，包括它们的理论设计和制造工艺设计，是这些设备和物品得以问世的必不可少的一个环节。

第二，人们之所以设计和制造出这类设备和物品，是为了达到人们所设想、追求或理解的特定目标，比如，生产效率、方便的通讯和联络、舒适的生活和健康的身体，以及单纯的求知兴趣等。这种目标并不是自然而然地存在的，虽然其中所涉及的欲望可以说是人类如此行为的自然动力，但是，这些设计，比如手机和互联网，并不可能来自于单纯欲望的源泉，而要以在高度的科学和技术知识基础之上对现代生活方式的深刻理解为前提。

第三，这类设备和物品一旦制造出来，它们的运行和效用的发挥完全遵循自然规律，也就是说，就这一方面而论，它们完全是自然事件、物理现象。但是，与非人工的物理现象不同，这些设备的运行处在人的控制之下，它们的效用指向人所设定的特殊目的。总之，无论这些设备的运行，还是这些物品作用的发挥，都是受人的意识控制和支配的物理事件。

这个层面的自由可以称为由意识的认识和想象力支配的活动，它与第一个层面的自由在如下两个方面重叠和交叉：第一，意识对物理世界的主动的和有选择的认识及其活动的超时—空特性，比如，哈勃望远镜（Hubble Space Telescope，HST，1990 年发射升空）设计和制造的目的，就包含对于遥远星体和宇宙的认识和思考，如对宇宙年龄的估计、超新星的发现等。这些天体都远在几十亿乃至上百亿光年之外，而通过这个望远镜，意识却可以在短短二十几年的时间内，达到对于如此遥远之外的对象的认识。第二，意识对自然的主动的和有选择的认识与设计和制造相应的设备这两类活动，始终有其无可分离的交叉和部分的重叠，不过，这两个层面并不是完全重合的，而是彼此有其自成体系的范围。第一层面的自由的核心在于，意识以超越时—空和物理规律的方式认识和理解自然，而第二层面的自由核心在于，意识通过物理设备和物品的设计和制造在一定程度上控制和支配物理事件。

第二层面的自由的活动今天在人类的实践领域取得了巨大的进展，而这种进展的某些成就在关涉人类自身利益和前景的方面引起了不小的困扰、担忧和争论。它们就是人工智能和基因工程。前者关涉人类是否创造出最终反过来统治自身的更高级的智能实体。人工智能无疑是第一、第二层面自由的产物的结合，而其关键方面还依赖于第二层面的自由。第二层面的自由就其现在的状况来说，原是人类意识利用自然科学的知识和想象力制造若干物理事件并控制和支配它们的卓越来为人类服务的能力和行为，而现在它的产物似乎具有了反而控制和支配人类的潜力和前景。关于这个问题的认识牵涉许多方面，而与本文讨论的主题也有多维度的交叉和相关。比如，有人已经提到但尚未清楚地表达的一个问题是，意识及其自由的卓越是否就是人类所独有的秉赋，不可能为其他非生物学意义的物理实体所拥有？在所有的争论中，可以看到一个焦点，即地球上的人类似乎比较能够接受如下的可能情形：在宇宙的其他星系的类地星球上或许存在比人类智力更高的生物，但是他们不能接受一种高于人类的人工智能实体。

人工智能的可能性还同时关涉一个本体论的问题，人工智能如果是可能的话，那么它将是物理的还是非物理的？这就是说，它会像人类的意识一样具有非物理的活动特性，还是要遵循物理世界的规律？如果它具有人类意识那样的自由特性，那么它应当是非物理的。如果它的活动完全遵循物理规律，不具有超越时—空和因果规律的性质，那么它就不会具有人类意识的那种自由以及由此而衍生的其他能力。

另一个巨大的争论是围绕基因工程展开的。由于生物科学的快速发展，人类对生物以及人类自身的生理机制获得了越来越深入和全面的知识，掌握了越来越高超的生物技术，现在，人类已经有能力通过基因工程等技术手段来改造人类的生物结构，从而在一定程度上造就人工的人类个体。虽然选择后代的体质的发育方向乃是一向就有的人类的活动，如婚姻禁忌、食物禁忌以及直接的弃婴行为，但是通过生物技术来介入个体的生命结构的形成，在今天还是多数人所不能接受的事情。人们对此所抱的疑虑和恐惧主要在于如下两点：第一，未来可能出现“人将不人”的状况，也就是说，未来的人不再通过自然生育繁殖，而是在相当大的程度上成为人工设计的产物；第二，这种设计和工程，由于社会的不平等等条件的限制，是否会造就更大的不平等，乃至于造就一个统治人类其他部分的“超人”统治阶层。

自由的这一层面还关涉一个或许更为根本的问题，即什么是人的本性？人的本性是确定的，还是处于持续的变化和发展之中？如果人的本性是确定的，那么人的发展，无论智能还是体能的发展都是有其极限和边界的；如果人的本性是不确定的，那么一种关于“人之为人”的界定就无法成立。比如，倘若基因工程能够制造出“超人”，后者在智商、体能、情商等方面都超越现代人，那么他们应当适用于哪一种道德的和正义的法则？如果人的本性是能够因人的发展而变化的，那么，康德式的普遍的道德和正义法则是否更为有效？

四、自由的第三个层面

自由的第三个层面体现在人类社会的自我规范和自我目标设定。在社会领域里，意识能够为人类自身设定自然之中并不存在的目的——比如稳定、公平、安全等，制定自然中并不存在的规则——比如宪法、交通规则和卫生条例等，以之来规范人类的行为，并且利用自然规律和条件实现这样的目的。人们通常认为，只有在这个范围，亦即个人的社会活动领域内，才是自由可能的范围。然而，本文以为，它对自由来说乃是一个过分狭窄的范围。认为只有在这个范围自由才是可能的观点在今天依然还是一种主流的意见，而在这里自由也就主要被规定为意志自由。不仅如此，自由意志也常常被消解于无处不在的经验条件之中，而在理论上达到这一结果的手段就是用于语言分析的复杂的语言变换。语言分析的最大缺陷就在于，凡是语言分析的手段所无法把握的东西，一概予以排斥。因此，自由意志就常常沦落为相对于特定的场合的有限选择。

我在这里所论及的自由的第三个层面，包含自由意志、制定和遵守道德规则和正义原则等的规范活动，无疑，后者也是意识支配之下的活动。在今天，人们是以如下的惯常思路来予以讨论和思考的，即分析它们的形式和原则的内在一致性，分析它们与社会现实之间的复杂关系，以及在何种程度上得到经验的支持或无法获得这种支持。因为人们一般认为，自由意志的存在与否、道德规范是否有效以及正义原则的普遍性，最终都诉诸人的实践行为，而它们所蕴涵的形而上学前提乃是不重要的，所以可避而不谈。

在本文中，我所要强调的恰恰是这个层面的自由的形而上学意义，即这类目的和规则并不是物理世界自然而然地产生的，而是由人的意识筹划和制定出来的。这是第一点。就如人们所经历的和常常援用的经验事实所表明的那样，任何的道德规范和正义原则在经验的层面，都无法得到普遍的亦即每一个人的赞成和支持，但是它们还是就如已经获得这种普遍性那样地被颁布出来和付诸实施。这种做法所依凭的就是这个第三层面的自由，即意识的超越一切经验限制的认识和决定。这是第二点。

人们就现代社会运行的根据陷入一种深刻的认识论冲突：现代社会的规范一方面高度依赖于对所有人一视同仁的普遍规则，如法律；另一方面，人们又总是倾向于以个别的、具体的因而似乎客观的事例来消解普遍规则的基础，并且通过经验分析的手段来消解这些普遍表达的有效性。这种冲突在实际上很难消除，但是人们可以从一个更高的层面来理解那些社会规则及其普遍性。就如科学理论一样，人类社会的普遍原则和规范体系也是作为范式构造出来的。它们的若干核心因素固然需要得到人类社会的生存经验的支持，并且为了增强它们自身的有效性和稳定性，这类体系也要依据经验的事实不断地调整。但是，从根本上来说，它们是意识依据对人的基本行为的普遍特性的理解构造出来的，而并非从所有个体的经验行为中归纳出来的。从这个意义上来说，现代经验主义对这些规则的普遍意义的消解并不削弱这些规则的有效性和必要性，也不会改变这些规则形成和产生的基本方式。这一点无疑加深了人们对现代政治自由的性质理解：每个个体的千姿百态的自如活动是通过一种构成的普遍原则获得并得到保证的。

这一层面的自由与第二个层面的自由也有若干重叠和交叉之处，分述如下：

第一，在第二层面的自由那里，那些设备和机器是由意识设计出来并通过意识对人的身体的支配而生产出来的。在它们的制造过程中，意识持续发挥各种主动的作用，包括设计和工艺的调整、修改和完善等。人类社会的目的和规则也是如此，它们在由意识构成之后，在付诸实现和实施的过程中，同样需要得到进一步的调整和完善。

第二，人类社会的那些目的和规范也受意识的控制，但是控制的方式和受控的程度颇有不同。人类的理性同时设计了各种相应的制度，如三权分立和宪政制度来控制这些目的和规范。它们的目的与那些设备和机器一样也在于服务于人类的关切（interest），但是与机器和设备相比，它们所要服务的关切要复杂得多，它们的目的和指向在社会现实之中总是难免沦于模糊，乃至失准。相对来说，那些人工设备所服务的目的则要简单得多，因而它们也就更容易被掌握和控制。

第三，在这个层面，意识的自由同样面临极其困难的选择，那就是在现代技术直接介入生命孕育的局面之下，人的本性应当如何规定，以及是否需要限定？这首先关涉的不仅仅是道德问题，而更是人类理解自身存在的本体论的和形而上学的问题。意识在这里依然展现其超越时—空的特性，对人的本性的反思和规定无疑属于那种超越历史条件的人类的一般反思，因此它包含了超越人类存在的视野。比如，基因工程改变人的生物存在的性质，它的问题并不是人将不人，而是人的限度何在。自有文字以来的历史中出现的道德思想都以当时人类生物性质的不变性为标准和基础——尽管那些生物特性向来也没有得到清楚的规定。但是，这样认定的目的和规则包含了与物理世界的巨大矛盾，因为人类本身就是进化过程的产物，而这个过程还在持续着。因此，在今天，人们必须从一个更为广阔的视野来看待和理解人的性质：它的生物特性的改变在什么意义上和范围内是可以接受的？不可接受的理由又是什么？我们可以设想，倘若当时的智人——假设他们有这样的反思的话——说，进一步的进化会改变智人的性质，不符合智人的道德，从而禁止——进一步假定他们具有这样的技术和社会手段——他们自身的进一步进化，那么，今天要做出同样限定的人类就无缘出现。围绕这个问题的争论看来一时不可能得到解决，也难以达到一致的意见。然而，自由的第三个层面会以其卓越来消除现代人类出于自身的私利或狭隘的见解所可能设定的限制，从而使得人类在保持其自由的同时又不违背物理世界的规律，继续发展自身。

第四，无论人类社会目的还是人类行为规范的构造，都以它们在物理世界的可行性为条件。因此，这类目的和规范是属人的，而不是属神的。然而，鉴于物理世界的现象及其关系的无穷性，选择就必不可少，意识的规范活动从物理现象的大千世界中遴选出若干关系以奠定这些目的和规范得以实施的基础。意识在从事这样的选择和构造时，会遭遇自反的复杂情况。在这里，意识必须反思自身，以及与其共生的各种情绪，并在综合这些因素的情况下来构造人类社会的目的和行为规范。因此，意识在这里所设定的社会目的和普遍规范也就必定要面对每个人自己的目的和准则的冲击和挑战。在这种情况下，它无法以单一的手段而是必须以综合的方式来完成这个任务。

五、自由的第四个层面

除了前面的三个层面，人类的审美与艺术创造活动、信仰活动，以及非自然科学的和非实证的价值学说的创造活动同样属于意识的自由的一个层面。这个层面的自由包罗广泛，它们各自的特性很难予以明确的刻画。因此，层面这个说法在这里就展现出了它的兼容的优势。不过，这个层面的自由的特征也可以从其与物理现象和规律的关系来描述。与其他三个层面的自由相比较，这个层面的意识活动与物理现象规律之间的关系更加薄弱和渺茫，换言之，无论人的审美和艺术创作活动，还是信仰与价值构造活动，都无需或很少顾及物理事件及其规律，因而更加随心所欲，而前三个层面的自由的主要功能乃在于以不同的方式认识和利用自然，因此它们就要在不同的程度上契合物理现象和规律。

在过去的许多世代，人们一般将这一层面的自由视为人的精神活动的最高体现，其理由不外在于这类活动看起来可以完全脱离物理现象和规律的限制。但是，从今天的角度来看，相较于前面三个层面的自由，它所体现的乃是自由能力最为薄弱的那个层面，因为它们无需相对于物理世界而表明这种活动的有效性。不过，这并不是向来如此的情况。在人类社会的早期，以宗教为核心的信仰活动与哲学和自然科学混合在一起，直接用来认识自然和利用自然——尽管并没有多少实际的效用。在后来漫长的发展过程中，前三个层面的自由逐渐与宗教的活动分离开来，直到现代，人们正式先是将自然科学的认识和活动，然后将社会科学的认识和活动与宗教的教条和活动区分开来，从而这些不同层面的自由才得以比较清楚地分辨开来，但这并不等于它们彼此之间存在截然分明的界线，也不等于宗教等信仰活动不再充任认识和利用自然的职责。这样，在现代人类的认识和实践之中，宗教与前三个层面的自由的关系越来越外在。

另一个方面，审美与艺术的活动就其本身来说与前面三个层面的自由的关系是相当外在的，但是就前三个层面的自由始终都包含审美和想象力的作用而言，审美和想象力的活动与它们的关系反而就是内在的。这就是说，意识在对物理世界进行认识的同时，审美和想象活动亦并行发生，从而使得人类对物理现象的认识、描述和利用具有审美的特征。在自由的其他两个层面，审美和想象力亦同样发挥作用，从直观上来说，它们在第二、第三层面的自由中似乎发挥了更大和更强的作用。

艺术和信仰活动都直接关涉人的情感，而情感正是自然和自由的混合和过渡地带，这一点康德早就指明了。但是，艺术和宗教都以构成的方式创造出在物理世界不存在的东西，后者会被人认为是情感的表征，但并不是情感。尤其具有重要意义的一点是，譬如那些体现为物理存在的艺术作品在缺乏特殊的境域和提示的情况下，这些音乐、绘画或雕塑并不明确表达和指向意识的特定情感，而完全可以被理解为表征了另一种情感，甚至被理解为与作者所要表达的情感完全相反的情感。关于这一点，一千七百多年以前的中国哲学家嵇康就给出了清楚有效的证明。[①] 由此，人们可以理解，一方面，意识的自由活动无法还原为作为其物理基础的神经元活动，另一方面，作为意识活动具体产物的艺术作品也无法一一对应地追溯和锁定意识的特定活动。不仅如此，自由第二个层面活动的产物也有同样的性质。这个事实进一步突出了意识活动相对于物理事件的独立性。

六、形而上学问题

（一）自由与意识的不可还原性

1. 不可还原性

前面的论述清楚地表明，对人类来说，自由之所以可能乃是在于意识的非物理特性。物理世界受到时—空条件和因果规律的严格限制，一切事件和活动都是有条件的和必然的。意识行为就其本身那样恰好不受时—空和因果性的制约，因此它能够超越人的身体的有限的物理存在而对物理世界的宏观和微观现象进行认识。由此是否能够进一步推出如下的结论：物理实在本身无法进行自我认识？本文对此不做判断。

在今天的哲学领域里，自由无疑属于形而上学问题。一些学派出于清除形而上学的倾向和态度，也努力消除自由的可能性，尤其是本文在这里所论述的这种具有非物理性质的自由。对他们来说不幸的一点是，任何在理论上消除自由的可能途径还只是意识活动，也就是通过语言分析将自由还原为有条件的经验行为。一旦自由可以还原为经验，如感觉和知觉等等，自由就会消失在这些经验材料的丛林之中。但是，如上所述，在理论上，自由最后只能还原为意识的经验，而意识的经验依然鲜明地体现了其不受物理世界规律

① 参见《嵇康集校注》，人民文学出版社 1962 年版，第 233 页。

限制的特征。

还有一种消除自由的可能性，就是将意识还原为物理现象，亦即还原为大脑神经元的活动，而大脑神经元活动作为一种物理现象，服从因果规律，自由当然就无从谈起了。这种将意识或心灵状态归结为大脑神经元活动的物理主义，受到了塞尔的批评，认为它会滑入属性二元论观点：如果把心灵状态都等同于大脑活动状态，就有两类大脑活动状态，即一种大脑活动状态同时就是心灵状态，而另一种大脑状态则不是。[①] 事实上，物理主义还面临更加深刻而无法避免的困境。当物理主义者把意识、认知等活动还原为大脑神经元活动，从而消除他们所认为的那种虚幻的主体时，也不得不使用判断、观察一类的词语。[②] 现在我很可以提出如下的问题：是什么东西在观察、判断和把……看作？除非他们在自己的语言中清除任何这样一类明确指示某种意识活动的术语。倘若他们无法做到这一点，而又坚持认知和意识属于单纯的物理行为，那么是否所有的物理行为都可以通过这种认知的概念把自身与其他物理对象和活动区分开来，又关联起来？只要用到这些术语，那么物理主义就暴露了它所要消除的主体在其中无可避免的残留。更为要命的一点是，物理主义无法讨论真假，但他们又无法回避这个问题，而一旦讨论，那么就会产生如下一种奇怪的情形：一个物理现象相对于自身或其他物理现象可能是假的。那么，是否每一个物理现象对所有其他的物理现象而言都会发生真假问题？把一切意识、语言活动完全还原为物理现象和活动，看起来是为了获得逻辑上的一致性，从而避免二元论这种在一些人看起来不融贯的立场。但是，彻底的物理主义其实是无法言说的。

塞尔反驳了物理主义，而主张一种生物学的自然主义，即“意识的因果功能只不过就是一种在比神经元与突触的层次更高的层次上得到描述的大脑功能的形式。”[③] 塞尔认为，这就可以避免心灵和物理的双重原因论，即一个人有意举起一个胳膊，既有物理的原因，也有心灵的原因。[④] 不过，塞尔给人们遗留了一个关键的疑问：这个更高的层次是什么呢？如果它不是神经元与突触的层次，那么它就不应当是物理现象；如果它是物理现象，就能够像神经元和突触那样被实证地和清楚地描述出来，它们的存在和活动就是能够以物理的方式被观察。但是，显然塞尔无法做到这一点，只能以含糊的更高的层次来虚以应付。这个不清楚的所谓的更高层次需要用“奥康剃刀”来对付。

---

① 约翰·塞尔：《心灵导论》，徐英瑾译，上海人民出版社 2008 年版，第 50 页。

② 参见叶峰：《物理主义的指称论与真理论应该是怎样的》，《哲学评论》第 10 辑，武汉大学出版社 2012 年版。

③ 约翰·塞尔：《心灵导论》，徐英瑾译，上海人民出版社 2008 年版，第 116 页。

④ 约翰·塞尔：《心灵导论》，徐英瑾译，上海人民出版社 2008 年版，第 116 页。

试图通过哲学的语言分析来否认或消解不同于物理现象的意识现象或心灵状态，在理论上必定导致笛卡尔悖论：用思想来否定思想的存在。就如前文所揭示的那样，物理主义者在将心灵状态乃至语言行为还原为大脑神经元活动时，也无可避免地使用了观察、判断、考虑一类语词来表达他们的观点，从而用一种特定的意识活动来否定一般的意识现象。

2. 物理世界与意识形成之间的解释鸿沟

本文一般地承认，意识行为依赖于物理基础，具体地说，意识行为来自于人的大脑的神经元活动。关于大脑神经生物学与认知科学的研究，已经揭示了若干大脑神经元相关活动与各类知觉形成之间的生物学关系，某些意识现象与大脑特定区域的对应关系，等等。但是，意识的自反或主观体验特性与神经元客观的生物活动之间存在着无法跨越的鸿沟：一个物理系统如何具有主观体验特性而同时保持其单纯客观的存在？[①] 就此而论，心灵状态的物理主义面临一个深不可测的困境：是否每一个物理系统都有这种主观特性？

因此，人们需要承认一个相当重要的事实：大脑神经元的生物学研究，虽然借助于理论的构造和假设，在一定程度上揭示了不同类型的知觉的反应过程和特征，但这些知觉大都是孤立的、被动的，它们与意识的主动、综合和理解的行为之间的鸿沟，是无法跨越的，也是难以解释的。

承认意识现象是以神经元活动为基础，同时又承认意识现象或心灵状态无法还原为物理现象，以及它们之间关系至少暂时的不可理解性，就如爱因斯坦承认那种不可理解性一样，乃是一种更为合理的态度。这也正是本文所持有的一种形而上学态度。

物理现象严格地受到时—空和因果性这两种条件的限制，而意识现象并不受这两种条件的限制，尽管物理世界的严格的时—空和因果性条件正是通过我们的心灵状态，通过我们的意识而得以认识的。这就产生了另一个无法获得一致性解释的鸿沟：意识的超时—空和非因果性的行为与它对物理世界的这种特性的深刻理解和严格服从。

这里还有一个实践上并不形成障碍而在理论上引起极大困扰的问题，即意识与其物理基础的大脑神经元活动之间的关系，究竟是一种什么性质的关系？在既有的理解方式和概念手段的强大惯性作用下，人们倾向于认为两者之间是因果关系，除非持有一种彻底的物理主义态度。但是，倘若它是一种因果关系，那么它也是双向的。其中一个维度是，物理现象导致了意识现象，就这个维度而言，意识现象最终来自于物理世界，另一个维度是，意识行为

① 克里斯托夫·科赫：《意识探秘——意识的神经生物学研究》，顾凡及、侯晓迪译，上海科学技术出版社 2012 年版，第 2 页。

导致了物理事件，它关涉极富争议的意志自由。不过，这种说法与物理世界因果关系的封闭性是根本冲突的，将非物理的原因导入物理世界，与物理现象导致非物理的结果，同样会使现代自然科学陷于崩溃。正是基于这一点，心灵的物理主义是值得同情的。就此而论，本文一方面坚持物理世界是受严格的因果性支配的世界的立场，任何一个物理事件必定是由另一个物理事件引起的。但是，另一方面，本文又承认非物理的意识行为存在的事实。我可以用一个相当简单的反驳来支持后一种态度：倘若没有意识行为，这个受到时—空条件和因果性严格限制的物理世界又是如何被认识的？它又有什么意义？因此，我主张解释的开放性，因为意识活动就如物理世界一样明显地存在——它也就是我们之所以能够坐在这里共同讨论自由和自然问题的条件，虽然目前在一致性的解释上面存在着无法跨越的鸿沟，但是，人们也必须承认，意识行为以及承认意识现象这个特性，对坚持物理世界的严格的时—空和因果性秩序没有任何的影响。

（二）人类认识的网格状特征和匮乏

追求认识的一致性和彻底性是人类理性的一种基本倾向。但是，迄今为止人类知识所取得的进展相对于自然的无限多样、复杂和丰富，始终显得极其局促和匮乏。知识的这种有限的状况无疑也是上述鸿沟无法避免的缘故。在任何范围，人类知识并非以成片地覆盖和完全浸透的样式来把握自然，这就是说，即使一个有限的区域，无论多么狭小的区域，也无法为人类知识所穷尽地把握。相反，人类的知识总是如同网络的连接一样，是若干点之间的关联，但连接点与点之间的认识之维，不是线状的，而是片状的。认识的这样一种关联，我把它称之为网格[①]。相对于物理世界，人类认识的这种网格是极其稀疏的，网格中间是认识所不及的地带，由于为认识所不及，所以它们有多深多远也就不得而知。但是，深入自然的每一个认识之维也并非总是能够与其他之维连接起来，可以单锋突进，而更多的情形是，它们在难以窥测的浩淼的无知空间中飘荡。我之所以用这种比喻的方式来描述人类认识的限度，乃是因为人类语言表达的不足，而表达能力的不足也正是知识匮乏的体现。

认识不仅匮乏，而且也具有探索的性质，并没有全盘的计划和步骤。这包含两层意思：第一，关于物理世界的认识并没有也不可能有一个总体的计划和进程；第二，自然科学的各种研究和探讨，从理论的构造到实验的设计，从总体上来说也是探索性的，而不是按部就班地进行的，也不可能按部就班

① 这当然是一种比喻，也不是最合适的比喻，但在最好的术语出现之前，我姑且先用这个说法。

地进行。爱因斯坦指出，科学理论概念的形成以及彼此之间关系的建立，以及如何把这些概念与感觉经验对应起来，“这中间并没有什么东西是能够先验地说出来的。”[①] 这里唯一的指导原则和决定因素就是成功与否。科学研究的进程就是不断地制定适用于某一特殊领域的规则，而不可能有一劳永逸的康德式的范畴。[②]

人类认识的这种双重的不足乃是一个基本事实，它构成了一切哲学研究得以可能和成为必要的背景和根据。如果人类认识是完全的和充分的，自由当然也就失去了存在的理由，就是说，也就无所谓自由了。哲学的境遇也是如此：在那种状况下，哲学就是多余的了。换个角度来说，如果一切现象——包括意识——都是必然的，自由也就失去了活动的空间，不仅如此，人类认识也同样失去了可能性和必要性。物理主义还原同样也变得既不再可能也没有必要。就此而论，人类拥有完全和彻底的知识，和一切现象都是必然的，对本文所讨论的自由和意识具有同等的价值。反过来，认识的匮乏和自由的必要性也就具有同等的意义，而意识行为就是这两者的体现。

人类有限的知识以网格状的方式存在和展开，不同维度之间的彼此重叠和交叉，使得人们可以从非常不同的维度来看待同样的自然和社会，或者说，自然和社会可以由此而展现出它们的不同层面和特性。库恩从另一个角度加强了这样的观点，他说，“科学哲学家们已经一再论证过，对于任何一组已知的资料，总可以建构出一个以上的理论。”[③] 这就是说，在同一时刻，物理世界在不同的理论中就会呈现出不同的面貌来，这当然并不意谓，同时存在两个不同的物理世界，而只是仅仅表明，在物理世界的无数关联和层面中，意识的不同构造和选择，给人类揭示了它的不同层面。这样的观念还包含了如下更深一层的意思：物理世界处于严格的因果关系之中，但是，现在人类所理解的因果性并不是最终的形式，因果性完全可能或者必定有其更为高阶——实在找不到一个更为恰当的术语——的形式，它或许会颠覆人类至今对因果性的理解，但却依然还是物理世界各个部分得以必然地结合在一起的纽带。进入 21 世纪以来，若干最新的科学研究和实验结果向人们揭示了这种理解的变化的可能前景。

（三）自由和意识：构造

1. 认识活动的主动性，在于意识的构造

现代自然科学所达到的一个重要的普遍结论——倘若还不是共识的话——就是：人类的认识乃是一个主动的理论构造的活动。这个结论的核心其

---

①《爱因斯坦文集》第 1 卷，许良英、范岱年编译，商务印书馆 1976 年版，第 343 页。

②《爱因斯坦文集》第 1 卷，许良英、范岱年编译，商务印书馆 1976 年版，第 343 页。

③ 托马斯·库恩：《科学革命的结构》，金吾伦、胡新和译，北京大学出版社 2012 年版，第 70 页。

实早已经由康德的理论——其简明的表述就是“人为自然立法”——表达出来了。

库恩指出，近三百年来在西方哲学占主导地位的认识论认为，感觉经验是确定而中性的，理论仅仅是人对既有资料的解释。虽然现在尚不存在足以取代它的观点，所以还有人相信它，但是，它几乎失去了效用，亦无法通过一种中性观察语言而再生。[①]

自然科学的情况，要比人们借以认识社会和人的学科的状况好得多。爱因斯坦早就认为：第一，人们在建立“实在的外在世界”时，要利用感觉经验中反复出现的感觉印象的复合，形成有形物体的概念，但是，“从逻辑上来看，这概念并不等同于上述那些感觉印象的总和；它却是人类（或者动物）头脑的一种自由创造。”[②] 第二，物理学的理论及其各种概念不可能从感觉经验中归纳出来，相反，正是这种自由创造的产物赋予了感觉经验以意义，[③] 由此，人们才能够在感觉印象的迷宫中找到方向。“这些观念和关系，虽然都是头脑里的自由创造，但是比起单个的感觉经验本身来，我们觉得它们更强有力，更不可改变。”[④] 第三，“感觉经验与命题和理论之间有一条逻辑上难以逾越的鸿沟。”[⑤]

爱因斯坦上述的思想包含两个极其重要的观点：第一，感觉经验依然是基础，但是，第二，没有人类头脑中的自由创造——我把它称之为意识的构造——这些感觉经验就没有意义，物理世界之间的必然联系是由理论建立起来的，而感觉经验做不到这一点。在这个意义上，前面库恩对那些所谓主流的现代认识论所坚持的感觉经验是中性和固定的观点的批评就是相当中肯的。无疑，自由创造与感觉印象之间的关系包含了一种飞跃。这种飞跃的性质是什么，它是如何可能的？尽管库恩提出了富有启发的解释，但是，意识活动在这些方面依然还有许多尚不清楚而有待探讨的环节。不过，如果理解了如下一点，也就把握了问题的根本：自然科学认识就是一种自由的创造。事实上，这一层意思为许多人所不理解和忽略。

2. 意识构造的难题：语言的构造与现代科学理论的构造

意识的构造必然关涉语言，自然科学以及其他的认识活动都以语言为基本的构造、表达和交流的工具。因此，语言就是人类自由的不可或缺的手段。

虽然我们可以一般地断定，语言本身也是意识构造的结果，或者更准确

① 托马斯·库恩：《科学革命的结构》，金吾伦、胡新和译，北京大学出版社 2012 年版，第 114 页。
②《爱因斯坦文集》第 1 卷，许良英、范岱年编译，商务印书馆 1976 年版，第 342 页。
③《爱因斯坦文集》第 1 卷，许良英、范岱年编译，商务印书馆 1976 年版，第 409 页。
④《爱因斯坦文集》第 1 卷，许良英、范岱年编译，商务印书馆 1976 年版，第 342 页。
⑤《爱因斯坦文集》第 1 卷，许良英、范岱年编译，商务印书馆 1976 年版，第 409 页。

地说，语言的形成应当是意识发展过程中的一个重要环节和层面。但是，现代所有语言的起源，除了少数几个效仿现成语言而设计出来的人工语言之外，都是不清楚的。语言——作为意识结构的外在表现——的原初构造过程却是一个未被观察到的过程。语言这么一个复杂结构的形成，与意识一样，到现在为止都是不解之谜。因此，意识研究就与语言研究具有了许多相关性。人们现在可以从语法、语义、语用等各个方面来研究语言，也可以从语言史来研究语言的变迁，从社会和文化的角度来研究一种或若干语言的兴衰，但是，这些都无法用以完全解释语言的原初形成，以及为何在不同的群体那里形成了差别如此巨大的语言。

语言发展的前景也是不清楚的。虽然人们可以从语言过去的发展推测它们未来发展的某些可能，但语言在一个较长的未来会有什么样的变化这个问题，与语言是怎么形成的问题一样，是难以得到切实和有效的研究的，尽管有些人已就此建立了一些模型。

在这里，最令人关切的其实是语言与意识之间的关系。自由的不同层面及其产物最终是要通过语言这样的形式表达出来的。但是，语言的表达和意义，即使撇开它的历史演变，也同样能展现出不同的层面，因此，人们面临的一个困难是，如何在语言的这种共时的变化中把握其所表达的意义。理解这个困难的一个关键是，语言的表达从根本上来说就是意识的构造。一个理论体系，一个观点，一个命题，只要不是重述，就是一种新的构造——现代学术原则恰好也是这样要求的。人们如何在许许多多的新构造起来的理论、观点和命题之中获得共同的理解呢？

库恩多次谈到这个问题，他也正是从这个角度来批评现代分析哲学的某些工作的。他说，“一种仅限于报道一个事先完全知道的世界的语言，不可能中立而客观地报道‘直接的感觉内容’。现有的哲学研究甚至不能给我们以一点暗示，那种中立而客观的语言会是什么样的。”[①]——即使报道我们已经熟悉的场景，语言都会建立起新的关联。除非人们只能完全地复述一句或几句规定好的话语，否则，每个人的叙述都会体现自己独特的观察和理解，而且每个人的观察和理解在不同的情景也会有所变化——而这就意谓新的联系的建立。

维特根斯坦认为自己的哲学命题最终是无意义的，任何理解他的人“必须超越这些命题，然后他就会正确看待世界。”[②] 卡尔纳普对此提出了反驳，而这正好表明，他们共同倡导的意义标准是难以成立的。卡尔纳普反驳的核心

---

① 托马斯·库恩：《科学革命的结构》，金吾伦、胡新和译，北京大学出版社 2012 年版，第 115 页。
② 维特根斯坦：《逻辑哲学论 6.54》，韩林和译，商务印书馆 2009 年版，第 104 页。

包含如下两个要点：第一，维特根斯坦的许多命题是有意义的；第二，可以有一种“精确的哲学方法”来陈述那些被维特根斯坦判定为无意义的哲学命题。[①]他们之间的分歧，以及奎因对经验论教条的反驳，对句子的意义标准来说，都是致命的打击。这也使人们领会它所蕴涵的更大的问题：理论、观点和句子的持续构造，中立而客观的语言的缺乏，以及意义标准的不可能，人们如何达到有效的理解和交流，如何达到共识？——尽管交流、共识一直是存在的，但它们又是如何可能的？

为了强化读者对这个困难的了解，这里再来看看库恩和奎因的不同观点。库恩以简明的话语展示了如下的局面：“虽然这世界并没有因为范式的改变而改变，范式转换后科学家却在一个不同的世界里工作。”[②]世界没有改变——康德式的物自身——但它向我们显现了哪些层面以及如何显现，这取决于科学理论亦即意识的构造和活动。奎因认为，“我们所谓的知识或信念的整体，从地理和历史的最偶然的事件到原子物理学甚至纯数学和逻辑学的最深刻的规律，是一个人工的织造物。它只是沿着边缘同经验紧密接触。”[③]既然知识是人工的产物，那么不同的人可以构造出不同的体系和规律，那么它们如何达成一致？

人们虽然难以就所有上述困难及其解决方法取得一致意见，亦难以获得最终解决，但是依据本文的方法，即旨在描述现象，那么，人们就能发现，这些困难的先前形式通过意识的构造和实践活动不断地得到克服，但解决的方式不是如缝补丁那样在原来所理解的困难之处方便行事，而是变换视野和方法，或如库恩所说的范式变换，从而消解困难，或使特定的困难转化新视野或新范式之下的新问题而得以解决。因此，意识自由的核心就是它的构造性和活动能力。而人类语言，无论它的每一次言语行为，还是语言本身，都是持续的构造行为。正是在持续的构造的意义上，意识现象及其实践活动造就了自由的一致性。

2016 年 6 月 16 日

改定于北京圆明园东听风阁

（作者系北京大学哲学系教授）

---

① 鲁·卡尔纳普：《哲学和逻辑句法》，傅季重译，上海人民出版社 1962 年版，第 19 页。

② 托马斯·库恩：《科学革命的结构》，金吾伦、胡新和译，北京大学出版社 2012 年版，第 110 页。

③ 威拉德·蒯因：《从逻辑的观点看》，江天骥、宋文淦、张家龙译，上海译文出版社 1987 年版，第 40 页。

论教宗无误论信理形成的历史政治哲学之意义

徐龙飞

一、从教宗平权主义到教宗无误论——概念的解释

甚至中世纪就出现的教宗平权主义（Ultramontanismus）或所谓越山主义概念，首先关联高卢主教、高卢主义与主教至上主义（Episkopalismus 或 Febronianimus）[①]，原本指的是平信徒相对于主教而言对于教宗的更加虔敬、恭谨与忠诚；从历史过程来看，所谓 ultra montes（或 ultramontan），在地理的意义上表述“越过阿尔比斯山”或“位于阿尔比斯山彼岸”；在大公教会之内原本的涵义也是“望向罗马”或“目光朝向罗马的方向”——这并非突兀而来的、而原本就是古典罗马理念（亦即罗马作为永恒之城、普世之都）、特别是基督宗教内涵的罗马理念的历史与逻辑的延续[②]，这是相对于各地主教团、各教区主教以及罗马之外的非正选教宗及其非正选教廷而言的；这一概念在 1763 年前后用来标识罗马—教宗教会学及其代表性学者，而本质上使得平权主义或越山主义凝聚力量而贯彻自身的前提条件，是法国大革命及其所带来的宪法法制体系在法国与德意志的崩溃以及浪漫派思想（譬如黑格尔哲学）的推动与社会政治的变化；到 19 世纪，这一概念用来指称自由主义的大公教会信徒（自由主义的天主教徒），特别是自 19 世纪末期始到国家社会主义统治德国（纳粹德国时期）这几十年之中，在普遍意义上用来指称天主教徒，特别是纳粹政府在否定的意义上指称“非德国的”（“非德意志的”）天主教徒（甚至新教教会信徒），妄称其对国家而言不可靠、不忠诚于国家，这也是纳粹德国政府推行“宗教德国化”（本质上是“宗教纳粹化”）的借口；当今，这一概念被历史学家与社会学家在完全中性的意义上指称天主教的现代形式或社会形式，亦即在 19 世纪占主流、并且在第一次梵蒂冈大公会议时达到高

---

① 就此请参见 Lexikon für Theologie und Kirche. Sonderausgabe, Herder, Freiburg Basel Wien 2006. Band 3, 723-725.

② 关于古典的罗马理念及其内涵的基督宗教转换，请参见徐龙飞：《永恒之路——奥古斯丁本体形上实践哲学研究》（商务印书馆 2018 年版）相关章节中的研究，特别是第 456—467 页。

峰的、直接影响梵蒂冈第二次大公会议的天主教会的现代形式，其具有的基本特质是以罗马教宗为教会权力核心、非特利腾思维与虔诚形式以及反对暴力革命（特别是反对詹森主义与高卢主义）的耶稣会的大公主义、以学术为（特别是神学与新经院哲学）基础、为了完全的自由而反对国家教会以及主张使用现代工具（譬如媒体、结社与现代交通工具等）[①]。

简言之，19 世纪以来，这一“朝向罗马”才在全部大公教会中转换为“朝向教宗”，就这个意义上的转换而言，庶几乎可有两方面之言说，一方面，不唯如是：这种概念内涵或意义的转换，不仅标志着“教宗”概念本身内涵的变化，而且标志着对“教宗”概念理解的变化，标志着这一概念内涵的进一步充实与概念内在结构与质量的提升；匡复如此：罗马作为理念、甚至作为神话是欧洲俗世历史与教会史中根深蒂固的思维方式之一，而从“朝向罗马”到“朝向教宗”，也是罗马教廷在面临俗世政权干涉教会事务，甚或以军事强力另立教廷、另立主教团的行径而自 16 世纪以来所努力追求的，以至于在大公教会内部（以意大利为代表）产生新样式的教宗派，并且其领导阶层尽皆成为教宗虔敬派；我们庶几乎可以说，从“朝向罗马”到“朝向教宗”，以至于由此而加速教宗无误论在 19 世纪的最终形成，不乏俗世权力积极打压罗马教廷与教宗以及大公教会的功劳。另一方面，对于“朝向教宗”的转向而言同样具有决定性作用的因素，是 19 世纪的欧洲革命，特别是格里高利十六世（Gregor XVI，1831—1846）与碧岳九世（Pius IX，1846—1878）在位期间的欧洲革命，在这期间以至于其后，“夺占罗马”（“Kampf um Rom”）甚至是一种不断革命论的主导论题（譬如 1860 年、1862 年以及 1867 年的意大利）[②]，教宗以其职能不得不对于大革命的持续不断的结果作出反应，1830 到 1831 年的与 1848 到 1849 年的欧洲革命是 1789 年法国大革命理念的延续，从这一系列的革命中诞生的自由主义（Liberalismus），不仅反对大公教会所一向坚持与倡导的人类普遍价值体系[③]，并且试图以一种甚嚣尘上而无以复加的伪宗教学理念（本质上是意识形态）来大力削减大公教会与宗教在国家间、国家内与社会生活中无可替代的功能与作用，而且尤其在普鲁士德国，自由主义、民族自由主义（Nationalliberalismus）以至于随后的国家社会主义（Nationalsozialismus，亦即纳粹）将德国大公教会的、甚或新教的信众诬蔑为

① 就此请参见 Lexikon für Theologie und Kirche. Sonderausgabe, Herder, Freiburg Basel Wien 2006. Band 10, 360-361.

② 就此请参见 Rudolf Lill, Die Macht der Päpste. Verlagsgemeinschaft Topos plus, Kevelaer 2006. S.73.

③ 就此请参见徐龙飞：《立法之路——本体形上法哲学与国家政治思想研究》（上、中、下），商务印书馆 2020 年版；请参见庶几乎全部中、下册。

"非德意志的"("undeutsch")[①]，企图以黑格尔的国家全权(Staatsomnipotenz)理念为工具，达到其"宗教德意志化"("宗教纳粹化")与所谓德意志民族复兴之目的，其最终结果不遑多论——在第二次世界大战结束后已然有目共睹；而大公教会对此亦不得不作出相应之反应，以至于在不得不应对持续的革命及其产生的若干结果的过程中，最终形成并完成或完善了教宗无误论，而尽管教宗无误论的初衷或许在于凝聚大公教会的信众，以捍卫大公教会的信理与信仰，然而其目的庶几乎可以说并非在于高自标格，而是将以罗马与教宗为象征的大公教会自身给回世界，或曰一如既往融汇在世界中；至少欧洲革命本身的初衷之一，在于打击大公教会组织及其所倡导的普遍价值体系，然而与之相反的恰恰是大公教会凝聚力的再度提升、新的信理(教宗无误论)的形成及其以人为本的普遍价值体系的——特别是二战之后无可逆反的——深入人心。

本文从基本概念的阐释出发、结合具体历史境况、以教宗通谕等为基本文献，尝试在历史政治哲学的意义上探讨梵蒂冈第一次大公会议所决定的教宗无误论信理之特质；本文所有引文皆笔者自译，由于探讨的问题是大公教会所特有的，因而行文用大公教会术语。

二、教宗无误论信理之形成及其历史政治哲学之意义

罗马教廷对上述 19 世纪以来的各种革命与思潮亦作出不同的反应，其中产生巨大影响的是教宗碧岳九世于 1864 年 12 月 8 日玛利亚无染原罪始胎庆典日颁布的通谕"Quanta cura"，其中再度谴责了诸如唯理主义、高卢主义与社会主义以及国家垄断的教育体制等现代的谬误，强调了宗教自由、思想(言论)自由以及国家权力的自由与责任，同时强调了大公教会(天主教)的与新教的认信是基督宗教内同等的认信形式[②]；在通谕之后附有《谬误目录》("Syllabus errorum")，被列出的观点包括泛神论(Pantheismus)、自然主义(Naturalismus)、唯理主义(Rationalismus)以及相对主义(Indiferrentismus,

---

① 就此请参见 Heribert Raab, Zur Geschichte und Bedeutung des Schlagwortes "ultramontan" im 18. Und frühen 19. Jahrhundert. Historisches Jahrbuch 81(1962). S. 159-173. Rudolf Lill, Die Macht der Päpste. Verlagsgemeinschaft Topos plus, Kevelaer 2006. S. 71.

② 就此请参见 Summa Pontificia. Lehren und Weisungen der Päpste durch zwei Jahrtausende. Eine Dokumentation ausgewählt und herausgegeben von P. Amand Reuter O.M.I., Verlag Josef Kral Abensberg, Abensberg 1978. Band I, S. 469-480. Heinrich Denzinger, Enchiridion symbolorum definitionum et decklarationum de rebus fidei et morum. Verbessert, erweitert, unter Mitarbeit von Helmut Hoping, herausgegeben von Peter Hünermann. Herder, Freiburg Basel Wien. 40. Auflage 2005. 2890-2896.

Relativismus）等[①]。

自《谬误目录》始，就离梵蒂冈第一次大公会议（简称“梵一会议”）不远了，在面对启蒙与革命（特别是法国大革命以来的历次欧洲革命）的俗世氛围时，教宗碧岳九世也凭借这次会议将其权威性的自我坚守保持到底；在梵一会议前就已经颇富象征意义的是，在纪念伯多禄门徒与保禄宗徒殉道1800周年庆典中（1864/65），教宗碧岳九世单独主礼了感恩祭典弥撒，而襄礼的则是从世界各地来到罗马的500多位主教，他们环绕在教宗周围，这样的历史场景充分彰显了教宗无误以及定于一尊的意图以及舆论与理论准备。对这一场景的反应固然是两方面的，一方面，喜形于色的当然是平权主义与无误论的推动者们，在著名历史学家、教会史与教宗史专家蓝克（Leopold von Ranke）看来，对于大公教会而言，如此这般的庆典以及如此这般地典庆是必须的，因为这并不是在别的什么地方、而是在服从最高主教权力（教宗权力）的疆域所举行的，这表明：首先，并非别的任何意义上的统治、而是教宗的统治依然统辖教宗国等疆域，或者说，教宗的合法统治依然被保持，教宗必须被保障其权力的自由与自由的权力，他必须保有权力工具，以行使其对于所有人而言最高而必备的职能[②]。其次，由此出发则庶几乎可以说，其尤为重要的意义在于，当彼之时，自由的权力与权力的自由这一诉求，表明大公教会与教宗不受俗世政治权力的束缚、掌控与干涉的意愿与努力，而这两者的结合恰恰呈现出一种意图，亦即在教宗国领土被全面犯入的现实情形下呈现、强调并支持教宗的无可或缺性及其权威，并且向俗世权力（特别是意大利政府）表明教宗的这一无可或缺性及其权威。而另一方面——庶几乎更为重要的是，许多欧洲主教则未免忧心忡忡，他们所担忧的有教会内外两方面，外：担心这一行为对大公教会与俗世政权（或俗世政治、特别是其中的自由主义者们）两者关系再次产生负面影响；内：担心这一行为在主教中引发消极印象，从而可能导致主教团体对教宗理念的歧义理解、甚或团体的分裂；为避免这种负面效果的产生，一些主教希望能够召开大公会议，以在理论层面、信理层面以及教会史与教会学层面讨论教宗无误论，并且期待大公教会能够向现代议会主义或现代议会制靠拢。

然而这一期待最终落空，因为——尽管教宗碧岳九世也在准备、并且是

---

① 就此请参见 Heinrich Denzinger, Enchiridion symbolorum definitionum et decklarationum de rebus fidei et morum. Verbessert, erweitert, unter Mitarbeit von Helmut Hoping, herausgegeben von Peter Hünermann. Herder, Freiburg Basel Wien. 40. Auflage 2005. 2901-2980.

② 就此请参见 Leopold von Ranke, Die Päpste. Vollständige Ausgabe, herausgegeben von J. Peevs. mit Namenslexikong und Bibliographie bis in die heutige Zeit forgeschrieben. Emil Vollmer Verlag 1996. S. 791.

为新的信理准备大公会议[①]，然而——不仅大公会议的准备工作几乎是秘密进行的，而且从事前期准备工作的各（五个）委员会成员的三分之二是教廷人员，其余非教廷的三分之一的成员中，大部分也是平权主义者。

平权主义者们要求大公会议尽快给出关于教宗无误论的定义，自1850年在教宗碧岳九世直接参与下创刊的罗马耶稣会的杂志“La Civiltà Cattolica”（《公教文明》）月刊，于1869年2月6日发表长文，清晰给出了罗马的这一意图，并且根据对教宗无误论的不同态度在所谓“自由的”与“正确的”天主教徒之间作了明确区分，而“自由的”与“正确的”这两个术语更成为纲领性的区分表述，特别是1861年之后，日报“L’Osservatore Romano”（《罗马观察者》）也加入战团，不断对此追踪、跟进，发表各种观点的文章；由此，不仅关于教宗无误论信理的讨论激烈展开，而且其中自然包含各种政见，并且各种政见也被集中而大量讨论。最基本的反对意见来自被称为历史

① 根据蓝克的研究，在教宗碧岳九世看来，一方面，大公教会与教宗国身临险境，并且面临各方面的危险，而只有通过主教以及全体信众的勠力同心，被危及的教会才能共度时艰，而恰恰在艰难时刻、并且尤其恰恰在艰难时刻要达到共度时艰的目的时，才更要召开大公会议，以能够凭借共情共意、勠力同心而加强大公教会；另一方面，俗世政体、特别是贵族权力统治也面临多方面的威胁与危险，而仅仅单方面为了教会的共度时艰而召开大公会议是人们所很难甚或所不能理解的，于是召开大公会议也是为了拯救风雨飘摇的贵族政治体制。蓝克认为，在上述两个意义上，教宗碧岳九世必须宣布召开一次大公会议。此外，教宗国与意大利政府之间的棘手难题，本质上并非简单的两个政治权力之间的冲突问题，争执的核心在于：如何解决好追求统一的新王国的存在、而且并不是教会与教宗国式的、而是意大利式的存在与大公教会教宗国国家的独立存在之间的关系！换言之，问题的焦点在于：意大利俗世王国方面：俗世权力如何通过问题的解决而赢得一种被普遍承认的存在，也就是说，意大利王国如何在整体上、深度上、全部细节上理解并接受现代的国家理念，以在世界范围内得到普遍承认；教会教宗国方面：教宗如何通过问题的解决而思考神学理念，特别是其中的教会学说与教会训导理论在整体上的进一步修正、更新与现代化，也就是说，教宗国面临的困难并不是被欧洲俗世权力所放弃、并不是不被俗世（或世俗）国家所承认（当时以及后来的历史也表明了这一点：世界范围内的几乎所有国家都与梵蒂冈建立大使级外交关系、都承认教宗国与教宗的宗教领袖与政治领袖之地位），而是如果不改革，则将被现代之理念所放弃，现代的理念、现代的理念系统改变了俗世国家与俗世权力，譬如人民主权理念已经唤醒了包括大公教会信众在内的各国人民（而大公教会信众原本也就是各国人民），大公教会（当然新教教会同样如此）中的精神领袖们（主教们、枢机主教们，其中大多也是血统上的贵族）代表最高的精神尊严，他们也被现代理念所激励，“现代”也成为教会的号召词、引导词，在他们看来，原有的一种学说，亦即国家应当建立在革命理念与时间意义上的现当代的学说，应当甚或必须被批判，由此，信理的基础才能不犯众怒；在这个意义上庶几乎可以说，没有人愿意看到罗马教宗的权力虚无性，只要教宗代表包含亿万之众的整体的大公教会，那么教宗的权力、权威不仅被承认，甚或被认为是无可衡测的。

就此请参见 Leopold von Ranke, Die Päpste. Vollständige Ausgabe, herausgegeben von J. Peevs. mit Namenslexikong und Bibliographie bis in die heutige Zeit forgeschrieben. Emil Vollmer Verlag 1996. S. 791-792.

主义神学风格的神学家多菱格尔（Johannes Joseph Ignaz von Döllinger）①，他于1869年3月10—15日在奥格斯堡的《汇报》（Allgemeinen Zeitung）上连续发表文章，批评教宗无误论匮乏自由意识、太过党派意识，甚至是对所有自由体制最彻底的忌恨（“abgrundtiefen Haß ……gengen alle freiheitlichen Institutionen”），在其著名的历史批判专著《亚努斯：教宗与大公会议》（Janus：Der Papst und das Concil）中，将教宗无误论概括并批评为罗马对于权力的诉求②；自1850年就担任布拉格大主教、现在已然是枢机主教的施瓦岑别格公爵（Kardinal Friedrich Fürst zu Schwarzenberg），在德语主教区强烈警告罗马，不要定义一个教宗无误论信理，他在1869年出版的“Desideria patribus Concilii oecumenici propomenda”（《大公会议愿景图》）一书中认为，在基督宗教启示的基础受到启蒙而自由的文化质疑的关键时刻，当务之急并非要拓展出新的信理——信理数量的增加庶几乎无济于事，而是要聚精会神于启示的阐释基础的建构，因为启示阐释基础的强有力建构才能够使人易于理解大公教会对启示的解释③。尽管普鲁士当局于1866年违逆绝大多数天主教徒的意愿而在政治上将德意志与波希米亚强行分开，然而布拉格枢机主教施瓦岑别格公爵依然与德意志、奥地利以及波希米亚地区的主教们紧密合作，他的著作与思想在1869年9月初召开的富尔达（Fulda）主教会议上赢得绝大多数人由衷的赞同，并由此产生巨大影响；有两位著名主教参加了这次会议，一位是美因茨主教冯·凯特勒伯爵（Wilhelm Emmanuel Freiherr von Ketteler），一位是罗登堡主教、杜宾根大学教授、很长时间中以至于直到今天都被视为经典的七卷本教会史与大公会议史“Conciliengeschichte”（《大公会议史》）的作者赫斐勒（Carl-Josef von Hefele或Kar-Josef von Hefele），这两位既作为主教又作为著名学者，是枢机主教施瓦岑别格公爵的坚定支持者，他们要求权威与自由之间的平衡；参加会议的主教——尤其是在德意志面临大公教会与新教教会不同认信所带来的特殊问题而——致函教宗，建议其放弃给出并定

---

① 就此请参见 Josef Schmidlin, Papstgeschichte der neuesten Zeit. Papsttum und Päpste gegenüber den modernen Strömungen. Pius IX. Und Leo XIII. (1846-1903). Zweite Auflage, Verlag Josef Kösel & Friedrich Pustet München 1934. Zweiter Band, S. 45-46, 78, 163, 168, 179-180, 266-267, 284-285, 289-291, 315, 329, 341, 470. Lexikon für Theologie und Kirche. Sonderausgabe, Herder, Freiburg Basel Wien 2006. Band 3, 306-307.

② 就此请参见 Johannes Joseph Ignaz von Döllinger, Janus, Der Papst und das Concil. Erste Auflage 1869, Zweite Auflage 1890. Rudolf Lill, Die Macht der Päpste. Verlagsgemeinschaft Topos plus, Kevelaer 2006. S. 97.

③ 就此请参见 Rudolf Lill, Die Macht der Päpste. Verlagsgemeinschaft Topos plus, Kevelaer 2006. S. 97-98. Lexikon für Theologie und Kirche. Sonderausgabe, Herder, Freiburg Basel Wien 2006. Band 9, 328.

义一个伟光正般的无误论信理之意图[①]。当然，教宗碧岳九世对来函颇为不满，尤其不满的一点是，主教来函中高调指出，反对无误论信理的人中，固然未免少数敌视教宗与大公教会的人，然而大多也都是虔诚而恭敬圣座的天主教徒；教宗更愿意听到的是北欧传教区与卢森堡教区宗座署理、领衔主教劳伦特（Johannes Theodor Laurent）的声音[②]，他自教宗格里高利十六世以来就为教宗无误论而奔走呼号。

梵蒂冈第一次大公会议在伯多禄大殿右十字厅举行，最初出席者有 774 位枢机与蒙席，会议结束前后还有 600 多位；其中三分之二来自欧洲，250 位来自意大利，120 位来自法国，80 位来自德意志与奥地利；在另外三分之一中，约 60 位来自东方礼教会，120 位来自美洲（其中 50 位来自美国），40 位来自亚洲，10 位来自非洲；全会主席由 5 位意大利枢机担任：毕立欧（Bilio，教廷枢机）、比札礼（Bizzarri，教廷枢机）、卡帕尔提（Capalti，教廷枢机）、德·安格里斯（De Angelis，教廷枢机、圣座派驻洛桑大使、马尔肯的菲尔默教区大主教）以及德·路加（De Luca，教廷枢机、圣座派驻慕尼黑大使并代管维也纳）。著名学者、维也纳大学教会史与教会法教授、法兰克福议会议员费斯勒（Josef Feßler）主教担任大公会议秘书[③]，他代表温和的教宗无误论，慕尼黑—弗莱星大主教莱萨赫侯爵（Karl August Graf von Reisach）[④]代表国际化的平权主义（或曰代表平权主义所具有的国际属性），也受邀参加会议，然而在会议开幕不久病逝；大公会议上教宗无误论最有力的捍卫者却并非来自罗马，而是麦辛（Mecheln）大主教戴坎普斯（Victor Auguste Dechamps）[⑤]、西敏寺（Westminster）大主教曼宁（Henry Edward Manning）[⑥]以及雷根斯堡（Regensburg）教区主教塞内斯特莱（Ignaz von Senestrey）[⑦]。

---

① 就此请参见 Lexikon für Theologie und Kirche. Sonderausgabe, Herder, Freiburg Basel Wien 2006. Band 4, 1239-1240. Josef Schmidlin, Papstgeschichte der neuesten Zeit. Papsttum und Päpste gegenüber den modernen Strömungen. Pius IX. Und Leo XIII. (1846-1903). Zweite Auflage, Verlag Josef Kösel & Friedrich Pustet München 1934. Zweiter Band, S. 261-262, 271-275, 289.

② 就此请参见 Lexikon für Theologie und Kirche. Sonderausgabe, Herder, Freiburg Basel Wien 2006. Band 6, 683.

③ 就此请参见 Lexikon für Theologie und Kirche. Sonderausgabe, Herder, Freiburg Basel Wien 2006. Band 3, 1249-1250.

④ 就此请参见 Lexikon für Theologie und Kirche. Sonderausgabe, Herder, Freiburg Basel Wien 2006. Band 8, 1022-1023.

⑤ 就此请参见 Lexikon für Theologie und Kirche. Sonderausgabe, Herder, Freiburg Basel Wien 2006. Band 3, 48.

⑥ 就此请参见 Lexikon für Theologie und Kirche. Sonderausgabe, Herder, Freiburg Basel Wien 2006. Band 6, 1283.

⑦ 就此请参见 Lexikon für Theologie und Kirche. Sonderausgabe, Herder, Freiburg Basel Wien 2006. Band 9, 461.

大公会议的章程要求与会者在会议期间对问题的讨论保守秘密，以至于主教们很难就相关问题咨询神学家；在重要的委员会中，譬如“信仰委员会”（Deputatio Fidei），无误论的反对者被排除在外；无论如何，反对者占与会全体主教的 20%，以至于对无误论的讨论无法谈及一种一致性、无法谈及一种被江山一统的世俗权力阶层所喜闻乐见的“全体一致”；属于少数派的，是几乎全部奥地利—匈牙利的主教以及德意志主教的大多数、近乎于三分之一的法国主教、许多美国主教以及三位东方礼的主教（Patriarch），属于少数派的还有少数意大利主教，他们也因此而受到来自教廷的特殊压力；少数赞同少数派的梵蒂冈的蒙席——除了菲利普·久一迪（Filippo M. Guidi）枢机与著名历史学家、教会史学家、领衔大主教文岑佐·提赞尼（Vincenzo Tizzani）之外，则不同寻常地保持克制态度①。

在较长时间中，五个专业委员会分别起草了五个很长篇幅的教宗宪令，其中只有两个受到大公会议的咨询。第一个是关于大公教会信理的“De Doctrina Catholica”（《论大公教会信理》），其中再度批判了唯理主义，在大量削减篇幅之后、并且以“Dei filius”（《天主之子》）为标题于 1870 年 4 月 24 日一致通过，其中涵盖诸如创世、启示、信仰以及信仰与理性之关系等大公教会信理与学说②；由于神学、甚或哲学都要追寻问题的历史，于是这部文献也追溯了特利腾大公会议关于信仰的表述；针对颇富历史价值的观点，如同前文提及的多菱格尔在会议之前、期间所提出的，文献特别强调：教会官方所“启示”的所有真理都必须相信！就此庶几乎可以说，一方面，这其中所强调的既包含被自然理性所认信的、也包含被其所认知的真理，同时彰显了信仰与理性的关系；另一方面，这样的强调似乎也凸显了教宗精神权力的诉求，并且这样的诉求一直影响到当今；最终第三方面，这样的一致通过似乎也表明少数派的主教——尽管是平权主义的反对者，然而——并不是教宗首席权与教宗无误论的反对者！在平权主义以及首席权与无误论之间存在彰明较著的区别！

---

① 关于文中提及的第一次梵蒂冈大公会议的人员构成与数量、各方基本观点与代表人物以及发表观点的重要报刊等，请参见 Josef Schmidlin, Papstgeschichte der neuesten Zeit. Papsttum und Päpste gegenüber den modernen Strömungen. Pius IX. Und Leo XIII. (1846-1903). Zweite Auflage, Verlag Josef Kösel & Friedrich Pustet München 1934. Zweiter Band, S. 263-270. Lexikon für Theologie und Kirche. Sonderausgabe, Herder, Freiburg Basel Wien 2006. Band 10, 556-561.

② 就此请参见 Josef Schmidlin, Papstgeschichte der neuesten Zeit. Papsttum und Päpste gegenüber den modernen Strömungen. Pius IX. Und Leo XIII. (1846-1903). Zweite Auflage, Verlag Josef Kösel & Friedrich Pustet München 1934. Zweiter Band, S. 272-273. 亦请参见 Heinrich Denzinger, Enchiridion symbolorum definitionum et decklarationum de rebus fidei et morum. Verbessert, erweitert, unter Mitarbeit von Helmut Hoping, herausgegeben von Peter Hünermann. Herder, Freiburg Basel Wien. 40. Auflage 2005. 3000-3045.

参加大公会议主教们的核心冲突或所激烈讨论的焦点问题是教宗无误论，这问题在会前的欧洲各国就已经被长期而大张旗鼓地讨论了；这形成了第二个被大公会议咨询的宪章“De ecclesia Christi”（《论基督的教会》），关于这一宪章的模式，教宗于 1870 年 3 月 1 日令长时间以来就准备好的章节“论罗马教宗无误性”（De Romani Pontificis infallibilitate）添加到其中，到 4 月底，教宗又决定将这一章作为一个单独的宪章、并且先行讨论通过[①]，以至于首席权的讨论从教宗的教会学思想中、从教会学的文本中脱颖而出而被重点讨论，这恰恰也是少数派主教们与批判风格的神学家们所力图避免的；当然，讨论是自由的，主要围绕无误论定义的可能性及其所可能产生的神学与历史的问题，特别围绕在最高官方机构中供职的主教们的作用与影响。菲利普·久一迪枢机是唯一一个公开主张教宗无误论必须与主教的意见以及教会的传统关联起来的罗马教廷枢机，然而彰明较著且意味深长的是，在开始讨论的当天，他就被教宗碧岳九世召见并被严厉批评，据说教宗对他喊道：“我就是传统！”[②]

在 7 月 13 日的试投票中，赞同这一无误论宪令的有 451 票，88 个反对票，62 个有保留的赞同票；7 月 14 日，美因茨主教凯特勒与巴黎大主教达尔柏（Georges Darboy）向教宗表述了少数派的急切请求[③]，然而同样彰明较著且意味深长的是，教宗简单迅捷地拒绝了他们的讨论与保留意见，而拒绝的理由并非别的什么，而恰恰是：大公会议是自由的！最终的投票定在 7 月 18 日，并且仅仅允许投赞同或反对票。投票前已经有约 60 位主教离开罗马返回其教区，最终这一教宗无误论信理宪令在“Pater aeternus”（《永恒之父》）标题下作为教宗宪令以 533 票赞同、2 票反对获得通过；这一教宗宪令以非同寻常的历史批判的方法批评了主教主义与高卢主义，强调了教宗首席权是大公教会统一的基础，教宗的首席权是在伯多禄宗徒继承者的意义上行使的，而

① 就此请参见 Josef Schmidlin, Papstgeschichte der neuesten Zeit. Papsttum und Päpste gegenüber den modernen Strömungen. Pius IX. Und Leo XIII. (1846-1903). Zweite Auflage, Verlag Josef Kösel & Friedrich Pustet München 1934. Zweiter Band, S. 273.

② 碧岳九世一声吼，如同虎啸山林、龙跃深渊，这其中隐含着大公教会的千年传统，这是由耶稣基督奠定的、自伯多禄宗徒传下来的首席权传统，在碧岳九世的意识中，他在圣座期是代表这一传统的；领衔（封衔、奉衔）大主教提赞尼在他的大公会议日记中详尽描述了久一迪枢机与教宗碧岳九世的龃龉以及教宗对他与其他无误论反对者所施加的压力；这部日记在梵蒂冈档案馆封存一百多年后终于在德国出版，就此请参见 Lajos Pàsztor, Diario di Vincenzo Tizzani. Stuttgart 1991, 1992. S. 482-490. Rudolf Lill, Die Macht der Päpste. Verlagsgemeinschaft Topos plus, Kevelaer 2006. S. 101.

③ 就此请参见 Josef Schmidlin, Papstgeschichte der neuesten Zeit. Papsttum und Päpste gegenüber den modernen Strömungen. Pius IX. Und Leo XIII. (1846-1903). Zweite Auflage, Verlag Josef Kösel & Friedrich Pustet München 1934. Zweiter Band, S. 266-267, 269-271. Lexikon für Theologie und Kirche. Sonderausgabe, Herder, Freiburg Basel Wien 2006. Band 3, 24.

伯多禄宗徒的这一权力又是直接从基督手中获得的，首席权表明，教宗对所牧养的羊群（信众）享有直接的、监察法权——而主教也必须坦承其现实而真实的“羊群”属性，换言之，主教也必须服从罗马教宗的权威；最终，一个神学论断成为一个基本法则！

在大公会议于 1870 年 7 月 18 日通过并颁布的信理宪令（宪章）《永恒之父》被增加的第四章中，教宗首先追溯了历次大公会议关于无误论的见证，随之强调了教廷官方对于无误论的认定，进而阐释了教宗无误论的性质、对象与目的，最终给出无误论的定义以及违背这一信理所应得的惩罚。关于定义与惩罚：

“当罗马主教出自‘圣殿’发话，也就是说，当他作为所有基督徒的牧者与导师在行使其职权中依据其最高的宗徒权威而决定，信理的或伦理的训导必须被全部教会所遵守，那么他就凭借在伯多禄圣徒中预许给他的神圣助佑而享有那一无误性，神圣的救主渴见其在对信理或伦理训导的定义中秉持这一无误性；并且由此罗马主教诸如此类的定义，都是出于其自身、而非出于教会的一致赞襄就是无可变更的。

“［法典］谁如果违逆我们的这一定义——愿天主护佑，定被绝罚。”[①]

由此我们庶几乎能够有九个方面的言说：其一，一个直接的结论是，教宗的无误并非必须出自教会的共情共意、勠力同心，而是出自其自身（ex sese, non autem ex consensu ecclesiae[②]），而如果他出于 ex cathedra（出自圣殿），也

① Pius IX: “Romanum Pontificem, cum ex cathedra loquitur, id est, cum omnium Christianorum pastoris et doctoris munere fungens pro suprema sua Apostolica auctoritate doctrinam de fide vel moribus ab universa Ecclesia tenendam definit, per assistentiam divinam ipsi in beato Petro promissam, ea infallibilitate pollere, qua divinus Redemptor Ecclesiam suam in definienda doctrina de fide vel moribus instructram esse voluit; ideoque eiusmodi Romani Pontificis definitiones ex sese, non autem ex consensu Ecclesiae, irreformabiles esse.

[Canon.] si quis autem huic Nostrae definitioni contradicere, quod Deus avertat, praesumpserit: anathema sit.”

就此请参见 Heinrich Denzinger, Enchiridion symbolorum definitionum et decklarationum de rebus fidei et morum. Verbessert, erweitert, unter Mitarbeit von Helmut Hoping herausgegeben von Peter Hünermann. Herder, Freiburg Basel Wien. 40. Auflage 2005. 3074-3075.

② 出自梵蒂冈第一次大公会议教宗信理宪令《永恒之父》的这一拉丁语表述 ex sese non autem ex consensu ecclesiae，是教宗职权无误论定义的附加性限定、辅助性限定，指的是教宗出于自身职权、职能与职责，而非出于教会的一致赞襄所作出的所有决定，都是无可改变、无需改变、也无须改变的；就此请参见 Lexikon für Theologie und Kirche. Sonderausgabe, Herder, Freiburg Basel Wien 2006. Band 6, 1085.

就是出自教宗的决定、出自大公教会官方最高决定[①]，那么全部教会就必须接受他的关于信仰与伦理的学说；其二，在此这一信理宪令令人即刻回忆起本文开篇提及的高卢主义，这一思想倾向试图限定教宗的权力、试图限定教宗首席权（以至于诞生其相反的方向：教宗平权主义！），甚或试图排除教宗“出于—自身的—决定”（“Ex-cathedra-definitiones”）的可能性，试图将教宗最高职权（首席权）的决定与整体教会的一致同意（consensus）、主教的真理权威以及牧灵职责绑束在一起，而信理宪令《永恒之父》中这两个强势的拉丁语表述恰恰也是针对高卢主义所作出的，这也为无误论信理指明突破与发展方向；其三，所谓“出于自身”不仅表明由此而来的决定是奠基在伯多禄首席权使命之中的，而且恰恰由此而并非排除大公教会的传统——何况首席权使命原本就是大公教会之传统，亦即教宗如同其他所有基督徒一样在其真理的发现中都依赖《圣经》与大公教会古往今来信仰见证的一致性；其四，出于其 1870 年被确认的法定首席权（立法权能），1917 年的《教会法典》明确表述了教宗领导全部教会的直接而整体的施政权能，梵蒂冈第二次大公会议的“教会宪章”（LG 25）汲纳了这一条，1983 年的《教会法典》又将这一权力更加明确拓展到对于教会所有资源、财产的掌控与管理；其五，由此同样应当指出的是，1870 年的信理似乎并不是必要的、必须的，这样说的理由在于，表述大公教会统一性的教宗首席权从未被主教或神学家们所抗辩、所否认，或者更确切地说：从来都获得足够的承认！由此而其六，在教宗的俗世政治权能逐渐被削弱的过程中，其精神权能反而被进一步建构、被进一步陶冶成型，甚或未免成为一种两线作战的绝对主义（Absolutismus），既反对现代性、又反对其自由诉求，而恰恰这一点正是无误论所意欲达到的目的；然而其七，当时似乎更为必要的是专注于工人问题（Arbeiterfrage），这一问题拖累了整个欧洲，以至于不远的前文提及的德国美因茨教区冯·凯特勒主教在大公会议期间不断为此大声疾呼[②]，直到碧岳九世的继承者教宗良十三世才着手研究并尝试解决这一问题；于是其八，居今识古，或可有机会的是，大公教会的首席权概念作为一种宪制性的君主制（君主立宪），至少也应当作为问题而被充分讨论，并由此才有可能避免前文提及的“宗教德意志化”所带来的巨大危险与灾难，以至于甚至可能为避免普法战争、欧洲 20 世纪初期以至于中期的两次世界大战贡献绵薄之力；最终其九，令人叹为可惜的是，当

---

① 同样出自教宗信理宪令《永恒之父》的这一拉丁语 ex cathedra 表述，字面意思为“出自圣殿”、“出自庙堂”、甚或“出自伯多禄大殿”，指的是教宗依据其职务全权、职能全权、职责全权而作出的非同寻常、无可比拟、无可错谬的官方决定；就此请参见 Lexikon für Theologie und Kirche. Sonderausgabe, Herder, Freiburg Basel Wien 2006. Band 3, 1085.

② 就此请参见徐龙飞：《19 世纪德国天主教社会训导理论之核心宗旨》，《世界宗教文化》2013 年第 4 期，第 48—54 页。

大公教会全神贯注于教宗无误论之时，当教宗无误论的讨论正在激烈进行之时，甚至当普鲁士政府指责大公教会信徒不那么普鲁士、不那么德意志、不那么普鲁士—德意志而要求其宗教普鲁士化，以至于纳粹德国政府整肃大公教会与新教教会而要求“宗教德意志化”（本质上是“宗教纳粹化”、“宗教意识形态化”）之时，战争的苗头已然破土而出，灾难已然悄悄降临，硝烟已然刺鼻，死神已然露出狰狞的面目——普法战争，以至于第一次、第二次世界大战以及俾斯麦政府推行的文化之争（“宗教德意志化”、“宗教普鲁士化”）与纳粹德国政府推行的“宗教德意志化”的原因甚或能够追溯到此！

后之视今，犹今之视昔！

历史从不吊诡——历史是最诚实的！就在这一新的信理——教宗无误论信理——被宣布通过的第二天，法国就向普鲁士宣战了，南部德意志各邦国立即援助普鲁士，驻罗马的法国兵团也立即从圣地撤出而驰援本国军队；9 月 2—3 日，普鲁士—德意志军队在色当（Sedan）战场的巨大军事胜利似乎终结了战争；教宗碧岳九世一直指望拿破仑三世能够对教宗国施以援手，然而这位拿破仑却成为被德意志俘获的法国战俘中的一员[①]；在柏林，德意志帝国最终统一，在巴黎，新的共和国被建立，几周之后，少数派的代表尕里巴尔迪（Giuseppe Garibaldi）带领志愿兵驰援新的共和国[②]。战争从爆发、过程到结果将人们的注意力很快从梵蒂冈—罗马的主题吸引出来，以至于战争在这个意义上有益于大公会议的最终结束，并且会议结束前一个月罗马被再度占领，少数派主教最终也接受了教宗无误论信理，当然，其中有些是数月之后。

三、教宗国的终结及其历史政治哲学之意义

研究近现代的欧洲史书中，经常描述并探讨所谓“罗马—意大利问题”，这指的是意大利王国定都罗马的意图与努力以及由此产生的与教宗国的冲突，在诸多因素影响下（譬如法国的阻挠、特别是拿破仑三世等的打压），意大利王国这一诉求的真正实现则遥遥无期，因而在 1864 年将其都城奠基在佛罗伦

---

① 就此请参见 Bruno Gebhardt（In verbindung mit Karl Erich Born, Max Braubach, Theodor Schieder und Wilhelm Treue）, herausgegeben von Herbert Grundmann, Handbuch der deutschen Geschichte. Band 3: Von der Französischen Revolution bis zum ersten Weltkrieg. Achte, vollständig neubearbeitete Auflage, verbesserter Nachdruck, Union Verlag Stuttgart 1962. S. 184-185.

② 就此请参见 Lexikon für Theologie und Kirche. Sonderausgabe, Herder, Freiburg Basel Wien 2006. Band 4, 293-294.

萨[1]；即使从俗世史的角度来看、即使没有与教宗国的冲突，意大利王国从根本上也从未放弃将永恒之城罗马作为首都的诉求——教宗的罗马与罗马的教宗对于意大利王国而言如芒刺在背，而从教会史角度来看，俗世政治的诉求同样如同骨鲠在喉，这一感觉甚至更为凸显，或者说理所当然更为凸显——因为基督宗教的永恒之城罗马绵延 1800 年、庶几乎自有大公教会以来就是伯多禄宗徒传下来的大公教会圣地以及教会精神权能与俗世权能的属地，因而不能放弃，以至于意大利王国的定都罗马这一诉求似乎是其与教宗国相冲突的焦点。一方面，由于教宗碧岳九世从《谬误目录》到无误论的强硬态势，而恰恰当此普法战争之时法国皇帝的被推翻又创造了一种新而有利于俗世政治的历史境况，以至于作为教宗国精神领袖与俗世权能领袖的碧岳九世陷于一种被孤立的境地，奥地利也趁机于 1870 年 8 月公开宣布了其与教宗于 1855 年签订的协议；另一方面，自色当战役结束后，尕里巴尔迪立即要求夺占罗马，并为此整军经武而蠢蠢欲动，在佛罗伦萨的意大利王国政府，以其外交部长维诺斯塔（Emilio Visconti-Venosta）为首，也特别愿意无条件而全力、甚或必须无条件全力支持之[2]，因为意大利王国政府在策略上只有这样，对内：左派革命家才能在意大利攫取政权，对外：才能避免造成一种意大利的命运被不断的革命（甚或被暴力革命）所决定的印象。由此，首先是对外：意大利佛罗伦萨政府以稳定内在秩序以及顾及意大利民族利益的名义、以确保教宗精神权能与独立性的外交辞令，向欧洲各国政府通报了向罗马突进并占领包括罗马在内的全部教宗国疆域的意图，对此，即使在欧洲多个王室、多国政府、甚或普鲁士新教的柏林，多少都有些疑虑、有些犹豫不决、有些瞻前顾后、有些举棋不定：他们担心意大利佛罗伦萨政府所计划的行动（其实就是暴力革命行动及其毫无疑问所必然带来的惨烈结果）伤及保守的原则与修和的原则，然而其意图几乎也未遇到像样的、有强度、有烈度的阻力；随后

---

① 就此请参见 Josef Schmidlin, Papstgeschichte der neuesten Zeit. Papsttum und Päpste gegenüber den modernen Strömungen. Pius IX. Und Leo XIII.（1846-1903）. Zweite Auflage, Verlag Josef Kösel & Friedrich Pustet München 1934. Zweiter Band, S. 66-80.

② 当然，法国长期以来至少在名义上与姿态上支持教宗国，并且在梵蒂冈驻军，面对法国直接军事介入的可能性危险，维诺斯塔也不止一次强调，要涤除一切无序的因素所可能给法国造成的任何介入、特别是实际的军事干涉的借口，于是既要占领所有必须占领的地方，又要保证政府对教宗独立性的支持；就此请参见 Josef Schmidlin, Papstgeschichte der neuesten Zeit. Papsttum und Päpste gegenüber den modernen Strömungen. Pius IX. Und Leo XIII.（1846-1903）. Zweite Auflage, Verlag Josef Kösel & Friedrich Pustet München 1934. Zweiter Band, S. 88. 此外，在此之所以提及意大利王国外交部长维诺斯塔，是因为他出自意大利著名上等贵族威斯康提家族（Visconti 或 Vicecomites），这一家族出自米兰，谱系发展多重而庞大，自 11 世纪以来全面而深刻影响了意大利与欧洲各国之政治；在发生于 19 世纪的这次意大利王国与教宗国的冲突中，威斯康提家族的这位维诺斯塔也一如其家族之既往而投身于现实政治之中；就此请参见 Lexikon für Theologie und Kirche. Sonderausgabe, Herder, Freiburg Basel Wien 2006. Band 10, 807-809.

是对内：尚在1870年9月的第一周，意大利政府就最后一次（当然也是、并且又是徒劳的一次）以教宗精神权能的保障与独立作为交换条件，就其夺占罗马与教宗国其他疆域而尝试获得教宗的同意：当然是徒劳的！

1870年9月中旬，意大利王国军队犯入教宗国疆域，教宗碧岳九世与国务秘书安彤内利（Giacomo Antonnelli）枢机充分表示了避免暴力冲突的愿望[①]，仅仅将法国军队撤离时为他所留下的零星兵力召集起来，投入到象征性的抵抗之中，因而意大利军队很快于9月20日清晨兵临罗马城下，当然也——未免故意——大张声势地炮轰了罗马城的"Porta Pia"（"虔诚之门"或"碧岳之门"），炸开了一道裂缝，这可谓"历史的"突破口——不妨称之为"历史的菜市口"！"永恒之城"的陷落表明有千年传统的教宗国被武力占领，罗马（除了梵蒂冈与天使堡）、教宗国的武备、教宗国的所有国有财产都被意大利国王的军队所接管，教宗国所有意大利军人被逐出，所有外国军队被解散、遣散[②]。当然，教宗也将所有抢劫以及协助抢劫永恒之城与——从伯多禄宗徒传下来的——教宗国的人绝罚出教会！抢劫行动更多指的不仅是对教宗国公、私资产的夺占，特别是对教宗国国有邮局、国有世俗化大学等的夺占，而且包括对神职人员以及公民生命权利的侵犯！当然，对于教宗自由权力的剥夺被视为最具犯罪属性的抢夺行径！[③]

当此之时，两个相关联的行为具有划时代的历史政治哲学之意义：教宗方面，教宗在"永恒之城"城墙、特别是"碧岳之门"遭炮击时，立即命令守城士兵停止一切抵抗、升白旗——这是教宗最后一次在传统教宗国的意义上行使其教宗职权与俗世国家元首之主权，而升白旗既标志着一个绵延千载的时代的终结，又预示着一个新时代的开启，此后不太久的时间，教宗职权与大公教会在全新的神哲学理念、宗教哲学理念、社会训导理念中浴火重生——梵蒂冈第二次大公会议宣告了这一浴火重生的完美达成；而意大利军队方面，这一"炮轰—炸开—突破口"的行动，庶几乎并非军事意义上的，而是更具历史象征意义的，由此俗世王权在意大利胜出，教宗千年的俗世统治由此被打破，以法国大革命与拿破仑一世为开端的包括教宗国在内的欧洲各

---

① 就此请参见 Lexikon für Theologie und Kirche. Sonderausgabe, Herder, Freiburg Basel Wien 2006. Band 1, 780. Josef Schmidlin, Papstgeschichte der neuesten Zeit. Papsttum und Päpste gegenüber den modernen Strömungen. Pius IX. Und Leo XIII.（1846-1903）. Zweite Auflage, Verlag Josef Kösel & Friedrich Pustet München 1934. Zweiter Band, S. 266, 273, 286-287, 289-290, 301, 321, 336-337, 339.

② 就此请参见 Josef Schmidlin, Papstgeschichte der neuesten Zeit. Papsttum und Päpste gegenüber den modernen Strömungen. Pius IX. Und Leo XIII.（1846-1903）. Zweite Auflage, Verlag Josef Kösel & Friedrich Pustet München 1934. Zweiter Band, S. 89.

③ 就此请参见 Josef Schmidlin, Papstgeschichte der neuesten Zeit. Papsttum und Päpste gegenüber den modernen Strömungen. Pius IX. Und Leo XIII.（1846-1903）. Zweite Auflage, Verlag Josef Kösel & Friedrich Pustet München 1934. Zweiter Band, S. 91.

国俗世政权已然或至少趋于和平方式的俗世化，被暴力终结，留给教宗的只有梵蒂冈！

教宗碧岳九世将自己表述为“在梵蒂冈内的战俘”、“在自家住所中的战俘”，他十分自豪于他滞留在世界圣城梵蒂冈的行为，他也不断拒绝离开意大利的请求，譬如去奥地利或法国（里昂）避难，安彤内利枢机也一再而急切地请求他留在罗马，他也一再宣呼：“我们在罗马，而且将留在罗马！”[①]，以至于枢机主教博纳舒兹（Henri Marie Gaston de Bonnechose）以发生在耶稣基督与伯多禄之间的著名典故“Quo vadis”（“君往何处”）向他致敬！[②]而留在罗马梵蒂冈不仅是一种勇气可嘉的行为——尊严至上、荣誉至坚、信仰至诚！而且更是一种象征行为——圣城依然屹立、圣地依然在我、胜券依然在握！固然，在这种近乎于末世氛围的历史境况下，教宗的外交斡旋——尽管令人尊重，然而——也颇费周章，同时雪上加霜的是，由俾斯麦主导的德意志的、然而又并非仅仅限于德意志、而是波及欧洲其他国家的所谓文化之争，导致国家间（俗世国家之间及其与教宗国）多种意义上的关系（经济的、民间的、教会的等）被中断[③]，以至于在碧岳九世圣座执政期的最后阶段，只有 13 个国家还与圣座保持正式外交关系（在当时的欧洲国家中，譬如奥匈帝国、法国、西班牙、巴伐利亚自由王国、比利时以及摩纳哥）；对那些受制于文化之争而敌视教宗与大公教会的国家（邦国）——在普鲁士敌视态度十分强硬，在奥地利与意大利则相对比较温和，教宗与教廷也仅仅能够以批评、谴责、反对来应对；1870 年之后，尽管教宗碧岳九世对于他那个世纪的自由主义依然持有防御态度，然而 1878 年前后近乎于耄耋之年的他既无法过多、

---

① 意大利王国政府当然期待教宗碧岳九世离开罗马、梵蒂冈而流亡或避难于他国，并且事实上也从未阻挠他的出行，同样意味深长的是，一些意大利警察也允许、甚或邀约不明真相而敌视教宗的人们在他住所窗前制造骚乱；碧岳九世也的确三次、并且只有三次离开他的住所：1872 年视察罗马城破时被损毁的马赛克工厂、特别是其中的“领报像”，1875 年监察他所安排的在伯多禄大殿的工程以及 1876 年接待来自西班牙的朝圣者；就此请参见 Josef Schmidlin, Papstgeschichte der neuesten Zeit. Papsttum und Päpste gegenüber den modernen Strömungen. Pius IX. Und Leo XIII. (1846-1903). Zweite Auflage, Verlag Josef Kösel & Friedrich Pustet München 1934. Zweiter Band, S. 86-87, 93-94.

② Quo vadis，也写作 Quo Vadis，是大公教会一个流传很久的传说，相传伯多禄宗徒不堪罗马帝国皇帝、暴君尼禄之迫害，拟逃离罗马，途中遇到耶稣基督而问之：“君往何处？”（“Quo Vadis？”）耶稣基督回答说：“欲赴罗马再受被钉十字架之苦刑，以救信众！”伯多禄宗徒闻言大惊，遂返回罗马而殉道；就此请参见 Lexikon für Theologie und Kirche. Sonderausgabe, Herder, Freiburg Basel Wien 2006. Band 8, 94. 关于博纳舒兹枢机主教，请参见 Lexikon für Theologie und Kirche. Sonderausgabe, Herder, Freiburg Basel Wien 2006. Band 2, 586.

③ 就此请参见 Bruno Gebhardt（In verbindung mit Karl Erich Born, Max Braubach, Theodor Schieder und Wilhelm Treue），herausgegeben von Herbert Grundmann, Handbuch der deutschen Geschichte. Band 3: Von der Französischen Revolution bis zum ersten Weltkrieg. Achte, vollständig neubearbeitete Auflage, verbesserter Nachdruck, Union Verlag Stuttgart 1962. S. 211-217.

也不再过多关注世事[①]。

就教宗国的终结而言，在历史政治哲学层面可从俗世王权与大公教会精神权力两方面来探讨：

从俗世权力方面来看，早在1870年、1871年之交，意大利王国政府与议会就尝试规划、特别是在法律层面上规划自己一方与教宗的关系[②]；1871年5月13日意大利国王批准通过的所谓《确保法》（或《担保法》，“Guanrentigie”，“Garantiegesetz”）明确表述：确保教宗的大公教会政府不受干涉，确保教宗的完整主权地位，确保教宗主动与被动的派遣大使的权力（亦即承认教宗的主权地位以及国家与国际地位）；确保教宗与大公教会在其领土之外的一切精神与物质的财产占有，确保拉特兰宫、梵蒂冈以及冈道尔夫城堡别墅在教宗主权之下，确保教宗、梵蒂冈每年的财政收入以及献仪与捐献收入，同时取消教宗任命国王的权力以及主教向国王的服从宣誓，无端反对教会权威的言行不被允许，神职人员可自由集会[③]。然而，名曰《担保法》，不过徒有其名而已，事实上，意大利王国政府从未停止与阻止迫害在罗马与其他地方的教会，不仅侵占教会财产，阻止教会捐赠、出让、转让与出售自己的财产，而且禁止信众朝圣与圣体节的圣体游行以及诸多宗教生活的形式，更有甚者：剥夺主教们的住所，监控神学院，令所有神职人员无偿服劳役，不顾教宗与修会的一再反对解散所有修女院并驱除其中所有人员，侵占、没收并变卖教会财产；此外，构成意大利人口暨公民主体绝大多数的，是天主教徒，他们反而被排除在新的国家的政治生活之外，他们的公民权利不仅并未得到承认与保障，而且这种不承认与不保障愈演愈烈，甚至在1874年以法令形式（“Non expedit”）更明确被禁止大公教会信徒参与国家与公共政治生活[④]。

从大公教会精神权力方面来看，当此之时，教宗碧岳九世收获的是满目疮痍的教区，不仅罗马、而且王国的其他地区道德沦丧、风气败坏，奇谈怪论甚嚣尘上，无神论与新教一唱一和诋毁教宗与大公教会神职人员，教堂与

---

① 教宗碧岳九世的、特别是第一次梵蒂冈大公会议之后的各种政务、文化、宗教活动，请参见 Josef Schmidlin, Papstgeschichte der neuesten Zeit. Papsttum und Päpste gegenüber den modernen Strömungen. Pius IX. Und Leo XIII.（1846-1903）. Zweite Auflage, Verlag Josef Kösel & Friedrich Pustet München 1934. Zweiter Band, S. 292-331.

② 就此请参见 Carlo Arturo Jemolo, Chiesa e Stato in Italia negli ultimi cento anni. Turin 1963.

③ 就此请参见 Lexikon für Theologie und Kirche. Sonderausgabe, Herder, Freiburg Basel Wien 2006. Band 4, 291. Josef Schmidlin, Papstgeschichte der neuesten Zeit. Papsttum und Päpste gegenüber den modernen Strömungen. Pius IX. Und Leo XIII.（1846-1903）. Zweite Auflage, Verlag Josef Kösel & Friedrich Pustet München 1934. Zweiter Band, S. 119.

④ 就此请参见 Josef Schmidlin, Papstgeschichte der neuesten Zeit. Papsttum und Päpste gegenüber den modernen Strömungen. Pius IX. Und Leo XIII.（1846-1903）. Zweite Auflage, Verlag Josef Kösel & Friedrich Pustet München 1934. Zweiter Band, S. 119.

教会圣物被玷污，碧岳九世谴责对大公教会的迫害、对神职人员的迫害，谴责对教会的奴役、特别是对教会权威的奴役，批评俗世政府的教育体制对年轻人的荼毒；碧岳九世挟其法典与法律地位而依然坚持其20年来的强硬立场，在1870年11月1日颁布的通谕“Respicientes”以及1871年5月15日颁布的通谕“Ubi nos”（《我们仍在》）中，教宗拒绝非法的法律，并且就所谓《确保法》表述了两方面的观点：一方面，天主的预视已然赋予了教宗俗世政治权力、俗世统治权力，这一权力及其行使被包含在教宗的精神权力（精神职权）之中，并且不受其他任何政治主体（政权主体）与任何执政党派的规定与限定；所有政治主体、执政党派等都必须承认教宗的主权完整与精神职权之完整，在这个意义上，所谓《确保法》不仅与大公教会以及自然法相冲突，不仅伤及大公教会的信仰，而且深深伤及自然法——这也是直到当今所有主权国家都承认的；另一方面，尽管曾经拒绝过自由派的大公教会信众让他放弃强硬与克制态度的要求，以勉从虎穴而委曲求全，然而为了与意大利俗世王国和解，碧岳九世主动迈出第一步，他敦请大公教会全体信众在政治生活中、特别是在政治选举中保持克制，即使他们被意大利王国允许参加选举、并且能够成功选举所意欲选举的候选人，也依然要三思而后行[①]。总之，在教宗以及正常人看来，即便是少数，也不允许被排除在国家与社会政治生活之外，他们的公民权利也必须被承认，这样的不承认、不保障、甚或禁止——换言之，禁止公民融入到国家政治生活中——首先、并且最终伤及的是国家政治与公共生活，伤及的是国家（意大利王国）的国际政治形象与政治实力，伤及的是意大利王国的国际关系；在碧岳九世与其后历任教宗的领导与大公教会的努力下，几乎半个世纪之后，这一境况方有所改观，意大利的国家形象方恢复正常；个中艰辛，唯其自知！

四、结语

综上，我们在此庶几乎能够说，在历史政治哲学层面，无论是从教宗国的立场、抑或是从一般政治哲学、政治关系的立场出发，无误论及其所造成的结果以及教宗与梵蒂冈的应对，毕竟是敦睦而温和的、甚或是善意而保守的，其应对出发点与举措似乎较少神学的、信理的色彩，更多的是出于历史政治与现实政治的考量；在没有传统地理意义与政治意义上的教宗国国家疆域的境况下、在没有传统的财政收入的境况下，碧岳九世完全依据其法哲学、

---

① 就此请参见 Summa Pontificia. Lehren und Weisungen der Päpste durch zwei Jahrtausende. Eine Dokumentation ausgewählt und herausgegeben von P. Amand Reuter O.M.I., Verlag Josef Kral Abensberg, Abensberg 1978. Band I, S. 491-494.

神哲学以及历史传统意义上的法典权力，不仅保持了他的圣座主权，而且在智慧的安彤内利枢机主导下，依靠大公教会的财产管理、教友的捐助而覆盖了所有财政支出——甚至比 1870 年之前更加富有。而前文提及的所谓“历史的”突破口，也就是教宗国的被夺占，庶几乎也能够被视为历史、特别是近两千年的教会史与教宗史上的一个休止符。这一“历史的”突破口还有一个始料不及的后果或影响，也就是说，在没有教宗国的情形下，教宗—教宗职权—首席权更多地成为一种中性而道德的机制，同时由于教宗作为一种精神形象、精神领袖而并不局限在任何一个民族及其具体文化现象中——当然也不局限在意大利民族及其相关者之中，于是教宗就奠定了一种超民族、超国家的形象与意义、奠定了一宗普遍价值意义及其形象，历史中到来的这一休止符并非奠基在神学或哲学的新概念、新理论之上，而是奠基在历史的、政治的事实之上；而人未免总是后知后觉的：直到教宗本笃十五世（Benedikt XV，1914—1922）时，人们才理解了在梵蒂冈的教宗职权与教宗国这一变化——这一休止符——的深远意义，教宗保禄六世（Paul VI，1963—1978）于 1970 年更加明确强调：教宗国的损失对于教宗职权而言饶有益处！

如此判断，良有以也！

（作者系北京大学哲学系、外国哲学研究所教授）

人类尊严、人权谱系学与普遍主义问题

应　奇

人类尊严概念相对晚出地成为人权观念的基础被援引和论证，这看上去是一种违反直觉的现象。从历史上看，至少可以追溯到古代晚期的人类尊严的概念要远早于近代的人权观念而出现，但是它之作为人权观念的根据和内涵在相关的人权宣言和文件中被宣称和辩护却被公认为是“二战”以后的情形。晚近以来，人类尊严概念在人权理论中的地位和作用变得愈发重要，但它引起的理论上的问题也变得更为复杂。

在扩大开来的意义上，我们既可以说人类尊严概念之重新进入人权理论的奠基性事业，本身是由启蒙运动以来普遍主义的道德和政治哲学所遇到的挑战所引发的，它同时也在更深的层次上暴露和敞开了怎样在后启蒙的语境下处理普遍主义问题的全新的理论视域。考察在这条理论线索上的三位重要的德国哲学家和社会学家罗曼（Georg Lohmann）、哈贝马斯（Jürgen Habermas）和约阿斯（Hans Joas）的相关工作，将有助于我们把握人权理论的最新进展以及所谓普遍主义问题面临的错综复杂的困境。

一

在当代人权理论家中，罗曼在将人类尊严重新确立为人权观念之基础和根据方面做出了突出的贡献。罗曼的工作主要有两个方面，一是从作为“社会想象”的人类尊严的视角，阐发了 1945 年后人权和人类尊严宣言的历史哲学意义；二是立足于这种历史哲学视野，系统地讨论了当代人权理论的诸多难题。

所谓“社会想象”，也称作“根本想象”（radikale Imagination），这是罗曼从当代社会哲学家科内利乌斯·卡斯托里亚迪斯（Cornelius Castoriadis）那里借用来的概念。罗曼认为 1945 年之后《世界人权宣言》对人类尊严概念的全新定位，其现实背景是对国际人权政体的重新定义，而这种“历史性的新构想可以被理解为创造社会‘根本想象’的历史事件”。[①] 与卡斯托里亚迪斯对“根本想象”的阐述相类似，罗曼强调要从对历史经验做出反应以及进一步加工已被制度化的观念意义这个解释学的角度来领会这种历史性的新构想中所包含的理解自身的冲动。从这个视角看，一方面，对于人类尊严概念的新解释，当然是对于纳粹专制和极权主义的野蛮所做出的反应；另一方面，“由‘尊严’的思想史和概念史所引发，人类尊严这一崭新的、明文颁布的解释，最终作为一个自身不可继续推导和论证的价值取向而制度化，它自身成为社会制度的辩护理由和体系准则”。[②] 罗曼通过梳理尊严概念的复杂历史来落实“根本想象”论者所要求的对历史传承的概念进行重新解释的任务，又从施事行为（performativer Akt）和规范性起源的视角来理解人类尊严的绝对有效性。

如前所述，尊严概念具有比人权概念更早的起源，但是按照罗曼的分析，历史上的尊严概念可以从一般的和特殊的两个维度去把握。虽然这两种概念的“尊严”都包含一种自由的和自我决定的状态，但是从斯多葛派到康德的一般的尊严概念基于人在宇宙中的位置、理性能力、创造力以及与神的相似性论证人的一般尊严的构想，而且，这种尊严概念“仅与相应的义务（对自己、对他人或者对授予尊严的机构）联系在一起，而没有相应的权利”；[③] 而特殊尊严的构想则往往与一个特殊群体里的特殊地位和等级联系在一起，从而经常可以被理解为荣誉和特权。罗曼认为，虽然两个概念传统中的各种构想并行不悖、互不影响，但是启蒙运动以来自由和平等的价值取向使得特殊尊严的构想“面临着自我辩解的压力”，而经过启蒙理念洗礼的尊严概念依然“直接与对自己和他人的义务相关，而不再是权利的载体”。[④]

按照罗曼的分析，无论一般的尊严概念，还是特殊的尊严构想，都没有能够成为权利和人权概念的基础。真正内在地蕴含权利的是 1945 年以后出现在《世界人权宣言》和《德国基本法》中的人类尊严概念。这是历史上第一次有理有据地把人类尊严概念与权利的理念联系在一起，也是前述“社会想象”的根本内涵，罗曼甚至认为“我们必须将这一历史新开端理解为人类重获历史自主权的时刻”。[⑤]

---

① 罗曼：《作为“社会现象”的人类尊严：论 1945 年后人权与人类尊严宣言的历史意义》，邹丽译，郁喆隽校，《当代国外马克思主义评论》第 10 辑，人民出版社 2012 年版，第 346 页。

② 罗曼：《作为“社会现象”的人类尊严：论 1945 年后人权与人类尊严宣言的历史意义》，邹丽译，郁喆隽校，《当代国外马克思主义评论》第 10 辑，人民出版社 2012 年版，第 346 页。

③ 罗曼：《作为“社会现象”的人类尊严：论 1945 年后人权与人类尊严宣言的历史意义》，邹丽译，郁喆隽校，《当代国外马克思主义评论》第 10 辑，人民出版社 2012 年版，第 348 页。

④ 罗曼：《作为“社会现象”的人类尊严：论 1945 年后人权与人类尊严宣言的历史意义》，邹丽译，郁喆隽校，《当代国外马克思主义评论》第 10 辑，人民出版社 2012 年版，第 349 页。

⑤ 罗曼：《作为“社会现象”的人类尊严：论 1945 年后人权与人类尊严宣言的历史意义》，邹丽译，郁喆隽校，《当代国外马克思主义评论》第 10 辑，人民出版社 2012 年版，第 346 页。

罗曼注意到，这里被援引的尊严概念实际上是一个“开放的概念”，既可以从神学角度理解，也可以从哲学角度理解，还可以从伦理角度理解，于是人类尊严就成了一个“未经解释的命题”。但是同时，罗曼之所以引用相关法律文件及其解释中所总结出的人类尊严概念的基本要素，主要是强调，人类尊严概念并不是作为一个伦理哲学概念，而是作为一个法律概念取得目前的突出地位的，就是说，人类尊严概念“所创立和论证的并非道德义务，而是人权和与之相应的法律义务”，[①] 而这就关涉到罗曼对于人类尊严构想的独特论证策略。

罗曼的论证“以由宣言开启的、经制度化希望的并且公开作为法律基础所生效的人类尊严的规范化解释为支撑”[②]，而他之所以要强调人类尊严概念不是一个伦理哲学概念，而是一个法律概念，其着眼点就是为了与传统的援引“自然”或“理性”的合法性论证策略区分开来。提出这种其核心内容为规范性起源和合法价值准则的论证策略，主要是为了从人类尊严作为法律概念的施为特征，来缓解作为绝对有效的价值的人类尊严与作为人类希望的人类尊严之间的张力。在当下的语境中，这个施为特征就意味着，“世界上的所有人都以同样的方式被视为人权的承受者和创作者，承认他们的人类尊严，就必须赋予他们人权”。[③]

回到“社会想象”的定位，罗曼从历史哲学的角度和高度探讨了人类尊严作为人权的基础这一方案所蕴涵的历史意识与经典历史哲学的进步意识之间的异同。所同者在于，关于人权的话题中所显露的历史进步意识虽然不再要求和认可绝对的明确性，但它仍然必须为重实效的进步希望设置前提；所异者在于人类尊严的方案受情绪感染的矛盾特征，而主要体现在康德和他的继任者哈贝马斯那里的用人类先天的理性能力加以支撑的进步论方案越来越暴露出其种种不足。就此而言，以人类尊严为基础的人权政体方案仍然笼罩在一种自相矛盾的历史意识当中，也是在这个意义上，“‘人类尊严’是一个清醒的词汇，是对无所有约束的进步以及过于乐观的人类潜能的急刹车”[④]。

的确，哈贝马斯既是罗曼在人权理论上的同道，也是其主要的对话者。从理论源头的层面上，罗曼把哈贝马斯的人权论放到从康德、黑格尔到马克

---

① 罗曼：《作为“社会现象”的人类尊严：论 1945 年后人权与人类尊严宣言的历史意义》，邹丽译，郁喆隽校，《当代国外马克思主义评论》第 10 辑，人民出版社 2012 年版，第 352 页。

② 罗曼：《作为“社会现象”的人类尊严：论 1945 年后人权与人类尊严宣言的历史意义》，邹丽译，郁喆隽校，《当代国外马克思主义评论》第 10 辑，人民出版社 2012 年版，第 356 页。

③ 罗曼：《作为“社会现象”的人类尊严：论 1945 年后人权与人类尊严宣言的历史意义》，邹丽译，郁喆隽校，《当代国外马克思主义评论》第 10 辑，人民出版社 2012 年版，第 347 页。

④ 罗曼：《作为“社会现象”的人类尊严：论 1945 年后人权与人类尊严宣言的历史意义》，邹丽译，郁喆隽校，《当代国外马克思主义评论》第 10 辑，人民出版社 2012 年版，第 362 页。

思的理论传统中加以定位；从理论效用的层面上，罗曼把哈贝马斯的人权论放到当代关于民主化和普遍主义问题的语境中加以阐发，并在此基础上提出了他对于人权和普遍主义问题的观点。

在追溯一般的尊严概念和特殊的尊严概念的渊源和演化时，罗曼曾经指出，法国大革命以来，尤其19世纪以后，追求“符合人类尊严的生活”的社会诉求，在大多数情况下是以否定的形式来抗议那些与人类尊严不符的生活条件。罗曼从人类尊严的角度对马克思和社会主义人权观的讨论，也是在这条线索上展开的。罗曼探讨了康德对马克思的影响，他认为马克思保留了康德从规范性方面对所有人的尊严的平等承认，同时又批判康德的每个人的平等尊严的概念过于抽象和片面；相应地，与把屈辱作为资本主义批判的总括性范畴相联系，马克思探讨了符合人的尊严的劳动和生活，他坚持认为符合人的尊严的生活是通过劳动而实现的。但是罗曼在这里发现了一种过度扩展劳动概念的倾向。与之相对，罗曼赞同哈贝马斯的劳动和交往范式，并通过从中引申出社会权利概念，来充实符合人的尊严的生活方式，但他同时又认为，在人权和人类尊严的关系问题上，哈贝马斯实际上继承了马克思采用的那种否定性的方法，就是说，“人的尊严的普遍要求是以间接和否定的方式得到辩护的”。[1]

二

在某种程度上，哈贝马斯的法哲学巨著《在事实与规范之间》就是一部关于权利和人权的著作，但耐人寻味的是，至少从字面上看，人类尊严并非哈贝马斯权利体系建筑术的概念基石。一直要到《人类尊严的观念和现实主义的人权乌托邦》一文中，哈贝马斯才系统地回应了人类尊严与权利和人权之间的关系，从而真正完成了他的权利概念建筑术。

哈贝马斯开门见山地指出了与罗曼所面对的同样的现象，只不过他的刻画似乎更有“历史感”：一方面，人类尊严的概念在古典时代就已经出现，并在康德那里得到了经典的表述，但它一直要到第二次世界大战结束以来才进入国际法文本和一些民族国家的宪法；另一方面，法学中对“人的权利”的谈论要远远早于对“人类尊严”的谈论，哈贝马斯把这种现象称作两者之间的“时间上的不对称性”。这种不对称性无法消除，但哈贝马斯试图运用其概念建筑术在其间做出某种调和。他反对那种认为人类尊严仅仅是在事后对人权概念进行“道德填载”的观点，而是主张两种观念之间从一开始就存在紧

① 格奥尔格·罗曼：《论人权》，李宏昀、周爱民译，上海人民出版社2018年版，第65页。

密的概念联系。这种联系表现为，一方面，“人权始终只能从独裁、压迫、侮辱的对立面产生……对人权的诉求，有赖于从被侮辱者对损害其人的尊严的愤怒而获得生机”；[①] 另一方面，“‘人类尊严’是所有基本权利的内蕴都从中汲取养料的道德‘源泉’。”[②]

如前所述，哈贝马斯继承了马克思在论证人类尊严与人权关系上的否定性方法，他将两者之间的关系转而表述为人类尊严具有“发现”人权的功能，当然这里的人类尊严是基于被损害的经验来界定，或者说具体出场的。哈贝马斯还从这个角度来解释基本权利的不可分割性，从而进一步落实他一开始提出的人格尊严是对规范上富有内蕴的基本观念之表达这个更强的论点。更为重要的，哈贝马斯在这里实际上是要强调人格尊严具有把“对任何人同等尊重的道德与实定法，与民主立法联系起来”的关键性作用。

完成了上述“外围”论证，哈贝马斯进一步深入到人类尊严在从道德义务到法律权利的视角转换中所起的作用这个问题上来。因为只有回答了这个问题，才能完成从动力学到建筑术的过渡，当然，按照哈贝马斯的构想和旨趣，他是试图把动力学的维度内化在建筑术之中的。

哈贝马斯曾经在他的《京都演讲》中指出，希腊和希伯来的结合对于西方文明既是一种偶然，也是一种幸运。在近代基本权利体系的诞生过程中，也出现了这种“既是偶然也是幸运”的“结合”。用哈贝马斯的话来说，一方面是“内在化的、植根于主体良心之内并有着理性根据的道德”，[③] 另一方面是强制的、实定的法律。前者在康德那里退回到了理智领域，后者可以而且事实上“服务于专制主义的君主和古老议会的等级代表会议”。[④] 正是通过以人类尊严概念为枢纽的联结，才实现了哈贝马斯的权利体系所核心关切的从道德义务到法律权利的视角转换。

就道德义务和法律权利的界定而言，哈贝马斯重申了康德在《道德形而上学》中对道德与法律关系的观点。哈贝马斯所强调的是上述过渡中的一种“为了自我决定而自我授权”的行为，“从理性道德到理性法的过渡，要求这样一种视角转换，即从重视和尊重每个他者之自主的对称重叠视角，转换到

① 哈贝马斯：《人的尊严的观念与现实主义的人权乌托邦》，鲍永玲译，《哲学分析》2010年第3期，第2—3页。

② 哈贝马斯：《人的尊严的观念与现实主义的人权乌托邦》，鲍永玲译，《哲学分析》2010年第3期，第3页。

③ 哈贝马斯：《人的尊严的观念与现实主义的人权乌托邦》，鲍永玲译，《哲学分析》2010年第3期，第6页。

④ 哈贝马斯：《人的尊严的观念与现实主义的人权乌托邦》，鲍永玲译，《哲学分析》2010年第3期，第6页。

主张承认和尊重他人的从其各自方面来看的本己的自主”。[①] 正是在这种视角转换后重新主张的这种承认，从其内涵上超出了负责任的行动主体间的道德承认，从其起源上其实是脱胎于与成员资格甚至荣誉体系相联系的“尊严”。

尊严概念要助推从道德义务到法律权利的转换，就必须从与地位相联系的复数形式转换成与承认相联系的单数形式，而这种普世化的尊严只能植根和锚定在对每个人一样的公民地位之中，于是，“人类尊严的概念把对每个人同等尊重的道德内容，转到了公民的地位秩序上，从这一点出发这些公民们获得他们的自尊，即他们被所有其他公民承认为平等地拥有可起诉权利的主体”。[②] 当然，概念的视角转换既不是一种单纯的视角转换，更不仅仅是在概念上完成的。在这里，哈贝马斯所强调的是，这种“转换”只有在宪制国家的框架内才能完成。在此语境中，人类尊严已经完全转化为一个现代法律概念，“公民要作为法律的承受者而出现，仅仅是在享受着这些保护他们人的尊严的权利的时候，在他们共同致力于创立和保持一种基于人权的政治秩序的时候”。[③]

如果说人类尊严概念作为所有基本权利的内蕴从中汲取养料的道德“源泉”是实现从道德义务到法律权利之视角转换的动力，那么哈贝马斯的权利体系建筑术却仍然只有通过在康德那里瓜熟蒂落的自主性概念才能臻于完备。这是因为，正是这种自主性才能把单个人的价值和人的绝对价值冶于一炉，这里的单个人的价值是相对于哈贝马斯所谓集体普遍化而言的，人的绝对价值则是与人类相对于其他物种的较高价值以及人类中单个成员的较高价值而言的。哈贝马斯以此来说明何以在康德的实践哲学中人类尊严并不具有体系上的关键价值，而是自律的道德哲学阐释承载着奠基的重任。

哈贝马斯承认，《在事实与规范之间》有两个疏忽：第一，在尊严伤害方面所累积的经验，构成了18世纪末在历史上不占优势的立宪实践之道德动因的源泉；第二，由地位产生的对他人尊严的社会承认提供了一座概念上的桥梁，沟通着对任何人同等尊重的道德内容与人权的法律形式。[④] 在对人类尊严与人权之间的关系进行了系统的和概念史的考察之后，哈贝马斯现在强调的是，人权从普遍主义和个体主义所理解的人类尊严的源泉里汲取以实定法

---

① 哈贝马斯：《人的尊严的观念与现实主义的人权乌托邦》，鲍永玲译，《哲学分析》2010年第3期，第7页。

② 哈贝马斯：《人的尊严的观念与现实主义的人权乌托邦》，鲍永玲译，《哲学分析》2010年第3期，第7页。

③ 哈贝马斯：《人的尊严的观念与现实主义的人权乌托邦》，鲍永玲译，《哲学分析》2010年第3期，第7页。

④ 哈贝马斯：《人的尊严的观念与现实主义的人权乌托邦》，鲍永玲译，《哲学分析》2010年第3期，第5页。

语言表达出来的道德内涵的过程是与剥离了身份内涵的本体自我一起发生的，但是恰恰是这种身份内涵“才使人类尊严有资格成为道德和人权之间的历史联结环节。然而，人权的法律特性的要点在于，它们所保护的那种人的尊严，却是从时空中的某个身份——恰恰是民主公民的身份——中获得其自尊和社会承认的内涵的”。[①]

前面说过，对人类尊严与人权之间关系的一种系统的和概念史的考察帮助哈贝马斯完成把权架之内的背景和前提下。哈贝马斯所谓“现实主义的人权乌托邦”就是在这种语境下提出来的。一方面，哈贝马斯有些乐观地认为像卡尔·施米特那样完全拒绝人权纲领已经不是现实主义的了；另一方面，哈贝马斯认为现在需要警惕的是“对人权的一种温和的紧缩。这种新的最简主义（Minimalismus）缓和了局面，以此而把人权与它的本质上的道德动力，即对任何人的平等的人类尊严的保护，分割开来”。[②]显然，以这种方式，哈贝马斯再一次确认了权利体系的动力学维度的必要性和重要性，因为说到底，只有这种动力学，才能让我们对道德和法律的那种“爆炸性结合”保持一种“能动的理解”。[③]

三

在《在事实与规范之间》及其附录《公民身份与民族认同》中，哈贝马斯曾经援引英国社会学家马斯·汉佛莱·马歇尔（Thomas Humphrey Marshall）结合资本主义现代化过程对公民权利的扩展和包容的研究，马歇尔论证了西方社会的公民地位在过去二三百年间沿着市民权利、政治权利和社会权利这个顺序得到不断的扩大和巩固。除了指出把公民权利的扩大看作社会进化之成果的理论框架过于狭窄，哈贝马斯尤其担心的是，“这幅线性进步图景的根据，是一种不过问自主性是增加还是丧失的描述”。[④]哈贝马斯提醒社会学家们要对私人自主性和公民自主性的扩大与福利国家中的家长主义的常态化之间的张力保持敏感。但是，颇有意思的是，晚近对于哈贝马斯的权利建筑术的一种犀利的批判，恰恰是由社会学家，也是哈贝马斯的同胞，汉斯·约阿斯

① 哈贝马斯：《人的尊严的观念与现实主义的人权乌托邦》，鲍永玲译，《哲学分析》2010年第3期，第9页。

② 哈贝马斯：《人的尊严的观念与现实主义的人权乌托邦》，鲍永玲译，《哲学分析》2010年第3期，第11页。

③ 哈贝马斯：《人的尊严的观念与现实主义的人权乌托邦》，鲍永玲译，《哲学分析》2010年第3期，第62页。

④ 哈贝马斯：《在事实与规范之间：关于法律和民主法治国的商谈理论》，童世骏译，生活·读书·新知三联书店2014年版，第94页。

（Hans Joas）提出来。与哈贝马斯的权利建筑术相对，约阿斯把他的以探讨人类尊严与人权之间关系为核心的理论称作肯定的人权谱系学。

约阿斯把所谓肯定的人权谱系学的任务清晰地界定为“‘将康德与尼采合在一起进行思考’，并由此克服起源与有效性之间的沟壑”[①]的一种“非康德亦非尼采”的实用主义和历史主义的理论谋划。约阿斯把哈贝马斯和福柯认定为20世纪最重要的两位思想家，从这个角度，他引用冯克（Peter Fonk）“将康德与尼采合在一起进行思考”的表述而将自己定位为“非康德亦非尼采”的肯定谱系学实际上就是“将哈贝马斯与福柯合在一起进行思考”的一种“非哈贝马斯亦非福柯”的理论方案。

在康德与尼采之间思考，或者在哈贝马斯与福柯之间思考也就是在起源与有效性之间思考，而约阿斯恰恰是把他的人权的肯定谱系学定位在由起源与有效性所支撑起来的思考框架中的，他把这种路径称作“一种将根据的论证与历史的反思结合起来的特定的方式”[②]。约阿斯这种“历史导向的社会学”试图成为哲学与历史学两端的一个“合适的中间者”。一方面，他“并不相信一种对最终价值给出纯粹理性的合法性说明的可能性”；另一方面，之所以担忧放弃理性的最终根据，就会为历史的或文化的相对主义打开方便之门，原因就在于那种把起源与有效性之间明确区分开来的思维定式。

正是在这个意义上，相对于哈贝马斯和阿佩尔那种主要与认知和规范有关的有效性要求的理性商谈模型，约阿斯提出了价值的交往（商谈）模式。规范商谈的模型无法回答是什么东西激发我们投入商谈以及为什么我们有义务遵循商谈的结果。其实哈贝马斯自己就承认，“在价值的情况中，起源问题和有效性问题，不可能像在所谓认知和规范的有效性要求的情况中有可能做到的那样如此严谨地区别开来”[③]。但是哈贝马斯关于价值的特殊性预设使得他无法开启价值的交往模式，这其实仍然是受制于他在起源与有效性之间的截然二分。

约阿斯从价值约束、价值否定和价值判断三个方面简要论述了价值的交往模型，但是价值的交往模型同样具有一种施为特征，这就是说，与其抽象地谈论价值的交往模式，不如具体地示例一种价值的交往范式，约阿斯在《人之神圣性》中提出的人权的肯定谱系学就是在这种意义上对价值的交往模型的一种“实践”。

---

① 汉斯·约阿斯：《人之神圣性：一部新的人权谱系学》，高烨译，上海人民出版社2017年版，第3页。

② 汉斯·约阿斯：《人之神圣性：一部新的人权谱系学》，高烨译，上海人民出版社2017年版，第1页。

③ 汉斯·约阿斯：《人之神圣性：一部新的人权谱系学》，高烨译，上海人民出版社2017年版，第231页。

这里的关键仍然在于起源所支持的叙事逻辑与有效性以之为根据的理性论证在价值产生和发展的历史中是以一种特殊的方式交织在一起的。相对于尼采，约阿斯强调这种价值的谱系学是肯定的。在这里，谱系学所指的是“它将自己彻底从一种客观目的论冥思的设想中解放了出来”[①]，就此而言，所谓谱系学的就是指具有偶然意识的；所谓“肯定的”，首先是指对过去的重构，而不是解构，但是同时，“应当被称作肯定的并不是这种对当下实施状况的赞同，而是赞同历史中形成的理想之呼吁，乐意实现当时已产生的甚或据称当下有效的价值”[②]。就理性的论证而言，约阿斯把普遍的神圣化过程和特殊的人之神圣化作为论证人类尊严之为人权奠基的根据。在这里，约阿斯一方面引用涂尔干（Émile Durkheim）对于人之至上性和神圣性的论证，通过这种论证，“在康德那里也许只是作为概念直觉瞬间闪现而且无论如何并非不证自明的东西，在涂尔干那里却成为了他继续展开的宗教理论以及把人本身看作现代社会的一个神圣客体这个观念的出发点”；[③] 另一方面肯定哈贝马斯通过对康德的动机进行交往理论的转换，承认“理性促动引发的道德的力量过于微弱，于是越来越强烈地产生‘通过绝对必要的实证法来补充那只是微弱促动的道德的必要性’”。[④]

约阿斯的肯定的人权谱系学还有两个子课题，一是通过重新阐明人类尊严和人权概念与基督教传统以及启蒙运动的关联，为人权的普遍主义奠基；二是通过讨论对于《世界人权宣言》的诸种解读，示例一种人权原则的普遍主义实践。

在前一个课题上，约阿斯一方面引用耶利内克（Geory Jellinek）的观点，例如不可高估自然法与人权之间的连续性，强调人权宣言的基督教根源，并“将耶利内克的著作解释为一种走出历史主义与自然法学之间争论这一绝境的尝试”，[⑤] 这个尝试的一个重要的理论蕴含是，个人权利观念的起源问题与有效性问题既要分离开来，又不能对立起来，这就意味着，用约阿斯的话来说，

① 汉斯·约阿斯：《人之神圣性：一部新的人权谱系学》，高烨译，上海人民出版社 2017 年版，第 163 页。

② 汉斯·约阿斯：《人之神圣性：一部新的人权谱系学》，高烨译，上海人民出版社 2017 年版，第 164 页。

③ 汉斯·约阿斯：《人之神圣性：一部新的人权谱系学》，高烨译，上海人民出版社 2017 年版，第 67 页。

④ 汉斯·约阿斯：《人之神圣性：一部新的人权谱系学》，高烨译，上海人民出版社 2017 年版，第 123 页。

⑤ 汉斯·约阿斯：《人之神圣性：一部新的人权谱系学》，高烨译，上海人民出版社 2017 年版，第 25 页。

“即使洞察到各价值产生的历史偶然性，也要维护普遍的有效性要求”；[①] 于是另一方面，约阿斯在人类尊严和人权与基督教传统以及启蒙运动的关联问题上得出了一种独特而有想象力的观点，“如果说人权虽然可以回溯到基督教等各种文化传统但却使这些传统处于新型的表达压力（Artikulationsdruck）之下，那么像普遍的人类尊严这样的价值和像人权这样的权利，就无法‘被羁押’（eingesperrt）在某个传统之中”。[②] 显然，从效果历史来看，这个观点是对于耶利内克关于宗教信念位于人权之政治个人主义之开端处和韦伯关于这些宗教信念由于启蒙运动而不再作为普遍现象出现这两种前后相继的历史命题的综合，而用来综合这两个命题的仍然是约阿斯关于人权史就是一部人的神圣化的历史这个最为核心的思想。

在后一个课题上，约阿斯结合对于《世界人权宣言》文本形成过程的分析，驳斥了在宣言产生和解读上的若干误解，例如这部宣言完全应被看作是对犹太人大屠杀的反应，宣言的拟定是由美国、英国和苏联三个强国承担的，宣言有一个明确的作者，以及美国在其中的首要作用，如此等等。约阿斯逐个反驳了这些误解，例如，约阿斯引用雅克·马利坦（Jacques Maritain）的话，通向目标的道路“并不以共同思辨的观念，而是以共同实践的观念为基础”[③]，认为马利坦所指出的这一点尤其重要，正是基于此，“在宣言的文本中没有援引上帝或者任何具有丰富规范性内容预期的自然概念”[④]，虽然这并不意味着在普遍宣言中不允许宗教的根据，就此而言，宣言是“混合的综合体”，是“许多想法、利益、背景假设、法律体系和意识形态信念在其中各自决定性作用的动态过程”，[⑤] 这种对价值普遍化过程的刻画又容易让人联想起罗尔斯所谓在不同整全性学说之间的“重叠共识”。总的来说，约阿斯论证的重点在于指出“这份文件尤其清楚地表明了其作为价值普遍化之结果的这个特征”[⑥]，其论据中既有坚硬的历史事实，又有精巧的解释策略，再一次体现了在起源和有效性之间的“反思平衡”，也在某种程度上与罗曼从社会想象角度所阐发的这部

---

① 汉斯·约阿斯：《人之神圣性：一部新的人权谱系学》，高烨译，上海人民出版社 2017 年版，第 26 页。

② 汉斯·约阿斯：《人之神圣性：一部新的人权谱系学》，高烨译，上海人民出版社 2017 年版，第 8 页。

③ 汉斯·约阿斯：《人之神圣性：一部新的人权谱系学》，高烨译，上海人民出版社 2017 年版，第 245 页。

④ 汉斯·约阿斯：《人之神圣性：一部新的人权谱系学》，高烨译，上海人民出版社 2017 年版，第 245—246 页。

⑤ 汉斯·约阿斯：《人之神圣性：一部新的人权谱系学》，高烨译，上海人民出版社 2017 年版，第 246 页。

⑥ 汉斯·约阿斯：《人之神圣性：一部新的人权谱系学》，高烨译，上海人民出版社 2017 年版，第 242 页。

宣言的施为特征相互呼应，是一种为价值普遍化重新奠基的努力。用约阿斯的总结陈词来说，“一部人权的肯定谱系学在历史分析中必须考虑价值、制度和实践方式这三个维度，以及这三个维度的相互作用；它如今必须指向所有这些维度以及在它们相互作用中理想实践的机会与危险”[①]。

四

罗曼、哈贝马斯和约阿斯对人类尊严和人权概念以及人权谱系学的论述都指向了在当今这个后启蒙的多元主义时代最为棘手的普遍主义问题。在某种程度上，这三位德国理论家对这个问题的处理以既互相区别又互相关联的方式构成了当代普遍主义论述中具有家族相似特征的理论谱系。

在罗曼那里，普遍主义问题是在人权的普遍化和文化具体化的论域中处理的。他反驳了三种怀疑普遍主义人权的立场，第一种是一般意义上的文化相对主义怀疑论，第二种是特定的文化相对主义论点，第三种立场则把矛头指向人权的普遍贯彻力。针对这些怀疑，罗曼把相关的争论拓展到普遍主义与特殊主义、相对主义与绝对主义的框架中，提出了他所谓对普遍主义人权的相对辩护，而这是基于“现代道德和人权的普遍主义只能是相对的，而且它应当以这种方式被构思和确立”。[②]

普遍主义人权观对于人权之为普遍、平等、个体和绝对权利这一规范性主张的证明必须基于这样一个事实，那就是，一种够格的普遍主义人权观需要一个高度尊重人类个体审慎的自我决定的文化预设，虽然从事实的层面，并非所有文化都具备自我决定的个体或主体概念，但是罗曼仍然认为人权的普遍正当性与文化相对性预设是可以相容的，这是因为“和人权相关的义务仅仅是康德意义上的法律义务，仅限于外部可强制的他人的行为举止，它们既不包含针对自身的义务也不包含与内在态度及信念有关的内在责任”[③]。在这里，罗曼所强调的是要避免对人权之法律特性的道德化误解，“人权所伴随的义务的首要适用对象当是国家及特定的国家代表——起码在国家的人权观中情况是这样”[④]。

罗曼对于普遍主义人权的相对辩护还试图重构康德所谓尊重的道德，并引入作为形式化的、开放式的判断原则的公平原则，从而得出，“在种种文化

---

① 汉斯·约阿斯：《人之神圣性：一部新的人权谱系学》，高烨译，上海人民出版社 2017 年版，第 173 页。

② 格奥尔格·罗曼：《论人权》，李宏昀、周爱民译，上海人民出版社 2018 年版，第 115 页。

③ 格奥尔格·罗曼：《论人权》，李宏昀、周爱民译，上海人民出版社 2018 年版，第 12 页。

④ 格奥尔格·罗曼：《论人权》，李宏昀、周爱民译，上海人民出版社 2018 年版，第 13 页。

上相异的道德概念中，起码就某些领域而言，道德上正确的可以被理解为在公平的意义上正确”[①]。通过公平性所蕴含的平等尊重和平等考虑这种所谓弱相对主义道德概念所致力于寻求的不同道德概念之间的最大限度的一致，试图将特殊主义道德内在地传达为普遍主义道德。

在这里，有必要引入在价值普遍主义、文化普遍主义和道德普遍主义之间的区分。[②] 所谓价值普遍主义，是指把某种（些）价值当作适用于每个人的主张，例如有学者认为这种普遍原则在西方的代表是“公平”的概念，在中国的代表是“仁”（或“理”）的概念；所谓文化普遍主义，则强调不同文化有普遍的、共同的价值预设，价值普遍主义一定蕴含在至少某个价值上对不同个人而言的平等主义，而文化普遍主义是否蕴含着平等主义则要看被认为具有普遍性的文化是否蕴含着对个人而言的平等主义；而道德普遍主义是一种“特殊的”价值普遍主义，是指诉诸一种强调而不是忽视人的自主性的价值普遍主义，也就是前述罗曼所提出“高度尊重人类个体审慎的自我决定”的价值普遍主义，就此而言，它似乎可以说既是一种价值普遍主义，也是一种文化普遍主义。洛克、康德、罗尔斯和哈贝马斯都是这种道德普遍主义的代表，而哈贝马斯则把它表述为“平等主义的普遍主义”，按照他的说法：“这种普遍主义要求的是对每个人各自的视角的非中心化。它要求我们将自己的观点根据享有平等地位和权利的他者们的意义视角而加以相对化”[③]，哈贝马斯正是基于这种平等主义的普遍主义处理人权的文化间性的。[④]

虽然并未使用价值普遍主义、文化普遍主义和道德普遍主义的区分，约阿斯对普遍主义问题的讨论却完全是在这种自觉的区分意识的层面上展开的，这一点尤其表现在他对罗蒂和哈贝马斯的批判与调和之中。约阿斯分享了罗蒂对于不同哲学基础性根据在人权史上的作用所抱持的怀疑态度，但他并不像罗蒂那样认为理性—论证式阐释的理由不可能超出确定的文化语境的界限之外发挥它们的论证力量，而是用一种特定的超越语境的叙事与论证的交叉来为所谓“肯定的谱系学”奠基。[⑤] 约阿斯分享了哈贝马斯关于在价值的情形下，起源问题与有效性问题不可能像在认知有效性和规范有效性的情形下

---

① 格奥尔格·罗曼：《论人权》，李宏昀、周爱民译，上海人民出版社 2018 年版，第 117 页。

② 这里及以下关于价值普遍主义、文化普遍主义和道德普遍主义的定义及其区别与联系的讨论参见童世骏：《为何种普遍主义辩护》，《学术月刊》2007 年第 5 期。

③ 转引自童世骏：《为何种普遍主义辩护》，《学术月刊》2007 年第 5 期。

④ 哈贝马斯：《论人权的文化间性》，《哈贝马斯精粹》，曹卫东选译，南京大学出版社 2004 年版；亦题作《关于人权的跨文化讨论》，中国社会科学院哲学研究所编：《哈贝马斯在华讲演集》，人民出版社 2002 年版。

⑤ 参见汉斯·约阿斯：《人之神圣性：一部新的人权谱系学》，高烨译，上海人民出版社 2017 年版，第 177 页。

那样严格地区别开来的洞见，但是相对于哈贝马斯，约阿斯又试图提出一种其实是指向价值的普遍概念的所谓价值的交往范式，以此弥合商谈伦理学和政治哲学在规范与价值之间设置的鸿沟。从这个角度，当约阿斯宣称他的立场“决不是一种对道德普遍主义和法律普遍主义的相对主义的拒绝，而是一种自我反思的、对语境敏感的普遍主义，和一种伦理上得到反思的价值多元主义”[①]时，这里的“价值多元主义”在最终的意义上可以替换为“价值普遍主义”。就此而言，在约阿斯那里，价值普遍主义、文化普遍主义和道德普遍主义其实是“三位一体”的，只不过它们同时又是相互脱钩的，所谓“脱钩”在这里是指它们之间并没有相互推导和蕴含的关系，这应该也是所谓“肯定的谱系学”的题中应有之义。

说到底，约阿斯的真正英雄似乎是特洛尔奇，而最好地表达了约阿斯对普遍性之理解的也仍然是他所援引的特洛尔奇的这番话：“一切真正的普遍性不是对人类来说的有效性，它不使人类这个观念成为可能，也不是那自主的、合理的、被解放否定或被启蒙的理性之处处相同的作品，而是从个别特殊的形式出发的全体生命向前推进的活生生的力量。这股力量将自己的理性本质建立在与那神性的生命意志之基本方向的内在一致这个基础上。而这个基本方向是通过直觉被领会到的，并从历史中被预料到的，是依比较并在实际冲突中经受考验和得到深造的”。[②]

（作者系华东师范大学哲学系教授）

① 汉斯·约阿斯：《人之神圣性：一部新的人权谱系学》，高烨译，上海人民出版社 2017 年版，第 6 页。

② 转引自汉斯·约阿斯：《人之神圣性：一部新的人权谱系学》，高烨译，上海人民出版社 2017 年版，第 165—166 页。

马克思法哲学批判的完成与“无产阶级”的出场

文　兵

马克思的《〈黑格尔法哲学批判〉导言》（以下简称《导言》）一文，在马克思主义的形成中具有十分重要的意义，甚至也可以说具有划界的作用。《论犹太人问题》与《导言》最初就以这样的先后排序同时刊载于 1844 年 2 月出版的《德法年鉴》上。在德文版的《马克思恩格斯著作全集》（1981 年，柏林狄茨出版社）和英文版的《马克思恩格斯著作选集》（1975 年，国际出版社）中，《论犹太人问题》皆是排在《导言》之前。在德文版中，编著者标注《论犹太人问题》的写作时间是 1843 年 8 月至 12 月之间，而在英文版中标注的则是 1843 年秋；两个版本对《导言》的标注都为 1843 年底至 1844 年 1 月。《马克思恩格斯选集》中文第一、第二、第三版的第一卷，皆以《导言》为整卷的首篇文章，而《论犹太人问题》并未收入。在十卷本的中文版的《马克思恩格斯文集》（2009 年）中，《导言》也是作为整卷的首篇文章，而《论犹太人问题》则排在了其后，但两篇文章标注的写作时间皆为 1843 年 10 月中至 12 月中。然而，从思想脉络上来看，《论犹太人问题》应在《导言》之前。很多学者也都指出，《论犹太人问题》是马克思在克罗伊茨纳赫就已完成的，而《导言》则是他到法国之后才完成的。中文版对于《选集》与《文集》的取舍与排序，显然也反映了中国马克思主义研究界对《导言》这一文献的高度重视。这一文章之所以重要，就在于它首次提出了“无产阶级”的概念，甚至有些论者认为它的提出过于“突然”。

马克思自己也提到，他最早关于无产阶级的思想是在《导言》中阐发的。1843 年 9 月，马克思在致卢格的信中对魏特林等的共产主义的理论还有所批评，认为它们只是“社会主义原则的一种特殊的片面的实现”。然而，马克思后来在 1844 年 7 月的《评一个普鲁士人的〈普鲁士国王和社会改革〉一

* 本文系国家社科基金项目“‘构建人类命运共同体’理念的哲学研究”（项目号：20BZX019）阶段性成果，受中国政法大学交叉学科培育与建设计划支持。

文》中，联系到德国西里西亚纺织工人起义，对魏特林在1842年12月出版的《和谐与自由的保证》一书给予了高度的评价，认为这是一本“天才著作”、德国工人的“史无前例的光辉灿烂的处女作”。马克思认为，西里西亚的起义表明了无产阶级一下子就决不含糊地、威风凛凛地宣布了反对私有制社会。马克思指出，德国工人所从事的是社会革命而非所谓的政治革命，因此，魏特林的著作也可以说是一种宣告：“一个哲学的民族只有在社会主义中才能找到与它相适应的实践，因而也只有在无产阶级身上才能找到它的解放的积极因素。”[①] 马克思紧接着指出，德国无产阶级的非凡的社会主义素质，可以从《导言》中找到理解这种现象所需要的初步原理。可以说，马克思的《导言》关于无产阶级的论述与魏特林的思想有相通之处。但是，在魏特林的这一著作中，“无产阶级”并没有作为一个概念加以使用。马克思虽然在1843年9月就已注意到了魏特林，但不能由此推出马克思在《导言》中的“无产阶级”这一概念就是从魏特林那里来的，毋宁说，马克思是通过他已接受的“无产阶级”这一概念回过来重新阐发魏特林这一著作中关于无产阶级的历史地位和作用的思想。马克思直接受到了谁的影响并进而接收了“无产阶级”这一概念，从马克思本人的文本中无从考证。但很多研究者认为马克思是因受到了施泰因在1842年出版的《当今法国的社会主义和共产主义》一书的影响。而麦克莱伦则在他的《马克思传》中否认了这一点。在该书的一个注释中，麦克莱伦则明确认为：“虽然这部著作在德国激进主义者中有着广泛的影响，但很明显当时并未影响马克思。”[②] 对于马克思“突然”支持无产阶级事业，麦克莱伦更相信是因马克思在法国巴黎期间与社会主义者有了密切接触，而那个时候，无产阶级的思想已成为巴黎的老生常谈。

虽然对于马克思受何人的具体影响而采用“无产阶级”这一概念无法从历史文献中得以直接证明，但却是可以从理论逻辑上加以阐明的，因为它在马克思的思想发展中的出场具有必然性。这里顺便一提的是，弗·梅林在他的《马克思传》中叙述马克思的思想发展时，将《导言》排在了《论犹太人问题》之前。按他的说法，这两篇文章分别讨论了手段与目的关系问题，即前者从哲学上概述了无产阶级的阶级斗争，后者从哲学上概述了社会主义社会。梅林对马克思思想发展逻辑的这一看法值得商榷。马克思虽然在后者中探讨了政治解放与人的解放之间的关系，但没有指明谁是担负人类解放的主体，更不可能指明人类解放的前景为何，而这些恰恰是在《导言》中揭示出来的。

---

①《马克思恩格斯全集》第3卷，人民出版社2002年版，第391页。

② 戴维·麦克莱伦：《卡尔·马克思传》，王珍译，中国人民大学出版社2005年版，第123页。

一、理论就是实践：从自我意识到感性存在

马克思最早的学术研究是从法哲学开始的（法哲学在德国一般称为“国家理论与法哲学”，马克思有时也将之简称为法哲学）。早在柏林大学时期，他作为法科的一名学生，就在构想一种法哲学了。他此时更多是受到康德、费希特的影响，但这也给他带来了这样的苦恼：“应然”与“实然”的对立。马克思认识到，要摆脱这种对立，就必须从对象的发展上细心研究对象本身，就需从理想主义转而向现实本身去寻求观念。所以，马克思有这样的宣称：“如果说神先前是超脱尘世的，那么现在它们已经成为尘世的中心。”① 马克思在这一时期，还不能说是转向了唯物主义，虽然提出了“向现实本身去寻求观念”这一思想，但只是否定了将观念与现实隔绝起来的理想主义，只是表达了要从事物本身生动丰富的方面来理解观念的愿望。解决应然与实然、观念与现实的关系，在这一时期规定了马克思思想发展的路向。马克思在思想上开始转向了黑格尔的哲学。黑格尔“实体即主体”的思想，正是在唯心主义的基础上将应然与实然、观念与现实统一起来。从这时开始，马克思就开始大量阅读黑格尔及其弟子的著作，参加青年黑格尔学派的活动，黑格尔哲学构成了马克思思想发展的起点。

马克思后来专注于对古代希腊哲学，尤其是对伊壁鸠鲁派、斯多葛派和怀疑论哲学的研究。他在 1857 年 12 月致拉萨尔的信中说：他对伊壁鸠鲁等的研究“与其说出于哲学的兴趣，不如说出于［政治的］兴趣。”② 在当时的青年黑格尔派看来，启蒙的立场就是自我意识的立场。马克思认为，在这三派的哲学那里，“自我意识的一切环节都得到充分表现”③。马克思的这一研究成果就是他的博士论文（1841 年 3 月）。马克思通过对伊壁鸠鲁与德谟克利特在自然哲学上的比较，高度评价了伊壁鸠鲁所设想的原子偏离直线的运动，认为这一设想具有重要的政治蕴涵，因为“偏离直线”才会有“自由意志”，才可以打破命定的束缚。马克思在大学期间一直思考的应然与实然、观念与现实的关系问题，在博士论文中得以进一步的深化了。一方面，他开始用理论与实践的关系来表述应然与实然、观念与现实之间的关系。他在论文中强调，理论精神要成为实践力量，就必须作为意志面对尘世的现实：“哲学的实践本身是理论的。正是批判根据本质来衡量个别的存在，根据观念来衡量特殊的现实。”④ 另一方面，他明确指出，理论正是以批判的方式，通过“衡量”个别

①《马克思恩格斯全集》第 47 卷，人民出版社 2004 年版，第 13 页。
②《马克思恩格斯全集》第 29 卷，人民出版社 1972 年版，第 527 页。
③《马克思恩格斯全集》第 1 卷，人民出版社 1995 年版，第 17 页。
④《马克思恩格斯全集》第 1 卷，人民出版社 1995 年版，第 75 页。

的存在、特殊的现实，实现对现实的影响，而不仅仅是对现实的理解。马克思对于自我意识的强调，无疑是站在了黑格尔的立场上，强调了主体的能动原则。

但是，马克思并不满足于黑格尔的这种解决观念与现实之间对立的方式。阿维纳瑞正确地指出，“虽然黑格尔哲学要求搭起理性东西与现实东西之间裂隙的桥梁，但它经不起检验；二元对立虽然在哲学上得到消除，但仍潜藏在黑格尔的社会与政治制度理论的内在矛盾中。因此，在马克思面对黑格尔哲学时，社会制度领域就成了关键。”[①] 阿维纳瑞在这里明确地为我们指证了法哲学批判就是马克思早期思想的核心和关键。马克思在 1842 年 3 月 5 日致卢格的信中，提到他曾为《德国年鉴》写了一篇《在内部的国家制度问题上对黑格尔自然法的批判》的文章，“这篇文章的主要内容是同立宪君主制这个彻头彻尾自相矛盾和自我毁灭的混合物作斗争。”[②] 但遗憾的是，马克思这一批判黑格尔法哲学的文章并没有发表。但无论如何，可以肯定的是，马克思在这一时期（也包括在《莱茵报》时期），并没有找到一个足以挣脱黑格尔的影响并展开对德国当代的国家理论与法哲学进行批判的新的支点。这也正是马克思在当时难以解决的“令人苦恼的疑问”，即一旦走向现实生活并从事实际斗争时，就遇到了要对所谓物质利益发表意见的难事。

梅林断言，费尔巴哈对马克思的影响，在《德法年鉴》中特别有力地显现出来，这是因为正是在《莱茵报》停刊到《德法年鉴》创刊这段时间，费尔巴哈的《关于哲学改造的临时纲要》（以下简称《纲要》）发表了；而《纲要》正以其紧凑、简洁、有力的风格，给马克思以深刻的印象[③]。费尔巴哈的《纲要》与马克思的《评普鲁士最近的书报检查令》是在 1843 年 2 月出版的《轶文集》一同发表的。马克思在收到《轶文集》时，对该文集作了高度评价，也对《纲要》提出了批评，认为“他强调自然过多而强调政治太少。”[④] 马克思虽有这样的批评，但我们可以看到，马克思从费尔巴哈对宗教神学的批判中找到一个新的支点，以此展开了对黑格尔的法哲学以及现实政治领域的批判。这个新的支点，就是费尔巴哈对人的感性存在的强调。

马克思在 1843 年 3—9 月期间写作的《黑格尔法哲学批判》，所要解决的主要问题就是市民社会与政治国家的关系问题。费尔巴哈对马克思的影响非常明显地体现在其中了。费尔巴哈在批判黑格尔哲学时，揭露了黑格尔的唯

---

① 阿维纳瑞：《马克思的社会与政治思想》，张东辉译，知识产权出版社 2016 年版，第 9 页。
②《马克思恩格斯全集》第 47 卷，人民出版社 2004 年版，第 23 页。
③ 梅林：《保卫马克思主义》，吉洪译，人民出版社 1982 年版，第 278 页。
④《马克思恩格斯全集》第 47 卷，人民出版社 2004 年版，第 53 页。

心主义的本质:“在黑格尔看来，思维就是存在，思维是主体，存在是宾词。”[①]费尔巴哈要求建立一种新的哲学，而这种新哲学的出发点就是人的“感性存在”:“它是思维的人自己。这个人是存在的，并且知道自己是自觉的自然本质，是历史的本质，是国家的本质，是宗教的本质。”[②]马克思在《黑格尔法哲学批判》中也使用了费尔巴哈在揭露黑格尔唯心主义实质时所使用的“主体”与“谓词”这样一对概念。马克思在批评黑格尔时说:“他使作为观念的主体的东西成为观念的产物，观念的谓语。”[③]马克思认为黑格尔的《法哲学原理》第 261 节可以说是“集法哲学和黑格尔整个哲学的神秘主义之大成。”[④]黑格尔在这一节中把家庭和市民社会视为国家分为自己的两个概念领域，以便从这两个领域中形成自为的无限的现实精神。马克思指出，在黑格尔所设定的关于家庭、市民社会与国家的关系中，“观念变成了主体，而家庭和市民社会对国家的现实的关系被理解为观念的内在想像活动。家庭和市民社会都是国家的前提，它们才是真正活动着的；而在思辨的思维中这一切却是颠倒的。”[⑤]马克思通过把家庭、市民社会倒置为国家的前提，明确肯定了家庭和市民社会就是动力，它们使自身成为国家。这样一种倒置，也解决了“应然”与“实然”、“观念”与“现实”之间的悬隔，为最终确立一种改变世界的现实的革命力量奠定了基础。马克思此时的认识已达到了这样的高度:“丧失财产的人们和直接劳动的即具体劳动的等级，与其说是市民社会中的一个等级，还不如说是市民社会各集团赖以安身和活动的基础。”[⑥]这个等级，也就是马克思在《导言》中所指出的:“一个非市民社会阶级的市民社会阶级”。此时，“无产阶级”这一理论形象可谓呼之欲出了。

在《导言》这一手稿中，也可以看到费尔巴哈有关于“类存在”的思想对马克思所产生的影响。马克思在对第 279 节关于“人格”的评论中认为，“人格”脱离了人，只是一个抽象，“但人也只有在自己的类存在中，只有作为人们，才是人格的现实的观念。”[⑦]在黑格尔那里，社会团体、区乡组织、家庭这样一些“类形式”反而都被视为了抽象东西。在对第 307 节关于“长子继承权”的评论中，马克思不无讽刺地说：个人的出生是自然产物，而个体的特定社会地位、特定的社会职能是社会产物，但两者却被直接同一起来了，

---

①《费尔巴哈哲学著作选集》上卷，荣震华、李金山译，商务印书馆 1984 年版，第 114 页。
②《费尔巴哈哲学著作选集》上卷，荣震华、李金山译，商务印书馆 1984 年版，第 116 页。
③《马克思恩格斯全集》第 3 卷，人民出版社 2002 年版，第 18 页。
④《马克思恩格斯全集》第 3 卷，人民出版社 2002 年版，第 12 页。
⑤《马克思恩格斯全集》第 3 卷，人民出版社 2002 年版，第 10 页。
⑥《马克思恩格斯全集》第 3 卷，人民出版社 2002 年版，第 100—101 页。
⑦《马克思恩格斯全集》第 3 卷，人民出版社 2002 年版，第 36 页。

“自我意识的类的产物竟被看成是自然类的直接产物。”[①] 费尔巴哈对“类本质”、“类存在”定义较为模糊，按广松涉的分析，“类存在”可以从三个方面来加以理解：一是，既是个人的存在也是类的存在。按费尔巴哈的说法，在思维中，“我”自身之中总是有他人的存在，有作为类的“你”的存在。二是，以“类”为对象的自在存在，即只有人能够对象性地意识到自己的“类”。三是，具有类的共同性（Gemeinschaft）的存在。费尔巴哈否认孤立的、个别的人的存在，认为人的本质包含在建立在人们现实差别基础上的人与人的统一之中。[②]

马克思对费尔巴哈的“类存在”概念直接加以接收并借此开始来思考如何克服市民社会与政治国家矛盾的问题。马克思在《黑格尔法哲学批判》中已指出了，正是由于政治国家与市民社会的分离，人在本质上分离了，不得不处于一个双重组织之中，即分别处于国家组织和市民社会之中。在前一组织之中，他作为“公民”处于市民社会之外，而在后一组织之中，他作为“市民”处于政治国家之外。在稍后一点的《论犹太人问题》中，马克思从政治解放与人的解放的高度再次谈到这种人的“二重化”及其克服。在他看来，政治革命虽然在政治上废除了私有财产，将市民社会排除在政治国家之外，但仍然是以私有财产为前提，所以，在所谓“完成了的政治国家”中，人仍然过着双重的生活，因此，政治解放并不是人的解放的最后形式。马克思在《论犹太人问题》第一部分的最后段落中宣告：在只有实现了现实的个人与抽象的公民之间的统一，并且个人的活动也成为类存在物时，人的解放才能真正实现。[③]

马克思在《论犹太人问题》中谈到了通过政治上废除私有财产获得政治解放的问题，但根本还没有谈及彻底废除私有制的问题。而彻底废除私有制正是与“无产阶级”这一理论形象密切相关。马克思很清楚的是，当时的一些社会主义者如蒲鲁东所倡导的废除私有制，也只不过是希望人人保有几份财产的小生产者的诉求而已，所以，马克思还没有将彻底废除私有制纳入到自己的主张中来。“无产阶级”与“废除私有制”则是首次出现于《德法年鉴》同时刊载的《导言》中。但无论如何，马克思正是借用费尔巴哈的思想这块“跳板”（城塚登语），实现了向共产主义思想的飞跃。马克思在1844年8月致费尔巴哈的信中，给予他很高的赞誉，说他的“建立在人们的现实差别

① 《马克思恩格斯全集》第3卷，人民出版社2002年版，第131页。

② 广松涉：《马克思主义的哲学》，邓习议译，张一兵审订，南京大学出版社2019年版，第94—95页。译者在此将Gemeinschaft译为“共同性”，但在同一书中又多处译为“共同体”。Gemeinschaft在此还是应译为“共同体”。

③ 《马克思恩格斯全集》第3卷，人民出版社2002年版，第189页。

基础上的人与人的统一”这一思想，为社会主义奠定了哲学的基础。但事实上，马克思与费尔巴哈在对“现实的人”的理解上，还是有原则差别的，虽然这一时期他并没有明确意识到。这种差别就在于费尔巴哈只是把“现实的人”理解为“感性的存在”而没有同时理解为“感性的活动”，当然就更不可能理解制约这一感性活动的社会条件。只有突破这一限制，才能从“现实的人”之中确立变革世界的具体的历史主体，并通过研究制约他们活动的社会条件，揭示他们的现实状况和历史使命。

二、理论走向实践：“无产阶级”的出场

马克思早在《莱茵报》时期，就开始注意到从法国传入德国的社会主义与共产主义的理论，只是那时尚无暇对其进行研究与批判。《莱茵报》因在1842年10月7日报道了一次在斯特拉斯堡召开的会议上有关共产主义的演说，遭到了《奥格斯堡总汇报》的指责。马克思在10月16日的《莱茵报》做出了强烈的回击，发表了他担任《莱茵报》编辑以来的第一篇文章《共产主义和奥格斯堡〈总汇报〉》。马克思作了这样的回应：“《莱茵报》甚至不承认现有形式的共产主义思想具有理论上的现实性，因此，更不会期望在实际上去实现它，甚至根本不认为这种实现是可能的事情。《莱茵报》将对这种思想进行认真的批判。但是，对于像勒鲁、孔西得朗的著作，特别是对于蒲鲁东的机智的著作，决不能根据肤浅的、片刻的想象去批判，只有在长期持续的、深入的研究之后才能加以批判”①。

马克思对于社会主义与共产主义的接近，很大程度上受到了赫斯的影响。马克思在1841年4月移居波恩时，就与赫斯相识了②，他们后来都同为《莱茵报》的编辑。马克思在《共产主义和奥格斯堡〈总汇报〉》中也提到了《奥格斯堡总汇报》对《莱茵报》刊载的赫斯关于柏林家庭住宅的共产主义的报道。马克思最初对赫斯的观点有些批评，如他在此前曾发表的《集权问题》（1842年5月17日）一文中，认为赫斯把自己的抽象概念偷偷塞入了哲学。但这也不等于马克思不会受到赫斯的影响并改变自己的认识。恩格斯在写于1843年10月15日至11月10日之间的《大陆上社会改革的进展》一文中，对共产主义在德国的发展有一个叙述。他说，在1842年秋，《莱茵报》发表过几篇文章提倡共产主义，虽然没有收到预期效果，然而，“共产主义是新黑格尔派哲

①《马克思恩格斯全集》第1卷，人民出版社1995年版，第295页。

② 戴维·麦克莱伦：《青年黑格尔派与马克思》，夏威仪、陈启伟、金海民译，商务印书馆1982年版，第154页。

学的必然产物，任何反对行为都不能把它扼杀”[①]。他还接着说，就在 1843 年，共和主义者一个接一个地加入了共产主义，其中就有同为《莱茵报》编辑的赫斯、马克思等人。恩格斯称赫斯是新黑格尔派“第一个成为共产主义者”的人。

恩格斯对赫斯的评价不无道理。赫斯较早地就要求以行动哲学代替思辨哲学。1843 年夏出版的《来自瑞士的二十一印张》，就曾刊载了赫斯的《社会主义和共产主义》《行动哲学》《唯一和完整的自由》三篇文章。赫斯这个时期的思想，已远远超出了费尔巴哈了。他明确提出：“一切在于行动而不是存在。”[②]这也是明确表达了对当时青年黑格尔派大多数人热衷的仅是理论批判的失望。赫斯专门介绍了施泰因。他说，在施泰因那里，社会主义与共产主义的主要目标都是“无产阶级”[③]。马克思经由赫斯而注意到施泰因的《当今法国的社会主义与共产主义》一书和“无产阶级”这一概念，并非没有可能。可以确定的是，马克思在写作《导言》之前是看过《来自瑞士的二十一印张》的。马克思曾希望参与《德国通报》刊物的编辑工作，后来该刊出版计划未能实现，约稿作者的文章以文集的形式以《来自瑞士的二十一印张》的书名于 1843 年夏出版。马克思在写《论犹太人问题》时，其中就针对了鲍威尔发表于其上的《现代犹太人和基督徒获得自由的能力》一文。

当然，对于社会主义与共产主义的理论主张，马克思也并非仅是关注到了赫斯。在马克思 1843 年 9 月致卢格的信中，就提到了卡贝、德萨米和魏特林等人的共产主义，提到了傅立叶、蒲鲁东等人的社会主义。但对于马克思具有直接影响的，应是当时的欧洲工人运动。他在 1842 年 10 月 16 日的《莱茵报》上回击《奥格斯堡总汇报》那篇文章中就谈道：“今天一无所有的等级要求占有中等阶级的一部分财产，这是事实，即使没有斯特拉斯堡的演说，尽管奥格斯堡保持沉默，它仍旧是曼彻斯特、巴黎和里昂大街上有目共睹的事实。”[④]马克思到巴黎之后亲身感受到的高涨的工人运动、亲自参加的当时工人协会如正义者同盟的会议，都对他产生了巨大的冲击。这里还值得一提的是，马克思在克罗茨纳赫期间对于历史的研究，尤其是对于法国大革命的研究，也使得他对阶级、阶级斗争有了新的认识。总而言之，正是在现实的政治斗争的助推下，马克思在理论上的大量吸取、深入探究和不断批判，最后汇集成他的《〈黑格尔法哲学批判〉导言》一文。

马克思在《导言》中对黑格尔的法哲学给予了高度评价，认为它是唯一

---

①《马克思恩格斯全集》第 3 卷，人民出版社 2002 年版，第 492 页。

② 莫泽斯·赫斯：《赫斯精粹》，邓习议编译，方向红校译，南京大学出版社 2010 年版，第 83 页。

③ 莫泽斯·赫斯：《赫斯精粹》，邓习议编译，方向红校译，南京大学出版社 2010 年版，第 116 页。

④《马克思恩格斯全集》第 1 卷，人民出版社 1995 年版，第 293 页。

与当代保持在同等水平上的德国历史。马克思强调，不能满足于对思辨的法哲学的批评，而是应走向实践："对思辨的法哲学的批判既然是对德国迄今为止政治意识形式的坚决反抗，它就不会面对自己本身，而会面向只有用一个办法即实践才能解决的那些课题。"[①] 马克思不再把理论限于批判，而是明确要求理论走向实践，认为批判的武器不能代替武器的批判，理论只有掌握群众才能变成物质的力量。而理论要走向实践，那必须要确立担负这一革命实践的主体。马克思指出，当前德国的革命情势是，德国各邦政府把现代政治领域中的缺陷与旧制度的缺陷结合在了一起，这也就决定了德国所需要的是一场彻底的革命、人类的解放，必须摧毁当代政治的普遍障碍，否则就不可能摧毁德国特有的障碍。在德国要求部分的纯粹政治的革命只是一个幻想，因为，德国并不存在这种的前提：在市民社会中，没有任何一个阶级可以从自己的特殊地位出发从事社会的普遍解放，能够把这个阶级的要求和权利当成是社会本身的权利和要求，因为德国的市民社会的道德和忠诚恰恰是建立在利己主义基础之上的。马克思认为，虽然那种不彻底的革命不再可能，但那种彻底的革命恰恰是可能的，这是因为，形成了一个并非市民社会阶级的市民社会阶级，而这一等级表明了一切等级的解体，因为它遭受了普遍的苦难因而也就不要求享受任何特殊的权利，因为它已没有了任何地位，所以必须要成为一切。马克思明确指出，这样一个等级就是无产阶级。

在这里，马克思仍然受费尔巴哈的影响，还从人性的丧失与复归来论证无产阶级的社会处境和历史使命，还将这一彻底的解放看成以"人是人的最高本质"为立足点的解放，但已开始超出了费尔巴哈，已将"现实的人"确定为现实的具体主体的感性活动：无产阶级的彻底革命。马克思在《导言》的最后几个段落，对"无产阶级"作了这样的描述：它是通过兴起的工业运动才开始形成的；并非自然形成而是人工制造的贫民；因社会的急剧解体而不断扩大；把否定私有财产提升为社会的原则；不从其他一切领域解放出来从而解放其他领域就不能解放自己。这些描述虽然都极为简略，但这也正说明了这是马克思思想正在发生实质转变的一个症候。

科尔纽在论及《德法年鉴》上的这两篇文章时指出："马克思的共产主义观还没有建立在对现实进行客观批判的基础之上，对无产阶级本身也缺乏分析，无产阶级多少还只是一个有利于社会进步的观念上的力量。"[②] 但是，这两篇文章尤其是《导言》在马克思思想发展中的地位是绝不能被低估的。马克思通过法哲学批判而得出的重要成果，就是"无产阶级"在《导言》中的出

---

①《马克思恩格斯全集》第 3 卷，人民出版社 2002 年版，第 207 页。

② 奥古斯特·科尔纽：《马克思的思想起源》，王瑾译，中国人民大学出版社 1987 年版，第 71 页。

场，标志着马克思开始转向了共产主义理论。而且，马克思也正是为论证这种共产主义，才开启了政治经济学的批判。城塚登认为，马克思的法哲学批判在此也达到了它的所能达到的最远之处，因为要说明无产阶级的历史地位和作用，还必须深入分析制约着它的社会经济结构，这已非法哲学批判所能承担的了。但他还认为，马克思的法哲学批判不仅构成了经济学研究的前提，而且还像一条红线一样贯穿马克思的经济学研究之中，故而在马克思思想之中存在着由这两个研究所构成的立体结构[①]。城塚登关于马克思整个思想中存在这样一个“立体结构”的观点是值得商榷的。事实上，马克思在此后的主要精力转向了对资本主义经济运行规律的揭示。马克思此后在《1844 年经济学哲学手稿》的“序言”中说，他在《德法年鉴》上曾预告了自己将继续完成《黑格尔法哲学批判》一书的计划，但这一计划并没有实现。他还强调，就是在《手稿》中谈论法、道德与国家时，他也只是在国民经济学涉及这些部分的范围内谈及它们之间的联系。马克思后来与恩格斯在清算他们自己哲学信仰的《德意志意识形态》中，述及了德国当时的思想状况，表达了对法、道德和国家的看法，也必然要牵涉对黑格尔法哲学的批判。马克思在后来的理论研究中就很少涉及法哲学的内容了。马克思在有关无产阶级现实斗争的一些经验总结、纲领制定、政治论争中，也会表达对法、道德和国家的观点，但这些问题并没有进入到他的专门的系统的理论研究之中。马克思在 1857—1858 年的《政治经济学批判〈导言〉》中，构想了他的整个写作计划，谈到了他的“分篇”。虽然关于资产阶级的国家形式是他构想要研究和写作的其中的五个部分之一，但马克思此后根本就没有着手这项工作。即使马克思最终完成了这项工作，但那只是作为其唯物史观总体中的一个部分而已，法哲学的研究并不具有独立的意义。如果说马克思法哲学批判只限于黑格尔法哲学所牵涉的问题，而马克思在《导言》中对涉及这些问题上的一些重要原则已有了大致正确的认识，尤其是在涉及诸如市民社会与政治国家关系的原则问题上，那就可以说马克思的法哲学批判已经完成了。就此而言，《导言》可以被看成马克思整个思想发展历程中的一个重要转折：正是马克思的法哲学批判在《导言》中的完成而将历史唯物主义的创立引向了入口[②]。

（作者系中国政法大学人文学院哲学系教授）

---

① 城塚登：《青年马克思的思想》，尚晶晶等译，求实出版社 1988 年版，第 66 页。

② 在本文最后一段的写作时，西南大学的胡刘教授给予了重要的建议，在此谨表感谢！

人格如何成为所有权之根据

——论抽象法的内在逻辑

孟彦文

对黑格尔而言，自由不是人的偶然所与物，而是人类注定要承受的形而上学使命，因为人是绝对者（绝对理念或上帝）的自身呈现或启示。只有绝对者是主体，由于绝对者的绝对性，它就是绝对主体、唯一主体。自由，本质上，就是绝对者的自由。因此，就最高的形而上学意义而言，人并非自由的主体，而是自由的客体和承载者；并非人拥有自由，而是自由拥有人。通过对人的拥有，人这一客体转而成为主体，但仅是在有限的意义上。

抽象法展示了作为有限的自由主体的人所呈现出的第一种逻辑上必然的自由形态，即人格与所有权。抽象法之所以抽象，并非抽去什么规定，而在于尚未具有规定。虽然人在现实性上是各种规定的统一，但现在，除了人格本身之外，那些规定尚未作为自由的规定而被产生出来。毋宁说，人格就是无规定性本身。因为自由尚未渗透进其中，这尚未规定的自由就是人格，而人格的定在或具象就是所有权。换言之，人格构成所有权的根据。但这仅是一个同样抽象的断言，抽象法要展示的是人格如何或者说通过何种途径能够成为所有权的充分（虽然这一“充分”将会在更高的形态中显得并不充分）根据。通过对人格与所有权的论述，黑格尔揭示了人作为社会存在的本性。正是作为社会存在物，它的权利才不仅是可能的，而且是实在的。

一

有限精神对自身之自由的纯粹理性知就是人格。人格、自我，是“主观精神”的终点，也是“客观精神”（即法哲学）的起点。如果我们说人格自由或自由人格，这对黑格尔而言，无非同义反复，因为抽象的自由，即无规定性的自由，或自由的“抽象的同一性”构成了人格的规定（第34节，补充）[①]。“人格概念抽象掉了人们之间的一切特殊的和个别的性质与差别，除了他们的自由及其相关物。”[②] 抽象法之所以抽象，就在于以抽象人格为对象。这一抽象的人格，就《精神哲学》而言，是“主观精神”运动的结果。

所谓“主观精神”无非以逻辑的形式表现出来的这一历史运动。表面看，“主观精神”以理智的进展作为其根本主题，“客观精神”则以意志的进展为其主题，从而前者是理论哲学，后者是实践哲学。但主观精神也是实践的，正如客观精神也是认知的。因此，二者之区别皆是相对的。主观精神揭示了从对外在于认知主体的他物的知向以自身为对象的知的运动。这一运动的终点就是普遍的自我意识，即理性。而所谓的理性就是“我即我们，我们即我”。换言之，人类精神终于认识到，所有人皆是自我等同的。只有达到了这样一种纯粹的理性知，客观精神即自由才能开端。之所以理性构成自由之开端，是因为自由总是普遍的自由，而且只能是普遍的自由。就此而言，主观精神构成了客观精神之前提，认知构成行动之前提，理性构成自由之前提。主观精神因此可以说是理性的诞生“史”。

人格概念内在地包含了两个环节：第一，个别性，即人格是个体，“排他的个别性”，或“主体在自身中所具有的个别意志。”（第34节）第二，普遍性，即人格是“无限的、普遍的、自由的”东西（第35节）。每个人作为独一无二的这一个人格，而又是无别的、同一的。人格是个别性与普遍性的直接统一，或者说，人格是普遍的个体。只有扬弃掉人的具体差别——那些差别尚未属于概念，或者说尚未被概念驯服——我们才能达到这种纯知。对人的自然差别之扬弃就是人格之无限，人借此超出了自然之限定，身份、地位、等级等诸社会差别，本质上属于未被彻底扬弃的自然差别之遗留物。只有无限的人格才是普遍的人格，只有普遍的人格才是自由的人格。借此，理性确立了所有人的人格平等之原则。

黑格尔认为，当一个民族还没有形成这样的理性知，而还根据身份、等级等对人的价值加以确认，就还没有进入现代文明之列。“当主体用任何一种方法具体地被规定了而对自身具有纯粹一般自我意识的时候，人格尚未开始……个人和民族如果没有达到这种对自身的纯思维和纯认识，就未具有人格。”（第35节，附释）

---

① 黑格尔：《法哲学原理》，范扬、张企泰译，商务印书馆1961年版。以下《法哲学原理》引文皆引自本版本。译文之改动皆根据 Allen W. Wood 主编，H. B. Nisbet 翻译的 *Elements of Philosophy of Right*，Cambridge University Press（1991）.

② Adriaant Peperzak, Modern Freedom, *Hegel's Legal, Moral, and Political Philosophy*, Kkuwer Academic Publishers, p. 225.

尽管人格概念包含了这样两个环节，但人格之个别性构成了其实体性的规定和内在目的，而普遍性对人格而言是外在的，还不是内容本身，黑格尔称之为“形式的”。人格概念之成为所有权的根据，就在于这两个规定缺一不可，任何一个都不能单独为所有权提供充分根据，抽象法的三个环节就在于展示这一点。这种展示是黑格尔特有的论证方式。

但是，这一无限的人格也同时是有限的。这就是说，它既超出—扬弃了自然之限定，又没有完全超出—扬弃自然之限定。黑格尔称之为“自然意志”（第 11 节）。自然意志是一个悖论。因为“自由是意志的根本规定，正如重量是物体的根本规定一样。”（第 4 节）自然意志则要表明，意志受到自然的限定。人格，作为自然意志，作为抽象的理性知，其尚未有内容规定。因此，人格之自由，就仅在于形式自由，所谓的形式普遍性（第 35 节），属于它的，“只是抽象的决定本身，而它的内容，还不是它的自由的内容和产物。”（13 节）换言之，人格之自由就是不受任何他者干涉的做决定（而非规定）的自由，人格自身就是决断（行动）的发出者和始点，通过做决断，人格使外在自然成为自己的所有物，而表明自身是一个真正的自由存在。但是决断的内容，即“冲动、情欲、倾向”等等由于不属于人格概念自身，对于人格还是外在的，因此人格就显得被自然所规定。就此而言，人格又是不自由的。这就是人格的有限性之所在。“在人格性（personality）中固有的是，作为这一个人格，我在一切方面（在我的内在任性意志、冲动和情欲中，以及在与我的直接外部定在中）都完全是受规定的，我既是有限的，但又全然是纯自身相关，因此我是在我的有限性中知道自己是无限的、普遍的和自由的。”（35 节，引文有所修改）人格是有限与无限的矛盾、自由与不自由的矛盾，必须在道德中被扬弃。人格之有限性表明，对于人而言，自由还是外在的，还尚未渗透于人的存在内部，渗透于人的存在本身，而只能向外表现为对自然的否定，这就是所有权。

二

“人格性包含着一般法权能力，并构成抽象的因而是形式的法权之概念，及其本身也是抽象的根据。”（第 36 节）

这句话并不像乍看起来那么简单。何谓“人格包含一般法权能力”？什么是“一般”法权？为何便构成抽象法的根据？黑格尔惜墨如金，没有加以解释。

一般法权，指法权本身，因此超出了抽象法的形式法权，即所有权，而涵盖了道德法权和伦理法权。换言之，因为人格具有一般法权能力，从而构成所有法权的、而不仅是抽象法权的基点，道德法权和伦理法权虽然已经扬弃了人格之抽象性，并构成了更高的法权，但它们恰恰表明必须基于人格才成为可能，因为人格与法权具有“先天”联系，“法权是人格的定在”。反言之，无人格者无法权。奴隶无法权，就因为他不具有人格。正因如此，人格—自由，才构成了法哲学的基点。如果根据黑格尔对概念的特有理解，整部法哲学都是自由概念从抽象向具体的开展，那么这一点就更加清楚明了。“由抽象法设定下来的、外部的抽象的财产领域，是在整个宗教、政治国家和伦理实体中才能实现自由的可能性条件。”[①]但道德主体、国家公民等等毕竟已经扬弃了人格之抽象性，而成为具体的社会存在，渐次超越—扬弃了人格之有限性，而成为真正无限的存在，因之，人格作为抽象概念，又仅构成抽象法权之同样抽象之根据，即所有权的根据。

黑格尔把法权建基于理性人格，反对自由主义从自然人出发对法权进行论证，不仅是因为所谓的自然状态和法权状态是一种在历史上并不存在的“设定”，更是因为，在他看来，以“自然”来理解人，或者说把人视为自然存在，而非自由存在，其实质是把人降低到动物的水平，以欲望的满足作为人的驱力。这种观点从根本上否定了人的更高的道德满足和伦理满足。就此而言，黑格尔继承了康德的理性传统（尽管与康德有巨大区别）。权利并不来自自然个体，而是来自自由人格。

基于对人格与法权之关系的分析，黑格尔接着说，法权的命令是“成为一个人格，并把他人作为人格加以尊重。”（36 节）这可以被视为抽象法的唯一命令。这一命令是一个严格意义上的分析命题，因为正如以上所言，人格是人对自身之自由的理性知，这意味着，每一个个体都是并且应该是人格，并且每个人都相互承认对方作为人格而不是作为如此这般的一个自然个体而存在。抽象法的全部内容之推演皆不出乎这一命令或人格概念所包含的东西。

这一命令虽然具有肯定形式，但就其真正意谓而言乃否定的，即禁令，其否定形式是：“不得侵害人格”。由于法权作为人格之定在而附属于人格，因此其否定形式可以进一步扩展为“不得侵害人格或从人格中产生的东西。”（38 节）

以上所言只是表明，黑格尔认为人格与法权之间具有同一性，并视人格为法权之形上根据，倘仅止于此，尚不足以说明黑格尔思想之创造性，因为它们在根本上还是康德与费希特的思想遗产。黑格尔之创造性在于他提出了一种新的人类学观念，他把人首先视为行动者，意志就是标示行动的范畴。但人的真正的行动对象就是自己，他既是行动的主体，又是行动的客体。而

① 约阿希姆·里特：《人格者与财产——论黑格尔〈法哲学原理〉第 34—81 节》，姚远译，吴彦编选：《观念理论法哲学及其批判——德意志法哲学文选（二）》，知识产权出版社 2015 年版，第 131 页。

人之所以行动，就在于使自己实在化的根本“欲望”。但并非人的所有活动都是行动，只有出自自由人格的活动才是行动。因此，奴隶只活动，而不行动。

法权之所以是人格之“定在”，或者说，人格之所以为法权之根据，就在于法权是人格的实在性，是人格通过行动使自己成为自己的现实对象。人格的法权在此就是所有权。黑格尔说：“所有权所以合乎理性不在于满足需要，而在于扬弃人格的纯粹主观性。”（41节附释）在黑格尔看来，对需要的满足本身属于人的法权，而且属于更高的法权（他在道德法权中首次把它演绎出来），因此，它是需要更进一步论证的对象，而非论证的根据。因为人的需要并非就是自然需要，而是人，作为自由存在者所特有的，并且在这里还不属于人格自身所包含的内容。简言之，对黑格尔而言，需要的满足对于自由人格来说，不能够成为所有权之根据。企图从它出发演绎所有权的做法，正是前面所批评的自然法所通行的。

三

人格成为自己的对象，就是所有权。人格对自己的实际占有就是对自然的占有。所有权就表现为对物的权利。通过特有的人的观念，黑格尔一方面演绎出人的第一项自由权利，即所有权，但另一方面更重要的是在存在论上确立了人与自然的“自由”关系，外在自然曾经被视为独立于人之外的、并且人所赖以存在的绝对力量，现在，由于人作为自由人格而存在，而颠倒了这一关系，使自然服从于自由，成为人格体现自己的载体。

对黑格尔而言，人与自身的关系是人所面临的中心问题，这是一种绝对的关系，其他一切关系都服从于这一关系，反过来说，人与自身之关系唯有在其他关系中才是真正的绝对关系。或者说，人并不在其“自身”之中，而在其“自身”之外，自然、他人、社会、国家、历史等等，无非人之自身展开自己的各个维度。这并非说，人首先在自身之中，然后才来到外面，而是说，人一向已经在外了。

因此，并非人首先只作为人格而存在，然后才与自然发生关系，而是人只有在与自然发生关系之时，他才能现实存在。简言之，自然一开始便构成了人之现实存在的一个环节，但是人只有作为人格，人与自然之关系才是自由的、而非自然的关系。所有权之为自由之法权，就在于它所体现的就是人与自然的自由关系。人格的自由就是把自己释放在自然之中，“给它的自由以外部的领域”（第41节）即人格的自由就是外在的自由。通过所有权，一方面人格使自己对象化，另一方面使自然人格化，借此构成了人与自然之统一。

此统一是黑格尔称之为“世界”的第一个抽象环节。

自由是自然的真理，自然是自由的实在。所有权所反映的就是这一关系。人格之所以能够对自然拥有法权，是因为自然本身不拥有法权。它是“某种不自由的、无人格的以及无法权的东西”（第 42 节）。自由能成为自己的对象（它被自己客体化），从而能够在对象中直观自己，但它不能对自身拥有法权。因为它是法权的根据，而不是法权的对象。人格通过行动使物为自身所有，而使自身对象化，但并不意味着，它就丧失掉自身而被完全物化于对象之中，而是在物中仍然保持着自己，也就是说，它在成为客体的同时还是主体，换言之，物在被人格占有之后，在获得了人格性之后内在地具有主体—客体特性，它是作为主体的客体，也是作为客体的主体：二者并不完全相融为一。物的这种二元特性构成了它与人格的可分离性。“这个有别于意志的东西”，既构成了人格的实在性，一个自由的领域，但同时又“被规定为与意志直接不同而可以与它分离的东西”（第 41 节）。即人格与所有权的对象之同一、统一按照康德的说法，是综合的统一，而非分析的同一；对黑格尔而言，综合的统一在这里是可分离的统一，它构成了所有权最根本的特征，这使它区别于道德和伦理，也构成了契约和不法的一个必要条件。契约是所有权的转让，它的缔结对象只能是物（第 75 节），因为只有物与人格具有可分离性。之所以家庭、国家不是契约，在黑格尔看来就是因为它们不是“物”。个人与家庭、国家在本性上具有不可分离性。但是有一种物极为特殊，这就是身体。它具有可分离与不可分离两重属性，作为不可分割的物，我在这个身体中活着（第 47 节），就此而言，我就是我的身体；作为可分割的物，它是我人格占有的对象，我可以就我的身体在一定时间内的使用与他人达成契约，如此等等。

但是，倘若人格是所有权之根据，那么关键问题在于在“所有权”这一章中是否为所有权本身提供了充分的根据，或者说是否完成了对所有权的论证？对这一点的不同回答能够准确反映对黑格尔概念论的理解水平，而就《法哲学》而言，则决定了如何理解黑格尔《法哲学》对人的特有规定，即人作为理性存在者，归根结底是社会存在物，而就抽象法范围而言，则规定了黑格尔如何理解人格构成所有权之根据。因此，对这一论证的理解决定了对《法哲学》的阐释方向。

黑格尔的章节划分，并特别把本章命名为“所有权”，尤其具有极大的误导作用，似乎在本章中就完成了所有权之论证。由于人格本质上是排他的“个别意志”，即个体，而人格的定在就是所有权，因此，从此逻辑出发，通过占有、使用和转让，就合情合理地完成了所有权论证。由于转让位于第三个环节，就很有理由被人误认为是“所有权的最终规定”[①]。但是，因为所有权总是排他的，所以，黑格尔在本章的逻辑是抽象地假定人格作为第一人称的自我，与物单独发生关系，视物为我的自由之定在。但我这个人格与物的自由关系必须以他人那个人格与物的自由关系为前提，只是在我与物之关系这个视角中，与他人之关系还被有意掩藏着，还尚未展开，尚未走到前台。在我对物的占有时，我必须先行想到它是否已经被他人所占有，因为人格的排他性，我们不能占有已经被他人所占有的东西（第 50 节）。简言之，我对物的法权不仅取决于我的意志，同样也取决于他人的意志。我有权占有物，但我对物的占有之成为所有，还必须仰仗于他人对我的占有之承认。因而我与物的单独的自由关系并不是所有权的充分根据，他人对我的占有之承认同样构成我的所有权之根据。它活跃于占有、使用和转让的每个环节，但只有在转让中，他人这个环节才被显明起来。转让是“所有权”这一环节，而不是所有权本身的“最终规定”。

但是转让仍然是从我这个视角出发，他人似乎是一个补充性的规定。但承认毕竟是相互的，他人与物之自由关系也必须经由我的承认才能得以确立起来。这种相互承认，或者说，这种从我的视角向我们视角的转化，只有在契约中才能得到真正的阐明。正是在契约中，他人这个看似补充性的规定显现为所有权的必要条件。

四

哲学必须证明对象，不仅证明对象存在，而且要证明对象之必然性[②]。契约在本义上是所有权的交换。黑格尔所关注的核心问题是，为何会出现契约？契约之必然性何在？理解了契约的必然性也就是理解了契约。因而，重要的是：“我不仅能够转让作为外在物的所有权，而且在概念上我必然把它作为所有权来转让”（第 73 节）。“能够”意味着权利，即我有权转让属于我的东西，但“能够”也意味着能够不，我同样有权不转让属我之物。因而我的自由就是“能够”选择，任何选择都是“可能”。对黑格尔而言，转让不仅是一种可能，而且是一种必然。但此必然是“概念上”的必然，它并不否定“能够”，而是成全“能够”。

在所有权的“概念”中，就包含了为他存在的环节（第 50、71 节）。一

① 王淑娟：《转让为什么是所有权的最终规定——黑格尔〈法哲学原理〉中对占有欲所有的区分》，韩立新、陈浩主编：《黑格尔法哲学研究》，北京师范大学出版集团 2020 年版，第 103—126 页。

② 黑格尔：《逻辑学·哲学全书·第一部分》，梁志学译，人民出版社 2002 年版，第 31 页。

方面，所有权之为所有权，就在于其排他性。就此而言，他人以否定的方式（即以被排斥的方式）成为所有权的构建环节。另一方面，物为我所有，不仅由于我把意志、人格灌注其中，从而被我自身所确认，而且这种确认也再次被他人所确认。就此而言，他人又以肯定的方式成为所有权的积极构建环节。但这两方面并非截然分开，而是属于同一个行动，我对他人之排斥同时就是他人对我的排斥之认同。没有对排斥的认同也就没有排斥。正如排他是相互的，认同、承认也是相互的，这是人格之间的运动。“所有权”展示了第一方面，现在，“契约”则展示第二个方面。因为所有权在本性上就是被他人所承认的所有权，或者说，只有被他人承认的占有才是所有。通过契约，“我的意志作为定在的东西对我变成客观的”（第 73 节），即契约使我的定在成为被他人确认的客观法权。

因此，第一，通过契约而交换所有权的过程，就是契约双方彼此确认对方之所有权的过程。所有权（人格主体自认为的所有权）既是契约的前提，同时又是契约的结果（得到彼此承认的所有权）。第二，同时，通过交换，双方之人格尊严也得到彼此确认和尊重。第一点和第二点互释。

抽象法是对所有权的确证，但更是对自由的确证。对黑格尔而言，《法哲学原理》与其说是通过自由确证法权，不如说是通过法权确证自由。黑格尔真正关心的是如何理解人的存在这样一个形而上学问题。抽象法中，人格以所有权相互对待，每个人格皆是排他的所有人，即使通过契约而完成的所有权交换，作为所有人的身份并没有发生变化。在契约中表现出两个悖论：其一，在我终止为所有人时始终是所有人（第 72、74 节）；其二，在我与他人成为同一意志时始终是特殊意志（第 73 节）。人格之排他性构成抽象法的中心关切。倘若说所有权是人格企图通过对自然的占有来确证自己的自由，那么，契约便是通过他人对我的所有权之确认来确证我的自由。自由总是被他人确证了的自由，没有他人之确证，自由便堕落为自然。自然所确证的人，就是自然的人。而只有自由才能确证自由。但他人对我的自由之确认必须通过所有权之中介。同样，我的所有权要成为客观的所有权则必须以他人的确证为中介。

但是契约中的意志是任性的意志，而“任性是作为意志表现出来的偶然性”（第 15 节）。就何物达成契约（契约之客体），和谁达成契约（契约主体），虽出自人格之自由选择，但每一次选择皆属偶然，无普遍必然性之可言（这只有在伦理中才出现）。而契约的主体双方所达成的同一意志，只是共同意志，即只是就某一偶然客体达成的合意（第 75 节）。因之，契约在内容上是否正当，在形式上是否得到履行，皆属于偶然之事（第 81 节）。如上所述，契约之所以高于“所有权”，就在于它是对所有权的必然确证以及由此而来的对彼此人格的确证。但由于契约双方的意志皆是特殊意志，契约无论从内容上还是形式上能否完成这一确证，契约本身并不能保证。换言之，他人（及其确证）也不能为所有权提供最终根据。

五

但是所有权的为他环节并未因此而消失，而是得以扬弃，因为它在概念上构成了所有权的本质环节。但这个“他”不再是他人，另一个个体，而是在概念上被扩展为普遍者。普遍者（黑格尔称之为普遍意志），不是在数量上的全体（这样的全体不过是无数任性意志的集合，与契约中的共同意志并无分别，而只是人数上取胜的意志），而是概念的普遍性，即理性。对这一概念的普遍性，黑格尔又称之为自在的法权。

其实，在任何一个契约中，这个普遍性已经作为契约双方先行设定的东西而出现了，当事人的一切约定都以对它的符合与遵守作为前提（82 节）。而特殊意志与它的不相符合，即为不法。换言之，这个为他环节，就是包含契约双方在内的普遍意志本身。只有它能为每一个体人格的所有权提供最终的根据和保障，因为只有它具有扬弃不法之手段和法权。

普遍的法权起初直接地掩藏于契约（以及个体人格对物的占有）中，现在因为契约所包含的内在矛盾而得以展开，走到了前台，就如同契约之从所有权展开一样。占有之为所有，所有权之为客观的，并不能通过他人来完成，而只有通过普遍的法权才能得以实现。对黑格尔而言，每个人格的所有权之确证要依赖于普遍的法权这一真正客观的中介。同样，普遍的法权也要依赖于每个人格的所有权来确证，从而使自身从掩藏起来的东西变成显明的、现实的东西，而大白于天下。但普遍法权对所有权的依赖具有自身独特的性质，是通过对所有权的侵害（不法）以及对侵害（不法）的扬弃而实现的。普遍的法权不仅是一种否定性活动，而且是绝对的否定性活动。没有法，就没有不法，但同样，没有不法（以及对不法的扬弃），也就没有法。普遍法权是不法之为不法的前提，但同样也是不法以及对不法之扬弃的结果。

倘若只有自由能够确证自由，那么普遍的法权，在抽象法中，就是对自由的最后的确证，因为它就是最普遍的自由，包含了每一个人格之自由在其中，从而并不外在于个体人格，而是人格的理性表达，是人格自己的法。自由乃理性的自我立法，这一康德的理想，现在因为黑格尔特有的理性观，而体现于抽象法领域。第 100 节的思想就是对普遍法权思想的最清晰和最深刻的表达。有必要全文引证：

“加于犯人的侵害不但是自在的正义的，因为这种侵害同时是他自在地存在的意志，是他的自由的定在，是他的法，所以是正义的；不仅如此，而且它是在犯人自身中立定的法，也就是说，在他的达到了定在的意志中，在他的行为中立定的法。其实，他的行为，作为具有理性的人的行为，所包含着的是：它是某种普遍物，同时通过这种行为犯人定下了一条法律，他在他的行为中自为地承认它，因此他应该从属于它，像从属于自己的法一样。”

在这里，黑格尔把普遍的法权（在市民生活中，作为实定法就是法律）视为“自由的定在”。人格的定在在前面是所有权，而在这里则是普遍的法权。而后者构成了前者之最终根据。这回答了我们的问题：人格如何构成所有权之根据？

人格，作为个别性，他有权占有物，物成为个体人格之对象和载体；作为普遍性，它固化为普遍的法权，成为普遍人格之对象和载体。虽然人格之个别性是抽象法之内在目的，普遍性仅是达成个别性之外在手段，但是，人格之普遍性却构成其个别性之根据，自在的法权构成所有权之最后根据。从所有权到契约再到自在的法权，黑格尔以其特有的逻辑论证方式表明，这条道路就是所有权向着自身根据的回溯和展开，从而完成了对所有权的论证。对黑格尔而言，所有权具有双重根据，即人格之个别和人格之普遍，是二者内在统一的产物，但就个别与普遍二者而言，普遍性构成了其最深刻的，至少在抽象法范围内也是最后的根据。

通过这一论证，黑格尔反对从个体（无论是自然个体还是自由个体）推演出所有权以及其他一切法权，所有权固然是个体的法权，但根本上是法律的赋予、社会的赋予，国家的赋予。但对黑格尔而言，这又并不是外加于个体之上的东西，正如法律、社会、国家不是外加于个体，个体与它们之间互为前提和中介。它们是所有个体行动的结果，但它们又反过来构成每一个体的前提。从而个体与它们之间是一种彻头彻尾的自由关系。法律、社会和国家等作为自由的定在，在于确证个体人格之自由，只有通过它们确证的自由，并在它们之中发挥作用的自由才是真正的自由。而个体在它们之中获得了自己特有的作为社会存在物的尊严和价值。但是在这里，黑格尔要确定的是，法律的自由以及由法律所确证的自由才是客观的自由，才是有保障的自由。只有法律才能保障他作为人的最基本的尊严，因为它保障人格的自由，即他的所有权以及他的身体不受侵害，即使受到侵害也能得到相应的补偿。而法律不是对自由的限制，首先是对个体自由的成全，其次法律本身就是自由的体现。虽然法律本身，作为普遍性，尚未构成人格—行动者的目的，但是它并不因此而是外在于个体—人格的东西，而是与个体人格具有深刻的同一性，是人格自身和自由的理性表达。

总　结

抽象法的逻辑展开过程，因此就是对所有权的论证过程。在这一论证过程中，黑格尔以最抽象的方式确定了他称之为世界的基本结构：人与自然、人与他人和社会，以及人与自身三者的统一。自然、他人、社会（法律）以及自身既构成了自由的基本环节，同时又构成了世界的诸环节。人，像海德格尔所说的那样，并非一个无世界的主体，而就生活在这样一个活生生的世界中，它的方方面面，它的各个环节，它之中的个人，它的家庭组织、经济制度，社会组织和国家制度等等都是自由的实在表达形式。它既是一个历史性的世界，由于理性的诞生，又是一个扬弃了历史的世界，是在历史中扬弃了历史的世界，因为它是理性的世界，但理性并不在历史之外，而就在历史之中，现在，理性不再隐藏起来，而成为自在自为的。

（作者系中国政法大学人文学院哲学系副教授）

正义的“内”与“外”

宫 睿

“正义”，作为政治哲学的核心概念，在当代世界的语境中展现出丰富的层面。空间上不再限于一国一地，全球化问题迫使人们在涉及贫困、气候、环境等议题时超越国家界线，以人类整体的视角思考资源的分配等问题。在时间维度上，正义的对象不再限于同一世代的人，代际正义理论关注于遥远的未来世代的权益。正义也不限于狭义的政治关系，性别正义、族群正义、家庭正义等主张扩展着人们对于正义的理解。

这种情况不仅仅是正义的主题、范围的扩展，正义的内涵似乎也在发生变化。人们更倾向于从给一个宏观的、超然的人类整体视角构建对于正义的理解。对此，本文认为，正义首先的、主要的是一个内部的概念，内部性是正义的本质特征。所谓“内部性”，指正义是一个有限的政治共同体中内部的权益关系。内部性首先是正义的一项内涵，其次正义只有在一个政治共同体内部才具有现实性，再次全球正义、代际正义等外部正义只能是以内部正义为基础的扩展。将内部正义作为外部正义的基础，并不是无视全球正义、代际正义这类的关切，而是反对将正义的本质置于国家的立场之外，泛化的正义不仅无助于正义的实现，反而损害着正义的根基。为阐明这一主题，本文分为三个部分：第一部分是对正义内部性的一个论证，表明正义依赖于一个有限的政治共同体，正义只有作为内部的构建原则才获得内涵和现实性。第二部分做一个思想史的梳理。自柏拉图以来，内部性一直是一些政治哲学家思考正义问题隐含的前提。与之相应，也存在着一个外部正义的传统，它们常常采用具有世界主义的立场。第三部分表明正义的内部性是正义的外部性的基础。在内涵上，离开了内部正义，外部正义是无法理解的。在实践上，外部正义也需要由内部正义出发。澄清两者的关系，有助于我们脱离概念上的陷阱，避免实践上的混乱和挫败。

一、正义的内部性

如果说，正义是社会制度的首要价值，那么正义的本质又是什么？一种传统的看法是将正义理解为“应得”，这可以追溯至古希腊时代的梭伦[①]，亚里士多德认为每个人应当获得相应于其价值的东西，也是对于“应得”正义观的确定与发展。这种观点源远流长，直至当代一些国内学者也依然持有这种观点，“虽然正义的概念变化多端，但是其基本含义都是一样的，即给予每个人以其所应得，应得是正义的最基本内涵”[②]。的确，“应得”较之于简单的平等，更加能够体现出公正的内涵。不过，由“应得”思考正义，容易将人们的关注点聚拢于人与其所得之物的关系。但是，这种关系由何而来，却是从个人与应得之物之间得不出来的。这即是说，在单一的个体与应得之物之间预设着一个标准。按照这个标准，个人才有其所得，有其所不应得，以及应得多少。一种标准下的应得在另一种方式下就是不应得，应得的份额也会变化。但作为标准，就不限于单独的个体与其应得之物了。在某一个标准之下一人所应得在另一个标准之下可能就是不应得，另一个人的不应得也会逆转为应得。那么，采纳何种标准确定应得与否及其份额，就超越了单一人称的视角。同时，作为正义的应得也意味着对于他人的约束。一个人具有应得，也就是对他人施加了义务，他人不能再对那种权益提出要求，否则就构成了侵犯。同样，他人的应得也向对方施加了义务。于是，权利与义务的相关性、对于侵权行为的禁止与惩处等等就不仅仅是个体与权益对象的事项，而是人与人关系的事项。因此，相较于应得，在更为根本的意义上正义是人与人之间权利与义务关系的安排方式。正如戴维·米勒所说，“正义是一种社会美德，它告诉我们如何安排我们的关系，相互之间怎样行动才是正当的。”[③]由此，我们也不难推断，正义不是一个单一人称视角的问题，甚至也不是双边的关系，它还包含着第三者对于双方权利义务关系的承认，同时第三者也参与到权利与义务的关系中来。因此，所谓的正义，尤其定义就可以说它预设了一个整体的概念。

在整体性的概念之下，个体的权益或者应得才得到确定。权利与义务的安排只是在这一共同体中的分配。在共同体是正义的前提条件之下，我们可以进一步地推论说，共同体要求着一个单一的原则。因为只有在单一的原则之下，个体之间的权益关系才得到了一致的辩护，不仅是在不同的个体之间

---

① 参见廖申白：《论西方主流正义概念发展中的嬗变与综合（上）》，《伦理学研究》2002 年第 2 期，第 55 页。

② 高景柱：《论正义的两张面孔》，《学术界 》2019 年第 3 期，第 13 页。

③ 戴维·米勒：《社会正义原则》，应奇译，江苏人民出版社 2001 年版，第 22 页。

的关系具有了正当性，而且不同权益之间的分配也具有了正当性。更为重要的是，不同的分配原则也应获得统一性，就像对于应得我们可以有不同的辩护方式，但采取哪一种应得的辩护方式仍需诉诸一个更为根本性的原则。对于统一性原则或根据的需要就进一步地引出了单一权威。这不仅是因为通过单一的权威，正义的原则才能得到保障，而且在更为根本的意义上，通过单一权威的单一意志，才有了一个普遍而共同的原则。通过这种权威性的机构，通过一个共同的原则形成一个法治状态。在这种权威性机构之下，权利的关系才具有现实性。可见，正义的现实性取决于权威的现实性。正是在这里，正义得以可能的共同体天然地就具有有限性的特征。这不仅是指疆域的面积、人口的多寡等等，而且共同体的结成通常是通过构建外在的对象结成，一个具有内部性的共同体使得不同的个体获得了超越于单凭自身所能获得的权益和保障。外在的压力促进着内部的一体性的形成。正义在本质上也包含着外在的指向，即共同体之外的人并不是正义应用的对象。这或许也是古希腊正义观念的原始含义之一。这样看来，内部性以及相应的外部性就不仅仅是一个概念上的游戏，它们具有实际的意义。

于是，我们就可以将内部性视为正义的本质属性，是正义的构成性条件。这一内部性特征可以有不同的表达。共同体的结成需要一个统一的整体，在这个封闭的统一体内，权利和义务的关系才得以结成。共同体的封闭性也表明了共同体的有限性，正义在本质上并不是一个无限的泛用的概念。同时，正义的内部性、相对的封闭性也包含着外在的指向，在构建自身同一性的同时也构建着相异的他者的存在。于是，内在性、封闭性、有限性以及与他者的相异性就是对正义同一个性质的不同表述。我们可以将上述“内部性”论证大致总结如下：

（1）正义的本质是权利与义务的安排。

（2）正义的权利义务关系需要单一的标准或法则。

（3）单一的标准或法则需要一个单一的权威。

（4）单一的权威只有在有限的共同体中才能存在和维持。

（5）于是，只有在有限的共同体内部，通过单一的权威及法则，正义的权利义务关系才可能形成。

（6）因此，内部性是正义的本质特征。

可以看出，正义本质的内部性特征也就蕴含着一个紧张。一方面，正义在本质上是有限的政治共同体内部的关系，但另一方面正义作为纯粹的理念又有着超越有限的、封闭的共同体的趋向，寻求着一切可能运用的对象。当代全球正义理论的种种问题也就是这种紧张关系的典型体现。在正义的限度之内，构造出正义的单位，一个个体，或一个政治共同体中的公民。但这个公民不仅是这个政治共同体中的存在，他或她还兼有着其他的身份，比如一个理性的存在者，一个能感受苦乐的生命，亦或一个单纯生物意义上的人类。于是，正义的诉求在同样的个体之上通过身份的转换扩展开来，不仅着眼于自身的权益，而且关切同一个星球上遥远地方的人类，不仅体恤现时代的苦痛，而且思绪触及遥远未来世代尚不存在的人类。于是，正义的理念就不固守于内在的本质，在不同的维度上扩展繁衍。

二、一个思想史的考察

在上一部分中，我们分析了“正义”这一制度的德性是如何以内部性作为它的本质特征的，在最后也表明了正义的内部性同时展现了向外的张力。如果我们梳理观念史，能够大致清晰地呈现出理解正义的两种不同的思路。一种是明确地将正义理解为一个有限政治共同体的内部关系。另一种对正义的理解超越于特定的界限，常常从一个超越的、普遍的世界主义的立场理解正义。

在《理想国》的第一卷中，柏拉图明确反对“应得”的正义观，那样会导致善恶的种种错乱，善人施之以善固然可取，但恶人报之以恶则并不利于善的增加。不同于此，无论是对于个体的正义还是城邦整体的正义都依赖于不同部分恰当发挥其功能。在一个城邦之中，不同的阶层发挥各自的功能、实现各自的德性，城邦作为一个整体也就具有了正义的属性。“一个城邦之所以被名之为正义的，那是由于在它之中存在着三个本性上不同的属类，每一个属类从事于只属于它本身的工作；并且，又由于某些其他的由这些属类而来的气质和风度，因此它是克制，勇敢，智慧的。”① 与之类比，个人的正义也相应地通过灵魂各个部分及其功能的恰当关系实现。不难得出，在柏拉图这里，城邦作为一个功能性共同体决定了它的有限性。因为如果城邦广袤无边，各类群体及其人员无限繁多，它的协调一致就是难以想象的。没有了各个部分的恰当关系，正义也就是不可想象的了。于是，“正义”就在很大程度上基于一个有限封闭的功能性共同体的内部运作。现实政治中的城邦也是亚里士多德思考正义问题的原型。作为由村庄、部落自然生成的共同体，城邦的形成源于社会分工的多样性，但并不以无限广大为优。“人口过多的城邦很难或者说是不可能有良好的法制。那些治理有方的著名城邦无一不对其人口进行控制。……因为法律就是某种秩序，良好的法律必然就是良好的秩序，而过于稠密的人口不可能保持一定的秩序……城邦在大小方面有一个尺度，正如

① 柏拉图:《理想国》，顾寿观译，吴天岳校注，岳麓书社 2010 年版，第 187 页。

所有其他的事物——动物、植物和各种工具等等，这些事物每一个都不能过小或过大，才能保持自身的能力。”[1] 这里的道理不难理解，城邦的统一维系于单一的法律、有效的治理，过大的规模显然不利于此，体量过大的城邦不能实现更大的正义，反而破坏了正义得以可能的条件。无论是柏拉图还是亚里士多德，城邦这一有限的现实政治形态内在于他们对正义的构想之中。在城邦之外，人的理性无从发挥、无从实现，正义也就无从安置，城邦之外非神既兽的论断也是对于正义内部性本质的一个诠释。

在近代那些伟大的政治思想家那里，正义的内部性特征或许并不显著。不过，就霍布斯、洛克等人为政治权力的辩护而言，内部性是政治权威的应有之义。如果将个体的保存繁荣视为政治权威的来源，个体集合为群体，赋予单一主权者掌握权力，其合法性在于对前者的保障。按照这样的思路，政治权威的构成有赖于一个特定群体的意志的集成。这在两方面排除了一个普遍的人类共同体：一方面是普遍人类意志的表达与结合是不可能的。政治权威诉诸共同意志也就决定了它的规模的有限性。另一方面，通过结合他人的力量来保卫个体的权利在将一部分人纳入内部的同时，也就将其余的人划定为外在的、潜在的侵犯权利的对象。反过来说，正是为了防范外在的侵犯，才形成了具有内部性的共同体。这种政治构成的特征在卢梭那里以另一种方式显现出来。公意的形成有赖于个体意志的表达、沟通与联合，由此才能形成一个自主性的政治共同体，才能避免统治与臣服的二元结构。因此，共同体的规模就不能巨大。对于一个理想政府来说，“首先，要有一个很小的国家，使人民很容易集会并使得每个公民都能很容易认识所有其他的公民。”[2] 规模有限的城邦才能构成政治体的内部性，尤为难得的是，卢梭对于世界主义城邦的危害已有预见，“我们是按照我们的特殊社会在设想普遍的社会的；小共和国的建立使我们梦想着大的；而我们都只不过是在成为公民之后，才真正开始变成人的。由此我们就可以看出应该怎么样来看待这些所谓的世界公民了；他们以自己爱全人类来证明自己爱祖国，他们自诩爱一切人，为的是可以有权不爱任何人。”[3] 这样看来，即使近代政治哲学不再采纳古代哲学的功能有机体模式，转向个体意志的聚合模式，有限性、内部性也仍然是思考正义的根本条件。

康德同样具有内部正义的观念。这可能和人们的通常印象相悖，因为康德对于人的理性设定蕴含着普遍性的要求，“目的王国”的理念囊括了所有理性存在者。在政治哲学上，“永久和平”的理念像是实践理性水到渠成的结论。

---

① 亚里士多德：《政治学》，颜一、秦典华译，中国人民大学出版社 2003 年版，第 236—237 页。
② 卢梭：《社会契约论》，何兆武译，商务印书馆 2001 年版，第 88—89 页。
③ 卢梭：《社会契约论》，何兆武译，商务印书馆 2001 年版，第 196 页。

但是，康德并不抱有对“世界共和国”的乐观期待。首先，这种普遍的人类联合体是不可能实现的，“由于在这样一个多民族国家扩展得太过庞大而越过广阔的疆界时，它的管理，从而还有对每个成员的保护就必然最终成为不可能的事情”[①]。因此，“永久和平”的理念是永远无法实现的。不仅如此，这个世界共和国的现实性甚至不值得期待。在《永久和平论》中，康德明确地说，“国际法权的理念以许多相互独立的相邻国家之分离为前提条件；而且尽管这样一种状态自身就已经是一种战争状态（如果不是这些国家的一种结盟联合来预防敌对行为的爆发），但按照理性理念，甚至这种状态也毕竟好过这些国家被一个因膨胀而盖过别的强权并且过渡为一种一统君主制的强权所融合，因为政府的规模越是扩大，法律就越是丧失其压力”[②]。可见，康德意识到了国家建制的精微曲折，意识到了政治的现实性要求和理念本身的张力，我们有理由认为内部性蕴含于康德对于正义的思考之中。康德的这种思路也影响到了罗尔斯，虽然他所设定的理性个体同样具有普遍性，但罗尔斯并不情愿将正义原则构建的共同体直接应用于全体人类，而是反复表明“从一个假设的封闭自足的自由民主社会的情形出发”[③]。这也成为罗尔斯遭受到的诸多诟病之一。

相映成趣的是，相对于所谓的正义的内部主义观点，思想史上也一直存在着正义的外部主义观点。一种无限普遍的正义观念可能需要一个普遍人性的观念，正义的权威性直接地超越于具体的共同体。这可能是斯多亚哲学的一项成就。城邦的解体和帝国的出现打破了原有共同体的功能性结构，一方面是个体的原子化，另一方面是世界主义观念的产生。这种思想背景下的正义就不太可能将内部性作为正义的本质特征了。基督教构建的超然绝对的实体在方方面面改变着人们对于政治生活的理解。超验正义的存在使得人们对于现实政治的期待淡漠了。正义的实现理应囊括所有人类，每个个体就其存在本身有其恰如其分的位置，自身的正当性取决于和超然实体的关系，有着神赋予的独特的运命，而不是具体的政治共同体中的功能运作。于是，现实中政治共同体内部的正义构建并不占据着政治思考的首要位置。近代文艺复兴时期人文主义的兴起唤起人对于现实政治的关注，但政治共同体既有马基雅维利式的城邦共和国，也有但丁式的世界帝国。后者在吸取人文主义养料的同时也将基督教普世救赎的观念现实化了，“人类社会是由各个国家和民族

---

① 康德：《道德形而上学》，《康德著作全集》第 6 卷，张荣、李秋零译，中国人民大学出版社 2007 年版，第 362 页。

② 康德：《永久和平论》，《康德著作全集》第 8 卷，李秋零译，中国人民大学出版社 2010 年版，第 372—373 页。

③ 约翰·罗尔斯：《万民法》，陈肖生译，吉林出版集团有限责任公司 2013 年版，第 6 页。

组成的整体，但显而易见，它不过是整个宇宙的一部分。……人类社会自身也必须根据一统的原则才得以秩序井然，即得力于它的统治者——起绝对一统天下作用的上帝。因此，我们的结论是：为了给尘世带来幸福，一个一统的世界政体是必要的。”[①] 近代自然法学者也常常具有外部正义的视野，普芬道夫、格劳秀斯等人将自然法植根于人类普遍的天性，这就意味着人类仅仅就其本质而言，就享有着共同的权利、承担着相同的义务，而且在人和人之间也具有超越于种族、国别的同胞情谊。这种相同相通的特性就蕴含着人们在普遍自然法的支配之下，共处于一个包括所有人类的政治共同体的意味。

在当代，尤其是罗尔斯《正义论》发表之后，种种外部正义理论异常活跃，博格、贝茨、辛格等人倡导的全球正义理论是现今热议的话题，古丁、梅耶等人对于代际正义的理论建构做出着持续的贡献，奥金、弗雷泽等人的性别正义理论也产生了广泛的影响。相较于传统外部正义理论源于形而上学观念的变革与塑造，当代外部正义理论的产生和发展受到一些社会现实因素的影响。在观念层面来说，普遍抽象的人权观念业已深入人心，人们考察正义的视野不再局限于一城一地。更为具体的思想资源是罗尔斯的正义理论，当代各种外部正义理论几乎都是在对罗尔斯的批评中发展起来的。就现实的原因来说，就更为多元化。在 20 世纪，世界各地民族意识觉醒、民族国家纷纷建立，以联合国成立为代表的国际新秩序为思考正义问题提供了不同以往的时代背景。全球化贸易、经济合作也较之以往时代更为密切广泛，对于人们生活、福利状况的影响较之以往也更为深刻。伴随着科学技术与生产力的发展，对于地球资源的开发利用达到了以往时代不可想象的地步。古代人类面对着的广阔无垠的土地、似乎是取之不竭的丰饶资源已经不复存在，如何从一个更全面、更长远，或许也是更为公平合理的角度开发利用资源是古代人未能充分考虑的问题。同时，当代科技的发展在不断颠覆着人类的认知，这既提出了挑战、也创造了机遇，科技的发展与资源的配置如何能够为未来人类提供我们现今所理解的福利与权益，是否在未来的人类社会中会有着对于正义的全新理解，这些问题值得现今人类思考与揣测。以上种种现实的因素，促发着外部正义理论的发展。那么在这样的时代中，是否还秉持正义的内部性本质，如何处理外部正义与内部正义的关系就是我们不得不深入思考的问题。

三、内部正义与外部正义

上文呈现出思想史上内部正义和外部正义两条线索，但本文无意研判两

---

① 但丁：《论世界帝国》，朱虹译，商务印书馆 1985 年版，第 9—10 页。

者高下，它们都是对正义这一观念的展现，正义作为人类的一个至高理念理应具备这种弹性。梳理思想史只为表明，正义的内部性暗含于一些哲学家的思考之中，并非凭空杜撰。如果内部正义和外部正义是有效的概念，能为反思现实的问题和政策提供一些新的思路。首先需要澄清的是，强调正义的内部性、区分出正义的内部视角和外部视角，并不是无视全球正义、代际正义面对的问题，自然资源的保护、人类对气候的影响、核能的开发利用等问题的重要性、紧迫性是无法回避的。强调正义的内部性，意在表明正义的根本所在，全球正义、代际正义等等只能作为内部正义的扩展，而不能替代、消除正义的内部性特征。如果舍本逐末，放弃了正义的内部性，直接从外部的视角理解正义，不仅不能扩展正义，反而动摇了正义的根基。

为此，我们可以构建一个内部正义作为外部正义基础的论证。第一部分已经表明了正义有赖于一个有限的政治共同体的成型。正义不仅包含每个人的应得，而且在于人与人的权责关系，后者只有在一个拥有单一权威的政治共同体之中才能形成。这也就是说，当我们将正义的概念扩展运用时，已经包含着对于正义的基本理解，否则正义只能是个空泛的观念，就正义的实质内容来说，无论是基本的人权，还是发展权、生存权等等离开一个特定的政治共同体将是无法设想的。当然，对于正义的内容包含着哪些条目，以及是否具有普适性可以存在争议。但无论如何，当正义作为一种主张，应用于某个领域或某个对象时，它实际上已经预设了自身对于应得或权益的特定理解，甚至更进一步而言，它还预设了特定的规则与制度。实际上，罗尔斯已经表明了这一点，“我已经指出任何政体要获准成为一个正义的人民社会中遵规尽责的成员，理解了合理的万民法是如何从自由主义的正义观念中发展出来的，理解了这种观念是怎样具有在应用上普遍性的，那么为什么人权具有超越文化和经济界限的普遍性、具有超越民族国家或其他政治单位的边界的普遍性这一点就很清楚了”。[①] 在罗尔斯那里，正义的扩展源于当代自由民主社会对正义观念的塑形。的确，全球正义、代际正义诸多观念之所以在当今世界成为热议话题，不仅仅是环境、资源等问题迫使人们摒弃狭隘的、短视的利益关切，而且也离不开当今世界民主国家的广泛建立。通过后者，基本人权的观念才变得深入人心。如果大多数人仍然持有柏拉图、亚里士多德式的结构功能性的正义主张，全球正义、代际正义等观念是难以设想的。

内部正义作为外部正义的基础不仅是概念上的，更是实践上的。内部的正义秩序的建立是正义在空间和时间维度扩展的前提。在不存在内部正义的前提下，我们难以设想会关心和有效地推进全球正义和代际正义。我们能够

① 约翰·罗尔斯:《万民法》，陈肖生译，吉林出版集团有限责任公司 2013 年版，第 40 页。

设想的推进全球正义以及代际正义的唯一方式是首先确立一个正义的政治制度，在这个制度之内，根据正义的原则确定每个人应享有的权益，再进一步推进至这一政治制度之外的人群，以及尚不存在的未来世代的人群。反之，一个尚不具备正义品质的政治共同体，对于人的合理权益很难有充分的理解，难以产生真实的关切。当然，内部正义的基础性也并不意味着具有内部正义的国家必然会推进外部正义，也并不是说不具有内部正义的国家就不承担外部正义的义务。这种实践意义上的基础性在于如果没有内部正义的实现作为前提，外部正义的实现就是矛盾的、讽刺的，它违背了全球正义、代际正义等蕴含着的普适性意味。

外部正义常常采用一种普遍主义的辩护方式，比如诉诸抽象的人性或普遍的人权，似乎无需一个由内而外的过程。亨利·舒伊（Henry Shue）在对气候正义辩护时采纳的就是这一思路，“尽管未来个体的身份尚未确定，因此也无从知晓，但是我们知道他们作为人类就理应享有人权，这包括依存于一个运行良好的经济体系的权利，后者又包括一个未来人类赖以维系生存的行星环境。”① 但我们不难看出，这一人权观念反映的是当代自由民主国家赋予公民的基本权益。它显然不是亘古长存的，遥远的过去世代的人并不会为他们的后人设想这样的权利，那么这些权利对于遥远的未来世代的人是不是有意义的呢？也许更多、也许更少，也很有可能是我们完全想象不到的。它们只是特定类型的政治共同体塑造的观念，甚至它的普适性也连同一起被塑造出来。将正义的根基置于普遍的人权，似乎是扩展了正义，但同时也未尝不是一种局限。既然将尚不存在的人类置于正义的考量之下，那么是否更应顾及现实中的非人类生命的权益？这样看来，外部正义的视角在超越内部正义的“局限”的同时，也颠覆了自身理论的基础。

另一种辩护方式是诉诸全球经济的一体化，在国际经济贸易的运行中，不同国家、地域所形成的分工并不符合分配正义的理念。一个国家或地区利用历史积累的优势地位攫取其他国家或地区的财富，使后者整体上处于福利的劣势地位。这不仅是资源、地理位置、历史因素偶然因素所造成的不均衡，而且是现行经济体制的运行方式造成的不公正。面对这种情况，将正义扩展于单一的政治体系之外就是责无旁贷的义务了。的确，正义的国家有义务消除全球贫困，改变国际经济体系中的不合理结构。但是，这并不改变外部正义应以内部正义为基础的主张。不难想见，只有在内部正义的条件下，才能获得推进外部正义的动力。一个国家在内部的经济体系健康的条件下，才有能力改善全球经济的不公正现象。同样，只有在自身有着充足的资源、发达

---

① Henry Shue, *Climate Justice: Vulnerability and Protection*, Oxford University Press, 2016, p.298.

的科技的支持下，才能将未来世代的福利考虑进来。如果用外部正义的观念掩盖内部正义的构建，那么如何在既有的全球经济体系内推行公正的分配就是难以设想的了。

最后，仍有必要强调的是，正义的内部性作为外部性的基础，并不是无视甚至不减弱对于气候、环境、全球贫困、核能利用等话题的关注。这种观点意在纠正的是以外部正义之名侵害内部正义。当一个政治共同体尚未形成内部的整合，共同体内个体的权益尚不具有现实性之时，将这个共同体放置于外部正义的视野之中，正义将名不副实。更有甚至，如果借外部正义的名义破坏固有的内部正义，就和正义的初衷背道而驰了。可以预见到，在不远的未来，全球正义、代际正义等话题会日益紧迫、日益重大，做出上述的警醒或许不是没有意义的。

（作者系中国政法大学人文学院哲学系教授）

马克思对黑格尔国家哲学中官僚政治要素的批判

罗朝慧

如果说马克思在青少年时代，还为自由和理性的唯心主义哲学精神所鼓舞，对之充满了信仰和崇拜，那么他在1842—1843年《莱茵报》工作期间则开始悄悄发生思想上的转变，开始认识到现存的法和国家制度，远离了自身的本质真理，违背人类自由和理性精神，与人民现实生存利益相分离和对立，法和国家在现实中被扭曲蜕化成了可恶的官僚政治。马克思离开《莱茵报》以后，把批判矛头指向了作为普鲁士官方哲学的源头和代表——黑格尔的法和国家哲学，写作了《黑格尔法哲学批判》，着力批判以君主或王权为核心的政治国家，从中发现官僚政治的观念前提和理论根源。马克思立足于法和国家经验现实的政治实践立场，指出黑格尔法哲学中关于政治国家的构造与实践安排的设计，在实践应用中导致国家权力与人民权利的分离与对立，特别是同业公会作为国家行政权力代表对市民社会的"照顾"和"引导"，以及立法权中的市民社会各等级要素，在实际的政治实践活动中堕落腐败成了与人民权利和利益对立的官僚政治。

一、国家"普遍性"与市民社会"特殊性"的逻辑分离：官僚政治的种子

马克思站在社会现实的地基上，多次批评黑格尔法哲学关于家庭—市民社会—国家的理论是"逻辑的、泛神论的神秘主义"，因为黑格尔把"观念变成了主体，而家庭和市民社会对国家的现实的关系被理解为观念的内在想象活动。家庭和市民社会都是国家的前提，它们才是真正活动着的；而在思辨的思维中这一切却是颠倒的。"[①] 在马克思的经验现实立场看来，家庭、市民社

---

① 马克思：《黑格尔的法哲学批判》，《马克思恩格斯全集》第3卷，人民出版社2002年版，第10页。

会并不是观念的产物，它们本身就是国家的现实的构成部分和存在方式，并非观念的存在与构成。“家庭和市民社会是国家的现实的构成部分，是意志的现实的精神存在，它们是国家的存在方式。家庭和市民社会使自身成为国家。它们是动力。可是，在黑格尔看来又相反，它们是由现实的观念产生的。”[①] 并且，在黑格尔那里，从家庭和市民社会向国家的过渡，“是从必然性和自由的普遍关系中引申出来的。这完全是在逻辑学中所实现的那种从本质领域到概念领域的过渡。”[②] 马克思对黑格尔国家的基本印象因此是：神秘抽象主义和概念的逻辑推演，颠倒了观念和现实存在的主谓关系，黑格尔从观念推出现实存在，或者说把现实的经验存在看作观念的产物，因而成了非现实的和神秘的。黑格尔谈的家庭、市民社会和国家代表人的自由本质实现的不同阶段、不同方式、不同内容及不同程度，的确不同于经验世界中的感性实存样子，而是对它们现实存在的抽象思维或本质认识，所以从经验的和感性的立场看来，必然是神秘的和抽象的。

马克思从批判和改造现实世界的实践哲学立场或解释路径出发，去解读黑格尔的法哲学，必然会产生“神秘”的感觉，以为黑格尔把观念当作真实的存在，甚或从观念中推出现实存在。然而，黑格尔向来反对把本质的观念存在等同于感性实存，甚至用于指导现实世界。“关于教导世界应该怎样，……无论如何哲学总是来得太迟。”[③] 二人对世界和历史的认识论方法是根本不同的。黑格尔的国家哲学，目的在于揭示人类法和伦理政治世界中各种政治构造物，如法权—道德—伦理、家庭—市民社会—国家、君权—行政—立法权，等等，不像太空、山峰、河流、草木等自然事物，可以按照自然科学来认识和解释，相反，它们是人类自身自由和理性精神认识和实践活动的创造物，其真理和意义以及它们之间的本质关系，根本地在于人类自身自由和理性精神的实现，具体说就是人们自然、道德和理性三种根本自由本性及其权利，获得全面实现和客观存在的不同阶段、方式和环节。黑格尔这种概念解释看起来与现实世界的经验存在是颠倒的，看似用观念规定现实存在，或用现实存在来证明其先在的概念逻辑。正如马克思的批评所说：“具体的内容即现实的规定成了形式的东西，而完全抽象的形式规定成了具体的内容。……真正注意的中心不是法哲学，而是逻辑学。……不是用逻辑来论证国家，而是用国家来论证逻辑。”[④] 然而，黑格尔根本的哲学方法是：“合理的才是现实

---

①《马克思恩格斯全集》第 3 卷，人民出版社 2002 年版，第 11 页。
②《马克思恩格斯全集》第 3 卷，人民出版社 2002 年版，第 13 页。
③ 黑格尔：《法哲学原理》，范扬、张企泰译，商务印书馆 2005 年版，序言第 13 页。
④《马克思恩格斯全集》第 3 卷，人民出版社 2002 年版，第 22 页。

的，现实的才是合理的。”[①] 黑格尔所谓的“现实”不是现在直接存在着的或现存的感性事物与特殊经验状态，而是指合乎事物自身理性本质或概念的客观存在，或客观精神。黑格尔的法和国家哲学为批判性地考察现存国家中一切政治法律构造和实践安排的正当性与合理性，提供了客观普遍性的理性根据，避免人们只是从自己的“主观目的和私见”、“主观感情和私人信念”来谈论法和国家的真理性、合理性，不仅致使“内心伦理和公正良心”、“爱情和权利”，而且使“公共秩序和国家法律毁灭”。[②]

黑格尔是把法和国家作为一种理性东西来阐释的，而马克思面临现实社会中贫苦大众的物质利益难题和官僚政治问题，不是本质的哲学真理所能解释和解决的，更大的问题是，黑格尔在国家与市民社会的本质关系上，把它们分别作为普遍性与特殊性分离，各自独立并分离开来。马克思指出黑格尔只谈到“各种特殊权力和职能”的观念，然而“怎样付诸实现，恰恰需要加以证明”，[③] 他还把国家的各种特殊职能与活动作为普遍性一方，与人的个体特殊性或私人特质对立起来：“他忘记了特殊的个体性是人的个体性，国家的各种职能和活动是人的职能；……国家的职能等等只不过是人的社会特质的存在方式和活动方式。因此不言而喻，个人既然是国家各种职能和权力的承担者，那就应该按照他们的社会特质，而不应该按照他们的私人特质来考察他们。”[④] 政治国家的各种特殊权力和职能本身，作为个人社会特质的存在和活动方式，不应作为独立的外在普遍性与它作为个体的特殊性对立起来。由特殊个人承担国家权力和职能并代表国家的普遍性，不可能消除这些公职人员作为个体的特殊性和主观性，他们在实际行动中难免以“普遍性”之名凌驾于“特殊性”的人民大众之上，谋取个人私利。马克思因此指责黑格尔在观念上或逻辑上把政治国家的普遍性与市民社会的特殊性规定分离开来，埋下了实际生活中官僚政治的精神种子。

二、君主—王权与人民主权的分离和对立

马克思批判黑格尔把君主个人的意志视为王权或主权，指责黑格尔将单一个体，即君主代表国家理想主义，不是使国家理想代表公民的现实的自我意识及国家的共同灵魂。“黑格尔力图在这里把君主说成是真正的神人，说成是观念的真正化身。……王权观念，按照黑格尔对它的阐发，不外是一种任

---

① 黑格尔：《法哲学原理》，范扬、张企泰译，商务印书馆 2005 年版，序言第 11 页。
② 黑格尔：《法哲学原理》，范扬、张企泰译，商务印书馆 2005 年版，序言第 8 页。
③《马克思恩格斯全集》第 3 卷，人民出版社 2002 年版，第 28、29 页。
④《马克思恩格斯全集》第 3 卷，人民出版社 2002 年版，第 29—30 页。

意即意志决断的观念。”[①] 黑格尔的君主或王权的概念，到实际政治生活中是由经验感性的或自然意义上的单一个体来承担，这就可能产生君主一人的个体意志对于广大民众的至上性、优越性与专制性。因为“‘国家理性’和‘国家意识’是一个排除其他一切人的、‘单一的’经验的人，但这个人格化的理性具有的惟一内容只是‘朕意如此’这个抽象。朕即国家。”[②] 当然，专制主义、极权主义，显然不是黑格尔本人的政治思想，黑格尔与马克思一样反对个人特权，反对官僚政治，主张所有个人普遍平等的自由—权利。

黑格尔那里的君主或王权，虽然在形式上必须由一个肉体的、自然的人来担当此职，但它不过是一个国家主权独立的象征，是国家总体构成部分之一，并不意味着国家主权是由君主一个人的个体意志决定的，不是马克思批评的那样：“‘君王’对外也应当被认为是一个‘独立的国家’，甚至不要人民也行。”[③] 黑格尔将君权或王权看作国家主权的象征，表明一个国家只有首先拥有对外的独立主权，即一个民族国家必须作为一个独立“个体”，保证它自身的“特殊利益”和“主观意志”，受到他国的尊重和承认，其次对内才谈得上人民主权。“只有人民对外完全独立并组成自己的国家，才谈得上人民的主权”，“如果只是一般地谈整体，那也可以说国内的主权是属于人民的，这同国家拥有主权完全一样”。[④] 作为一个独立“个体”国家的特殊利益和主观意志，在黑格尔看来，就是本国人民的理性自我意识和特殊利益。马克思对君权独立并凌驾于人民主权和人民利益的担心，黑格尔在逻辑上做了很好的“回答”：“如果君王，就其代表人民统一体来说，是主宰，那么他本人只是人民主权的代表、象征。人民主权不是凭借君王产生的，君王倒是凭借人民主权产生的。”[⑤] 意思是君王代表国家主权，与人民主权在本质上是同一和一致的，君权不能高于或独立于人民主权。

但是，马克思仍然指责黑格尔那里存在着“两个完全对立的主权概念，其中一个是能在君主身上存在的主权，另一个是只能在人民身上存在的主权”，“不是君主的主权，就是人民的主权”[⑥]。在黑格尔看来，一国内不可能同时存在两个对立的主权，即君王主权和人民主权，二者只是存在表面上的分离，它们在本质上是内在统一的。据黑格尔说，君权或王权作为主权象征，是一国主权机构的名称，它不意味着个人的专制统治，它在现代国家中，可以称为总统、主席或元首等，它在实践中可以表现为君主制，也可表现为民

①《马克思恩格斯全集》第3卷，人民出版社2002年版，第33页。
②《马克思恩格斯全集》第3卷，人民出版社2002年版，第35页。
③《马克思恩格斯全集》第3卷，人民出版社2002年版，第37页。
④ 黑格尔：《法哲学原理》，范扬、张企泰译，商务印书馆2005年版，第298页。
⑤《马克思恩格斯全集》第3卷，人民出版社2002年版，第37页。
⑥《马克思恩格斯全集》第3卷，人民出版社2002年版，第38页。

主制，总之它是一种抽象形式或代表，人民主权才是它的具体内容与规定。意即君权或王权是一国独立主权的形式，人民主权才是它的实质内容和具体规定，二者有机统一才是真正的主权国家。黑格尔极力反对那种抽象的民主政治观点，即认为“一切人都应当单独参与一般国家事务的讨论和决定，因为一切人都是国家的成员，国家的事务就是一切人的事务，一切人都有权以自己的知识和意志去影响这些事务。”[①] 黑格尔认为国家是具体的，但又绝不是一个个相互排斥和分散的“单子”或“原子”相加聚集而成，而是由许多有机的社会团体或共同体构成，其中贯穿凝聚着人们的自由和理性精神。“个人是类，但是他只有作为最近的类才具有自己内在的普遍的现实性”[②]，“只有当特殊性领域被组织起来时，才谈得上立法权力”[③]。

黑格尔认为，人民主权不能按其表面意思抽象地理解，如果所有公民作为原子式的分散的单一个体，直接参与国家政治生活，表达和伸张各人个体意志、主观意识或特殊利益，这样容易导致无政府状态，甚至个人专制或独裁，使人民的特殊利益和主观自由都不能获得实现。马克思认为黑格尔对这些抽象的国家形式所作的阐述是正确的，他只是担心黑格尔“不是把国家推崇为人的最高现实，推崇为人的最高的社会现实，而是把单一的经验的人，把经验的人推崇为国家的最高现实。”[④] 马克思这个思想与黑格尔本质上是一致的，都认为国家本质在于，它是所有社会成员自由的最高现实性和具体性，而不是相反。

马克思反对君主制、主张民主制的观点，实际上并不与黑格尔对立。马克思指出：“在民主制中，不是人为法律而存在，而是法律为人而存在；在这里法律是人的存在，而在其他国家形式中，人是法定的存在”，“在民主制中，国家制度、法律、国家本身，就国家是政治制度来说，都只是人民的自我规定和人民的特定内容。”[⑤] 这可以说是对黑格尔国家哲学思想的另一种更通俗易懂的表达。在黑格尔看来，法和国家就是人民理性本质的客观确定性存在，是由人民自己的伦理和理性精神规定的。因此，国家制度的现实性，是与本民族人民理性自我意识所达到的程度相适应的，即应由人民的自由自我意识发展与成长状况决定的，而不是由任何外来的命令或某些个人的特殊意志强制或强加的。

---

① 黑格尔：《法哲学原理》，范扬、张企泰译，商务印书馆 2005 年版，第 326 页。

② 黑格尔：《法哲学原理》，范扬、张企泰译，商务印书馆 2005 年版，第 326 页。

③ Hegel, *Elements of the Philosophy of Right,* Allen W. Wood(ed.), Translated By H.B. Nisbet, 中国政法大学出版社（剑桥政治思想史原著系列影印本）2003 年版，第 331 页。

④《马克思恩格斯全集》第 3 卷，人民出版社 2002 年版，第 50—51 页。

⑤《马克思恩格斯全集》第 3 卷，人民出版社 2002 年版，第 40、41 页。

三、"照顾"市民社会的同业公会堕入官僚政治

官僚政治其实是黑格尔所要努力防止和克服的东西，他一直强调国家本质上是其每个成员个体具体自由或特殊利益的客观现实和普遍存在。"国家是具体自由的现实；但具体自由在于，个人的单一性及其特殊利益不但获得它们的完全发展，以及他们的权利获得明白承认，而且一方面通过自身过渡到普遍物的利益，另一方面他们认识和希求普遍物，甚至承认普遍物作为他们自己实体性的精神，并把普遍物作为他们的最终目的而进行活动。"①"特殊利益当然不能被抛弃，更别说压制它；相反它们应该与普遍利益协调一致，以便他们自身及普遍性两者都得到保持。"②为此，黑格尔将国家行政权或执行权视为照看和引导市民社会这个特殊领域的国家机构，负责将特殊利益和普遍利益结合和统一起来。"行政权力或执行权力普遍性地关心特殊领域的保存和福利，以及引导其回到普遍性的任务，同时为了普遍的目的提供公共机构、设施"③，同时"已经构成的个别阶层、等级必须获得国家的承认；他们必须拥有权利，他们必须照顾自己的利益，部分地因为他们有那方面做事的特殊能力，而且部分地和主要地因为他们必须有那样做的行动、他们的利益。"④在黑格尔那里，作为理性伦理现实的国家，负有引导各个特殊的社会共同体朝向普遍性善，即理性的客观普遍性伦理政治秩序的责任，国家尊重和保护并适当引导市民社会这个特殊性领域自身的自我统治、自我管理，这个事实形成伦理国家中重要的民主性原则，同时也是公民的爱国心之所在。

然而，在马克思看来，黑格尔为沟通国家和市民社会，将普遍利益和特殊利益联结起来，特意设计和安排的"中介"——警察、法庭和同业公会——恰恰在照顾和引导市民社会的实践活动中堕落成了官僚政治。"因为黑格尔已经把'警察'权和'审判'权归入市民社会的领域，所以行政权无非是被他作为官僚政治来阐明的行政机关"⑤，因为"'警察'、'法庭'和'行政机关'不是市民社会本身赖以管理自己固有的普遍利益的代表，而是国家用以管理自己、反对市民社会的全权代表。"⑥马克思特别指出监督照管市民社会特殊领域的同业公会，包括工商企业、教育、文化、卫生、科技、环境等行政

① 黑格尔：《法哲学原理》，范扬、张企泰译，商务印书馆 2005 年版，第 260 页。

② Hegel, *Elements of the Philosophy of Right,* 2003, p. 285.

③ Hgegel, Lectures on Natural Right and Political Science, The First Philosophy of Right, University of California Press,1995, p.260.

④ Hgegel, Lectures on Natural Right and Political Science, The First Philosophy of Right, University of California Press,1995, p.262.

⑤《马克思恩格斯全集》第 3 卷，人民出版社 2002 年版，第 57 页。

⑥《马克思恩格斯全集》第 3 卷，人民出版社 2002 年版，第 64 页。

管理部门，构成了市民社会的官僚政治："同业公会构成市民社会的官僚政治，官僚政治则是国家的同业公会。因此，官僚政治实际上把自己即'国家的市民社会'，与同业公会即'市民社会的国家'对立起来。……在社会中创立了同业公会的那种精神，在国家中创立了官僚政治。"[①] 同业公会这个"中介"设制，破坏了市民社会领域的自治或自我管理，使市民社会带上了政治性色彩，同业公会拥有了政治特权，结果丧失了自身服务和保障市民社会特殊领域特殊利益和福利的本质精神，现实活动中蜕化成了黑格尔所担忧和顾虑的"外部国家"或"形式的"国家。如马克思的批判所言："'官僚政治'是市民社会的'国家形式主义'。它作为一种同业公会，作为国家中一个特殊的、封闭的社团，是'国家意识'、'国家意志'、'国家威力'。……同业公会是市民社会企图成为国家的尝试，而官僚政治则是那种确实使自己变成市民社会的国家。"[②] 官僚政治盗窃国家精神或国家意志，使国家普遍利益和市民社会领域的特殊利益都落入抽象概念，没有获得客观的具体实现和存在。

马克思认为官僚政治正是以黑格尔那里"'国家'同'市民'社会、'特殊利益'同'自在自为地存在着的普遍东西'的分离"为基础，以黑格尔"同业公会精神"为前提，可以说黑格尔"给官僚政治的'形式的'组织做了某些一般的规定"。[③] 既然同业公会本身属于市民社会中具有自身特殊利益的共同体，那么它身上天然具有的特殊性气质就是不可消除的。黑格尔要让它代表国家的理性普遍性精神，承担沟通连接特殊性与普遍性之间的"中介"或"桥梁"，"照顾和引导"市民社会人民大众的特殊福利。结果，同业公会借助普遍性的国家精神，使自己的特殊性穿上了国家的普遍性外衣，成为特殊性与普遍性虚假结合的一个单一特殊实体，在现实政治活动中堕落为官僚政治，既背离了代表普遍理性的国家精神，又背离了代表市民社会中人民大众的特殊利益，因而实际上是反国家和反人民的。"官僚政治精神是'形式的国家精神'。……官僚政治认为它自己就是国家的最终目的。……国家的目的变成行政办事机构的目的，或者行政办事机构的目的变成国家的目的。……官僚政治掌握了国家，掌握了社会的唯灵论本质：这是它的私有财产。"[④] 国家的行政办事机构形成了一个特殊利益集团，与国家普遍利益或人民利益相敌对，国家变成实现他们个人特殊利益和私人目的的工具或所有物。"在官僚政治内部，唯灵论变成了粗陋的唯物主义，变成了消极服从的唯物主义，变成了信仰权威的唯物主义，变成某种例行公事、成规、成见和传统的机械论的唯

---

①《马克思恩格斯全集》第 3 卷，人民出版社 2002 年版，第 58 页。
②《马克思恩格斯全集》第 3 卷，人民出版社 2002 年版，第 59 页。
③《马克思恩格斯全集》第 3 卷，人民出版社 2002 年版，第 58 页。
④《马克思恩格斯全集》第 3 卷，人民出版社 2002 年版，第 60 页。

物主义。就单个的官僚来说，国家的目的变成了他的私人目的，变成了追逐高位、谋求发迹”，“国家利益成为一种同其他私人目的相对立的特殊私人目的。”[①] 这种官僚政治虽然是黑格尔深恶痛绝的，但是由于同业公会作为市民社会中的特殊性与国家行政权的普遍性，它们本身来源于两个相互外在的和分离的不同领域，所以二者的结合就已经不再是黑格尔思辨辩证法意义上内在的有机统一，最后必然变成一个两边都不是的“怪胎”——官僚政治。

四、市民社会中的立法权等级要素强化了官僚政治

黑格尔为了预防官僚政治，防止国家普遍性等级的专制或特权对市民社会特殊领域的侵害和压制，主张在国家权力的总体即立法权中，必须包含市民社会特殊领域的各等级要素，即国家立法权中必须包含人民大众的主观意识、特殊利益，也就是让人民参与国事。“各等级的真正意义就是：国家通过它们进入人民的主观意识，而人民也就开始参与国事。”[②] 各等级作为一种中介机关，处于政府与作为特殊领域和特殊个人的人民这两个方面之间。各等级的使命要求它们既忠实于国家和政府的意愿和主张，又忠实于特殊集团和单个人的利益。各等级所处的这种地位和组织起来的行政权有共同的中介作用。由于这种中介作用，王权就不至于成为孤立的极端，因而不至于成为独断独行的赤裸裸的暴政；另一方面，自治团体、同业公会和个人的特殊利益也不致孤立起来，个人也不致结合起来成为群众和群氓，从而提出无机的见解和希求并成为一种反对有机国家的赤裸裸的群众力量。

然而，马克思认为，黑格尔在立法权中加入市民社会特殊领域的等级要素，不仅无助于消除官僚政治，相反进一步强化了官僚政治，加剧了国家和人民利益的对立和分离，他美好的国家理想面对经验的现实政治又一次搁浅。黑格尔关于国家政治安排和设计的关键错误，就在于既把国家普遍性和市民社会特殊性的分离作为前提，又要借助“中介”把已经分离的特殊性和普遍性结合和统一起来。这就不可能是思辨的或本质的内在统一，而是机械和僵化地外在结合。“黑格尔总是把国家和政府当作同一的东西设定为一方，而把分为特殊领域和特殊个人的人民设定为另一方。”[③] 黑格尔在国家和政府普遍信念愿望与人民信念愿望之间设定的等级要素，实际上是“在国家中国家和市民社会之间设定的矛盾”，即“以整个政府为一方”和“以特殊领域和特殊个人的人民为另一方”，市民社会的立法等级要素处于矛盾的双重政治地位：一方面“是与

---

①《马克思恩格斯全集》第 3 卷，人民出版社 2002 年版，第 60—61 页。

② 黑格尔：《法哲学原理》，范扬、张企泰译，商务印书馆 2005 年版，第 321 页。

③《马克思恩格斯全集》第 3 卷，人民出版社 2002 年版，第 84 页。

政府相对立的人民，不过是缩小了的人民”，另一方面又“是与人民相对立的政府，不过是扩大了的政府”，“各等级本身是与人民相对立的行政权的一部分，但同时它们还具有一种意义：充当与政府相对立的人民。”[①] 在马克思看来，黑格尔在市民社会中设立的立法权等级要素，如同照看市民社会特殊利益的同业公会行政权代表一样，为官僚政治埋下了隐患，提供了观念支持。

黑格尔的国家理想在付诸实践时没能获得与其内在本质相一致的存在，现实中真实存在的不过是行政权、同业公会、各等级立法权要素等官僚性质的办事机构，它们绑架了国家，玷污了国家的名誉，成为既与国家对立，又与人民对立的官僚集团，它的“中介”地位与作用，恰恰方便它为了自身的特殊利益，不停地在政府和人民之间来回变换角色。“各等级对政府一方来说，居于人民的地位，而对人民一方来说，居于政府的地位。”[②] 于是原本作为市民社会中非政治意义的私人等级，通过参与立法权而获得了政治意义，因而赋有一种与它的实际意义不同的意义，市民社会由此获得政治意义和政治效能，市民社会的等级差别成了政治差别。正如马克思所说：“这是给市民社会增加的一种新东西，一种特殊的职能，因为正是市民社会作为私人等级的性质，……本身是没有政治意义和政治效能的。私人等级就是市民社会的等级，或者说，市民社会就是私人等级”[③]，市民“作为一个私人处于国家之外；这种社会组织不触及政治国家本身。”[④] 然而，各等级不但没有把法和国家普遍的伦理和理性精神渗透到自身的存在和实际行动中，反而一方面使不具有私人性和特殊性的国家，成了“私人等级的”市民社会，另一方面使不具有政治性质的市民社会，增加了政治意义和政治效能，官僚政治的触角由此延伸到了整个国家和市民社会，人民的自由并没有在国家中获得全面的具体实现。

因此，马克思批评黑格尔“只是阐发了国家形式主义”或观念的国家理想，国家并没有像黑格尔所设想的那样，在现实中成为崇高的存在，即所有人民具体自由的现实，相反国家的存在总是依赖于自身之外的同业公会、等级议会等特殊要素，从而使得自身只是虚构的或形式的存在：“等级要素是立法权的市民社会，是市民社会的政治存在。……市民社会力图赋予自己以政治存在，或者使政治存在成为它的现实存在。市民社会力图使自己变为政治社会，或者市民社会力图使政治社会变为现实社会，这是表明市民社会力图尽可能普遍地参与立法权。”[⑤] 这就使得市民社会中的利益冲突与斗争，变成了

---

①《马克思恩格斯全集》第3卷，人民出版社2002年版，第87页。
②《马克思恩格斯全集》第3卷，人民出版社2002年版，第87页。
③《马克思恩格斯全集》第3卷，人民出版社2002年版，第95页。
④《马克思恩格斯全集》第3卷，人民出版社2002年版，第97页。
⑤《马克思恩格斯全集》第3卷，人民出版社2002年版，第147页。

各等级要素作为敌对斗争力量的政治斗争，从而使国家随入市民社会的特殊利益冲突与斗争之中，“国家”和“人民”在现实中因而都只是作为一种**观念**或抽象概念存在着，它们只是被官僚机构、同业公会以及立法权中的各等级要素，作为它们相互斗争、获取私人特殊利益的工具或手段轮番使用。

结束语

马克思对黑格尔法哲学的批判，不是否定黑格尔法哲学本身蕴含的思想真理，他与黑格尔的法和国家哲学思想是基本一致的，即法和国家本质上是所有公民自身自由和权利的具体现实和获得。但是，马克思认为黑格尔关于政治国家运行的权力机构和体制设计是经验的和机械僵化的，没有将他的思辨辩证法贯彻到底，他那里作为国家普遍性和市民社会特殊性之间“中介”的同业公会和立法权等级要素，虽然形式上也是特殊性和普遍性相统一的单一实体即国家的行政、立法权的特殊组织形式或机构。但是由于国家的普遍性不是它们自身自在地存在的，而是外在于它们的另一个领域，所以它们作为单一的行政办事机构或立法机构，在实际的政治行动中，必然既违背市民社会人民的特殊利益，又违背国家权力的理性普遍精神，这就是官僚政治的本质。结果就形成国家的市民社会，或市民社会的国家，重新把公民个人权利、私人利益陷入抽象的普遍利益，普遍利益却堕落为私人利益，导致侵害公民自由和权利的官僚制。在现实社会中，“国家”和“人民”实际成了官僚集团捞取私人利益的口号、工具和手段，成为缺乏内在精神或灵魂的躯壳或空形式。马克思通过对黑格尔国家哲学的批判，找到了现存国家官僚政治的思想根源。然而，马克思这时对经济、政治上远比德国先进的英、法两国的政治社会历史缺乏了解，更缺乏政治经济学知识，因而暂时停留在对法和国家形式的思想批判上面。马克思虽然从黑格尔关于政治国家体制设计安排中发现了官僚政治的思想根源，但是人民的现实生存利益并不是受到观念的奴役和压迫，官僚政治也不可能直接由观念产生出来，更不可能通过观念的改变来消除。马克思在1843—1844年的《德法年鉴》和巴黎时期的学术工作，将不再从黑格尔的“观念”出发，而是必须走出黑格尔观念的法哲学，转向对现实的国家和人民的社会经济环境及其物质关系总和的研究，寻找官僚政治、阶级和阶级斗争产生形成的物质经济根源，探索无产阶级生存和劳动解放的现实条件和实践道路。

（作者系法学博士，中国政法大学副教授、硕士研究生导师）

论现代法权自由的内在矛盾

——《论犹太人问题》中的现代政治问题

李灵婕

马克思与青年黑格尔派的决裂标志着其思想的重要转向，其中与鲍威尔的论战名篇《论犹太人问题》最具标志性。它表明了马克思对现代法权人格及其自由的理解。文章追溯了导致此种自由之形式性的社会根源，并提出了人的解放与政治解放的重要差别。在这次交锋中，马克思批判性地吸收了鲍威尔的观点，从现代政治与宗教的关系出发，对基督教国家以及相应的人权形式提出批判。它深刻地触及了市民社会的本质性缺陷和现代政治的薄弱方面，直至今日诸多理论对自由的理解仍然局限于这一范围。同时，人的解放作为社会力量的回归，成为《〈黑格尔法哲学批判〉导言》中无产阶级革命的理论前瞻，它同时蕴含了从社会政治批判向市民社会研究即政治经济学批判的内在转向。

从激进到保守：鲍威尔与现代政治

《论犹太人问题》针对的是布鲁诺·鲍威尔的《犹太人问题》和《现代犹太人和基督徒获得自由的能力》两篇文章，它们分别发表于1842年的《德意志科学和艺术年鉴》和1843年的《来自瑞士的二十一印张》。作为青年黑格尔派的代表性人物，鲍威尔将《福音书》阐释为个人有意识的杜撰为论战终局，树立了青年黑格尔派的激进形象。不管从哲学立场的角度出发，还是从青年黑格尔派的完成即施蒂纳的理论角度来看，自我意识哲学都是一种较为激进的哲学流派。这一点在宗教批判方面体现得尤为突出。

首先，激进的自我意识立场将自身的运作机制设定为内在尺度，重释了基督教和犹太教的关系。犹太教的宗教意识无法处理普遍性与特殊性之间的张力关系，要求教徒遵循外在的戒律，以抽象的戒条外在地规定世俗生活，这是一种“落后的”意识形式，它沉溺于世俗事务的特殊性中。与之相对，“基督教从犹太教那里获得了热情、排他性和反对一切与它对立的东西的极端路线。"[①] 它不再需要遵守外部戒律，转而寻求内在信仰。它不再给予生活最高地位，而是贬低它，以寻求最后的救赎。基督教是犹太教每一个本质特征的极端发展，它是完成了的犹太教，同时是对犹太教的否定。

其次，自我意识立场并不满意于否定性的宗教意识。它虽然肯定了人的普遍性，即"把人从他的家、故乡、尘世的关系和联系中，从他与国家以及民族的联系中驱逐出去"[②]，但却以超越性的方式进行，而此世生活不具任何本质性含义。因此，与其说这是超越性的承认，不如说是对非人性的普遍认可，它只是否定性地把握住了人的无限性概念。

最后，必须扬弃一切宗教意识才能成就理性的自我意识。对于已经设定彼岸普遍性的基督教而言，只需扬弃其信仰的彼岸性即可，普遍的政治人权只有在否定性的特权消灭自身之后才能实现。这不仅意味着人从宗教中解放出来，也意味着现代政治的最高成就，即人以其自身为根据发展出真正关于自身的认识，政治的自我意识即是现代人权。

马克思批判性地接受了鲍威尔的宗教批判，并认为这一批判必然指向现代政治领域。犹太教和基督教的宗教意识的确具有内在的必然关联。基督教将内在于犹太教自然中的精神"解放"出来，使之成为独立的彼岸王国，造成世俗与神圣的二分。基督教的意识形式不仅是犹太教宗教意识的完成，而且是一切宗教意识的完成形态。然而，正是在此意义上，基督教否定了犹太教。在它看来，犹太教不过是沉溺于世俗世界中的特殊精神，缺少形式的普遍性和概念的纯粹性。"基督徒对犹太人的解放的惟一兴趣，是一般的人的兴趣、理论的兴趣。犹太教在基督徒的宗教眼光中是个侮辱性的事实。"[③] 尚未达到普遍人性的认识，犹太教不可能谈论解放。而基督教的认识也无非犹太教的完成，解放的事业需要政治的介入。

但是，马克思对宗教批判的"激进"指向却有所质疑。首先，犹太人问题并非如鲍威尔所言，是一个具有现代普遍含义的政治问题，理解作为历史问题的欧洲犹太人不同于作为现代政治问题的犹太人问题。而且，现代政治的普遍性问题只是在德国才获得它的神学表象。进而，马克思将鲍威尔的解决办法翻译为以下语言：为了获得现代自由，需要直接在政治上废除宗教，在理性自我意识面前消灭宗教自我意识，这样宗教就会被彻底废除，个人摆

---

① 李彬彬:《马克思思想发展历程中的"犹太人问题"》，中国人民大学出版社 2017 年版，第 46 页。

② 李彬彬:《马克思思想发展历程中的"犹太人问题"》，中国人民大学出版社 2017 年版，第 68 页。

③《马克思恩格斯全集》第 3 卷，人民出版社 2002 年版，第 191 页。

脱宗教的束缚，获得理性自由。简言之，消灭作为意识的宗教，就能消灭现实的宗教。但是，这种解决办法在北美的国家形式和社会内容面前完全失效。在已经宣布普遍人权的美国，“宗教不仅仅存在，而且是生气勃勃的、富有生命力的存在”①。换言之，鲍威尔以之为理想模型的现代国家，并不反对宗教的实存，反而能够与下降到私人领域的宗教和谐共处。理性自我意识与宗教自我意识并未发生任何本质性矛盾。因此单纯否定性的结论即是，在政治上废除宗教，并不代表真正废除了宗教的自我意识及其实存形式。它只是把政治从包括宗教在内的一切私人因素束缚中解放出来，使其成为一个独立且自足的领域。获得了独立外观的现代政治国家，不仅与产生它的社会发生了绝对的分离，而且以颁布普遍人权的方式化解了社会中的宗教对立，把由解释上帝的差别所引致的争论，转变为私人领域中个人信仰的选择或偏好。在教义上相互反对着彼此的基督教徒和犹太教徒，经由国家的中介，却能够获得真实的平等。现代国家就以此方式超越性地解决了社会内部的冲突，并进一步获得了神圣的超越性地位。

现代国家与宗教的超越性关系意味着，在自我意识立场的激进外表下，包裹着鲍威尔尚未意识到的极端保守的政治立场。这一立场的实际政治效果导致，在一个没有第三等级的国家（德国）进行单纯政治层面的革命，只能带来对现存内容的无限肯定和形式性的外在否定。以现代法权自由为内容的普遍人权，必将再度沦落为产生此种人权形式的市民社会之工具。个人笃信现代法权所带来的自由与平等，无非意味着产生此种意识的市民社会缺乏真正的自由与平等。而这一单纯的政治革命也将再度失败，人与人之间再次落入相互敌对的状态。

现代法权自由的外在形式性

理性自我意识与现代法权在实现为政治的法律实存之过程中，暴露出其同一的行为根据。通过基督教式的分裂，现实存在的个人被“现有”和“应有”的分离割裂为两种存在，且就其现实性而言，它们皆贬低了人的社会内涵。“现有”一方是自私自利的动物式存在，“应有”一方是超越肉体存在的纯粹理性个体，而留存在二者之间的，或者说作为分裂之前提的人本身，却要么等同于私人生活中与动物式存在，要么混淆于政治生活中与理性个体。

但是，公民、市民和人三个概念，有本质性的差别。“马克思在这里特别强调了三个不同的概念：公民、人和市民。他明确指出，由于人们把公民身

①《马克思恩格斯全集》第3卷，人民出版社2002年版，第169页。

份（citoyen）看作是以人本身（homme）为目的，最后人们实际上是把市民（bourgeois）当作了真正的人。”[①] 人被分裂为两个不同的组成部分，一方是政治人从中分离成为人权的代理者；一方是自然人即私人从中分离产生私有财产规定的代理者。人在被分裂的结果中发生了双重异化。政治人集中了自我意识的一切活动，它是主动地构建政治共同体的主体，能够在超越性的政治领域，形式性地获得社会存在物的一切能力。这种能力同时标志着获得自由的前提。同时，“自由这一人权一旦同政治生活发生冲突，就不再是权利，而在理论上，政治生活只是人权、个人权利的保证，因此，它一旦同自己的目的即同这些人权发生矛盾，就必定被抛弃”[②]，自由的形式与它的内容之间存在不可消解的本质差别，此差别包含对立和矛盾的可能性。一旦真实的矛盾产生，形式反而遭到抛弃。政治人的自由权利并不具有保证其内容的现实能力。另一方面，自然人作为解体社会的现成结果和直接确定性的对象，反而具有真实的内容。失去了政治限制的现代私人，把自然需要及其满足的无限扩大视作自由的实现。当这种以本能属性为特征的自由任意，遭到他方“任意”的威胁时，却根本无法诉诸人权以保障他不被侵犯自由的可能性。简言之，公民和市民把人分裂为主动和受动，两方不仅都没有触及真正的人作为社会存在物的本质，而且必然产生冲突和矛盾。政治人和自然人的差别及其矛盾和对立，源自私有财产的同一行为。

政治人集中了所有法权人格及其自由的形式性方面，并成为公民身份的核心内容。获得解放的现代公民不再束缚于任何宗教的特殊限制，公民有信仰宗教或占有财产等自由，他私人生活中的特殊目的，都在法权中获得了形式的承认。因此这些特殊目的的具体内容，于形式而言无关紧要。他只要拥有了作为政治承认的自由之能力，就可能拥有一切。经过法律形式中介后的自由，只是关于自由的能力。它把全部实现自由的可能性，内涵于法权的潜在状态中。对政治权利的诉求包含对自由能力的信仰，它是私有财产关系在政治上公然确立的“宗教意识”。此种意识形式之坚实性并不在于意识本身的进步，而是在社会中有其坚实的物质基础即私有财产的关系。对于私有财产的关系来说，政治国家的解放无非意味着束缚在市民社会上政治桎梏之解除，其后果是自私自利的原则将贯彻至极致。因而，虽然法权人格是公民身份的核心，但自然人必将其吸纳为获取自身利益的手段。

如果说政治人是基督教世俗化的结果，那么犹太教的世俗化则进一步为自然人的统治赋予了具体内容。金钱的普遍性中介巩固了法权自由的形式性。

① 张双利：《马克思论宗教与现代政治——重解马克思的〈论犹太人问题〉》，《复旦学报（社会科学版）》2016 年第 1 期，第 54—62 页。

②《马克思恩格斯全集》第 3 卷，人民出版社 2002 年版，第 186 页。

首先，犹太精神的社会复兴有赖于市民社会的解放，并在原子式个人形式的孕育中，发挥出前所未有的物质力量。内在超越的上帝观念不仅加剧了对个人存在的原子形式及其政治表达的热情，而且创造出了内在于市民社会的“新神”即金钱。金钱是一切事物都可能转变为唯一者的实体性存在。它是真正的单一性原子。作为能够表现一个人所有需要、并且通过购买就可以实现欲望的可能性之实体，金钱与普遍人权在实现自由的可能性上，具有相同的结构。而前者由于其物质性特征，在人们生活中获得了绝对的权力。个人拥有的金钱越多，满足自身需要的可能性就越大，因此就越可能获得更多自由。对形式自由的内容补充依赖于实体性的金钱，自私自利的犹太精神把权利的形式内化入自身的实体之中，并与其合谋，在物质和意识两个层面给予个人以自由的幻想。

综上所述，现代个体自由的纯粹形式性之实质，乃是个人生存的实际内容对其虚假形式的利用，亦即自私自利的物质需要对普遍人权的现实吞噬。因此，要求借助政治权利获得普遍自由，鲍威尔的理性自我意识立场妥协于市民社会现存的物质冲突和利益纷争，并以形式自由填补其实质的不平等。他以实证性的方式拥抱了现代世界的原则。鲍威尔提出以神学形式包裹的德国犹太人问题，完全忽视了问题产生的社会政治语境之特殊性。因此，如何恰当地理解这个问题的本质，即人本身的分裂问题，以及普遍人权与金钱实体的相互促进和内在支持，必须进一步研究这个问题所产生的具体社会结构。

对于个体而言，“社会是一个像构成它的个人一样的现实的实体。而且，作为这些个人交互作用的产物……比部分的总和更多的总体或整体”[①]，社会具有规定个体行为和意识的作用。而在现代社会中，市民社会和政治国家的复杂关系是理解这一塑形过程的关键。相互矛盾和冲突的两种原则竟在人权的形式中完成了抽象的统一，其虚假的理论特征遮蔽了实际冲突背后的“统治”关系，即表面上由政治国家管理的市民社会，已经在物质的实在中对政治国家原则进行了吞噬。

形式自由的社会根源——市民社会对政治国家的吞噬

抽象的唯物主义和抽象的唯心主义成为彼此的存在前提，出自于同一行为的分离在《黑格尔法哲学批判》中曾以非本质性差异的方式提出。然而在“世俗化”这一表述中，马克思对二者的分离做出了重新定义。以基督教的二

---

① 卡罗尔·C. 古尔德：《马克思的社会本体论》，王虎学译，北京师范大学出版社 2018 年版，第 45 页。

元论为模型，此岸与彼岸的分裂，确实形成了超越论意义上的本质差异。与此同时，它也成为市民社会吞噬政治国家的前提。充分发展了的市民社会反过来吞噬被解放了的政治国家，因为正是这样的社会产生了相应的国家形式，它是为市民社会的存在，其自立的表象也不过是社会的“需要”。市民社会由于其世俗基础的巨大物质力量，必然吞噬政治国家的超越论表象，因为人的现实性根植于其坚实的物质基础。但吞噬不是对政治国家的吸纳，它表达着两种原则在相互分离的前提下，同时相互巩固的恶性循环。

首先，市民社会作为一切人反对一切人的战场，它不具有共同体的现实性。市民社会中存在的个人被私有财产原则规定为原子式个人。它具有对自身、他人和共同体的三重否定关系。就他人而言，个人必须对潜藏在他人中的侵犯私有财产的可能性行为有所戒备，虽然表面上承认了与他人的平等关系，但这是一种消极的抽象肯定，即个人不能从他人身上得到积极地确证自身存在的东西。他人反过来也是如此对待他。既然人格平等的前提是抽象人格的同质性，因此否定他人人格的行为，间接成为对自身人格的反对。在这种人格前提下，市民社会作为整体不具有共同体的现实含义，或者说它的共同体外观只是一种虚幻表象，要么作为共同利益与个人利益形成对立关系，个人视其为另一种可能侵犯私有财产的人格体，要么沦为个人获取自身利益的工具，在这层意义上它甚至还没有达到人格的高度。不论如何，原子式个人与共同体处于彼此外在的关系中。概言之，个人对一切他物都处于外在的关系或一种非现实的抽象关系中，他们以相互分离的孤立状态存在。因此，市民社会的领域是由彼此对抗的个体形成的分散性集合体，在其中没有任何现实的整体性可言。

其次，分散性集合体于个体而言缺乏意义的整体性和无限性；同时，原子式个体已然在前提中内在地否定自身，也就意味着他在自身之内同样失去寻找到肯定性意义的可能性。伦理国家应当解决这个双重的无意义问题，它不仅是勾连个体的整体性有机化合物，而且能够保证个体以现实的实践自由。然而正如马克思批判黑格尔国家理论时所指出的，真实存在的国家就市民社会而言是一种超越论存在，同时对个人而言只是政治的意识。它意味着，一方面个人只是在想象中将自己视为类存在物，观念性地视自己和他人具有平等公民身份。另一方面，他作为国家公民的存在却不触及和妨碍他作为市民的存在，在行为层面他依然是按照私有财产规定行事的私人。现代国家正是实现了的基督教原则，是基督教的世俗化。它在三个方面证明是这种世俗化了的现实：其一，它与基督教具有同构性。政治国家与市民社会的分裂和对它的超越，是基督教对神圣世界和世俗生活二分的世俗化。其二，现代国家以爱国主义形式，要求公民内在激起的政治意识，是基督教作为宗教信仰在个人内心激起的情感和想象之世俗化。其三，实行政治民主制的基督教国家以抽象平等的人权作为人的规定，“它已经用世俗方式实现了宗教的人的基础”[①]，是基督教关于人的普遍意识之彼岸性的世俗化。

再次，市民社会对整体性的缺乏诉诸政治国家的虚幻共同体本质。二者以分离为前提的合谋，为现代世界的理性支柱提供了现实基础。对理性的笃信沦为对理性的宗教式信仰，现代国家以政治的形式实现了基督教人格主义设定的人性之普遍性和平等理念[②]。国家从社会中解放出来，既是从宗教的束缚中，也是从一切物质关系中解放出来。更重要的是，它把现实的人从自身驱逐出去，从而将原子式个人及其相互敌对状态，进一步驱逐在自身之外。在超越性的神圣领域中，只有平等、自由的共同体生活。公民权的法律实存保证了虚幻共同体的运行，它从另一个侧面表达了市民社会所渴求的内容。“国家不是一个集合体，也不是一个团块（mass），而是一个整体，一个普遍物”[③]，市民社会的世俗局限性正是在于缺乏整体性事物，作为其外部规定和内部反思。它可以一方面防止市民社会在“一切人反对一切人”的原则下的分崩离析，一方面成为它理解自身坏无限性的中介。就前者而言，国家作为一种政治制度对市民社会进行限制，后者则成为私人宗教在世俗生活中仍然生机勃勃的存在之根据。概言之，政治国家的超越性和内在性形式产生于市民社会对整体性的渴望，但它没有实际地解决其内在矛盾，而是反过来促进了私人因素在市民社会的发展和繁荣。

最后，“现代国家必将促成市民社会的充分发展，而充分发展了的市民社会又必然会反过来吞噬掉现代国家。”[④]政治解放的内在限度表现在三个逐渐推进的层面：第一，市民社会内部的物质要素和精神要素，因其纯粹的私人性而成为市民社会的内部缺陷；第二，由于共同性的缺失，个人行为不受任何实体性限制，缺陷形式得以任意发展；第三，结果是，私人因素的自由发展促进了市民社会，而充分发展了的、释放出所有内在因素的市民社会开始塑造和统治国家[⑤]。吞噬的结果表达为人权在宪法上的确立。人权不同于公民权，它虽然内涵自由，但这种自由“使每个人不是把他人看作自己自由的实

---

①《马克思恩格斯全集》第 3 卷，人民出版社 2002 年版，第 176 页。

② 沃伦·布雷克曼：《马克思、青年黑格尔派和社会激进理论的起源》，李佃来译，中国人民大学出版社 2017 年版，第 16—17 页。

③ 阿维纳瑞：《黑格尔的现代国家理论》，朱学平、王兴赛译，知识产权出版社 2016 年版，第 13 页。

④ 张双利：《马克思论宗教与现代政治——重解马克思的〈论犹太人问题〉》，《复旦学报（社会科学版）》2016 年第 1 期，第 54—62 页。

⑤ Leopold, David, *The Young Marx: German Philosophy, Modern Politics and Human Flourishing*, Cambridge: Cambridge University Press, p.148.

现，而是看作自己自由的限制”[1]，它不是积极地确证人作为社会存在物的本质的自由，而是否定与他人关系以及与共同体关系的消极自由。但是，以公民权自居的人权仍然保持了它在意识上的优先性。换言之，消极自由获得了合法性承认，只有获得人权的抽象人、政治人或法人，才被认作真正的人，是达到了理性自我意识的人。而现实的人并不具有真实性，私人的利己主义行为被人权隐藏在身后。这些私人以为，获得人权即是获得确证自身社会力量的积极自由，从而得到了真正的人的解放。其实通过国家中介获得的，只是毫无内容的形式自由，是自由面对社会事物的想象。私人仍然受到社会力量的限制。

无产阶级革命与人的解放

在与鲍威尔的论战中，马克思将犹太人问题的实质，从神学话语的虚假复兴，转向其内在指涉的现代权力结构，并隐秘地批判了鲍威尔的“时代错乱”[2]。因此，德国的犹太人问题绝不是纯粹的神学问题，亦非朝向理性自我意识发展的最后阶段，它是现代世界的普遍问题在德国语境下的特殊表达。解决犹太人问题的关键，首先在于恰当地理解产生它的现代语境及其内在矛盾，并进而理解此种德国式表达的背后蕴含。与此同时，也只有在披露了神学的虚假复兴后，才能够继而批判产生此种宗教意识的具体社会。

表达为宗教斗争的现代政治解放，虽然是具有缺陷性的解放形式，但是却仍然不失为一个巨大的进步力量。政治解放推翻了封建制度，它摧毁了国家统一体的意志之单一性，让公共事务成为每个个体的普遍事务。但它只是想象中的共同体，为个人在想象中成为自主个体提供了空间。政治国家还不是人的社会力量之现实表达。因此，马克思要求国家作为社会力量的回归。一个尚未在内容和形式上获得一致性的具体社会，不可能实现真正的个体自由，它只是让个体摆脱了思维的束缚，对自由的主观理解仍然以“任意”的消极内容为主导。个人受到市民社会内部物质要素和精神要素的束缚，他对“任意”的想象只能作为对限制的补充而存在。因此，政治解放绝不是解放的最后形式，解放必须向前迈出一步，必须消灭社会生活中下降为私人因素的束缚，才能实现真正人的解放，从而在实践而非理论的意义上实现真正的个体自由。

只有在理解了政治解放与人的解放之本质区别后，关于德国解放问题

---

①《马克思恩格斯全集》第3卷，人民出版社2002年版，第184页。

② 沃伦·布雷克曼：《马克思、青年黑格尔派和社会激进理论的起源》，李佃来译，北京师范大学出版社2018年版，第75页。

的讨论才得以真正开始。鲍威尔经过基督教提出了真正的现代问题，即关于真正的人的问题，但是“一旦提高到真正的人的问题，批判就超出了德国现状”①。在德国的社会语境中，并行着两种极度错位的力量。一方面是保守落后的德国制度，作为一切旧制度的公开完成，它不仅没有达到现代批判的对象水平，甚至低于这一水平。德国还没有经历资产阶级的社会革命，就被保守的力量拖回到革命前的封建状态。另一方面是与时代同等水平德国思想，它体现在德国哲学和宗教解放的双重形式上。作为思想的同时代人，黑格尔的法哲学为理论家提供了理解现代原则的准备。而对于德国大多数平民而言，他们通过神学接受了普遍解放的信念。路德的宗教改革通过把经新教包裹了的真正的人即人的解放，化为德国人民信仰的方式，使他们成为启蒙后的现代人。

而在德国进行彻底的社会革命的可能性也存在于这两方面中。法国社会能够明确其解放的不同层次和相应阶段，不仅在于政治解放已经以资产阶级革命的形式完成，并且正在孕育下一个承担起革命任务的阶级，还在于法国人民的政治理想主义特质，他们能够把每一种政治原则推至极端。德国则相反，不仅落后的现实没有为革命提供必要的物质基础，而且德国人民都是“有节制的利己主义”者。德国社会中不仅尚未产生、也不可能产生法国意义中的无产阶级。与此同时，各种旧社会的力量之间依旧存在相互斗争，人民的意识也相应地束缚于斗争掀起的旧社会因素中。在此语境下，无产者与资产者的斗争仍具有特殊性的外观。因此，德国彻底的解放绝不可能按逐步解放的顺序进行，它从各种特殊性因素的束缚中解放出来的可能性，反而在于普遍解放的前提之中。

所以，德国的无产阶级内在要求的普遍性，必须是直接对所有特殊性束缚的彻底否定。它不仅需要摆脱市民社会中的私人要素束缚，而且要求摆脱德国现存社会中所有封建社会要素的束缚，并使自身内在的普遍性否定成为摆脱一切束缚的前提。“人是人的最高本质”这一立足点，既是德国社会孕育的、为德国人的解放做的理论准备，同时也在无产阶级对现存社会的彻底否定中，为人的解放标明目标和方向。

在为德国探寻实现人的解放道路的过程中，无产阶级的历史任务及其革命行动的要求逐步得到塑形。虽然依据具体社会的特殊历史语境，人的解放之现实道路彼此差异，但是担负起这一任务的现代无产阶级及其革命原则，却在世界历史的意义上，具有超出市民社会原则的社会普遍性。作为“非市民社会阶级的市民社会阶级”，无产阶级的成员只有首先是市民社会的产物，

---

①《马克思恩格斯全集》第3卷，人民出版社2002年版，第204页。

继而完全被剥夺在当下社会中实现个体自由的全部现实性，才有可能被迫成为主动推翻当下社会原则的行动者，建立以全面的人的回归为基本目标的社会原则，从而不仅在理论层面、更是在实践层面实现真正的个体自由。

如果说德法年鉴时期的无产阶级概念尚不包含较为具体的内容，而随着从社会政治批判向市民社会研究的转向，以及对政治经济学批判的逐步深入，无产阶级概念的含义及其革命内容逐渐得到丰富和发展。《德意志意识形态》中历史唯物主义的系统表述，不仅明确了无产阶级自身生成的历史道路，而且也在整个物质运动中为无产阶级革命的历史必然性指明了目标。其实质为社会运动的共产主义，作为无产阶级的革命目标，旨在“推翻一切旧的生产关系和交往关系的基础”，而这一行动要求在《共产党宣言》中直接呈现为无产阶级的暴力革命形式。在随后的《资本论》中，把“每个人的自由发展”作为“一切人的自由发展的条件”，马克思更为细致地在“缩短工作日”的基础上，讨论了“自由王国”和“必然王国”的关系，并且最终把“自由王国”视为最合乎人性的历史归宿，再次强调了自由在此归宿中的根本地位。可以看到，人的解放作为社会解放以实现的个体自由，这一首先出现在宗教批判领域的基本概念，继而贯穿于政治经济学批判和历史唯物主义的基本线索，是马克思思想的重要核心理论。

《论犹太人问题》所揭示的现代个体权利及其自由问题，因其内涵和面向的广泛及多样，在当下社会具有强烈的现实意义。就现代法权及其自由的内涵而言，其内容主要地表现为权利与义务之间的张力和矛盾关系。黑格尔曾在《法哲学原理》中从人格权及其定在的角度，重新定义了现代私有财产的内涵。通过把个人身体和生命纳入人格的定在范围内，权利的意义上升至对个人生命的尊重和个体尊严的敬畏。这也就意味着，现代国家必须优先尊重并保证现代个体权利，才有能力要求个体尽其义务。从个人的角度出发，只有其权利得到了根本的保障，才有履行其义务的现实性基础。权利和义务的同一当然是一种较为理想的状态，它时刻处在一种动态的平衡中。

然而，平衡总是难以保持。现代世界面临着各种挑战，有的甚至导致国家和社会进入非常规的、应急性的或边缘状态。在这种状态下，权利与义务之间的张力会被放到最大，矛盾也非常明显地加以突出。在一些特殊情况下，这种状态意味着对相当一部分个人生命的威胁，它要求同为国家公民的另一部分人挺身而出，为了应对应急事件、维护社会稳定、保障其余公民的生命安全，而做出相应的牺牲。这种牺牲履行了其作为公民的义务，其相应的职责和道德担当促使他们部分地让渡或放弃其权利。以公共安全事件这一应急状态为例，为保证社会能够相对平稳运行，需要相关人士为此付出的巨大个人牺牲，有些牺牲甚至涉及生存的基本权利。然而，正是在一些极端情况中，权利和义务的关系需要依情况加以重新审视。例如，当生命面临消逝，权利包含的基本生存权处于边缘处境，义务的要求及适用范围自然要遭受质疑。这两者之间的矛盾就在此困境中被放到最大。权利是义务的基础，义务是权利的目的，越是在非常状态下，越是要掌握好二者之间的平衡关系。而相应制度和政策的制定或修改，即是要通过一些必要的调整以缓和矛盾冲突的特殊紧张关系。虽然难以避免极端状态下的个例作为偶然性存在，但是同时也应当考虑到，对基本权利的侵犯一旦成为哪怕是小范围的普遍性事物，个体生命、与个体直接关联的家庭、甚至最终大至社会国家，都会受到相应的影响甚至致命的打击。因此，对个体权利的诉求如果只停留于形式自由的层面，而不深入到其具体内容当中，不仅权利的诉求将流于表面、义务不能恰当安置，而且社会秩序也会陷入混乱。马克思给予当代社会的提示绝不仅限于此，然而也只有在遭遇不同的社会问题、并不断重新思考这些提示的核心内涵的过程中，才能在不断激发出马克思理论活力的前提下，恰当地解决这些问题。

（作者系中国政法大学人文学院哲学系讲师）

现象学、法律与政治

——对第一人称研究、规范秩序与行动的方法论反思 *

[奥地利]索菲·路易道特 著　韩立俊 译　张浩军 校

引　言

研究法律现象学有诸多进路。法律现象学的历史表明，有些研究进路将承诺这种社会行为和社会本体论的本质学置于前景中；有些将凯尔森（Kelsen）的《纯粹法理论》（*Theory of Pure Law*）以现象学的方法系统化；还有一些选择实存的或实存主义的角度，或强调法律的主体间性和世界性特征；最后，还有一些将法律主题化，认为它是一种排他的和兼容并包的秩序——在此仅举几例。

在本文中，我想探讨作为**第一人称研究**的现象学在何种意义上能或不能解释法律这种现象。虽然我意识到，研究现象学的进路当然与研究法律现象学的进路一样，有区别和分歧，但我认为现象学研究的第一人称特征是其本质特征之一。现象学研究体验 / 意识 / 此在及与之相关的世界的结构，其所侧重的主题在不断变化，包括先验现象学、实存现象学、存在论现象学、伦理现象学、政治现象学和批判现象学。通过讨论现象的相关被给予性来分析一个现象，似乎是现象学进路的核心。根据定义，"为某人而存在的某物"（of something for someone）的被给予性之意向性结构需要一个主观的角度。因此，一旦谈论体验和意义，现象学就会为体验和意义的意向性、主观性、第一人称和相关性特征辩护，而非从第三人称视角对其进行概念化。

目前，发展一门法律现象学的方法论问题是，应当以何种进路研究作为"现象"的法律。由于法律传统上被定义为一个规范体系或一种规范秩序，目

---

* 本文（Phenomenology, Law, and the Political—A methodical reflection on first-person inquiry, normative orders, and action）最早发表于 *Revista Eticae Filosofia Politica* 20(2), 2017, pp. 152-173. 经作者授权译出。——译者注

前还不清楚关于体验和某物之被给予性的第一人称进路应当如何阐明关于现象的明确洞见。研究法律的各种现象学进路之间的差异部分地源于其处理这一问题的方式。下面我要做的是，对这一方法论问题进行反思，并提出将此方法与政治视角结合，作为研究法律现象学的进路之一。为此，我将考察阿伦特的行动理论及其与法律的关系。我认为将深刻的现象学洞见与有关法律的有趣观点结合是一种非常新颖的选择，到目前为止，还未有过探索。[①]

我首先介绍现象学如何与法律和法理论关联的五种不同进路；然后，我转向作为第一人称研究的现象学，并将这种研究——尽管它处理主体间性和社会现象问题——如何能或不能研究法律现象作为问题；最后，我将转向行动现象学和多元性，提出一种经方法论反思的进路，研究如何从这一视角处理法律现象的问题。

一、法律的诸现象学进路：一种系统化的尝试

在几年前的一本书中[②]，我在系统梳理法律现象学的各种不同进路时总结了现象学与法律或一般法理论关联的四种不同进路。我会在本文介绍这些内容，并增加另一种进路，这为通过法律构造主体间关系和自我开辟了一个新的、有趣的领域。[③]

1. 法学的 / 辅助的进路：一种辅助或补充法律科学的现象学进路

这种现象学进路基本上接受由其意图补充的各种法理论所划定的范畴和界限。在法律现象学史上，典型代表是 20 世纪 20 年代维也纳学派的法律现象学家，如费利克斯·考夫曼（Felix Kaufmann）、弗立茨·施莱尔（Fritz Schreier）、阿尔弗雷德·舒茨（Alfred Schütz）和托姆·奥塔卡（Tomoo Otaka），他们都是著名法学家、法哲学家汉斯·凯尔森（Hans Kelsen）的学生，同时也是胡塞尔（Husserl）的学生。他们一直研究凯尔森的《纯粹法理论》[④]，将之与胡塞尔“现象学”结合，以现象学进路完善了凯尔森的学说，取得了丰硕成果。

---

① 但最近有一些论著已经承认了阿伦特对法律现象学的贡献。参见 Marco Goldoni and Christopher McCorkindale, eds. *Hannah Arendt and the Law,* Oxford, Portland: Hart Publishing, 2012.

② 以下几段是我从自己的书中摘录并翻译成英语的。《法权现象学引论》（*Einfuhrung Rechtsphänomenologie*）对法律现象学做了一个介绍，上至其开端者莱纳赫（Reinach），下至当代从事这一研究的那些学者。参见 Sophie Loidolt, *Einführung in die Rechtsphänomenologie. Eine historisch-systematische Darstellung,* Mohr Siebeck, 2010.

③ 通过艾米丽·哈兹的著作（Emily Hartz，2014），我已经熟悉了这一新的进路，并有机会与她进一步探讨其中的一些观点。我在这里用到的一些表述归功于我们的共同工作和具有启发性的讨论，在此谨表谢忱。

④ Hans Kelsen, Reine Rechtslehre, 2000, Nachdruck der Aufl, Österreich Verlag, 1960.

因此，这种现象学分析通常在一个给定的框架内进行，它可以寻求其理论内涵[①]；也可用一种社会本体论[②]或社会先验论[③]作为补充，例如，一种生活世界中的行动主体理论。然而，这种进路并未因其自身的能力推动现象学法理论的发展。法学的进路很大程度上依然扮演着辅助和补充的角色。

2. 哲学的 / 奠基的进路：一种旨在寻求法律现象的根据和法理论之基础的现象学进路

这种进路代表了古典哲学的主张，用法哲学探索法律的基础。这可以通过社会本体论[④]，也可以通过先验主体间性理论实现[⑤]，法律和法律秩序的构造须在更广阔的语境下设定和构想：构造主体间性的语境、社会语境、诸如国家及其代表等更高层级的人际语境或人类的实存构造（existential constitution）等语境。在此，主要关注的一般是法律和法律秩序的起源以及共同生活的法律形式的维度。莱纳赫（Reinach）及其承诺理论（theory of promising）作为"权利"（claim）和"义务"意义的起源就是一个经典的范例。另一代表人物，胡塞尔之子格哈特·胡塞尔（Gerhart Husserl）的名字可能要提一下。他声称，法律存在的先天直观形式（apriori form）是**法律的有效性**及其在法律共同体中的承认。这些进路大多导向一种基于主体间性、存在论、社会本体论或社会互动的法律概念。另一种选择是，这些进路会导向对一种理性法则（a law of reason）的概念化（有趣的是，只有胡塞尔记得这一点）或法律的伦理学进路。伦理学进路主要将权利视为"他人的权利"[⑥]。

3. 政治的 / 批判的进路：一种批判地研究法律和法理论结构的现象学进路

这种现象学进路关注对构造法律领域的权力—话语结构的分析及其理论理解。因此，它经常指向法理论中的"盲点"。汉斯·林达尔（Hans Lindahl）

---

① Felix Kaufmann, *Logik und Rechtswissenschaft, Grundriß eines Systems der Reinen Rechtslehre,* Mohr,1922; Fritz Schreier, *Grundbegriffe und Grundformen des Rechts, Entwurf einer phänomenologisch begründeten formalen Rechts- und Staatslehre*, Deuticke, 1924.

② Tomoo Otaka, *Grundlegung der Lehre vom sozialen Verband,* Springer,1932.

③ Alfred Schütz, *Der sinnhafte Aufbau der sozialen Welt, Eine Einleitung in die verstehende Soziologie* (1932), Springer,1960; Gerhart Husserl, *Rechtskraft und Rechtsgeltung. Eine rechtsdogmatische Untersuchung. Band 1: Genesis und Grenzen der Rechtsgeltung,* Springer,1925.

④ Adolf Reinach, *The Apriori Foundations of the Civil Law,* Transl. J. F. Crosby, *Aletheia 3, Philosophy of Law,* 1983, pp.1-142; Edith Stein, *Eine Untersuchung über den Staat,* Herder, 2006; Tomoo Otaka, *Grundlegung der Lehre vom sozialen Verband,* Springer, 1932.

⑤ Alfred Schütz, *Der sinnhafte Aufbau der sozialen Welt, 1960. Eine Einleitung in die verstehende Soziologie* Springer,1932; Gerhart Husserl, *Rechtskraft und Rechtsgeltung. Eine rechtsdogmatische Untersuchung,* Band 1: *Genesis und Grenzen der Rechtsgeltung,* Springer,1925.

⑥ Emmanuel Levinas, "Les droits de l' homme et les droits d' autrui" , in: *Hors Sujet,* Fata Morgana, 1987.

的著作《全球化的断层线》[①]即是最新的例证。在该书中，他用伯恩哈德·瓦尔登费尔斯（Bernhard Waldenfels）的秩序现象学（phenomenology of orders），证明法律制度始终是由边界、限度和断层构成的。秩序及与其关联的外部（世界）在此得到了反映。这样一种进路要么导向对作为秩序的法律秩序（legal order qua order）进行分析，要么导向对法源（如我们在卢梭、康德或罗尔斯的著述中发现的）的诸协调理论（harmonizing theories）的批评。相比之下，这一进路的代表人物更倾向于指出法律秩序形成过程的断裂（ruptures）、断层（faultlines）和中断（breaks）。在此，主权、暴力、权力及其相互关系在法律现象中是重要的主题。佩特拉·格林（Petra Gehring）依照这一进路将法律之被给予性的一种抽离（withdrawal）当成了主题。由于法律具有一种无形秩序的功能，因此这种抽离就等同于法律的某种"非现象性"（non-phenomenality）。

然而，能够观察到的是，这些非常有趣的进路往往抛弃了现象学的方法，而青睐一种更加福柯式的（Foucaultian）或解构主义者德里达式的（Derridean）进路。这并非偶然，而且它在方法论上与我们的那些关涉第一人称法律研究进路的问题有关。总之，值得注意的是，更多地处于现象学讨论边界地带的人物，如阿伦特、本雅明（Benjamin）、阿甘本（Agamben）等提供了更有效的研究工具。

4. 先验的 / 认识论的进路：一种超越法理论并试图阐明一种对法律 / 规范现象之自身理解的现象学进路

这一进路旨在澄清，在理论及实践问题上，是什么使我们从根本上成为法律的或规范的（rechtlich）存在者。有人提出以下问题：我们为何会对已在基本知觉中的规范做出反应？把我们摆在一种"应当"（ought）的诉求面前，这意味着什么？批判理性的证成结构（justificatory structure）如何产生于这些基本体验？我们为何总在规范结构中思考？从认识论的、伦理的以及生活世界的意义来看，这又等于什么呢？

在我的博士论文[②]中，我通过追溯由胡塞尔、舍勒（Scheler）、莱纳赫和勒维纳斯（Levinas）所提供的线索已经尽力阐明了这一进路。在近期的一些论文中，我通过考察体验与互动的结构，通过区分操作性的、命令性的和批判性的规范性进一步阐明了这一进路。[③]我认为，既然证成的主题已经如此核

---

① Hans Lindahl, *Fault Lines of Globalization, Legal Order and the Politics of A-Legality,* Oxford University Press, 2013.

② Sophie Loidolt, *Anspruch und Rechtfertigung, Eine Theorie des rechtlichen Denkens im Anschluss an die Phänomenologie Edmund Husserls,* Springer, 2009.

③ Sophie Loidolt, *"Experience and Normativity: The Phenomenological Approach",* in: *The Ideas of Experience. Phenomenological Explorations.* Ed. A. Cimino, C. Coenen, and C. Leijenhorst，2018.

心地嵌入了人类的体验之中，所以它必然会将这些领域聚合在一起。然而，要强调的是，这些研究超越了法律现象及法理论的范围，因此我把它放在了我之前所作梳理的最后。

5. 关系的 / 构造的进路：一种探索法律对主体性 / 主体间性 / 社会之存在论的构造功能的现象学进路

我现在要补充的这种新的进路（这并不是说再没有其他进路了）与现象学关于自我与他人之间关系构造的最新工作相关[①]，目前为止，这项工作更多关注发展问题、社会认知、同感、社会—存在的结构等。问题是，法律是否也在此发挥作用。这将意味着法律具有一种本体论功能，能构造与他人相关的自我，这可以通过现象学方法得以证明。我将在本文的第三部分回到这些问题上来。可以肯定，这一进路与“哲学的”和“政治的”进路亦有共同之处。然而，它既没有基础主义的雄心壮志，也未就秩序而质疑秩序。毋宁说，它属于一种主体间性理论，围绕法律现象学的经典问题：法律如何向一个意识显现，或者，法律实体如何由社会行为产生。相反，它提出了这样一个问题：个体如何**通过**法律向他自己和他人显现？或者，为何个体无法**通过**法律向他自己和他人显现。[②]

二、现象学与法律：如何捕捉现象？

在这些系统化的评论之后，我们继续讨论有关（试图捕捉类似法律这样的现象的）第一人称进路的方法论困境问题。我首先对现象学做一些基本的介绍：

现象学处理事物的显现（appearance），这是事物自身的显现（manifestation，而非与其实在的存在相对的“单纯显现”）。同样重要的是，现象学处理**显现本身的结构**：这一结构，也即所谓的意向性，是说：显现总是某物**对**某人的显现。因此，**体验**在现象学中发挥着一种原则性的作用：它指导现象学的研究及方法——不论是把体验置于“意识领域”中，还是把它们视为被给予性

① Dan Zahavi, *Self and Other: Exploring Subjectivity, Empathy, and Shame*, Oxford University Press, 2014; Thomas Szanto & Dermot Moran (eds.), *The Phenomenology of Sociality: Discovering the 'We'*, Routledge, 2016.

② 这种进路将使我们回想起过去几十年中一些有影响力的后结构主义的批评，这些批评帮助我们通过回顾福柯和阿尔都塞（Althusser）的理论来理解法律是如何“产生”臣属性（subjectivities）和表达权力形成过程的（参见 Menke 2015，Butler 2006，Agamben 1998）。然而，仍然遗缺的是一种补充性的现象学解释，它旨在积极阐明“通过法律”就体验来说意味着什么。此外，对法律的工具性理解在理论和实践中仍然占主导地位，它未能认识到法律的主观的和主体间的鲜活的维度）。通过现象学和生存论的进路，可以揭示和检验这些鲜活体验的维度：法如何调解——或不能调解——人类的行动，以及复多性中的个体性。

的世间设定（wordly enactments of givenness）。一切现象学的命题和方法，不但必须从体验的基础上产生，而且必须以体验为最终的媒介不断地证明自身。就体验的所予物而言，“回到事物本身！”（胡塞尔）和“不要理论！”（海德格尔）的著名口号，已经成为决心避免思想的建构，而只依赖直观的范式。对建构性哲学的反对与对一种专有体验进路的建立是相伴而行的。体验被认为是第一人称的一种**现实化**（actualization）状态，不是可通过实验、测量和数学化的科学方法被客观化的心理—物理材料（psycho-physical data）。同样，第一人称体验不是在其经验发生中被知觉到的，而是在其一般特征中被知觉到的：因此，现象学不是对体验性“事实”的心理记录（psychological registration），乃是在寻求体验的本质结构。

现象学采取的是**第一人称视角**，但此视角是在其本质的和普遍的特征中被采用的，因此，它对主体间的批评和证实是敞开的。第一人称体验被设想为通达世界的首要的、原始的、不可还原的路径，不仅通达时—空世界，而且通达思想或观念实体的世界。知觉、回忆、想象、概念化、计数、记忆、爱、行动、唱歌等均为有意识的、鲜活的体验、“行动”或“行为”（Verhaltungen）（海德格尔）之不同形式，不论是鲜活的体验，还是行动或行为，它们各自都有能够用现象学进行分析的不同相关物（correlates）。

在分析这些体验时，现象学家首先转向其**意向性结构**：在一个行动或一个行为中，某物是“被给予”的，被呈现给某人的。如果只把意向性看作一种客体化关系，乃至一种功能主义关系，那么这种意向性的观念就过于狭隘了。毋宁如海德格尔明确指出的那样，“意向性属于此在之生存”，“对自身的共同揭示就属于意向性。”① 因此，意向性是此在 / 主体性在世界中生存和运动的基本方式，不同于一块无世界性的石头。意向关系不是此在偶尔把玩（entertain）的某个东西，而是在本质上刻画其存在的那个东西：介入日常体验的体验，包括一种隐含的自身理解。因此，所有这一切不是在一个由属于不同领域的主体和客体拉扯的静态框架中发生的，而是**世界中的一种动态运动**。

这也是主体性如何被给予自身的方式：它关涉世界与主体间性的一种**共同构造**（co-constitution）。现象学有一个很强的传统，认为**主体性和主体间性**本质上相互共属。康德认为，每个主体都拥有相同的“先验装置”（transcendental apparatus）。与康德不同，现象学认为主体与**共在**主体（Mitsubjekt）的位置是不可互换的，否则就会产生相应的后果。它们形成了

① Martin Heidegger, *Basic Problems of Phenomenology,* Revised Edition, Trans. Albert Hofstadter, Indiana University Press, 1988, p.157.

最初的先验处境和结构：世界被给予了我和他人，而他人的体验不像我自己的体验那样可以直接通达。此外，他人对于构造我自己的具体的主体性具有关键作用，然而，另一方面，我对他或她的通达仍然受限。最后，主体间性的构造作用不仅对客观性和客观实在的世界具有决定性的意义，而且还延伸到了历史的和发生的维度。因此，我们具有：（1）构造世界之实在性（realness）的**先验的主体间性**；（2）指向对传统和历史研究的**生成性**（generativity）；（3）处理社会行动、共同体的互动和构成［从作为一种特殊的意向性的同感 / 陌生经验（Fremderfahrung）开始，这种意向性使我将他人视为一个有生命的存在者］的**社会本体论**。

好了，对现象学做了简要介绍之后，我们可能会自问：法律是何种现象？它是被体验到的吗？——如果是，如何体验，被谁体验？法律显现自身吗？最重要的是：如果我们从第一人称视角考察法律，能更好地理解到什么？我在此处要关注的是现代的实在法，也就是我们都生活于其中的国家的、跨国的和国际的法律体系，汉斯·凯尔森和尼克拉斯·卢曼（Niklas Luhmann）相当审慎地将其描述为“社会技术”和“自创生系统”（autopoietic system）。

虽然可以肯定地说，法以法律文本、法律实践、法律制度等形式**显现，**但佩特拉·格林[①]却提出质疑：对法律现象——也即法律作为一种秩序在起作用——的把握竟如此简单么？格林认为，法律，即现代的、实证的法律，对现象学是个难题，因为它没有一种能够易于被经典现象学概念所捕捉的显现形式或明见性。它不是一个体验的内容或相关物（correlate），因为它像一种秩序——包括体验的秩序——在被动地起作用。此外，在一个经验对象之显现（manifestation）的意义上，它也不是体验的相关物，而是一种规范秩序的力量（normatively ordering power）。因此，格林认为法律的被给予性，也即我们体验法律的方式，毋宁是由**抽离**（withdrawal）的诸多面相刻画的。一方面，它**深深地刻写于我们的实践中**（inscribes itself so much into our practices），另一方面，它**仍然如此抽象和技术化，并且异在于**我们的日常生活，以至于对 21 世纪的主体来说，我们再也无法要求拥有一种（也许像黑格尔构想的那个秩序井然的国家中的公民所可能拥有的那种）**完满的法律体验。**我们恰好像是卡夫卡的孩子（children of Kafka）一样，是理想的、自身透明的黑格尔的公民（Hegelian citizens）。这就是为什么格林往往认为司法审判（the juridical）就是决定性的（dispositive）原因，它不仅是一个功能性的或自创生的整体，也不仅仅与政治相关，毋宁说它本身就是政治。这是一种**独特的**

① Petra Gehring, “Can the Legal Order ‘Respond’? ”, in: *Ethical Perspectives* 13（3）, 2006, pp.469-496.

（sui generis）权力关系。此处阐发的是一种秩序现象学，其主要灵感来自福柯和后结构主义的洞见，即正是秩序和话语（discourse）而非其他东西构造了主体的体验。

更早之前，阿尔弗雷德·舒茨（Alfred Schütz）似乎也对法律的第一人称可通达性产生了怀疑，为此他明确区分了“**主观意义**”和“**客观意义**”。这非常有趣，因为我们知道，舒茨是一位先验主义现象学家，他对社会世界的主体间性构造做了大量研究。然而同时他似乎明确承认，仅以主观的和主体间的意义构造（sense-constitution）之起源的形式是无法捕捉到法律的。相反，他将凯尔森关于法律是“社会技术”和“规范的解释模式”的定义与马克斯·韦伯（Max Weber）的“理念型”（ideal types）概念结合在了一起。对舒茨来说，法律与法理论都属于“社会科学”，而社会科学是“主观意义关联的客观意义关联”（objektive Sinnzusammenhänge von subjektiven Sinnzusammenhängen）。[①] 就法律而言，这意味着，通过一种客观的解释模式，“规范”，也就是主观情境得到了解释。众所周知，这实际上就是法律科学家和法学家一直从事的工作。由此得出的结论是，社会科学肯定没有将人构想为一个鲜活的“你”（Thou），而是被构想为一种人格的、匿名的类型（personal anonymous type），这种类型既不是由其有意识的、鲜活的体验刻画的，也不是由其自发性或绵延所刻画的。[②] 因此，法律是一种理念型的建构，它在解释主体间的 / 主体的情境时产生了各种理念型和一个“客观的”“第三人称的”法律的意义复合体（legal complex of meaning），这个复合体可以完全不同于情境中的意义被主体间地 / 主观地被构造和体验的方式。

这为我们提供了两种经过反思的现象学立场，这两种立场专门处理第一人称体验与规范秩序之间的难解关系：一种立场处理秩序的构造力量（constitutive power）与抽离的问题，这等于是在显现的领域和体验的领域中；另一种立场指向理念型的产生，而理念型是生活世界的一种解释模式。我感兴趣的是，通过秩序对体验的构造和范畴化（categorization）/ 类型化（typing）如何能够与对秩序的鲜活体验的分析关联在一起——从方法层面上，并且涉及处理法律现象的更深刻的和多层次的视角。将其设想为一种秩序现象——同时是一种被体验到的秩序（或许也以其抽离的形式被体验到）——可以使我们对法律有一种在现象学上更完善、在实存论上更丰富的理解，这种理解结合了第一人称和第三人称视角，此外，它也需要包含第二人称视角，以便

---

① Alfred Schütz, *Der sinnhafte Aufbau der sozialen Welt, Eine Einleitung in die verstehende Soziologie*（1932）, Springer, 1960, p. 275.

② Alfred Schütz, *Der sinnhafte Aufbau der sozialen Welt, Eine Einleitung in die verstehende Soziologie*（1932）, Springer, 1960, p. 275.

阐明其主体间的实在性。考虑到舒茨和格林的进路，我此时想提出一个问题：如果转向阿伦特的现象学，她如何能够完成这项工作？我看到了她的“行动”“复多性/多元性”和“世界性”（worldliness）这些强有力的概念，这些概念与法律关联在一起，而法律是将舒茨的先验社会学进路与格林的福柯式进路联结在一起的一种可能的中介。它能将这两种经过反思的视角关联起来，因为阿伦特承认法律具有结构化（structuring）、权能化（enabling）和理念化（idealizing）的功能，而无需放弃行动主体和作为共在之核心的行动和言说的主体间体验。

三、阿伦特的行动现象学与法律的作用：一份草案

以下几点旨在对法律现象学大致构想的框架进行初步探索。为何我认为阿伦特的概念有用？①

（1）阿伦特提供了一种行动理论，它既是政治的，本质上又是现象学的，该理论设法将第一人称单数与第一人称复数关联起来。

（2）她思考了这样一个事实：从第一人称复数的视角来看，法律的本质在某种程度上是外在于（foreign）或异于（alien）行动的，但另一方面，法律又源自行动的力量。这是什么意思呢？首先，阿伦特作为一位政治理论家，感兴趣的当然是共和政体的奠基问题，从此意义来说，她也对制宪和立法过程感兴趣（在《论革命》一书中，她大量研究了所谓的“开国元勋们”制定美国宪法的过程）。当然，成为一名“开国元勋”并不是我们的日常生活。在日常生活中，我们意识到法律是在给事物编码，是在安置事物，以便“驯服”没有边际的、无拘无束的行动空间，让它安定下来，借助合同、制裁、规则等手段使这个行动空间成为可计算的，从而保障某物在其中的安全。

（3）然而，阿伦特也承认，法律为行动空间的运行创造了某种条件。它赋予我的生活以稳定性、赋予我以这个世界中的一个位置，使我有价值，使我的行动有意义，否则，没有位置和身份，行动的意义可能就是某人转瞬即逝、徒劳无用的几句话而已。在此意义上，法律对她来说，与其说是行动的产物，不如说是“创制”（poiesis）的产物，从建筑学的意义上说，法律框定

---

① 我在 2017 年底出版的“教授任职资格论文”（Habilitationsschrift）中已经详细阐述了以下问题。在本书中，我将汉娜·阿伦特的工作引入了现象学传统中当前正在发生的争论中，并据此发展了一种多元性的现象学。我试图表明，在现象学传统的语境下，须以何种方式理解阿伦特，进而对诸如主体间性、自身性、人格性、社会性、共同体和“我们”这些关键概念的理解提供一些新的视角。

了一个位置、划定了边界。[1] 正是在极权政体中，极权统治者们试图消灭公共空间和多元性，法律丧失了这种稳定性，并且为了**民族**（Volk）或无产阶级的利益在加速丧失这种稳定性。[2]

我认为，这三个方面可以帮我们把处理主体间的、社会的和政治世界之构造的第一人称研究与法律问题关联起来。阿伦特以行动空间为出发点构想了法律和法律体系，阿伦特的行动空间是一个显现空间——而不仅仅是一种政治游说（lobby）或政治策略。相反，对于阿伦特的政治概念最为重要的是，它是一个让存在者成其为自身、成为他人中的一个自身来说具有重要意义的生存论空间。当然，这并不是研究法律的唯一进路。但我认为，现象学如何在不放弃第一人称视角的情况下与法律关联起来，同时坚持从行动、多元存在者的观点来构想政治，这才是一条非常可靠的道路。为易于理解，现在我尽量详细阐述每个观点，进而指出它们之间的紧密联系。

（1）我们先考察一下阿伦特的行动概念。此概念是政治性的：她的行动概念具有鲜明的特征，这一特征使它与其他关于行动的标准立场明确区分了开来：行动即实践（praxis）。它既不与劳动或工作相混淆，也不应被误认为**创制**（poiesis）、**技艺**（techné）或**理论**（theoria）。行动是“**主体间的和交流性的**”[3]——就像她的自由、平等、言论和权力观念一样。作为**实践**的行动——根据亚里士多德的观念——是某种在其实行（Vollzug）中实现其目的的东西。对阿伦特来说，这意味着两点：首先，实行（performance）在世界之中显现；其次，这仅与他人所在的范围相关。对行动的鲜活体验就是对实行和显现的鲜活体验。这只是同一事件的两个面相。因此，由于阿伦特考虑到了显现，所以她将他人作为了行动的组成部分。它的中介和条件是**多元性**。

要给阿伦特的行动概念下定义必须强调，这一概念是从一种**对行动“敞开的我们”**（open we）**的视角**获得的。它侧重于**作为显现的**行动（as it

---

① “这种普遍影响的一个显著表现是，与所有后来的学说发展不同，希腊人没有把立法算作政治活动。他们认为，立法者就像是城墙的建造者，是在政治活动开始之前就得完成工作的人。[…] 对他们来说，法律就像城市周围的城墙一样，不是行动的结果，而是制造（making）的产物。在人们开始行动之前，必须确保一个明确的空间，建好一个结构，以便所有后续行动都可以在此进行，这个空间就是城邦的公共领域，它的结构就是法律；立法者和建筑师属于同一范畴。但这些有形的实体本身并不是政治学的内容（不是雅典城，而是雅典人，才是城邦），他们并没有要求我们具有与罗马人的爱国主义中所知道的那种同样的忠诚。” Hannah Arendt, *The Human Condition*, University of Chicago Press,1998, p.194. 引文参见阿伦特：《人的境况》（epub），王寅丽译，上海人民出版社 2017 年版，第 153 页，个别地方有所改动。

② Hannah Arendt, *Origins of Totalitarianism*, New edition with added prefaces, Harcourt Brace Jovanovich, 1973, p.463.

③ Richard J. Bernstein, *Beyond Objectivism and Relativism, Science, Hermeneutics, and Praxis*, University of Pennsylvania Press, 1983, p.210.

appears），而非**作为被意向的**（as it is intended）行动（这可以同时发生，但并非必须同时发生）。显现就是在他人面显现前，在一个世界中显现和在一个语境中显现。它既启发（enlighten）语境又（通常也能）改变语境，它把行动主体（agent）揭示为**语境中的参与者**（这意味着行动主体不能在语境“之外”被揭示）。这种意义上的行动即实践，实践的目的并不在实行 / 显现之外，而恰恰“在其中”：显现并在行动过程中被揭示，至少与我的行动意图实现的目标同样重要。因此，实行的“方式”（how）超越了行动所意向的“对象”（what）。我所意向的东西和我是谁（意向主体）是通过我的实行“方式”阐明的，此外再无显现（或存在）。因此，阿伦特意义上的行动是主体间的，并与一种整体语境相关联。但行动也是一个不可还原的、新发端的事件，而不是一个因果反应的链条或可计算的行为路径。行动的能力恰恰是开启新的事物，打破因果反应的链条。对于阿伦特来说，这不是一个意志的问题。毋宁说，行动能力是开端的一个表达：我们本身处于一个不可还原的、观察世界的视角，我们生来就寓居于这个世界之中。**行动就是在生存论的意义上实现这种“成为——一个——视角”**（Acting is existentially realizing this being—a—perspective），从而将原本根本无法通达和实现的东西转化为多元的存在。在此意义上，第一人称视角被外在化了，并与第一人称视角的复数相关联：阿伦特的主体性**在世界中实行 / 执行**（performs/enacts）其自身，把世间性的对象和主体体验为在世间闪耀的、向一切显现的（对象和主体）。

（2）现在，我认为重要的是要注意到，对阿伦特而言，这种实行的维度和成为自我的维度与法律并无太大关系——正是因为我们在此讨论的是创生性 / 自发性（natality/spontaneity）、多元性和唯一性——即与法律生产的（理念）类型形成鲜明对照的某物。在行动和言说中，我被揭示为一个独一无二的人，而不是一个法律主体 / 臣民（subject）。

另一种对行动的基本描述，也即其复多的、第一人称的连续性（first-personal keeping-up-the-flow）——阿伦特将其与创造一个显现和力量的空间直接关联在了一起——也是某种与**法律的固有特征**形成对照的东西。因此，政治行动很容易质疑法律，并与之发生冲突。在此意义上，以众人协力行动为特征的政治行动，可能是以合法的方式，也可能是以革命的方式质疑法律，并要求一种新秩序的力量，也可能是在一个更小的规模上要求改变一项具体法律的力量。

阿伦特一再强调，行动创造的空间能使新的空间出现，但同时也具有某种**无边界性和不稳定性**的特征。为了消除这些不安全的特征，哲学家和政治理论家们反复努力，以图确立其他一些原则来指导人类事务：要么是哲学的和独白式的对正义状态（just state）之“洞见”的原则，要么是为行动原则提供工作范畴的原则（或更糟的是：与“看不见的手”的“一种利益”有关的原则）。阿伦特认为，这会危险地使人类事务的领域进入它所不是的状态，结果是助长了这种幻觉，即“我们能够在人类事务的领域中‘制造’（make）出某物——例如能像‘制造’桌子和椅子那样‘制造’制度或法律，使人变得‘更好’或‘更坏’——要么是对所有的行动（政治的或非政治的）感到绝望，但又伴随着乌托邦式的希望：像人对待其他‘材料’那样对待人是可能的。”①

众所周知，阿伦特除此之外还提出了对抗这种“绝望”的其他解决办法，也就是属于行动本身的力量：**宽恕和承诺**。对于法律来说，考察承诺行为当然特别有趣，尤其因为最著名的现象学法理论之一——阿道夫·莱纳赫的先天法学说——在承诺这一社会行动中看到了法律的起源。莱纳赫认为，承诺这种社会行动创造了法的构成物（Rechtsgebilde），权利和义务是法律规范性的本体论来源，说到规范性我们就会联想到这些法律术语。简而言之，莱纳赫的核心论点是，承诺属于一类特殊的行动，这类行动能创造像房屋或树木一样实在的社会实在②，只不过，它们是观念实体。因此，通过偶然的承诺行动，我们创造了具有约束力的诸多义务，这些义务不依赖于我们在一个观念领域中的主观的现实化（即使我已经忘了我的承诺，但我仍然有义务）。阿伦特没有谈及任何“观念的领域”，这并不令人惊讶。然而，她同意莱纳赫“**承诺产生约束**”（promises create bonds）的观点：“以承诺约束自己，用来在不确定的海洋（这个不确定的海洋从本质上来说就是未来）上建造一些安全岛屿，若没有这些岛屿，连人际关系都不可能维持，更别提任何一种长久持存的东西了。”③就莱纳赫而言，这种决定性的差异——这种差异再次证明了阿伦特在法律与行动之间看到的范畴差异——就在于，承诺（像行动一样）在某种意义上必须在一种现实化状态中成为现实：如果不再有人相信承诺，那么我们就无法将承诺转化为法律并将其储存在法律之中。尽管有制裁，但违背承诺的概率非常高。因此，阿伦特采取了不同于莱纳赫的另一个角度：她感兴趣的不是探究权利和义务的意义起源，而是由它们产生的具体约束（bonds），因此，她更感兴趣的是主体间的约束力（binding）而不是规范性的约束力。在此意义上，她认为下述观点是一种幻想：类似承诺这样的鲜活的人际关系确实完全能够通过法律得到保障。事实远比这**更加复杂**。

这到底是怎么回事？行动与法律的关系是第一人称的意识流（first-

---

① Hannah Arendt, *The Human Condition,* University of Chicago Press, 1998, p.188. 引文参见阿伦特：《人的境况》，王寅丽译，上海人民出版社 2017 年版，第 148 页，个别地方有改动。

② Adolf Reinach, *The Apriori Foundations of the Civil Law,* Transl. J. F. Crosby. *Aletheia 3, Philosophy of Law*: 1-142, 1983, p. 4.

③ Hannah Arendt, *The Human Condition,* University of Chicago Press,1998, p. 237. 引文参见阿伦特：《人的境况》，王寅丽译，上海人民出版社 2017 年版，第 184 页，个别地方有所改动。

personal-flow）与异在于它的“规范性模式”（normative scheme）之间的关系，但与此同时，行动为法律的意义奠基。因此，法律总是处于固化行动、从固化行动中产生并使之成为固化行动的矛盾的和多重价值的位置上。下面我转向第三点来进一步解释法律的这些重要特征。

（3）对阿伦特来说，法律最重要的功能之一是它在世界性的创造中所起的作用：法律稳定并构建共同世界和共同世界中的显现空间：“似乎**城邦**的城墙和法律屏障就是围绕着这个业已存在的公共领域而划的，没有这些使城邦趋于稳固的保护，它就无法在短暂的言行消逝之后持存。”① **但是法律不仅稳定了空间，而且给了人们一个在其中的位置**。法律最关键的作用是赋予人以位置，把人当作人，从而防止使人成为“多余的”，这在阿伦特对难民和《极权主义的起源》一书中对人权困境的思考中体现得最清楚。她著名的“拥有权利的权利”的主张② 无非主张归属于一个始终也是法律共同体的政治共同体。

因此，阿伦特不是一个认为政治超越于法或“外在于”法从而赞美政治的理论家。（当然，与此同时，她往往忽视了法律特有的包容性（the excluding inclusiveness of law）。她认为政治主要是在宪法划定的范围内进行的事情——当然，没有绝对的保证：“法律的限制从来不能完全可靠地防御从政治体内部产生的行动，正如领土界线从来不能完全可靠地抵御外部行动一样”。③ 然而，在日常生活中，法律确实给了我们一个稳定的位置，由此，我们和我们的行动有意义了。我们可能没有太多意识到或体会到这一点，但一旦我们失去了这个位置，法律的授权结构对我们行动的世界性就显得至关重要了。④ “世界”和“世界性”是什么意思呢？这又是两个非常具有现象学意蕴的重要概念。对阿伦特来说，世界首先是一个**显现的空间，这个空间是通过人类和与之相关的对象和筹划（projects）之间的相互关系构造的（物的世界 / 共在世界［Dingwelt/Mitwelt］）**。对此阿伦特有一段著名的描述：“一起生活于世，根本上意味着一个事物世界存在于共同拥有它们的人们中间，仿佛一张桌子置于围桌而坐的人们之间。世界，就像每一个“居间”（in-between）的东西一样，让人们既相互联系又彼此分开”。⑤ 关于大众社会，她补充道：“让

---

① Hannah Arendt, *The Human Condition,* University of Chicago Press, 1998, p.198. 引文参见阿伦特：《人的境况》，王寅丽译，上海人民出版社 2017 年版，第 155 页。

② Hannah Arendt, *Origins of Totalitarianism.* New edition with added prefaces, Harcourt Brace Jovanovich, 1973, p.298.

③ Hannah Arendt, *The Human Condition,* University of Chicago Press, 1998, p. 191. 引文参见阿伦特：《人的境况》，王寅丽译，上海人民出版社 2017 年版，第 150 页，个别地方有所改动。

④ 这就是为什么对“通过法律的存在”（being through law）的一种现象学分析必须从一个“在世界中的位置”被剥夺的各种体验开始着手的原因。

⑤ Hannah Arendt, *The Human Condition,* University of Chicago Press, 1998, p. 52. 引文参见阿伦特：《人的境况》，王寅丽译，上海人民出版社 2017 年版，第 34 页，个别地方有所改动。

它如此‘难以承受’的主要‘不是它人口数量众多，而是这个在人们之间的世界失去了把他们聚拢在一起，使他们既联系又分开的**力量**”。[①] 因此，她所描述的“世界”现象拥有某种“力量”或能够失去这种力量。这清楚地表明，即使在谈论事物的世界（world of things）时，阿伦特也从不谈及仅仅是简单地展现在周遭的事物（或多或少可持存的）。相反，她总是谈论一个关系网，**可见性**（visibility）、**语境化和参照物的合格空间**（qualified space），**这个空间可以呈现居间**（inter-est，也即字面意义上的 in-between）**的东西，并且将它们聚拢在一起**。[②] 这是一个只能由形成一个“居间”的多元主体构造的空间。阿伦特认为，这种“关联性的分离”（relating separation）对于形成我们自己的言说、行动和判断的同一性是必要的。

成为一个**与他人共在**的自我意味着处于与他人斗争的过程中，通过采取主动的立场、反思这些立场，并根据这些立场行动。人类的“世界性”就在这种与他人、与对象、与故事的相互缠绕的、多重层次的关联中，就在一个作为物的世界和共在世界的牵涉语境的整体中。阿伦特列举了我们的世界性展开的一些条件：“在世界上占有一席之地”，她将之称为“财产”和“人类世界性的最基本条件”。[③] 在一种相关的、可迁移的意义上，也可以将其理解为公民身份，我想从广义上将其理解为一种通过法律体系授权的过程（enablement）。进一步的条件是世界空间的某种持久性和稳定性，是以一个公共空间和功能性关系网的形式出现的基本的可见性。

如果我们想从第一人称视角来谈论法律是如何被体验的，我认为**世界性及其与行动的矛盾关系**是两个需要考虑的、非常重要的点。我想把这些观点与我在本文第二部分提到的关于法律的抽离问题和我们也作为卡夫卡的孩子的体验结合起来。有时候，实证法似乎横跨了一个业已存在的主体间的意义世界（如舒茨所论）；在有些空间中，尽管没有法律，但作为自我、他人和互动的人们，我们依然非常有意义地生存着。然而，有人可能会问，这样的生活能持续多久？这样的生活究竟在哪里？如果法律的构造能力仍然是不可见的、无法体验的，恰恰是因为，它考虑到了作为一个世间主体的体验，进而，法律就将具有一种更具本体论意义的相关的和生产性的功能。然而，这一点仍有待澄清。阿伦特对难民和无国籍人的境况的分析表明，有关这些问题的任何一项研究都必须首先承认，通过法律认识到一个人的生存论意义最清楚

---

① Hannah Arendt, *The Human Condition,* University of Chicago Press, 1998, p. 52. 引文参见阿伦特：《人的境况》，王寅丽译，上海人民出版社 2017 年版，第 35 页，个别地方有所改动。

② Hannah Arendt, *The Human Condition,* University of Chicago Press, 1998, p. 204. 引文参见阿伦特：《人的境况》，王寅丽译，上海人民出版社 2017 年版，第 143 页，个别地方有所改动。

③ Hannah Arendt, *The Human Condition,* University of Chicago Press, 1998, p.253.

地表现在法律缺席时：在法律的真空地带或人的法律地位处于协商和改变的过渡时期。在此意义上，我认为以下这两个方面是理解这一现象的关键，即法律是一种决定性的秩序力量（ordering power—dispositive）和法律赋予人以位置 / 身份。我认为，为了能够对法律和法秩序是如何被给予我们的这个问题给出一个与生存论相关的解释，对体验的现象学分析应该补充这两个方面。

［作者系德国达姆施塔特工业大学（Technische Universität Darmstadt）哲学系教授；译者系中国政法大学人文学院博士生、兰州理工大学外国语学院讲师；校者系中国政法大学哲学系教授］

让·雅克·卢梭：法律*

克里斯托弗·凯利 著　陈聪　译

介　绍

让·雅克·卢梭（1712—1778）不仅是著名的政治理论家，还是一位非常成功的作曲家和小说家。他去世后的自传体作品推动了自传体、自白文学的产生。他最重要的政治著作包括《论科学与艺术》（1751 年）、《论不平等的起源》（1755 年）、《爱弥儿》（1762 年）和《社会契约论》（1762 年）。其中的后两部作品使人们对卢梭的宗教和政治立场产生了很大的争议，这导致卢梭在他生命最后一程的大部分时间里都被法国通缉。卢梭的政治思想直接回应了他的诸多前辈，例如霍布斯、格劳秀斯和洛克，以及更早的思想家——柏拉图和亚里士多德。最近的学术研究主要强调的是卢梭对康德的影响①，而约翰·罗尔斯明确地承认了卢梭对康德的亏欠（罗尔斯的原话是："康德为卢梭的普遍意志观念寻求一种哲学基础。"——译者注）。② 他对法律思想上的影响可以追溯到法国大革命和康德哲学传统。

法律在卢梭思想中的地位

在一篇自传体文章中，卢梭介绍了他在学术巅峰期为书籍所做的计划，他指出法律对于他的政治思想非常重要，实际上，法律对于他的整个思想也非常重要。他说，他在三十多岁担任法国驻威尼斯大使的秘书时，就开始认真思考政治问题。经过几年的思考和研究，他得出了作为其政治著作基础的基本结论。他说："我发现，一切事物都依赖于政治。无论从什么角度来看，

---

* 本文已发表在 Encyclopedia of the Philosophy of Law and Social Philosophy website（法哲学与社会哲学百科全书网站）。本篇文章的汉语翻译已获得原文作者美国波士顿学院（Boston College）政治学系凯利教授（Christopher Kelly）的授权。

① Shell SM（1996）The embodiment of reason: Kant on spirit, generation and community. University of Chicago Press, Chicago, pp. 81-87.

② Rawls J（1999）A theory of justice. Harvard University Press, Cambridge, p. 233.

一个人如果不是因为他本身是由政府的属性所造就的，他将不再有资格被称为人。因此，在我看来，这个关于最好的政府的伟大命题可以归结为这个问题——什么样的政府的属性，才能造就一个最善良，最开明，最聪明，总之，最优秀的民族？我确信我已经发现这个问题与另一个问题是密切相关的，即使它们之间略有不同。即什么是政府，什么使得政府与法律如此密不可分？以及由此而来的，法律是什么？以及一系列同等重要的问题。"[①] 总之，他已经认识到了政治对于所有人类事务的极端重要性，而且，他还得出这样的结论——健全的政治的关键在于政府服从法律。这些结论建立在先前提及的一系列问题之上，尤其是那个最重要的问题："法律是什么？"这些话题在他的政治写作里被一次又一次地谈及。

因此，为理清卢梭对法律的理解，我们需要做到以下几件事。正如这篇文章所指出的，我们有必要从弄清楚他对法律的确切理解这一点开始研究。他在《爱弥儿》中指出，他自己在这个问题上的立场与所有的前辈完全不同。他说："这是一门全新的学科：法律的定义还有待确定。" [②] 其次，我们还要明白：为什么是法制而不是守法，使人变得高尚、开明、明智。除这些问题之外，我们还要研究严格意义上的法治可行性问题。

虽然卢梭的作品中都贯穿着对法律的讨论，但他在三个地方特别系统精确地阐述了这一学说。这三者中，最重要的是社会契约论，另外两个是这一问题的两个较短版本。这两个较短版本中的一个出现在《爱弥儿》中，它几乎与《社会契约论》同时出版。另一个出现在 1764 年的《山中来信》，卢梭明确地将这种简短的叙述描述为对社会契约的分析总结。这三种叙述虽不尽相同，但其区别主要体现在强调或修辞语境上。它们的出版时间是如此接近的这一事实就表明：不同作品中给出的不同表述可以用来相互证明。

法律是什么？

卢梭清楚地明白自己在法律上的立场是全新的。他对法律最直接的表述出现在对《山中来信》一书的分析总结中。他说："什么是法律呢？它是为实现共同利益的目标，而对公意进行的公开而庄严的宣言。"[③] 公意的确切含义是一个复杂的话题，但为了理解卢梭对法律的定义，我们可以从两个方面充分

---

① Rousseau J-J（1995）Confessions. In: Masters R, Kelly C（eds）The collected writings of Rousseau, vol 5. University Press of New England, Hanover, p. 339.

② Rousseau J-J（2010）Emile, or on education. In: Masters R, Kelly C（eds）The collected writings of Rousseau, vol 13. University Press of New England, Hanover, p. 653.

③ Rousseau J-J（2005）On the government of Poland. In: Masters R, Kelly C（eds）The collected writings of Rousseau, vol 11. University Press of New England, Hanover, p. 232.

理解这种普遍性：第一，它是由社会全体成员而不是由他们的代表来表达的；第二，它同样适用于社会全体成员。在《山中来信》里，卢梭立即从其定义中得出以下结论："法律不能有一个特定的个体对象"。在《社会契约论》中，卢梭对法律的特征做了补充说明，他说："法律仅仅是公民交往的条件。服从法律的人应该是法律的制定者。只有那些正在组建社会的人才有权利规制社会的条件。"[①] 因此，法律并不是只适用于某一情况或个人的特定法令。相反，它们是一般规则，如果没有这些规则，社会本身也就不能存在。它们可以大致理解为与年度预算等措施不同的宪法条款。

卢梭的论述清楚地暗示了人民主权，但它还需要对权力分立有一个新的理解。他认为立法权仅属于由全体公民组成的议会，并且这个议会只负责制定适用于全体公民的一般法律。大会的性质决定了它不能将它制定的法律适用于特殊情况。这意味着必须有一个执行权来使法律发挥作用。卢梭称这种权力为政府权或行政权，它必须区别于主权，并从属于主权。正如他所说的："立法权，也就是主权，需要另一种执行的权力，也就是把法律变成具体的行动的权力。第二个权力应该建立在这样的基础上，即它始终执行法律，除了法律之外它什么也不执行。政府机构就是这样产生的。"[②]

人民从整体意义上说是法律的渊源，这一点是明确的。公意学说提出一个重要的问题：什么决定了法律的内容。应用的普遍性导致了一些形式上的约束，但是否存在实质性约束，学者们对此意见不一。[③] 有些人还认为，卢梭设想了一种达成共同利益的程序，可与孔多塞陪审团定理相媲美。[④] 卢梭在《社会契约论》第二卷第六章"论法"中讨论了一些相关问题。这次讨论是在卢梭驳斥同意替代方案作为公民社会的基础以及他对建立主权的社会契约的论述之后进行的。他对主权权力本质的讨论引出了对法律的讨论。卢梭在这一章的开头写道："通过社会契约，我们使国家得以形成和存续；现在需要做的就是通过立法赋予它意志，使其运转。"[⑤]

然而，在将注意力转向制定法律之前，他首先面对的是这样一种观点：

---

① Rousseau J-J (1994) Social contract. In: Masters R, Kelly C (eds) The collected writings of Rousseau, vol 4. University Press of New England, Hanover, p. 154.

② Rousseau J-J (2001) Letters written from the mountain. In: Masters R, Kelly C (eds) The collected writings of Rousseau, vol 9. University Press of New England, Hanover, p. 232.

③ Cohen J (2010) Rousseau: a free community of equals. Oxford University Press, Oxford, pp. 73-82; Williams DL (2014) Rousseau's social contract: an introduction. Cambridge, Cambridge University Press, pp. 250-255.

④ Grofman B, Feld SL (1988) Rousseau's general will: a Condorcetian perspective. Am Polit Sci Rev 82:567-576.

⑤ Rousseau J-J (1994) Social contract. In: Masters R, Kelly C (eds) The collected writings of Rousseau, vol 4. University Press of New England, Hanover, p. 152.

人类没有必要制定法律，因为“只有理性才能带来普遍的公正”。卢梭并不否认这一标准的存在。在《山中来信》中他似乎更加肯定它的存在，书中写道：“社会契约不允许违反自然法则，就像个人契约不允许违反实在法一样，只有通过这些法律，自由才能赋予契约力量。”[①] 这一主张导致一些评论家将卢梭归入传统自然法之中，并认为自然法对人类法有实质性的限制。然而，在《社会契约论》中，卢梭坚持认为，基于这一标准的正义之法是无效的，“因为缺乏自然的制裁”，在《论不平等的起源》一书中，他对任何传统自然法理论都持保留态度。[②] 他的主张是，如果存在这样的制裁，政府和法律都没有必要存在了。这似乎留下了一种可能性，即人类的实在法可以建立在普遍理性正义所提供的标准之上，但卢梭并没有在这一背景下考虑这种可能性。相反，他认为前理解是不必要的形而上学，人们对它们无法形成共同的理解。简而言之，即使是对自然法最全面的理解，也无法使我们对人类法、实证法，或如他在这里所说的“国家法”有一个清晰的理解。这里所说的对社会成员的限制并不是来自他们自己意志之外的任何东西，而是因为他们的审议是有关他们组成的一般情况，并不针对某一具体事项。臣民可以就政府的法律适用向君主提出上诉，但是，作为社会成员的个人不能求助于社会一般条件之外的标准来质疑这些条件。

如果只考虑法律的形式特征，人们可能会得出这样的结论：存在一套对所有共同体都有效的制度。某种程度上，这种看法也是可取的。卢梭认为，奴隶制永远是不公平的，“即使是在斯巴达，作为‘公民’得以自由活动的先决条件的奴隶制度，也永远不可能是正当的。”[③] 另一方面，他比大多数政治思想家更强调不同的共同体需要不同的法律。事实上，即使是同一个共同体也有可能在不同时间段里需要截然相反的法律。卢梭在讨论罗马选举法时举了一个例子：当然，选举法属于“公民组成共同体的条件”，似乎不受任何变化的影响。卢梭提到，在共和国成立之初，个人公开投票，书记官长进行记录。也就是说，投票是一种公开的行为。卢梭说：“只要公民普遍诚实，并且每个人都羞于为不公正的意见或不值得讨论的问题而公开投票，这种做法就是可取的。”[④] 然而，随着共和国的腐化堕落，无记名投票开始被施行，“目的是用

---

① Rousseau J-J (2001) Letters written from the mountain. In: Masters R, Kelly C (eds) The collected writings of Rousseau, vol 9. University Press of New England, Hanover, p. 231.

② Grace E (2013) Built on sand: moral law in Rousseau's second discourse. In: Grace E, Kelly C (eds) The challenge of Rousseau. Cambridge University Press, Cambridge.

③ Rousseau J-J (1994) Social contract. In: Masters R, Kelly C (eds) The collected writings of Rousseau, vol 4. University Press of New England, Hanover, p. 193.

④ Rousseau J-J (1994) Social contract. In: Masters R, Kelly C (eds) The collected writings of Rousseau, vol 4. University Press of New England, Hanover, p. 210.

不信任来约束买主，并限制无赖去做卖国贼的途径”。卢梭指出，西塞罗反对这种变化，认为这种改变导致了罗马的毁灭。但卢梭不同意西塞罗的这种说法，他坚持认为：“正是由于没有进行更多类似的改革，才加速了国家的灭亡。”在这类问题上，普通公民可能比知识分子更迅速地知晓自身所处的共同体的情况，因为知识分子更关注的是如何保持共和国的良好运行或沉浸在对过往的迷恋之中。一部法律之所以对我们的共同体来说好的，是因为它与当前的社会条件相匹配，即使是一个伟大的哲学家也不能保证他时刻都能洞察这一点。

法律和美德

法治如何与使人们成为有德之人间相联系，还有待证明。我们很明白地知道，对法律的审议需要某种美德：公民必须投票支持那些他们所能够知晓的公意，而不是仅仅把票投给那些与他们私人意愿相符的人。我们甚至可以这样认为，法治一旦建立，它就可以成为一种调解自私的人们之间相互关系的手段。事实上，正是人类的自私促使了法治而不是人治的诞生。从这一观点来看，法治是道德的替代品，而不是道德产生的原因。这里的问题是要理解为什么卢梭会认为每一个法治的替代物都是罪恶的源泉，而不仅仅是对已经存在的罪恶的影响。这其中的关键是他认为个人的依赖是痛苦和罪恶的根源。在《爱弥儿》中，卢梭在讨论依赖的危险时，这样写道：“依赖有两种：对事物的依赖，它来源于自然；对人的依赖，它来源于社会。对事物的依赖，因为事物是没有道德高低的，所以它不会损害自由，也不会产生罪恶。对人的依赖，因为它是不讲秩序的，是万恶之源，因此，主人和奴隶是相互败坏的。”① 依赖他人的意志，要求个人要么试图支配对方，要么互相卑鄙地操纵，从而产生罪恶。主人们选择前者，奴隶选择后者。在追求自身利益的过程中，尽管两者属于不同的类型，但都会产生罪恶。

法治通过消除产生“所有罪恶”的个人依赖而取得了巨大成就。在《爱弥儿》中，卢梭继续写道：“如果有什么方法可以弥补社会上的这种弊病，那就是用法律代替人类，用一种真正的力量来武装大众的意志，这种力量高于一切特殊意志的行为。”如果国家的法律，像自然的法律一样，有一种人类力量永远无法征服的不灵活性，那么对人的依赖就会变成对事物的依赖；共和国自然状态下的一切好处将与公民状态下的好处相结合，使人免受罪恶的自

---

① Rousseau J-J (2010) Emile, or on education. In: Masters R, Kelly C (eds) The collected writings of Rousseau, vol 13. University Press of New England, Hanover, pp. 216-217.

由将与使人品德高尚的道德结合起来。僵化的法治将消除产生罪恶的个人依赖。事实上，法治的作用还不仅仅是这些，通过让人类服从于他们自己制定的法律，法治将打开通向美德的道路，而美德就是忠诚地服从法律。

法治的局限性

很显然，卢梭认为法治是所有政治问题的解决之道。然而，我们也有必要考虑一下，他认为的这个解决方案（法治）的可行性。在上面引用的有关《爱弥儿》的段落中，卢梭仅仅指出了如果完善的法治建立起来了，它可能带来的后果；但他并没有表明这一问题是否可行。他在不同的语境中甚至使用数学分析，来反复指出这其中的困难。例如，在他的《论波兰政府》一书中，他指出，即使是在原则上，把这个问题视为一个简单的问题也是不对的。他说："如果你这样想的话，制定一部更好的法律也许很容易。要是人们不像以前那样滥用激情是不可能的。即使是对一个最完美的政治家来说，预见并权衡所有这些弊端也是不可能的。把法律置于人之上，这是一个政治问题，我把它比作几何学中做圆周运动的问题。如果我们能够很好地解决这个问题，建立在这个解决方案之上的政府将是美好的，没有弊端的。但在这之前，要确保的是，你制定法律的地方，法律是由全体人民来统治的。"[①] 把法律凌驾于人之上的问题与圆周运动问题相比较就表明：这个问题不仅面临严重的实际困难，甚至在理论原则上也不可能解决。

法治即使在原则上也无法建立的原因有二个。使公民服从公意主要有两个方面的问题：第一个问题是关于那些组成共同体的个人，第二个问题是关于共同体中是否存在派别。每一个公民都有作为共同体成员的个人意志和公意。卢梭将个人意志服从于公意的过程称为"变性"，这一术语也表明，要想取得完全的成功是有多么的困难。[②] 不管个人对共同体有多忠诚，在某些方面，他仍然是独立的个体。在某些不寻常的关键时刻，他自身的利益有可能会使他与共同体的利益产生矛盾。让人们忘却自身利益的努力是否能够取得成功，或者这种成功是否会令人满意，都不是显而易见的。

派系之间的问题是另一种不同类型的问题。[③] 共同体中的每个派别都有自己的公意，这种共同意志不同于甚至有可能与整个共同体的公意相反。由

---

① Rousseau J-J（2005）On the government of Poland. In: Masters R, Kelly C（eds）The collected writings of Rousseau, vol 11. University Press of New England, Hanover, pp. 170-171.

② Rousseau J-J（2010）Emile, or on education. In: Masters R, Kelly C（eds）The collected writings of Rousseau, vol 13. University Press of New England, Hanover, p. 165.

③ Kelly C（2018）Sovereign versus government: Rousseau's republicanism. Acta Politologica 10（2）:23-26.

此，各派系会抵制整个共同体的公意，并试图将法律转化为自己的利益。我们似乎可以通过采取詹姆斯·麦迪逊在《联邦党人文集》第十篇中所反对的方法来解决派系问题。与其像麦迪逊建议的那样，通过增加派系数量，来使派系之间相安无事，还不如完全压制这些派系。卢梭特别强调同质性对于一个健全的共同体的重要性。然而，总有一个派别是不能被压制的——那就是由政府成员组成的派系。上文指出，法律必须是公意的表达，这意味着必须有一个独立于主权的机构来执行法律。为了有效地执行法律，政府必须形成一种团队精神，以使其能够有效地工作。最终，政府的成员会将自己归入小的共同体，而不是那个广义上的共同体。从长远来看，每一个政府都将倾向于成为一个“国中之国”，在这个“国中之国”中，政府或行政部门的利益凌驾于共同体的利益之上。作为政府部门的成员，公职人员对他们的使命越忠诚，他们作为更大的共同体中的一员的危险性就越大。公民道德教育和频繁集会——在其中政府可以更新——只会推迟这一进程，而无法完全阻止。卢梭称这是“固有的和不可避免的恶习”，它最终将摧毁任何国家。[①] 即使是主权国家的常规议会也会缓慢而稳步地输给政府。

尽管完美的法治是不可能的，而完美的法治的最佳近似值从长远来看也是注定要失败的，但卢梭坚持认为他对法律的解释仍然适用于当下的社会。即使是在政府已经开始篡夺主权权力和公民已经变得腐败的共同体里，公意也还是“持续的，不可改变的，纯粹的”[②]。这里并不是说，公意相对于实际情况来说，处于某种抽象的孤立状态。事实上，卢梭的论述超越了它的规范性层面，是一种对所有共同体如何运作的描述。从就连最腐败的共同体也能够继续存在的角度来说，公意只有在其成员认为自己属于某个共同体的情况下才会继续保持存在。只有当共同体变成一个由人们通过武力集合在一起，或者根本不能团结在一起组成一个集合体时，共同意志和法律才会完全消失。

结　论

卢梭在《社会契约论》第一卷的开头就指出了他整部著作的任务。他说：“我想要探讨的是，在公民秩序中，是否能有一个合法、可靠的管理规则，让人如其所是，让法律如其所能。”[③] 这一论断很好地揭示了他对法律和政治的普

---

① Rousseau J-J (1994) Social contract. In: Masters R, Kelly C (eds) The collected writings of Rousseau, vol 4. University Press of New England, Hanover, p. 186.

② Rousseau J-J (1994) Social contract. In: Masters R, Kelly C (eds) The collected writings of Rousseau, vol 4. University Press of New England, Hanover, p. 199.

③ Rousseau J-J (1994) Social contract. In: Masters R, Kelly C (eds) The collected writings of Rousseau, vol 4. University Press of New England, Hanover, p. 131.

遍本质的论断。卢梭希望将对人类本性的现实描述与对人类社会可达到的合法性程度的描述结合起来。值得注意的是，他提出自己是在探究这种结合是否可能，而不是武断地声称它是可以的。

（作者系美国波士顿学院政治学系教授，译者系中国政法大学人文学院博士生）

民国时期民法体系中的判例：形式与功能的变化*

张　生

一、序说：建构稳定而开放的民法体系

1794年6月正式实施的《普鲁士国家的一般邦法》，试图以国家法典解决所有的社会问题，确立了法典在近代社会治理中的重要地位。面对社会的变迁，《普鲁士国家的一般邦法》预设解决所有问题的理想是不现实的，明确而细致的法律规则非常容易失效，不仅法典本身需要解释适用，在法典之外还需要单行法和其他法律渊源的补充。十年后，《法国民法典》的编纂，使得大陆法系国家构建民法体系进入一个新的历史时期。1804年实施的《法国民法典》采取了压缩式的编纂技术，把民法体系和民法典加以区分，民法典虽然是民法体系稳定的核心，却不是民事法律规范的全部①。作为民法体系的核心，《法国民法典》在序编中确立了民事法律效力与适用的基本原则②，其第二条规定：法律仅适用于将来，没有追溯力。包括民法典在内的所有法律都不能溯及既往，解决民事纠纷只能依据既已存在的法律规范③。《法国民法典》第四条规定：法官借口法律没有规定或者规定不明确、不完备而拒绝审判者，得以拒绝裁判罪追诉之。第五条规定：禁止法官采用确立规则的一般处分对其审理的案件作出宣告。这两个条文设定了法官“不得拒绝裁判”的司法责任，同时明确了司法权的边界，司法权不得侵越立法权。可是在“法律没有规定或者规定不明确、不完备”的情况下，法官如何补充、解释适用制定法？《法国民法典》没有给出明确规定，而是在司法实践和民法学说的发展中逐渐形成了以判例补充和解释民法典的模式。

---

* 本文为最高人民法院司法案例研究课题“中国近代判例制度及其借鉴意义”研究成果。

① 参见石佳友所撰文《法典化的智慧：波塔利斯、法哲学与中国民法法典化》中波塔利斯《关于民法典草案的说明》，《中国人民大学学报》2015年第6期。

②《法国民法典·序编》，罗结珍译，北京大学出版社2010年版，第1页。

③ 这里并没有具体解释法律的范围，应当包括制定法与习惯。

在1874年完成的《德国民法典总则草案》中曾规定：裁判官应依照本法进行裁判，本法没有规定的，依习惯法；不存在习惯法的情况下，裁判官依照法理进行裁判。这个规定是民法典开放性的重要设置，将习惯法、法理和民法典结合起来构成一个更广大的民法体系。这个规定既是司法裁判经验的总结，也是弥补立法漏洞、扩展制定法的重要规定[①]。然而，在《德国民法典》最后的定稿中，这一规定被删除了。1900年施行的《德国民法典》，采取了学说汇纂式的编纂模式，其总则以类型化的法律行为概括所有的民事法律问题，尽可能为民事问题提供明确的规范；同时，法典所依托的学说体系、法律原则具有与社会发展相沟通的开放性，可以适应社会的发展变化。《德国民法典》虽没有将习惯法、法理作为补充渊源写入总则编，但在司法实践中仍以判例确认习惯法和法理，作为民法典的补充或扩展性规范。

法国民法和德国民法之后，继之而起的日本和瑞士，在建构民法体系方面吸纳了法国和德国的经验：民法典为民法体系稳定的核心；民法典具有开放性，法官在不违反制定法的前提下，通过对法律原则、习惯、法理的适用，将民法典和其他法律渊源相衔接，构成一个统一的法律体系。具体而言，日本与瑞士的民法编纂与司法实践又有所不同。早在1875年，日本就曾发布《明治八年太政官布告第百三号》：于民事裁判，无成文法者，依习惯；无习惯者，推考条理而裁判之。该布告极其类似1874年《德国民法总则编草案》中的规定，但1898年颁布实施的《日本民法》，在篇章体例上大致仿照德国民法，设置了总则编，一如最后定稿的德国民法，没有把习惯和条理作为补充渊源写入法典；在编纂技术路线上却仿照法国民法，采取了压缩式的编纂方式，整部民法只有一千一百余条，远没有德国民法那样精细，在司法适用中必然需要解释与补充。

1907年通过的《瑞士民法典》，仿照法国民法的序编设定了序篇，并且明确规定了“法律的适用”。其第一条（法律的适用）规定：（第一款）“于文字上或解释上，本法已有规定之法律问题，一切适用本法。（第二款）本法无规定者，审判官应依习惯法；习惯法亦无规定者，应从己身为立法者所应设定之法则裁判之。（第三款）前项情形，审判官应准据确定之学说及先例”。[②]《瑞

---

① 这一规定在很大程度上解决了《法国民法典》中没有明确解答的问题：“法官不能拒绝裁判”，同时“法官不能以确立规则的方式进行裁判”，那么在法律没有规定或规定不明确、不完备的情况下，法官该如何裁判？

②《瑞士民法典》于1900年公布讨论，于1907年议决通过，于1912年正式施行。《瑞士民法典》颁行后制定的民法多有类似的规定，例如《土耳其民法典》的第一条，《暹罗民法典》的第十三、第十四条。参见胡长清主编：《各国民法条文比较（总则编）》，上海汇文堂新记书局1937年版，第1、2页。

士民法典》把大陆法系国家建构民法体系的经验和理论加以总结[①]，列为法典第一条；同时，其所规定的“习惯法亦无规定者，应从己身为立法者所应设定之法则裁判之”，突破了《法国民法典》中“法官不能以立法的方式进行裁判”的分权界限。《瑞士民法典》在建构民法体系方面，体现了民法体系不只是立法者设定的，审判官通过判例也参与了体系的完善和发展。正如德国学者所言：“恰恰是在通过系统化的法典尝试解决社会问题方面具有长期传统的欧洲大陆，立法者的边缘化信念在不断地扩张。”[②]

清末仿效大陆法系国家编纂民律草案，以民法典为核心的民法体系观念已经基本确立。《大清民律草案》第一条规定：民事，本律所未规定者，依习惯法；无习惯法者，依条理。这一规定将《法国民法典》《德国民法典》《日本民法典》并未规定，但在司法实践中已经形成的模式纳入民律草案之中；在内容上基本采纳了日本《明治八年太政官布告第百三号》，却与《瑞士民法典》的第一条有着较大的区别[③]，既未赋予法官发现规则的权力——“为立法者所应设定之法则裁判之”，又未在习惯法之后采纳“学说”“判例”这两种法律渊源，而是采用了日本的“条理”作为补充性法律渊源。至清帝退位，《大清民律草案》仍未能全部完成。民国建立之后，延续清末以来的民法典编纂事业，可是在民法典颁行之前，最高审判机构的民事判例对民法体系的建构发挥了重要作用。民国时期可以分为民国北京政府（1912 年 3 月至 1927 年 4 月）和南京国民政府（1927 年 4 月至 1949 年 9 月）两个时间段。民国北京政府大理院（以下简称“大理院”）与南京国民政府最高法院（以下简称“最高法院”）在行使最高裁判权的过程中，都遵循“制定法、习惯、条理（或法理）”的法律适用顺序，但因为民法体系完备程度不同，特别是民法典的颁布与否，不同时期最高审判机关在适用“制定法”、“习惯”、“条理（或法理）”时所创制的判例，在形态和功能上有着较大的差别。

二、大理院民事判例形式与功能的变化

1912 年元旦成立之南京临时政府，确立共和国国体。1912 年 3 月公布之《中华民国临时约法》为民国北京政府成立之基础，该法第五条规定：“中华民国人民，一律平等，无种族、阶级、宗教之区别”。1914 年 5 月公布之

---

① 法国、德国最高法院的裁判实践，以及诸如萨尼《实在私法的解释方法和法律渊源》（1899 年再版）的民法解释学说，都对《瑞士民法典》产生了影响。

② 罗尔夫·克尼佩尔：《法律与历史——论〈德国民法典〉的形成与变迁》，法律出版社 2005 年版，朱岩译，第 11 页。

③ 以民法典第一条规定“法律的适用”，却是仿效《瑞士民法典》，没有像《德国民法典》删除了草案相应的规定。

《中华民国约法》第四条，1923 年 10 月公布之《中华民国宪法》第五条，均有人民平等之规定。《大清民律草案》之亲属、继承两编秉承家族主义，有家长与家属之身份差等，与宪法平等原则相违背，在民国初期两度被提请公布实施，两度被否决搁置。

在民律未能公布实施的情况下，民国北京政府的各级审判机关只能依据清末“现行律民事有效部分”[①]和政府后续颁行的几个单行法规[②]，进行民事裁判。面对纠纷繁多而法律依据有限的问题，大理院作为最高审判机关，不得不依据《法院编制法》所赋予的“统一解释法律权”[③]，以民事判例和解释例的形式弥补民事法律规范缺失。民事判例和解释例均属大理院所作出的“法律解释”，对于二者的区别，民国时期的法律家刘恩荣曾有辨析：“大理院所发表法律上意见，有抽象的与具体的之分。抽象的意见，谓之解释，即以统字编号之文件（函电咨）是也。具体的意见，谓之判例，即以某年上字、抗字、声字、非字等编号之裁判书（裁决、判决）是也。具体事件，不得请求解释，此大理院统字第九十八号公函，所说明者。故谓解释，为大理院抽象的法令意见；而裁判书所解决之事件，皆系具体事件，故谓判例，为大理院具体的法令意见。”[④]

民国初期的解释例与判例相比较而言，大理院所作出的民事判例数量更多，形式变化较大，所发挥的建构民事法律体系的作用更为关键。大理院民事判例的形式经历了“判决录汇编”、“判例要旨汇编”、“判例要旨体系化汇编”三种形态的变化。

（一）大理院判决录汇编

大理院早在 1912 年 12 月就开始公开出版《大理院判决录》[⑤]，从 1913 年开始，每月编辑出版《大理院判决录》一册，连续出版至 1914 年 7 月，共计 20 册。《大理院判决录》所载民事判决，均为判决书全文，包括五部分内容：（1）裁判时间及字号；（2）上诉方（或上告方，或抗告方）及被上诉方（或被上告方，或被抗告方）的基本情况（双方当事人姓名、性别、住址，以及委托代理人的姓名、职业情况）；（3）主文（判决结果）；（4）理由；

---

①《大清律例》中不科刑的民事条款以及《户部则例》的部分条款，仅有 100 个条文。

② 此外还针对具体问题颁布了《验契条例》、《契税条例》、《清理不动产典当办法》等少数民事单行法。

③《法院编制法》第三十五条规定：“大理院长有统一解释法律，必应处置之权”。该法第三十七条规定：“大理院各庭审理上告案件，如解释法令之意见，与本庭或他庭成案有异，由大理院院长依法令之义类，开民事科或刑事科或民刑两科之总会审判之”。该规定旨在解决判例和解释例的变更问题，当新判例或解释例与“成案”有异时，由大理院卿召集民事科或刑事科，或民、刑两科总会讨论决定，以保障法律解释的统一性。

④ 刘恩荣：《大理院之解释与其判例研究》，《法律评论》第 37 期。

⑤ 大理院书记厅编，收录民国元年（1912 年）七月至三年七月民事、刑事判决。

（5）审理此案的合议庭各推事以及书记官、具体判决时间。民事判决的第四部分——“理由”，大理院的推事在这一部分阐述对案件事实的分析和裁判依据。“理由”部分一般又包括三方面的内容：（1）上告人依据的基本事实和理由；（2）被上告人答辩的基本事实和理由；（3）合议庭在对双方当事人所依据的事实、理由进行分析的基础上，阐述的裁判依据，即“本院按”以下部分。

民事判例与一般民事判决的不同之处在于，大理院推事（法官）在判决理由部分所表达的裁判依据，不仅对本案具有拘束力，同时对同类案件都具有拘束力。在程序上，一般民事裁判经大理院合议庭推事发布即产生效力；而民事判例须经推事呈报，由本庭庭长确认，并以大理院院长的名义发布。如果提出的判例的内容与既有判例相冲突，大理院院长须依照《法院编制法》第三十七条，召集民事科或民事刑事两科总会讨论决定。

在 1912 年 12 月至 1914 年 7 月，大理院汇编的均为判决全文，判例与一般判决并无区分；具有普遍拘束力的裁判依据淹没在裁判文书的全文之中，不便于检索和援引。在判决不断累积的过程中，改进判例汇编形式已经十分必要。

（二）大理院判例要旨汇编

为满足对民事判例的规范需求，1915 年 10 月大理院编辑处首次编辑刊行《大理院判例要旨》[①]，其中不仅公布了 1912 年 9 月至 1914 年 12 月判例的要旨汇编，还附录了《大理院判例要旨汇览及大理院解释文件汇览编纂规则》。该编纂规则第二条规定了判例要旨汇览与判例的标准编纂样式，如下：

<table>
<tr><td>上栏</td><td colspan="7">判例要旨</td></tr>
<tr><td>判例
要旨
参考</td><td>（1）
同例、异例、
裁判、号次</td><td>（2）
现行法条</td><td>（3）
解释文件号次
及汇览页次</td><td>（4）
惯例</td><td>（5）
前清旧法
及草案条文</td><td>（6）
外国法条
及判例</td><td>（7）
学说</td></tr>
<tr><td>下栏</td><td colspan="7">裁判原文</td></tr>
</table>

编纂规则要求对判例的编辑分为两部分：一部分为判例要旨及其参考文献，一部分为判例要旨来源的裁判原文。这种编纂方式一方面将判例要旨从裁判全文中抽取出来，便于检索和援引判例要旨，有利于发挥其规范功能。另一方面，将裁判原文附在判例要旨之后，便于从原判决来准确理解判例要旨，避免理解上和援引上分歧错误。从第一部分“判例要旨”的汇编来看，编纂规则表明：第一，大理院非常注重判例要旨的作用，因而在汇览中上栏

① 大理院编，1915 年 10 月版。

先列判例要旨，下栏再列裁判原文（全文）；第二，为保障判例要旨的编纂质量，在编纂规则中列出了七项与判例要旨相关的参考内容，避免本判例与现行法、既有判例和解释例相抵触，以及本判例的依据（惯例、旧法、法律草案、学说等）。在审判实践中，因大理院面对“案多人少”的问题，刊著判例的推事没有能力在短时间内详尽开列诸多参考内容。[①] 因而，该编纂规则第十一条，又做简易规定：可以暂行省略参考门第四至七之款目。[②] 此后，新的判例通过《政府公报》、《司法公报》[③]，按大理院刊著的时间顺序加以公布。

鉴于判例要旨与裁判原文一并公布，卷帙浩繁检索不便的问题，1918 年 8 月，大理院又公布了《大理院编辑规则》[④]，规定大理院编辑处编辑判例汇览、解释文件汇览的简略格式如下：

眉　批			
要旨	参考旧例（或旧解释）	参考法文	参考解释文件（或判例）

该编辑规则较 1915 年所发布的《编纂规则》有两方面的重要改进：其一，根据判例要旨的内容提炼出“眉批”，作为判例要旨的概括；其二，简化判例要旨的参考文献，将原来需要列举的七项参考文献缩减为三项，仅列最为必要的“参考旧例”“参考法文”“参考解释文件”。此后，大理院在民国八年（1919 年）、十三年（1924 年）先后编辑出版了《大理院判例要旨汇览》正集、续集，都是按照“眉批——判例要旨”的形式加以汇编的。判例要旨的参考文献，在大理院内部确立判例、论证判例要旨成立、提取“眉批”时具有重要意义，在援引适用判例要旨时不具有规范效力。

（三）判例要旨的体系化汇编

判例要旨的“眉批”，从判例要旨的内容中提炼而来，列在判例要旨之前，为检索判例要旨提供了体系定位。可以说，判例要旨“眉批”的出现，为按照时间顺序汇编的判例要旨，开始转变为按照“体系功能”定位和汇编提供了可能。

---

① 系统掌握“惯例”，非经实地调查不能详查；“外国法条及判例”非受过良好的比较法训练，而不易得知；谙熟“学说”，必须有深厚的理论造诣。如此高的要求，就当时国内民法学界也无人能够做到。

② 当时大理院三个民事裁判庭的裁判任务极重，同时需要选择和编辑判例，对每个判例要旨提供学说、外国立法例的来源说明，是极为困难的。

③《政府公报》、《司法公报》登录大理院判例，稳定而连续，成为官方正式的公布方式。

④ 收录于《改订司法例规》，民国北京政府司法部参事厅编，1922 年刊行。

早在1917年，唐慎坊编辑出版了《大理院判例解释例菁华录》[1]，对大理院1912年9月至1914年6月的民事判例编辑出版，特别是在汇编之前整理了判例索引。此后，在《大理院判例要旨汇览》的基础上，法律家私人的判例要旨汇编层出不穷，其中黄荣昌、周东白、郭卫等的汇编连续而系统。黄荣昌在1921年编辑出版了《最近修正大理院法令判解分类汇要》（中华图书馆1921年版），周东白在1923年编辑出版了《大理院判例解释例新六法大全（民法汇览）》（世界书局1923年版），汇编最为全面的是郭卫编辑的《大理院判决例全书》（上海会文堂书局1931年版、1932年版）。这些法律家的私人民事判例汇编，逐渐发展出“判例要旨的体系化汇编”形式。以“眉批”为体系定位坐标，民事判例要旨按照民法典的五编体系加以汇编：判例要旨首先按照“眉批”所在总则、债、物权、亲属、继承各类法律行为中加以分类，归入其中一编；再按照“眉批”所处各编内条文顺位排列；只有同一逻辑层次的“眉批”才按照时间来排序。这种依据民法典结构来汇编的“眉批——判例要旨”，在形式上具备了民法典的结构特征，判例从具体的判决书，转化成了结构性的、抽象性的规范。

（四）大理院判例功能的变化

伴随着大理院民事判例从“判决录汇编”、“判例要旨汇编”到“判例要旨体系化汇编”的形式变化，判例在民法体系中的功能也在不断增强。在民事判例数量较少的时期（1912年9月至1914年7月），大理院采取“判决录汇编”的形式公布判例，其主要功能在于通过习惯法或条理引入新的规范，弥补现行法律体系的规范缺失。例如民国二年（1913年）上字第三号判决的裁判理由中的“本院按部分”：“凡习惯法成立之要件有四，（一）有内部要素，即人人有确信以为法之心；（二）有外部要素，即于一定期间内就同一事项反复为同一之行为；（三）系法令所未规定之事项；（四）无背于公共秩序及利益。”依据“习惯法成立之要件”来判断：“吉林习惯对于本族、本旗、本屯卖地时有先买之权。此种习惯不仅限制所有权之处分作用，即于经济之流通与地方之发达均不无障碍，为公共秩序及利益计，断难予以法之效力。”[2]在制定法没有规定的情况下，一方当事人依据地方习惯主张“先买权”。作为地方习惯的“先买权”是否具有习惯法的效力？大理院民事审判庭的审判长姚震和两位推事胡诒谷、朱献文，依据“习惯法学说”，确立了“习惯法成立之四要件”，弥补了“现行律民事有效部分”的规范缺失（评价性规范的缺失），否定了“先买习惯”（限制所有权之处分作用，背于公共秩序及利益）。

---

① 明法学会，1917年6月版。

② 大理院书记厅编：《大理院判决录》（1913年2月判决汇编），1913年6月出版。

随着判例数量的逐渐增多，为了检索和援引的便利，判例的形式从“判决录汇编”发展为“判例要旨汇编”（1918年以后）。在“判例要旨汇编”的形态下，判例的“眉批——判例要旨”更为抽象，它们将规范功能相近的“判例要旨”组合成某一类民事法律制度。“眉批——判例要旨”的制度性功能得以加强。例如有关“习惯法”的“眉批——判例要旨”将多个规范类聚成有关习惯法效力的制度：习惯法成立之要件（二年上字三号）、习惯法须无背于公共秩序（三年上字七三三号）、援用之次序（四年上字一二二号）、习惯法与条理（四年上字二三五四号）、习惯法之内容（六年上字一四二二号）、反乎强行法之习惯（八年上字二一九号）等。

随着判例要旨体系化汇编的形成，判例由按照发布时间先后来编辑、发布，改为按照民法典[①]（总则、债权、物权、亲属、继承）的篇章顺序来分类汇编。“眉批——判例要旨”汇编在形式，已经极为近似于民法典的结构。“眉批——判例要旨”汇编在规范功能、制度功能的基础上，逐渐具备了民法体系建构功能。自民国元年（1912年）大理院开始受理案件，至民国十六年（1927年）闭院，大理院民事各庭做出裁判的民事案件共25000余件。[②]郭卫编辑的《大理院判决例全书》（上海会文堂书局1932年版）收录了1913年至1927年间大理院民事判例要旨1757则。这些判例要旨，在结构上按照总则、债、物权、亲属、继承的编别来排列；在数量上已相当于一部民法典所提供的规范总量。就判例效力而言，大理院民庭推事郑天锡曾评价：“我国法律，尚未完备，裁判时，常赖判例为之补充。大理院为我国最高法院，其判例在实际上与法律有同一效力。外国法院，如上海英美法院，每逢适用中国法律而无明文可引用时，亦采用我国判例。我国大理院判例，在中国法律上占有之地位，其重要亦可想见矣。”[③]民国时期法律家胡长清也曾这样描述民事判例要旨的适用情况：“《判例要旨汇览》正编3卷，续编2卷，承法之士无不人手一编，每遇讼争，则律师与审判官皆不约而同，而以‘查大理院某年某字某号判决如何如何’为讼争定谳之根据”[④]。

---

① 即《大清民律草案》和民国《民律草案》的分编体例。

② 大理院判决现保存于南京第二历史档案馆，档案全宗号为241，共有15651卷。据台湾政治大学的黄源盛教授较为精确统计，大理院民事判决共有25000件，详见《政大法律评论》第59期，《民初大理院司法档案的整理与研究》一文。

③ 郑天锡所撰文《大理院判决研究》，《法律评论》第36期；郑天锡所谓“判例”，在司法适用中实际就是判例要旨。

④ 参见胡长清：《民法总论》，中国政法大学出版社1998年版，第35、36页。

三、最高法院的民事判例：制定法的解释与扩展

（一）民法典颁行前的判例汇编及其功能

南京国民政府成立之初，沿袭民初大理院“统一解释法律”的制度，民事判例的确定和变更由各民事审判庭讨论决定；涉及多个民事庭的，由最高法院院长召集民庭总会决定。涉及刑事问题的，由院长召集民事、刑事各庭总会讨论决定。南京国民政府最高法院正式发布判例始于1928年，当时民法尚未公布实施，北京政府时期的法律法规凡是与国民党中央所发布的各项政策不相违背的，仍然有效。最高法院在民事审判方面，主要依据大理院的判例与解释例作为裁判依据；同时，最高法院的三个民事审判庭精选本庭的裁判，著为判例，作为本院和下级法院遵循的依据。法律家对最高法院判例的反应极为迅速，自1928年10月，郭卫开始连续编辑出版《最高法院判例汇编》[①]；1929年4月，张虚白也开始连续编辑出版《最高法院判例汇编》[②]。1932年以前，最高法院判例汇编大体承袭大理院时期“眉批——判例要旨”的汇编形式，以下是最高法院做出的一个民事判例：

习惯法成立之条件

（十七年七月三日民一庭判决上字第六一三号）

要旨：习惯法之成立，以多年惯行之事实及普通一般人之确信心为其基础。[③]

在“眉批——判例要旨”之后还附有判决原文（略去合议庭法官及书记官）。最高法院做出的新判例，延续了大理院判例要旨汇编的形式，按照发布时间顺序单独进行汇编。所改之处在于，通过判例汇编目录之后的分类索引，将按时间顺序编排的判例，纳入到整体判例体系之中。新判例在功能上，仅仅是对既已形成判例规范体系的修正，将民国二年上字第三号判决的“习惯法成立四要件”加以简化。

（二）民法典颁行后的判例汇编及其功能

1929年5月以后，《中华民国民法》（以下简称“民法典”）各编先后颁布施行，最高法院民事判例的汇编形式和功能均发生重大变化。1935年《法

---

① 上海法学编译社出版，连续出版28辑。

② 第1辑由中华法学社出版，从第2辑开始由上海法政学社出版。

③ 根据郭卫、周定枚编：《最高法院民事判例汇刊》第1期，上海法学书局1928年版。

院组织法》施行之后，判例变更规则也发生了重大变化。《法院组织法》第25条规定："最高法院各庭审理案件，关于法律上之见解，与本庭或他庭判决先例有异时，应由院长呈由司法院院长召集变更判例会议决定之。"[①] 民法颁行初期，判例要旨汇编主要的形式变化是在"眉批——判例要旨"之后，增加了"参考法条"。以下是最高法院的一则民事判例：

亲房先买习惯之效力

（二十二年二月二十七日民事上字第八一三号）

要旨：亲房先买之习惯，历来判例不认为有法之效力。

参考法条：民法第二条，民事所适用之习惯，以不背于公共秩序善良风俗者为限。[②]

该判例是对民法第二条中"公共秩序善良风俗"的具体解释，也是对四年上字第二八二号判决例"否定亲方先买权"的再次确认。增加"参考法条"，建立起判例要旨与制定的对应关系，使得判例的体系坐标更为清晰，其法律解释功能更为彰显；也避免了判例脱离制定法的任意性。

1934年2月郭卫、周定枚编辑出版了《中华民国六法理由判解汇编》第一册《民法》[③]，采取了"以民法为纲，判例要旨为目"的编辑方法，判例要旨附于相应民法条文之后，与民法条文形成了"法条、理由与判例要旨"的民法扩展体系。以下采用1948年版本的《民法理由判解汇编》，来考察民法第一条的编辑形式：

① 吴经熊编，郭卫、元觉增订：《中华民国六法理由判解汇编》第1卷，上海法学编译社1948年版。国民党败退台湾省以后，"司法院"于1952年9月公布了《"司法院"变更判例会议规则》八条，大体规定：变更判例由"最高法院"院长向"司法院"院长呈请提出，由"司法院"院长召集变更判例会议；变更判例会议由"最高法院"院长、所属审判庭庭长与推事组成；以出席会议三分之二以上决议变更与否，变更之判例由"司法院"公布。

② 根据郭卫、周定枚编：《最高法院民事判例汇刊》第12期，上海法学书局1933年版。

③ 会文堂新记书局1934年2月出版。

民法典第一条及其附编判例要旨[①]

条　文	判例要旨	判例字号
第一条规定： 民事，法律所未规定者，依习惯；无习惯者，依法理。 ［**理由**］查民律草案第一条理由谓凡关于民事，应先依法律所规定。法律未规定者，依习惯。无习惯者，则依法理判断之。法理者，乃推定社交上必应之处置，例如事亲以孝及一切当然应遵守者皆是。法律中必规定其先后关系者，以凡属民事，审判官不得借口于法律无明文，将法律关系之争议，拒绝不为判断。故设本条以为补充民法之助。	判断民事案件，应先依法律所规定；法律无规定者，依习惯法；无习惯法者，依条理。	二年上字第六四号
	利率无约定者，依该地通行利率。	三年上字第七八一号
	一省之特别法规，他省不得引用。	三年上字第九七三号
	凡商行为无特约者，依习惯。无习惯者，依条理。	三年上字第一〇九〇号
	均分家产，既有明文，无主张习惯余地。	三年上字第一一九八号
	法有明文者，不得援用习惯及条理。	四年上字第二二号
	习惯法，概无强行效力。	四年上字第一二七六号
	市政维持会办法，债权人不受其拘束。	四年上字第一五九八号
	有习惯法者，不能仍凭条理处断。	四年上字第二三五四号
	习惯法必为法所未定或与法规特异者，始得认其成立。若惯行事实及确信心与通行法规全合者，即无所谓习惯。	六年上字第一四二二号
	特别法无规定者，始适用普通法。	八年上字第三五号
	立嗣不论昭穆之习惯，无法之效力。	八年上字第二一九号
	独子出继之习惯，无法之效力。	八年上字第二三四号
	一姓族谱，系关于全族人丁，及事迹之纪实。其所订列条款，除显与现行法令及党义政纲相牴触者外，当不失为一姓之自治规约，对族众自有强行之效力。	十七年上字第三九号
	习惯法之成立，以多年惯行之事实及普通一般人之确信心为其基础。	十七年上字第六一三号
	习惯法则，应以一般人所共信，并不害公益为要件。否则，虽系旧有习惯，亦难认为有法的效力。	十七年上字第六九一号
	析产时将共有营业分归某房独自继续经理，则其对外应否就原有商号加以某记或登报以示区别，尤应视当地商业有无此项惯例为断。	十七年上字第八五一号
	凡租房以开设工厂或商店之长期租户，如依该地方习惯，应有先买权。凡租房以开设工厂或商店之长期租户，如依该地方习惯，应有先买权。为维持公共之秩序及利益计，纵令该地方有此习惯，于法亦断难认许。	十八年上字第一五三号
	按破产法尚未颁行，遇有破产情形，自应适用习惯或条理以为裁判。……	十九年上二二八四号
	习惯法之成立，其外部要素，须于一定期间内，就同一事项反复为同一之行为为要件。	二十一年上字第三三四号
	判例之内容须属于解释法规者，始能优先于习惯而适用，否则仅为一种条理，其适用顺序在习惯之后。	二十一年上字第一〇一三号

① 吴经熊编辑，郭卫、元觉增订：《中华民国六法理由判解汇编》第二部《民法》，上海法学编译社 1948 年版。该条文之下还附有七条解释例，即五年统字第五五九号、六年统字第六七六号、七年统字第七九四号、八年上字第三五号、八年统字第九三七号、十一年统字第一七八一号、十七年解字第一二六号。

民法第一条之后，在“理由”部分编者总结了自《大清民律草案》以来的“民事法规之适用顺序”的学理解释，阐明本条法律的立法主旨，可以作为裁判的学理指引。在之后将21则有关“民事法规之适用顺序”的判例要旨，按发布的时间顺序加以汇编。其中，民法典颁行之前的判例有17则之多，民法典颁行后的判例有4则，被新判例替代的判例就不再有效，编者没有收录。民法第一条中涉及“习惯”“法理”两种比较抽象的法律渊源，虽然“理由”给出了学理解释，但法官在裁判时还面临着进一步具体化的责任。21则判例是对法律条文的具体解释，扩展了抽象法律条文的内容。大理院时期判例要旨的“眉批”，在“法条、理由与判例要旨”汇编体系中已经失去意义（虽然在判例全文汇编仍然有概括与定位的功能）。因为民法的条文就是体系化的，与法律条文的附属汇编，就意味着纳入了体系，完成了体系定位。

四、民法体系中的法典与判例：稳定性与开放性的平衡

在制定法不完备的情况下，从《大理院判决录》到《大理院判例要旨汇览》，判例在形式上由判决书全文转化为类似于制定法的抽象规范，弥补了规范缺失，建立起了重要的近代民法制度。从判例要旨汇览再到“判例要旨的独立汇编”，判例要旨发挥了准法典的作用，通过司法裁判建构了近代民法体系。在民法典颁行后，判例要旨附编于相应的法律条文之后，发挥了解释和补充的作用，将有限的民法条文扩展为一个开放的民法体系。如果从民法体系建构的角度来观察，判例形式与功能的变化，实质上都来自于民法体系平衡性的需要。

民法典尚未颁行、制定法不完备的情况下，民法体系有着强烈的稳定性需求，民初大理院发展形成的“眉批——判例要旨”汇编，以及由法律家私人完成的“眉批——判例要旨”独立汇编，提供了较为明确的制度规范，按照法典的框架建了较为稳定的民法体系。民法典颁行以后，民法体系的稳定性基础已经奠定，但是法典对社会的适应性解释，法典抽象规定的具体化解释与扩展性解释，都需要判例为稳定的民法体系提供开放性活力，法典条文与判例要旨的汇编正是适应了此种需要。可以说，对于一个法律关系较为复杂的庞大社会，民法体系需要达成稳定性和开放性的平衡，必须有法典与判例的有机组合。民国时期民法体系建构的经验是：判例以抽象的判例要旨的形式与法典结合为一体，在体系中发挥开放性功能，使民法体系达到稳定与开放性的平衡。这一经验对于我们建构民法体系仍然具有重要的借鉴意义，判例要发挥作用在形式上必须与法典有机结合。

（作者系中国社科院法学所研究员）

论集体权利概念及其类型

刘叶深

一、导言

集体权利的定义性特征是什么？为什么把它作为独立的一类权利是有理论意义和实践意义的？本文试图提出一个概念边界清晰的集体权利概念，使其能够有意义地区别于个人权利；进而揭示将其列为一类权利的重要意义；最终对传统的三代权利划分提供一个新的解读。这一集体权利概念的要点在于：界定集体权利不能仅仅着眼于权利主体的集体性，而要将重点转向权利内容的集体性。接下来的论证将表明，在某些条件下，累积善和参与善只能作为集体权利的内容（因此至少存在两种类型的集体权利），而不宜作为个人权利的内容。这就为一个概念清晰且有意义的集体权利奠定了基础。本文称其为权利内容路径下的集体权利概念。

本文第二部分检讨从权利主体角度界定集体权利存在的问题；第三部分指出合理的集体权利概念应该聚焦于权利内容的集体性，并细致阐述权利内容路径下的集体权利概念；第四部分展示两种类型的集体权利，即分别以累积善和参与善为权利内容的集体权利；第五部分回应对第二类集体权利的三个疑问，进一步巩固权利内容路径下的集体权利概念；最后是一个简短的结语。

二、权利主体路径及其困境

从语义出发很容易将集体权利理解为集体拥有的权利，这就导向从权利主体的特征来界定集体权利概念，这就是所谓的权利主体路径。但此种具有表面吸引力的路径却有着其缺陷。

（一）权利主体路径的基本观点

权利主体路径最早最鲜明地体现在张文显教授《论人权的主体与主体的

人权》一文中[①]。该文指出，集体权利就是权利主体为集体者所拥有的权利，要探究集体权利的存在与否只需要考察集体是否能够作为权利的“享有者和承担者”[②]，“权利的主体有个人（自然人、公民）、团体（政党、社团、企事业单位等政治法人、社团法人、经济法人）、民族、国家、国际组织、人类。”[③]这其中不但包括个人，也包括多种类的集体。

权利主体路径在大多数论著中都得到了不加反思的接受，哪怕是持有批判立场的对手。例如，陆德山教授认为，广义的集体权利包括狭义的集体权利和聚体权利两种。聚体“是指阶级、政党、民族、种族等依据血缘或政治、经济地位而形成的聚合体”[④]。狭义的集体权利，包括集会自由权、结社自由权、游行自由权。因为这些权利“在行使过程中，人权的主体由享有时的个体转化为行使中的集体”[⑤]。其中聚体权利完全是“集体的权利”，只不过其又增加了集会结社等权利为集体权利。[⑥]可见这些争鸣观点都不否认权利主体路径的正确性，他们的分歧在于集体权利范围还应该更宽泛，以包括权利主体不是集体的权利[⑦]。换句话说，对于“集体的权利”就是“集体权利”这一观点，学界已达成一定共识。

（二）权利主体路径的困境

毋庸置疑，上述讨论具有奠基意义，其准确抓住了集体权利主体为复数这一特点。但权利主体路径有如下两个有待解决的困境：[⑧]第一，权利主体路径下的集体权利概念使得三代权利学说陷入代际界限不清的困境。传统的三代权利学说将集体权利作为第三代权利，作为一种新类型的权利，其所囊括的权利应该为第一代（公民与个人权利）和第二代权利（积极权利）所不能包含，不然所谓的代际划分就没有意义。但是如果把集体权利仅仅等同于“集体的权利”，我们就会发现很多“集体的权利”早已包含在第一代和第二代权利之中。例如，企业的财产权明显属于第一代权利，同时也是一种集体的权利，[⑨]那么它到底属于第一代还是第三代呢？当然这一困境也可能来自于

---

① 参见张文显：《论人权的主体与主体的人权》，《中国法学》1991年第5期。

② 张文显：《论人权的主体与主体的人权》，《中国法学》1991年第5期。

③ 张文显：《论人权的主体与主体的人权》，《中国法学》1991年第5期。

④ 陆德山：《也谈人权的主体》，《中国法学》1992年第2期。

⑤ 陆德山：《也谈人权的主体》，《中国法学》1992年第2期。

⑥ 相关思路又参见李步云：《论个人人权与集体人权》，《中国社会科学院研究生院学报》1994年第6期。

⑦ 徐显明、曲相霏教授有说服力地批评了这些“新增的”集体权利，指出它们仅仅是个人权利而已。参见徐显明、曲相霏：《人权主体界说》，《中国法学》2001年第2期。

⑧ See Leslie Green, *Two Views of Collective Rights*, Canadian Journal of Law and Jurisprudence, vol.4:315, pp.320-324（1991）.

⑨ 本文第五部分第三节将对这一权利属性给出分析。

三代权利理论，而非主体路径，但仍然是有待解决的。

第二，更为重要的是，主体路径不能揭示出集体权利更多的重要特征，属于一种浅层解释。集体权利的权利主体必然是集体，这当然是没错的，从这个角度说，主体路径有其合理性。但只抓住这一个特征对于我们深入理解集体权利远远不够。当我们关心某类权利时，最关键的问题包括该种权利有什么独特内容、其与其他权利的冲突可能是什么样态，这些都是理论上和实践中更应该被关注的问题。但在权利主体路径下我们无法建立起主体复数特征与这些重要特征的联系，这就使得集体权利这一类别显得不那么重要了。单单权利拥有者的数量为什么值得关注呢？解决主体路径的这一困境不是抛弃其主体为复数的特征，而是揭示这一特征与其他重要特征的内在联系，以实现对集体权利这一类别更为丰富的理解。本文将要论证的权利内容路径就是在主体路径基础上的一个继续努力，揭示出权利内容的特殊性决定了权利主体的复数特征，因此构成了一种深层解释。

三、权利内容路径的集体权利概念

在诸种基本要素中，既然诉诸权利主体路径有着上述困境，那么我们就求助于可用于界定权利的其他基本要素。而在经典的权利理论中，权利主体之外的权利内容要素在界定权利中起到关键的作用。下面就从引介这种经典权利理论开始，论证集体权利概念可以奠基于具有某种特征的权利内容之上。

（一）一种经典权利概念理论

约瑟夫·拉兹对权利界定如下："当且仅当X能够拥有权利，且在其他条件相同的情况下，X的福祉（利益）的一个方面是将他人置于义务之下的充分理由时，X就拥有一项权利。"[①] 这一定义中包含了这样几个方面：第一，权利主体及其能力，定义中的X是权利主体，并要求其"能够拥有权利"。第二，权利的内容，即权利主体的某些利益（福祉），这里之所以强调"有些"是因为并非所有权利主体的利益都能成为权利。这不但要考察该种利益对于权利主体的重要性，还要考察该种利益作为权利给他人带来的成本[②]，更要依赖于不同制度体系的决断[③]。第三，权利在实践推理中的作用，即其能够作为充分的理由给他人施加义务。这意味着在道德推理或政治实践推理中，权利并不是一个普通的要素。普通的要素只能作为理由之一被行动者考虑、权衡，

① Joseph Raz, *The Morality of Freedom*, Oxford University Press, 1986, pp.166.

② See Ronald Dworkin, *Taking Rights Seriously*, Harvard University Press, 1977, pp.294-301; Thomas Scanlon, *The Difficulty of Tolerance*, Cambridge University Press, 2003, pp.187-201.

③ See Joseph Raz, *The Morality of Freedom*, Oxford University Press, 1986, pp.172.

而“义务”则要求行动者放弃这种权衡与考虑，以义务要求的行为准则替代对普通理由的考虑。而且值得关注的是，在能够产生义务的要素当中，权利是“充分理由”,[①]这进一步增加了权利在实践推理中的特殊性。第四，证立权利的利益。这一要素在拉兹的上述定义中并未被指明，但在后期关于权利的界定中，拉兹认为权利的证立完全可能超出权利人的个人利益，凭借的是某一社会中惠及多人的公共善（public good），看不到这一点就犯了“个人主义谬误”。[②]与更为宽泛，其中超出个人利益的公共善往往具有更重的分量。例如，记者所拥有的权利并不仅要以个人利益，而且要以更广泛的社会利益才能得以证立。只不过社会将实现此种利益的保护发动权交到了个人手中，权利人可以凭借个人利益要求义务的实现。

（二）集体权利的概念：权利内容路径

逻辑清晰的集体权利概念应该求助于哪个因素呢？在这四个要素中，第一个要素是权利主体要素，在上一部分我们已经展示其所遭遇的困境。第三个要素主要指向权利相对人，聚焦于权利给其实践推理带来的改变，即向其施加了具有优先于一般理由的义务。但集体权利和个人权利在这一点上恰恰是没有区别的，因此其无力界定集体权利。因此，此要素在界定集体权利中也看不到直接的关系。第四个要素也基本无法起到划定集体权利的作用，因为我们看到，个人权利也要依靠具有集体性的公共善来证立，这就意味着诉诸证立权利的利益是否具有集体性、公共性无法将个人权利排除在外，也就无法清晰有意义地界定集体权利。

剩下的只有第二个要素——权利内容，也就是权利人的某些利益。本文认为，诉诸这一因素可以清晰界定出迥异于个人权利的集体权利。这就是权利内容路径的集体权利概念。我们可以把这种集体权利概念表述为：当权利存在的一般条件得到满足后，权利的内容因其具有特定的集体性，只能为集体所拥有，而不宜为群体内任何个人所拥有。[③]这是在较为抽象的层面上给集体权利下的定义，尚有两个细节需要下文逐步填充：第一，什么是权利内容

---

① 德沃金将权利的作用看作可以优先于其他实践考虑因素的“王牌”，也是在强调权利在实践推理中的特殊作用。当然德沃金也承认在特殊情形下，权利也可以被推翻。参见 Ronald Dworkin, *Taking Rights Seriously*, Harvard University Press, 1977, pp.190-192.

② See Joseph Raz, *Rights and Politics*, Indiana Law Journal, vol.71:27, pp.31-34（1995）. See also James Morauta, *Rights and Participatory Goods*, Oxford Journal of Legal Studies, vol.22:91, pp.93-94（2002）.

③ 提出权利内容路径的理论家包括参见 Joseph Raz, *The Morality of Freedom*, Oxford University Press, 1986, pp.208. See Denise Rèaume, *Individuals, Groups, and Rights to Public Goods*, University of Toronto Law Journal, vol.38:1,p.6（1988）. See Peter Jones, *Collective Rights, Public Goods, and Participatory Goods*, in Gideon Calder, Magali Bessone, Federico Zoulo eds., How Groups Matter: Challenges of Toleration in Pluralistic Societies, Routledge, 2014.

特定的集体性？这是一种什么样的利益？第二，“不宜为个人拥有”里的“不宜”应该如何理解？虽然抽象，但“权利内容不宜为个人所拥有的，只能为集体所拥有的”这一要素不仅能够实现其与个人权利概念的明确界分，在具体分析权利内容的诸种利益时也能进一步揭示集体权利的特殊难题及其存在意义。这是权利主体路径所无法做到的。

接下来的任务是研究集体利益的种类，找到那些不宜为群体内个人所享有的利益类型。本文第四部分找到了两种适当的集体利益，因此确立了两种类型的集体权利。在此之前，此处先讨论一种不成功的集体利益候选项。

（三）一个不成功的候选项：公共物品

公共物品（public goods）是一个来自经济学的概念，即假如在某一群体内，某种物品提供给群体内一位成员享用的同时无法排除其他成员享用该物品，则该物品就是公共物品。公共物品的定义性特征是“享用上的非排他性”①。经济学上经常将灯塔、国防作为公共物品的典型。公共物品所具有的“集体性”就在于这种“享用上的非排他性”。由于该特征，公共物品一般无法通过市场由私人厂商来提供，因为无论付费与否都可以享用公共物品，消费者都倾向于不付费、“搭便车”，提供公共物品的厂商无利可图，最终不再提供该产品。

公共物品的利益只能由集体作为权利主体、不宜为个人权利的内容吗？本文认为，它是可能成为个人权利内容的。理由如下：这种“享用上的非排他性”只意味着大多数情形下国家而非市场中的厂商是该种利益的有效率提供者，但这并不意味着个人不可以针对该利益拥有个人权利，进而给他人施加义务。② 正如第三部分第一节中所论，某种利益是否能够成为权利的内容不仅要考虑该利益对于权利人的重要性，也要考虑它给其他人带来的成本。假如成本过高、该利益对于当事人又没有那么重要，这些利益无法成为权利，即无法作为充分的理由给他人施加义务。但从中无法推论出公共物品在任何情况下都不能成为个人权利的内容，当某种利益对于权利人来说极端重要，尽管因众人搭便车而导致提供的成本较大，它也可能成为一种个人权利的内容。例如某种流行性致命疾病需要政府采取成本较大的消毒措施来遏制，个人生命健康在此是种极端重要的利益，这完全有可能成为个人权利的内容，

---

① Joseph Raz, *The Morality of Freedom*, Oxford University Press, 1986, p.198. See Jeremy Waldron, *Liberal Rights*, Cambridge University Press, 1993, pp.348-349. See Andrei Marmor, *Do We have a Right to Common Good?*, Canadian Journal of Law and Jurisprudence, vol.14:213, pp.214-215（2001）.

② See Denise Rèaume, *Individuals, Groups, and Rights to Public Goods*, University of Toronto Law Journal, vol.38:1, pp.8-9（1988）.

给政府施加及时消毒的义务。[①]因此公共物品标准无法清晰划定集体权利概念。下文提出的两种适当的集体利益都是公共物品下面的子类，在这个意义上，公共物品这个候选项是过于宽泛的。

四、两种类型的集体权利

本部分将论证两种集体性利益，它们在一定条件下只能成为集体权利的内容，而不宜成为个人权利的内容。由此至少存在着两种类型的集体权利。

（一）以累积善为内容的集体权利

当一个人的某种利益不足以作为充分理由给其他人施加满足该利益的义务，但在某些条件下，多人的该种利益的累积相加则可以作为充分理由给他人施加义务，这种累积相加的利益总和就是累积善。[②]这是从利益分量角度所作的分类。为了更好地理解这一概念，请对比以下两种情形。[③]情形A：某一企业排放的废气导致周围居民肺病高发。情形B：某一社会上很多企业都排放低危害程度的废气，并不会给居民健康带来直接的、可见的影响，但增加了PM2.5的含量，长此以往可能带来健康问题。在情形A中，周围居民拥有的健康利益可以作为充分理由给该企业施加停止排放并给予赔偿的义务，即存在着以该种健康利益为内容的个人权利，虽然影响者众，但任何一个人都有权利要求污染企业履行义务。但在情形B中随着PM2.5含量的提高，个人的健康利益虽然也会受到影响，但这种影响不是直接的、可见的，甚至在不同身体素质者身上其消极影响是否出现也是不确定的。由于这种个人健康利益的损害较小，因此其不太可能给排放企业施加停止排放的义务，即在此情形中不存在个人权利。但是，当其负面作用影响的人达到一定数量的时候，其损害的累积善就相当大，在一定条件下（如不会给排放企业带来很大负担、执法便利等），累积善可以作为充分理由给排放企业施加减少排放的义务。这种累积善只能由众人共同拥有，个人不可能单独拥有这种共同利益，这就满足了集体权利概念的要求。

有人可能质疑多人共同拥有的累积善是否真的能够成为权利，毕竟在现

① See Denise Rèaume, *Individuals, Groups, and Rights to Public Goods*, University of Toronto Law Journal, vol.38:1, p.9（1988）.

② See Joseph Raz, *The Morality of Freedom*, Oxford University Press, 1986, p.209; Peter Jones, *Collective Rights, Public Goods, and Participatory Goods*, in Gideon Calder, Magali Bessone, Federico Zoulo eds., How Groups Matter: Challenges of Toleration in Pluralistic Societies, Rontledge, 2014, pp. 66-67.

③ Peter Jones, *Collective Rights, Public Goods, and Participatory Goods*, in Gideon Calder, Magali Bessone, Federico Zoulo eds., How Groups Matter: Challenges of Toleration in Pluralistic Societies, Rontledge, 2014, pp. 66-67.

实中我们作为 PM2.5 污染的受害者就没有这种权利。但这一批评是错失焦点的。第一，本文讨论的不是实在法上是否存在这样的权利，而是相关受害者集体是否可能拥有此类道德权利，进而要求实在法去承认这种权利。用实在法上不存在此法律权利而去否认道德权利的存在是本末倒置的。第二，即使在道德权利维度上，集体的累积善也有可能无法证成权利，因为权利的证立不仅要考虑该累积善是否重要，也要考虑是否给义务人带来过于沉重的负担。这是一个综合考量过程，有累积善的地方不见得就有集体权利。但这根本构不成反驳，因为也不是所有个人利益都能够证成以其为内容的个人权利。我们只要说明“在一定条件下”这种证成是可能的就足够了，这足以说明此种集体权利类型在概念上是可以证立的。

这里需要对累积善与公共物品的关系作一个澄清。第一，累积善是公共物品下面的一个子类，所有的累积善都是公共物品。假设个人针对某种不是公共物品拥有的善因其不够重要或为保障这种利益的成本过高，因而不能成为个人权利的内容。那么，多人吁求这种利益，是不是就会让其成为累积善，进而奠定集体权利呢？基本不可能。因为多人吁求确实会使得加总后的利益成为重要利益，但同时也会使得提供的成本随之增加。个人拥有的善无法证立权利存在，其叠加后也一样无法证立。但假设某种个人拥有的善具有享受上的非排他性，情况会不太一样。尽管随着多人对该善的需求会使得累加后的善变得重要起来，但提供的成本却基本上是不变的，一旦提供，所有人都可以享受它。所以，个人善与作为公共物品的累积善是不同的。第二，并非所有公共物品都是累积善。不是累积善的公共物品大致包含两种：（1）公共物品带给个人的利益过于微小，即使累积之后也非常微小，或者提供该公共物品的成本较大，累积后成本也仍然是大的，因此不足以证立他人的义务；（2）单个个人从公共物品中的获益就足够大，无需累积就足以产生个人权利，例如第三部分第三节中提到的防止流行性致命疾病的个人权利。经过排除之后，只剩下累积善这种公共物品，其带给单个人的利益过于微小，但经过多人累积后利益较大，而其保障成本却并不随之上升，所以有可能证立他人的义务。这也说明累积善是公共物品的一个子类。

（二）何为参与善

无论是公共物品还是累积善都是个人可以独自享用的利益，参与善则是个人无法独享的利益，该种利益只能通过集体的形式共享，即具有享用的集体性。[1]这是着眼于利益享用方面所作的分类。[2]聚会之乐（conviviality of party）就是典型的参与善。[3]一场成功的聚会由很多要素组成：美妙的音乐、可口的食物、有趣的话题等。但聚会之乐并不只是这些好东西的简单叠加，而是由这些东西构成的新的东西，即聚会的良好氛围。聚会之乐很大一部分恰恰来自于“其他人也正快乐地享受着聚会”，即他人也在享受这种快乐本身是聚会之乐不可或缺的要素。一个人独处时是无法体会聚会之乐的，只有众人共同参与进来，并认同、享受这种利益，聚会之乐才能出现。所以，在这个意义上，参与善无法化约为个人独享的利益，也无法化约为构成聚会的单一因素带来利益的简单加总（例如独自饮酒的体验）。

参与善分布在社会的各个层面，遍及私人领域和公共领域。在私人领域中，友谊就是典型的参与善，[4]拥有友谊不仅仅要自己认为是对方的朋友，还必须要能感受到对方把自己当作朋友，这种对对方想法的感知是友谊的重要部分。单向的友谊则是病态的。像游戏、合唱团这样的集体活动也是私人领域中的参与善。在社会公共领域中，某一社会群体对于维系其传统文化、生活习惯的利益也是典型的参与善。[5]例如华人的汉语言文字的利益不仅仅是其某一成员学习、使用这种语言的利益，更重要的还要包括他的同胞与之共同使用、发展、珍视这种语言传统的利益。再如宽容的社会、有文化的社会，作为一种社会氛围的宽容不仅仅是某个个人被宽容地对待，而且要求这种宽容性态度被社会很多人共同持有，并且社会成员彼此感受到这种态度被他人所持有。[6]

为了澄清参与善的性质，需要做出以下几点说明：第一，参与善的享受

---

① 对此种善不同学者使用的术语并不一致，瑞奥姆称其为参与善（participatory goods），拉兹和格林称其为分享善（shared goods），沃尔德伦称其为社群善（communal goods），马默称其为共同善（common goods）。See Denise Rèaume, *Individuals, Groups, and Rights to Public Goods*, University of Toronto Law Journal, vol.38:1, p.10（1988）; Joseph Raz, Raghts and Politics, Indiana Law Journal, vol. 71:27, p. 35（1995）; Leslie Green, *Two Views of Collective Rights*, Canadian Journal of Law and Jurisprudence, vol.4:315, p.321（1991）; Jeremy Waldron, Liberal Rights, Cambridge University Press, 1993, pp. 354-359, 215-216.

② 公共物品也是着眼于利益享用方面特征所作的分类，但与“享用的集体性”不同，其强调的是“享用的非排他性”。

③ See Jeremy Waldron, *Liberal Rights*, Cambridge University Press, 1993, pp. 354-359.

④ See Denise Rèaume, *Individuals, Groups, and Rights to Public Goods*, University of Toronto Law Journal, vol.38:1, p.12（1988）.

⑤ See Jeremy Waldron, Liberal Rights, Cambridge University Press, 1993, p. 358.

⑥ 关于作为参与善的文明社会，See Denise Rèaume, *Individuals, Groups, and Rights to Public Goods*, University of Toronto Law Journal, vol.38:1, pp.9-10. 关于作为参与善的宽容社会，See Joseph Raz, Raghts and Politics, Indiana Law Journal, vcl. 71:27, p. 38（1995）. See also Jeremy Waldron, *The Harm in Hate Speech*, Harvard University Press, pp.81-89.

主体仍然是个人，而不是集体。[①] 只能在集体中共同享用的利益，并不意味着集体能够像个人一样能够拥有利益、感受利益带来的好处，仿佛集体有了与人一样的感觉能力和思考能力。参与善归根到底仍然是由个人来享用的，但是个人享用利益的方式只能是与集体中的其他人“一起共享”。

第二，拥有参与善的集体既可能是高度组织化的，也可能是松散的。不同参与善可能对应着不同形式的集体。例如公共广场上突然发起的一场“快闪”活动，在场者都享受到了此种参与善，因此构成了一个集体，但这个集体的边界很难事先划定，其具有偶然性，甚至有些个人是突然被感染而卷入其中的。而另外一些集体则是高度组织化的，它通过复杂的规则将决定权交给某些机构或个人。[②]

第三，参与善是公共物品的一个子类，也具有一定的累积效果，但和累积善并不相同。参与善存在的前提条件是必须有一定数量的人参与其中，只有一个人不可能存在参与善。这意味着参与善也具有享有上的非排他性，因此也是一种公共物品。但并非所有公共物品都具有享用上的集体性，所以参与善只是公共物品的一个“子类”。参与善也具有累积效果，人数达到一定的规模，参与善才能存在，但其与累积善还是有所不同：累积善的重要性会随着人数的增多不断递增，而参与善的累积效果超过一定的门槛、满足了基本人数要求之后，其重要性就不再随人数增加而递增了。[③] 认为五个人的友谊比两个人的友谊更珍贵是怪异的。

第四，参与善的判断标准在于其享用的集体性，但有时享用与生产过程是同一的。[④] 参与善的判断标准不在于这种利益是否为共同生产，而在于其享用的集体性。很多个人利益也是集体生产出来的，例如清洁的空气，必须通力合作才能防止空气被污染，但其享用则是个人的。

第五，上述对参与善作的概念分析并不必然决定群体成员在经验上有共同享用的体验。[⑤] 上述对参与善的分析揭示的是参与善的本质特征，或者说是参与善被正确对待的方式，但这并不决定经验上每个人都能对其给予正确对

---

① 参见彼得·琼斯对两种集体观的区分：Peter Jones, *Group Rights and Group Oppression*, The Journal of Political Philosophy, vol.7:353, pp.356-367（1999）.

② 将集体概念限制到狭小范围的理论。See Miodrag Jovanovic: *Collective Rights: A Legal Theory*, Cambridge University Press, 2012, pp.119-134.

③ See Denise Rèaume, *Individuals, Groups, and Rights to Public Goods*, University of Toronto Law Journal, Vol.38:1, p.45-46（1988）.

④ See Denise Rèaume, *Individuals, Groups, and Rights to Public Goods*, University of Toronto Law Journal, Vol.38:1, pp.10（1988）; Peter Jones, *Collective Rights, Public Goods, and Participatory Goods*, in Gideon Calder, Magali Bessone, Federico Zoulo eds., How Groups Matter: Challenges of Toleration in Pluralistic Societies, Routledge, 2014, p. 57.

⑤ See John Gardner, *Reasons for Teamwork*, Legal Theory, Vol.8:495, p.498（2002）.

待。[①] 篮球赛中一名球员可能无视队友地"单干"，这不能否认篮球游戏是一种参与善。

（三）参与善可成为权利内容的理由

参与善是否可以成为权利的内容，即其在某些条件下是否可以成为给他人施加义务的充分理由？回答这一问题必须进行有针对性的规范性论证，不同的参与善要得到不同对待。本文不可能面面俱到分析每种参与善，而概念论证只需要论证参与善对于其拥有者可能是非常重要的，以及该种利益的实现是需要他人履行义务的就足够了。

第一，参与善的重要性。从需求上来讲，人不仅需要食物、安全、健康这些可以独享的利益，还需要友谊、游戏这样的参与善。每个人都不是一座孤岛，而是生活在各种社会关系网络之中，因而参与善理应在人的福祉（well-being）中占有重要的一席之地。斯蒂芬·沃尔（Steven Wall）认为只有保证这些分享的选项（joint options）对个人保持开放，个人的福祉及其自主性才能得到真正的保障。[②] 而且某些参与善十分重要，它对个人身份认同的形成有着关键意义。我们不仅需要成为被平等相待的个人，我们还需要成为某个群体中的一员。群体成员身份这种利益不是可有可无的，我们总是认同于某些群体，并以此种身份而自豪。我们或生于某省，或是某学术组织的会员，或有着光荣的家族传统，缺乏这些认同中的一个或多个对个人将是极大的损害。[③] 因此，和其他类型利益一样，没有理由将参与善先验地排除到权利内容的范围之外。

第二，参与善保护的必要性。参与善也可能被破坏，因此也为用权利形式提供保护提供了另一个理由。这种破坏主要分为两种形式：一是外在的积极干涉，二是消极地不给予帮助。第一种方式较易理解，将一群正在踢足球的孩子强制赶出场地，孩子们在足球中取得的参与善就戛然而止，一个小国在大政外交等重要事务上被大国强加干涉，民族自决的参与善就不复存在。在某些情况下，第二种方式也会伤害到参与善。例如，倘若国家不予扶助，京剧这种传统文化可能会衰败甚至消亡。因此，假如在一定条件下参与善具有足够的重要性，那么会存在与上述两种破坏方式相对应的义务，即他人的消极义务和积极义务。

---

① See Peter Jones, *Collective Rights, Public Goods, and Participatory Goods*, in Gideon Calder, Magali Bessone, Federico Zoulo eds., How Groups Matter: Challenges of Toleration in Pluralistic Societies, Routledge, 2014, pp.58-59.

② See Steven Wall, *Collective Rights and Individual Autonomy*, Ethics, Vol.117:234, p.245（2007）.

③ See Joseph Raz, *The Morality of Freedom*, Oxford University Press, 1986, pp.369-378. See Will Kymlicka, *Multicultural Citizenship*, Oxford University Press, 1995, pp.121-123.

（四）参与善无法成为个人权利内容的两种理由

既然参与善可能在一定条件下成为权利的内容，那么它可能成为个人权利的内容吗？换句话说，针对参与善我们可能拥有个人权利吗？鉴于参与善的保障和实现有着多种方式，与其相对应的权利也各不相同，因此需要分类检讨。本文把参与善的保障分为两种：强制他人加入参与善和对参与善的其他保障，这两种参与善的保障方式都不能成为个人权利的内容，但所依据的理由有所不同，前者根据的是道德理由，后者根据的是概念上的理由。

第一，根据道德理由，个人无权强制他人加入参与善。

按照上面的分析，参与善最终的享用者仍然是个人而非集体，那么在概念上就存在这样的可能[①]：个人以其享用的利益作为充分的理由提出权利主张，将政府和他人置于义务之下。但是可以想象，这样的权利内容将会产生不可接受的道德结果。因为参与善不仅仅要自己把某事物看作有价值的并感受到其价值，而且还要求其他人也把该事物当作价值来感受与评价，假如别人不能像他一样感受的话，这种参与善就会遭到损害，甚至不存在——独自享用是无意义的！假如像通常的聚会参加者一样，这种共同享用某种善并感受其价值是个人自愿参加的，那么在道德上没什么问题；但是，一旦这种参与善作为权利的内容，且该权利被个人所拥有，那么他就有权主张相关的他人有义务与他一起肯定某文化或者传统的价值，将其当作利益来看待。的确，人类在一起合作，可以强迫其成员采取某些服务于共同利益的行为，如纳税办公立教育，这些事业仅仅诉诸自愿合作将永远无法实现。假如某种道德教育有利于社会合作，如尊重他人、不伤害无辜的人，那么国家也可以用公共资源普及这样的道德。但是一个自由的社会不该强迫其成员在伦理领域认可某价值（例如认为某个事物是美的，是有文化价值的），这样的领域应该交给个人的内心做出自主判断。所以，此种保障参与善的方式伤害了自由社会的基本准则之一——伦理独立性，在道德上是不正当的。

值得注意的是，这一道德理由不仅排斥个人无权利强制他人加入参与善，也排除了此内容的集体权利。集体也无权利强制要求集体之外的个人来加入其参与善；集体同样也无权强制其成员不得退出包含参与善的活动。在个人自主性这一重要利益面前，此种形式的集体权利和个人权利都是不存在的。因此，下面的参与善保障的其他形式就对集体权利的存在与否具有关键

---

① See James Morauta, *Rights and Participatory Goods*, Oxford Journal of Legal Studies, vol.22:91, pp.101-109（2002）; Andrei Marmor, Dowe have a Right to Commom Good?, Canadian Journal of Law and Jurisprudence, Vol.14:213, pp. 217-218（2001）.

意义。[①]

第二，根据概念上的理由，参与善的其他实现方式无法成为个人权利内容。

虽然道德理由排除了强制他人加入参与善这一权能，但仍然有其他以参与善为权利内容的权能。这些权能包括：（a）要求集体外他人不干预、破坏参与善的权利；（b）要求集体外他人为生产、维系参与善给予积极支持的权利。这两种权能均不会强制义务人加入参与善，因为（a）产生的是一种消极义务，与强制积极参与无涉；（b）产生的是提供参与善得以生存维系的条件，假如是资金支持的话，一般也是通过公共税收来实现的，这并不代表纳税人认同并加入了某种参与善，就像国家出资支持国足，并不代表我这个纳税人加入并认可了足球这一游戏中的参与善。假如这两种权能均可以在道德上证立，那么个人是否可能拥有这些权利？抑或这些权利只能为集体所有？

本文认为，参与善如成为权利，只能是集体权利，这是由参与善的性质决定的，因此这是不同于道德理由的概念理由。[②]我的基本出发点是第三部分第一节中讨论的经典权利概念理论，它要求，只有当“权利人利益的一个方面”是将他人置于义务之下的充分理由时，权利才存在。假如某种利益可以作为个人权利的内容，那么这种利益一定是个人权利人利益的一个方面，即这个利益是归属于个人的。如果某种利益只能合理地归属于集体，那么它产生的只能是集体权利。这里先要区分利益享用主体和利益归属主体。前者是指能够感受并享用利益的主体，这个主体只能是个人，因为个人才具有感知、思考等相应的能力去享用利益，集体不具有这样的能力。彼得·琼斯曾批评过一种法人式的集体观（corporate conception），该观点认为集体是独立于其组成人员的独立实体，它能够享用利益。但集体是如何享用的，通过何种机制，这些都无法得到独立于个人享用的合理说明。与之相对更为合理的是集体式的集体观（collective conception），即集体仅仅是个人的联合行动与协作。[③]利益的享用主体终究是个人，但个人通过某种“联合”可以构成集体，并可能拥有利益。所以，集体可以作为利益归属主体，但决不可能成为利益享用主体。

---

① 马默不合理地认为参与善只有强制他人参与这一种实现形式，进而得出参与善不可能成为权利的内容，无论个人权利还是集体权利。See Andrei Marmor, Do we have a Right to Commom Good?, Canadian Journal of Law and Jurisprudence, Vol.14:213, p. 223（2001）.

② 试图从利益性质这一概念性理由出发的论证思路，See Peter Jones, *Collective Rights, Public Goods, and Participatory Goods*, in Gideon Calder, Magali Bessone, Federico Zuolo eds., How Groups Matter: Challenges of Toleration in Pluralistic Societies, Routledge, 2014, p.61.

③ See Peter Jones, *Group Rights and Group Oppression*, The Journal of Philosophy, vol.7:353, pp.361-367（1999）; John Gardner, Reasous for Teamwork, Legal Theory, Vol.8:495, pp.500-501（2002）.

那么如何判断利益的归属呢？判断标准就是看利益享用者的边界与利益本身的吻合性，当某种利益的享用者不是一人，而是多人的话，这一利益就可以归属于多人所组成的集体。[①] 以参与善之外的其他公共物品为例（包括累积善）。公共物品不仅惠及某个人，还不可避免地惠及他人。但公共物品中带来的利益可以分为个人利益和集体利益。在流行性致命疾病来袭时，国家的防疫政策惠及大众，但作为个人从中收获的利益是自己生命健康的保障，该种利益对应的享用者是个人；而防疫措施带来的集体利益则是这些个人利益的加总，其享用者是个人组成的集体。我们既可以把个人利益单独看待，也可以把它们加总起来指称与看待，不同的看待方式下所归属的主体因此而不同。

当某种利益可以成为权利内容的时候，利益归属者就决定了权利人的范围。防疫这种公共物品假如可以成为个人权利的内容，那么个人权利主张者就要论证某公共物品能够满足我的个人健康非常重要，因此他人有义务为其提供这一公共物品，虽然该措施对他人也重要，但这不是个人权利诉求的一部分，我只要证明它对我足够重要就可以了。个人健康这一利益的享有者就是个人，所以这种权利合理地归属于个人。但累积善就不同了。累积善假如能够产生权利，累积善的享用主体是个人，但每个人只能享受累积善中的一部分。超出个人部分的整个累积善所对应的享有者是个人组成的集体，该利益只能合理地归属于集体，所以累积善只能作为集体权利。累积善包含的个人部分虽然可以归属于个人，但其无法产生权利，因此也不存在权利主体的问题。

参与善享用者的边界如何划定呢？参与善是群体共同分享的利益，单个人根本无法实现参与善，其享有者边界必然是个人组成的集体。从某种角度说，公共物品本身的利益都是通过个人联合实现的，参与善之外的其他公共物品的利益（包括累积善），是由个人部分的数量加总构成的，是一种“数量上的联合”；而参与善是一种个人间的“质的联合”，其要求以特定方式享用利益。与其他公共物品比较，参与善有其特殊之处，即参与善中无法分离出个人享用的部分。在参与善中，对个人重要的就是对集体重要的，个人诉求中已经包含了这一活动是众人共同参与的、利益是共同享用的。因此，参与善不可能像其他公共物品那样，因其个人部分之重要性，而成为个人权利。参与善利益只能合理地归属于个人组成的集体。那么假如这种参与善分量足够，可以作为充分理由给他人施加相应的义务时，以该利益为内容的权利必

---

① 这里是根据利益的性质来判定其可以合理地归属于哪些范围的主体，并不是根据主体的数量来界定集体性利益。因此，这里的论证其深层次并不依赖于权利主体路径。

然是集体权利。这也更符合我们的常识。假如某种语言消亡了，交流便利、表达工具方面的损失可以是个人的，但其包含的共享文化的失去则必然要归属于使用这个语言的集体，集体才最吻合该利益的享用者边界。

还需要说明的是，利益归属于集体不意味着这种利益只能由集体来主张与辩护。利益的主张者与归属者是两个不同的问题。一个福建人完全可以提出福建人某个集体利益遭到了损害。这没有什么矛盾之处。当然是不是具有诉讼资质那又是另外一个问题，涉及更为多方面的法律考虑，并不是所有主张者都具有诉讼资格。

综上所述，基于道德理由和概念理由，某些参与善的保障方式可以成为集体权利的内容，但决不可能成为个人权利的内容。这样本文就获得了一个逻辑清晰且具有深层揭示意义的集体权利概念。

五、对三个疑问的澄清

相较以累积善为内容的集体权利，以参与善为内容的集体权利可能引发更多的疑问。本节我将处理如下三个疑问，回应疑问的过程也是我们进一步明晰该类集体权利具体形态的过程，同时也能揭示出集体权利被单独归为一类的意义所在。

（一）源自参与善可通过个人权利促进的疑问

这种质疑具体如下：参与善并非集体权利所独有，个人权利也可以促进参与善的实现。下面举个例子来说明。民主生活所带来的参与善。民主活动是政治体管理公共生活的活动，民主生活的价值必然是政治体成员共同参与才能够得以享用的，无论是成员亲自参与还是由他人代为参与。单独一个人的投票无法选出一个代表多数人意愿的官员，只有足够多的人按照法律程序行使了选举权才能做到。但选举权是典型的个人权利，为了保证民选官员的产生，我们不需要主张所有选举人作为一个集体拥有民选官员的权利，我们只需要保障每个个人的选举权即可。在第二部分第一节中我们看到，陆德山教授将选举集会结社游行的权利称为集体权利[①]，其正是着眼于该权利服务于参与善，但就此将前述权利认定为集体权利是不合理的，它们明显是个人拥有的权利。一旦我们纠正了这一明显的错漏，是不是意味着个人权利也可以服务于参与善，因此以参与善为独特内容的集体权利概念就是失败的？

本文承认上述个人权利设置的普遍存在及其合理性，但并不认为这构成了对第二种集体权利类型的挑战。因为参与善确实既可以通过个人权利也可

---

① 参见陆德山：《也谈人权的主体》，《中国法学》1992 年第 2 期，第 23 页。

以通过集体权利来实现，但并不意味着二者的混淆。在集体权利这种保护形式下，参与善是作为权利的内容；在个人权利下，参与善是证立权利的依据，在诸如政策的形式下，参与善不会产生任何权利，是政府决策的考量因素之一。[①] 正是由于实现或保障参与善的方式不同，决定了集体权利和个人权利在概念上不会发生混淆，尽管它们都能够对参与善有促进作用。在第三部分第一节中本文区分了“作为权利内容的利益”和“证立权利的利益”[②]。在个人权利中，证立权利的利益不限于个人利益，权利可能以公共利益为基础。但假如你探寻个人权利的内容，则其包含的利益绝没有“证立权利的利益”那么宽泛（例如它只包括表达个人观点诉求等狭窄的个人利益）。在个人权利中，参与善只是“证立权利的利益”，但在集体权利中，参与善是作为权利的内容出现的。换句话说，虽然集体权利和个人权利都能够服务于参与善，但因其扮演了不同的权利要素，这决定了其概念上有着明晰的界分。这也决定着本文所提出的集体权利概念不会与个人权利概念混淆。例如，投票权这种权利属于个人权利，假设某社会其他人都不参与投票，那么民主所要求的参与善就无法实现，但你的投票权并没有被妨碍，因为你个人投票权的内容在于你选民资格得到保障并投下一票，而不是全民参与。

最后需要说明的是，不同参与善保护形式有着不同的特点和适用性。每种保护方式的不同适用性说明了“尺有所短，寸有所长”，也说明了集体权利在其中是独立的、界限明晰的。

（二）源自个人有权获得参与善公平份额的疑问

从上一节提到的个人权利虽然与参与善有联系，但参与善并不是作为该个人权利的内容，所以以参与善作为内容的集体权利概念仍然是界限清晰的。但在这一节，我们要面对的个人权利似乎是以参与善作为权利内容的，如何划清它和集体权利界限是本节的任务。该个人权利是对已经存在的一种参与善享有获得参与其中的、公平份额的权利，以下简称为公平份额权。我们先分析下该权利的一些特点：第一，该权利一般都被判定为个人权利，由个人拥有；第二，该权利的内容是参与善的一种形式，即按照公平份额加入到该参与善之中。这两个特点结合起来似乎就挑战了第二种集体权利的概念：当个人权利也可以参与善为权利内容时，以参与善为权利内容还是第二种集体权利独有的定义性特征吗？

不可否认的是，公平份额权的内容确实是针对参与善的，但它与我们界

---

① 关于权利因素与普通考量因素的不同，参见刘叶深：《权利优先性的困境及其解决》，《环球法律评论》2017 年第 6 期。

② See Joseph Raz, *Rights and Politics*, Indiana Law Journal, Vol.71:27, pp.31-34（1995）; James Morauta, *Rights and Participatory Goods*, Oxford Journal of Legal Studies, Vol.22:91, pp.93-94（2002）.

定的集体权利对参与善的主张是不同的。公平份额权是主张加入参与善的公平机会，而集体权利是主张参与善被提供与维系，即当参与善不存在或者其濒临灭绝时，集体权利要求参与善出现或维系其存在；而公平份额权则是在参与善已经存在的情形下，要求从中分得平等的一份。[①]虽然公平份额的权利内容与参与善有联系，但我们需要判断此种权利内容是不是真正的参与善，即其是不是只能与他人共同享用、而不能单独享用的利益。对其性质的判定将决定集体权利概念的界限是否清晰。

集体权利的权利内容是参与善的提供与维系，它既包括数量方面，也包括质量方面。从数量方面看，参与善只有在多人参与的情况下才可能存在，因此参与善的提供与维系必然是满足集体的要求，其不可能是满足一人的要求。从质量方面看，它所提供与维系的参与善必须具有一定的质量，例如，支持某种文化要使其达到一定的繁荣程度或者丰富程度，这种丰富程度也是针对该文化整体而言的。只有在数量和质量的基础上，参与善要求的集体分享才有意义。

而平等份额权则不同，其主张的是对既存的参与善的参与，这种参与基本上是个人性的。例如一个演员被不公平地排除到合唱团之外，合唱团的集体利益损失可能是微小的，这里主要损失的是个人利益，因此其作为个人权利恰如其分。实质上平等份额权与参与善的联系是偶然的，该权利只是一般的平等权在参与善领域中的一个特例，其本质上是个人不被不合理区别对待或者歧视的权利，无论在参与善还是在其他不具有集体性的利益的分配中，这一平等权都不应被侵犯，它关注的是个人处境及其利益，而不是像参与善那样关注整体的数量和质量。[②]综上所述，平等份额权的权利内容并不具有参与善的集体性，其本质上是一种个人利益，而参与善的提供、维系则具有集体性，以其为内容的集体权利在逻辑上是清晰的、独立的。

上述界限清晰且各自独立带来的一个后果就是集体权利和个人权利被侵害的方式很不相同。[③]例如一个合唱团在合练濒临灭绝的曲目，其中一位演员被禁止参与这个排练，其侵犯的是这位演员对参与善的平等参与权，而假如国家拒绝为该合唱团提供其应得的资助，则国家侵犯的是合唱中包含的参与

---

① See Andrei Marmor, Dowe have a Right to Commom Good?, Canadian Journal of Law and Jurisprudence, vol.14:213, pp. 220-221（2001）.

② See Andrei Marmor, Dowe have a Right to Commom Good?, Canadian Journal of Law and Jurisprudence, vol.14:213, pp. 222（2001）.

③ See Denise Rèaume, *Individuals, Groups, and Rights to Public Goods*, University of Toronto Law Journal, vol.38:1,p.6（1988）. See Peter Jones, *Collective Rights, Public Goods, and Participatory Goods*, in Gideon Calder, Magali Bessone, Federico Zoulc eds., How Groups Matter: Challenges of Toleration in Pluralistic Societies, Routledge, 2014.

善的维系，不予资助伤害的是合唱团所有人的利益，而不是每个单个人的利益的简单加总。在此个案中，个人权利和集体权利都存在，但内容不同。

（三）源自集体财产权归类的疑问：对三代权利学说的反思

此疑问如下：通行已久的三代权利学说的代际划分是否严格地遵照了本文的集体权利概念？或者说，第一代、第二代权利中会不会也包含集体权利？① 假如包含，这其中的矛盾应该如何解决？下面选取集体财产权作为范例来进行具体分析。这种选择的理由在于，一是依赖于具体实例分析才能深入与生动，二是财产权一般被认为是典型的第一代权利，但又公认可以被集体所拥有，因而汇集了争议焦点。集体财产权可能有多种表现形式，可以是企业财产权，也可以是一个村庄对其土地的共同所有。集体可能具有法人资格，也可能没有法人资格。

按照本文上述分析，判断集体财产权是不是集体权利的方法就是不仅看该权利是否为集体所拥有，还要看该权利的内容是不是参与善（累积善明显不适合），即该利益是否能被"个人独自享用"。下面分两种情形来分析：第一，财产不仅具有纯粹的经济价值、还具有文化意义的情形。而其中的文化分享明显是一种参与善。第二，只具有纯粹经济价值的集体财产权。这种集体财产权可能是由个人财产权转化而来的，例如公司的财产权是由出资人的个人财产权转化来的，也可能无需这种转化，例如一个村庄世世代代共同拥有一块土地。与第一种财产不同，此种财产利益对于集体成员只具有工具性价值，而不具有文化价值。它的意义很单一，只是经济资源。也就是说，第一种集体财产权中体现的那种作为文化意义的参与善在这里是不存在的。但工具价值同样可以是参与善，某些工具只有在与他人联合使用时才具有其独特的价值，而且这种价值无法还原为单独使用的工具价值之加总。② 企业就具有这样一种工具性价值。对于出资人来说，企业就是一个赚钱的工具，但出资人明白只有与其他出资人以企业的形式联合起来，才会获得此种特定的赚钱机会和利益，假如不联合，这种利益就不会出现。各个出资人以与其出资等额的资本分别进行运作，即使赚到的钱数相同，其赚钱的方式与企业也不相同。从另外一个方面来看，某一企业的财产遭到诈骗，则侵害的不是一个个出资人的权利，而是出资人联合财产形式的受损。因此，这两种形式的集

① 当然疑问也包括通行的第三代权利是否都是真正的集体权利，例如通行的环境权的权能都属于集体权利吗？这要具体分析。

② 彼得·琼斯对工具性价值与参与善间的关系做出了错误判断，参见他对语言工具的分析。See Denise Rèaume, *Individuals, Groups, and Rights to Public Goods*, University of Toronto Law Journal, vol.38:1,p.6（1988）. See Peter Jones, *Collective Rights, Public Goods, and Participatory Goods*, in Gideon Calder, Magali Bessone, Federico Zoulo eds., How Groups Matter: Challenges of Toleration in Pluralistic Societies, Routledge, 2014.

体财产权都以参与善为内容，都是集体权利。

对于上述第二种情形的集体财产权，有一种观点可能认为要区分具有法人资格的集体和不具有法人资格的集体。前者所拥有的财产权是个人财产权，因为法人和自然人一样是独立类型的个人。[①]这必然要牵涉到法人实在说和法人拟制说之间的争论，即法人是不是独立于其组成成员的实体。本文认为，要区分在法律上法人如何被对待和法人的本质，在法律上把法人“视为”像自然人一样的主体会带来诸多好处，例如，同其做交易时能够明确判断该行为主体的意图（谁能代表这个集体），这意味着可以按照一套细致精确的规则行动，使得交易活动变得简便。[②]但当我们在哲学上讨论法人是什么的时候，法律如何“看待”法人不能决定我们的答案，最终享有利益的是个体，集体不可能拥有自己独立的利益，集体只不过是个体以联合的形式享受利益的方式。这种方式中既包括规则明确的法人方式，也包括规则不那么明晰的其他方式。但不能因个人联合方式的差别就把集体误认作个人。所以本文仍然认为将法人的财产权看作集体财产权是更为合理的。

上述分析也会促使我们重新反思三代权利理论。按照其财产权性质，集体财产权应该属于第一代权利，而按照其参与善的内容，它应该属于第三代权利。这也意味着权利代际之间是存在重叠和交叉的。考虑到三代权利的划分标准本来采取的就不是逻辑严谨的标准（公民与个人权利、积极权利、集体权利），代际之间出现交叉现象是很正常的。当然这并不意味着三代权利的归类没有意义，只要我们不是把三代权利看作按照时间顺序出现的，不把后出现的新一代权利看作是前所未有的新兴权利，而是把新一代权利的出现视为一种看待权利的新兴理念，这种理念会对既有的权利做出重新分类，当然也会催生过去没有的权利。每一代权利的理念都代表了一种看待权利的方式，财产权有其特有的特征和难题，以参与善为权利内容的集体权利也有自己的难题，集体财产权则会同时面对这两种难题。重新分类的目的是提示我们注意到不同种类权利可能带来的特殊问题，要有针对性地处置。这就是权利类型化的意义所在。而且权利类型化也会让我们拓宽看待权利的视野，例如当前对于集体权利的讨论更多聚焦于国际上的集体权利，我们的视角受到了极大的遮蔽，无法看到在国内事务中集体权利也是可能存在的，并面临相似的问题。

---

① 本文依赖的经典权利理论也考虑了法律拟制人这种情况，拉兹认为“人造的人”也可以作为权利主体（Joseph Raz, *The Morality of Freedom*, Oxford University Press, 1986, p.166）。但是他并没有明确指出该种权利是集体权利还是个人权利。

② See Jeremy Waldron, Liberal Rights, Cambridge University Press, 1993, pp. 361-362.

六、结语

用权利主体路径界定集体权利的说明力有其局限，它无法呈现出集体作为权利主体所具有的重要意义。权利内容路径认为存在着两种集体权利，一种以累积善为内容，另一种以参与善的提供与维系为内容。这两种利益只能由多人共同享用，而不能为个人所独享，这也决定了此种权利内容在道德上和概念上不可能成为个人权利的对象，由此也深层次地揭示出与权利主体的复数特征相联系的诸多重要特征。这是一个逻辑上具有清晰性、道德上具有一定正当性的集体权利概念。按照这种集体权利概念，三代权利的观点也并不代表着新兴权利的代际迭兴，而是代表着看待权利的不同理念，其所带来的新分类能够更好地让我们认知不同种类权利的特征和独有的难题。当然，集体权利的问题比本文处理的范围更加广泛，集体权利与个人权利的冲突问题，集体权利如何主张等问题都需要单独探索，但一个合理的集体权利概念是这些研究的起点。

（作者系北方工业大学文法学院法律系教授）

中国灾害法学研究的概况与前瞻*

赵晓华

一、中共十一届三中全会以来中国防灾减灾立法发展概况

（一）与国家法治进程同步的防灾减灾立法发展

中华人民共和国成立以来的防灾减灾立法进程，既与重大灾害的应对密切相关，也是共和国法治进程的重要组成部分。与行政法的复兴一样，防灾减灾立法也是在中共十一届三中全会以后开始发展的。十一届三中全会公报指出："为了保障人民民主，必须加强社会主义法制，使民主制度化、法律化，使这种制度和法律具有稳定性、连续性和极大的权威，做到有法可依，有法必依，执法必严，违法必究。从现在起，应当把立法工作摆到全国人民代表大会及其常务委员会的重要议程上来。"1987 年，第 42 届联合国大会一致通过 169 号决议，确定 1990 年至 2000 年在全世界范围开展"国际减轻灾害十年"活动。为了强化各国对自然灾害危险性、易损性的评估，逐步形成控制自然灾害损失能力，联合国成立"国际减灾十年指导委员会"。1989 年的第 44 届联合国大会，针对全球干旱、洪涝、热带风暴和地震等破坏性最大的灾害，通过了 1990—1999 年国际减轻自然灾害十年决议案及其行动纲领，由此诞生了"国际减灾十年"这个专用名词。我国政府对于"国际减灾十年"的号召予以积极响应。1989 年 4 月，国务院批准成立"中国国际减灾十年委员会"，由国家部、委、局、军队及社会团体等 28 个单位组成。该委员会 2000 年更名为中国国际减灾委员会，2005 年更名为国家减灾委员会，主要任务是研究制定国家减灾工作的方针、政策和规划，协调开展重大减灾活动，指导地方开展减灾工作，推进减灾国际交流与合作。20 世纪 80 年代，国家颁布的相关法规主要有《中华人民共和国海洋环境保护法》（1982 年）、《中华人民共和国森林法》（1984 年）、《中华人民共和国草原法》（1985 年）、《中华人民共

---

* 本文为教育部哲学社会科学重大项目攻关项目"近代救灾法律文献整理与研究"（项目号：18JZD024）的阶段性成果。

和国大气污染防治法》(1987年)、《森林防火条例》(1988年)、《森林病虫害防治条例》(1989年)等。

20世纪90年代以后，中国的减灾工作进一步纳入到法制化轨道。1997年，中共十五大明确提出依法治国的基本方略。1998年3月21日，在第九届全国人民代表大会常务委员会第一次会议上，全国人民代表大会常务委员会委员长李鹏强调要“加强立法工作，提高立法质量，努力建设有中国特色社会主义法律体系”。1998年2月6日，民政部副部长范宝俊作《关于〈学习贯彻十五大精神开创救灾工作改革与发展的新局面〉的讲话》，指出“随着法制建设的不断加强，依法治国，依法行政成为救灾救济事业改革和发展的重要保证”，“要尽快出台一系列救灾工作管理法规，建立市场经济体制下切合救灾分级负责管理体制需要的法律法规体系”[①]。1998年，国务院公布《中华人民共和国减灾规划（1998—2020年）》，其中明确提出，“加强减灾法制建设，积极开展减灾立法的研究工作，健全和完善减灾法律法规体系，使减灾工作进一步规范化和制度化”，是“减灾工作的主要措施”之一，也是减灾工作的重要行动之一。1999年，“中华人民共和国实行依法治国，建设社会主义法治国家”载入宪法。在这样的时代背景下，20世纪90年代，国家颁布或修订了多部防灾减灾或与之相关的法律法规，尤其与三大环境资源，即大气、水、土地等关联的防灾减灾立法，得到了较为充分的体现，如《中华人民共和国水土保持法》(1991年6月)、《中华人民共和国红十字会法》(1993年10月)、《中华人民共和国防震减灾法》(1998年3月)、《中华人民共和国气象法》(2000年1月)、《中华人民共和国防洪法》(2002年1月)等。此外，还有《中华人民共和国消防法》(1998年9月)、《中华人民共和国公益事业捐赠法》(1999年1月)等。

2014年10月28日，《中共中央关于全面推进依法治国若干重大问题的决定》发布，“依法治国”全面推进。所谓全面推进依法治国，就是坚持依法治国、依法执政、依法行政共同推进，坚持法治国家、法治政府、法治社会一体建设，实现科学立法、严格执法、公正司法、全民守法，促进国家治理体系和治理能力现代化。据此，2015年，国家减灾委确定我国第七个“防灾减灾日”的主题是“科学减灾，依法应对”。将灾害应对事务与法治手段相结合，实行依法防灾、依法减灾、依法救灾，成为党和政府以及各界人士的共识。这一时期，防灾减灾法律的建设，与重大灾害的发生关联密切。

---

① 民政部法规办公室：《民政工作文件选编（1998）》，中国社会出版社1999年版，第294、296页。

（二）大灾之后必修法：与重大灾害密不可分的防灾减灾法律建设

中国是一个自然灾害频发的国家。1976 年唐山大地震、1998 年长江洪水、2003 年“非典”疫情、2008 年汶川地震，一系列重特大灾害事件的不断发生，让国人认识到，减灾救灾法规是做好防灾、救灾、减灾工作的有力武器。因应于减灾救灾之急需，防灾减灾法制也得以不断发展和完善。2003 年发生的“非典”疫情暴露了我国公共应急法制体系存在的缺陷，但这一事件也成为一个重要契机，促使我国开始在公共应急领域探索新的立法模式。2007 年 8 月 30 日，第十届全国人民代表大会常务委员会第二十九次会议通过了《中华人民共和国突发事件应对法》，2007 年 11 月 1 日，该法律颁布实施。作为我国公共应急领域的基本法，该法律的颁布标志着我国公共应急法制体系框架初步形成，也是我国防灾减灾法制逐步走向成熟的一个里程碑。自“非典”以后，我国就全面启动了以“一案三制”（预案、体制、机制、法制）为核心的应急管理体系建设，至 2008 年汶川地震发生前，“一案三制”应急管理体系基本建成，并在汶川地震应对中初步显示出其有效性。[①]

2008 年“5·12”汶川特大地震灾害的发生，使得国家加大立法力度，推动了多部重要法律的修订，如《防震减灾法》（2008 年修订）、《防洪法》（2009 年、2015 年、2016 年三次修正）、《气象法》（2009 年、2014 年、2016 年三次修正）等。同时，多项法律规范出台，如 2010 年 7 月 8 日公布的《自然灾害救助条例》，填补了之前防灾减灾管理体制立法存在的一些空白，是中国减灾救灾法制建设上的突破。这一时期，相关部门颁布的重要法律法规还有《汶川地震灾后恢复重建条例》（2008 年 6 月）、《中华人民共和国抗旱条例》（2009 年 2 月）、《气象灾害防御条例》（2010 年 1 月）、《社会救助暂行办法》（2014 年 2 月）、《中华人民共和国消防救援衔标志式样和佩带办法》（2018 年 11 月）等。目前，应对地震、火灾、洪旱、台风、泥石流、沙尘暴等常规自然灾害，我国已经基本做到一事一法。国务院办公厅印发的《国家综合防灾减灾规划》，也反映了国家在减灾立法上不断取得的成就。该规划（2011—2015 年）总结指出，“十一五”期间的重大成就之一，是防灾减灾管理体制机制和法制不断完善。27 个省、自治区、直辖市成立了减灾委员会或减灾救灾综合协调机构，防灾减灾综合协调职能得到充分发挥。修订、公布了《中华人民共和国防震减灾法》、《中华人民共和国突发事件应对法》、《自然灾害救助条例》、《气象灾害防御条例》、《中华人民共和国抗旱条例》等法律法规。《国家综合防灾减灾规划（2016—2020 年）》指出，“十二五”时期，防灾减灾救灾基础更加

① 刘智勇、陈苹、刘文杰：《新中国成立以来我国灾害应急管理的发展及其成效》，《党政研究》2019 年第 3 期。

巩固，综合防范能力明显提升。该规划更将“依法应对，科学减灾”作为基本原则之一，认为要坚持法治思维，依法行政，提高防灾减灾救灾工作法治化、规范化、现代化水平，将完善防灾减灾救灾法律制度作为十大主要任务之首，为此，要加强综合立法研究，加快形成以专项法律法规为骨干、相关应急预案和技术标准配套的防灾减灾救灾法律法规标准体系，同时，加强自然灾害监测预报预警、灾害防御、应急准备、紧急救援、转移安置、生活救助、医疗卫生救援、恢复重建等领域的立法工作，统筹推进单一灾种法律法规和地方性法规的制定、修订工作，完善自然灾害应急预案体系和标准体系。

二、灾害法学的学术历程回顾

学术研究与社会需求是同步进行的。灾害法是人类与各种灾害长期斗争产生的知识升华和方法积累，人们通过赋予这些知识和方法以法律的效力来指引集体的行动，保证灾害应对的有序进行。[①] 与防灾减灾立法建设进程相应，关于灾害法学的学术研究也呈现出明显的阶段性特点。

（一）20 世纪八九十年代灾害法学的初步发展

20 世纪 80 年代以前，关于灾害与法律的研究探讨很少。有学者总结 1989 至 1998 年中国救灾减灾工作改革的问题认为，这一时期，政策法规建设工作滞后，救灾立法工作十分薄弱。[②] 在学术界的关注方面，这一时期，对灾害与法律之间的关联的确探讨较少，缺乏足够关注。1990 年，以“灾害与社会”为主题的第三届全国灾害学学术讨论会在北京召开。与会代表们认同减灾活动必须强调多学科研究，应该“尽快起草和颁布救灾法，走以法救灾之路”，但是，在所列举的今后研究的选题中，包括灾害评估、灾害与心理、灾害与发展、灾害与环境、灾异等 5 个部分，对灾害与法学并未提及。[③]1998 年，湖南科技出版社出版，马宗晋、郑功成等编著的“中国灾害研究丛书”包括了《灾害管理学》、《灾害经济学》、《灾害社会学》、《灾害统计学》、《灾害保障学》、《灾害历史学》、《灾害医学》等 12 部著作，也缺少对“灾害法学”的专题关注。

不过，在这一时期，也有一些学者在研究中开始对灾害与法律这一主题进行了可贵探讨，提出“立法可能是实现最大限度地减轻或制止各种自然的

① 应松年：《巨灾冲击与我国灾害法律体系的完善》，《中国应急管理》2010 年第 9 期。
② 蒋积伟：《1978 年以来中国救灾减灾工作研究》，中国社会科学出版社 2014 年版，第 105—106 页。
③《第三届全国灾害学学术讨论会（灾害与社会）纪要》，《灾害学》1990 年第 2 期。

或人为灾害的有效之举”[①]。有学者提出了“灾害管理法制”的概念，认为灾害管理法制是“指将灾害管理的体制对策、技术方法、管理措施、行为方式，以及有关程序制度化、法律化”[②]。还有的学者将救灾立法放置在社会保障法的架构中进行讨论，希望通过相关立法，解决救灾救济体制滞后于我国改革开放和经济发展的问题。[③]

从相关法规的建设来看，1994 年 1 月 10 日《地震监测设施和地震观测环境保护条例》颁布，1995 年 2 月 11 日《破坏性地震应急条例》发布，在各省颁布《工程建设场地地震安全性评价管理办法》的前提下，1997 年 12 月 29 日，八届全国人大常委会第二十九次会议审议通过《中华人民共和国防震减灾法》，这是我国第一部规范全社会防御与减轻地震灾害活动的重要法律。有些学者围绕此部法律，予以详细解读。[④]

（二）21 世纪以来灾害法学研究的蓬勃开展

2003 年 8 月 13 日，在中国国际减灾委员会第一次全体会议上，国务院副总理、中国国际减灾委员会主任回良玉指出：“这五年是我国减灾工作力度最大、减灾资金投入最多、减灾事业发展最快、减灾效果最好的时期之一。”张鹏等以 1981—2010 年为研究阶段，通过对中国已经颁布的与灾害相关的国家级法律法规、预案的查询，得出 30 年间灾害法律法规文件的颁布数量与时间演变和更新频率为 9.6 年 / 次。其中，20 世纪的最后 20 年，各种自然灾害的法律法规文件增长速度较慢，进入 21 世纪的前 10 年，增长速度较快，尤其表现在气象灾害、地震灾害的法律法规文件上。[⑤]与此相对应，进入 21 世纪以后，应对防灾减灾法治建设的现实需求，灾害法学研究也呈现出生机勃勃的景象。很多学者指出，国家应该制定综合减灾基本法，加快减灾立法进程，完善减灾法律法规体系，这是 21 世纪全面推进减灾工作的首要任务。2008 年汶川地震后，学界对于减灾法律的研究更加积极，相关研究向更深入、宽广的领域发展，出现了较多优秀成果。这里分几个方面罗列如下：

1. 综合性论述

王建平的专著《减轻自然灾害的法律问题研究》，是“国内有关运用法律

---

① 张芝霞：《立法是减轻灾害的有效之举》，《灾害学》1998 年第 2 期。

② 吕景胜：《论政府灾害管理职能与对策》，《中国人民大学学报》1993 年第 2 期。

③ 于业俊：《新形势下亟待加强社会保障的立法工作》，《人大研究月刊》1994 年第 1 期；胡士清：《救灾救济分级负责体制的建立与运行》，《社会工作研究》1995 年第 5 期。

④ 吴沛忠：《我国的地震灾害与防震减灾对策》，《治淮》1998 年第 5 期；方景色：《对〈建筑法〉和〈防震减灾法〉同时实施的思考》；申文庄、韩月鹏、王季达：《试论我国防震减灾法规体系建设》，《城市防震减灾》1999 年第 6 期等。

⑤ 张鹏、李宁、范碧航等：《近 30 年中国灾害法律法规文件颁布数量与时间演变研究》，《灾害学》2011 年第 3 期；《民政部：全面推进救灾减灾工作》，《中国减灾》2003 年第 4 期。

机制进行防灾减灾的第一部学术专著”。该书在分析自然灾害的法律特性、防灾减灾法理的基础上，对防灾减灾的法律价值、国家行为意义、灾区和灾民的特征、赈灾的法律机制、灾害状态的法律对策、国家的减灾责任、灾区的减灾责任和防震减灾法修订等问题，进行了系统的研究分析与论证。全书从逻辑关系分成防灾减灾法理、灾民赈灾、减灾责任等三编，从不同侧面对防灾减灾的法律机制、可行性进行论证。[①] 王建平并著有《自然灾害与法律——灾难中求生能力的养成训练》，该书为四川大学精品立项教材。[②] 在海外，丹麦哥本哈根大学拉乌塔教授著有《灾害法学研究》，主要分析了法律在灾害，特别是在灾害应对管理和灾害引发后果的责任分配等方面发挥的作用。[③] 另外，从应急法律的视角出发，相关的学术著作还有应松年主编《突发公共事件应急处理法律制度研究》，马怀德编著《应急反应的法学思考："非典"法律问题的研究》，韩大元、莫于川主编《应急法治论：突发事件应对机制的法律问题研究》，杨立新主编《意外灾害应急民法救济》，孟涛《中国非常法律研究》等。[④]

从学术论文来看，进入 21 世纪后，就不断有学者呼吁建立综合性的减灾法。[⑤] 汶川地震以后，学界立足更宏观的视野，将综合性减灾立法视为完善防灾减灾救灾综合机制的重要组成部分，并与提升各级政府的防灾减灾救灾综合能力紧密关联起来。王建平认为，防灾减灾救灾综合体制应在强调“在地化原则”基础上，以“国家减灾委职能升位”为出发点，以“合作协调职能论”为理论支持，“以我国《灾害基本法》这一上位协调法颁行为目标”，将“灾后反应文化”向“灾害预防文化”转化，解决“两专冲突”，实现“高风险社会”的“多元参与与合作共治”、“以人为本与标本兼治”、“依法治理与刚柔并济”和“预防为先与动态治理”，进一步推动国家减灾能力的提升。[⑥] 方印、兰美海等发表了一系列文章，对我国防灾减灾法的性质、地位、主要功能、立法背景等进行分析。他们认为，从属性上讲，我国防灾减灾法不只是

---

① 王建平：《减轻自然灾害的法律问题研究》，法律出版社 2008 年版。

② 王建平：《自然灾害与法律——灾难中求生能力的养成训练》，四川大学出版社 2018 年版。

③ 克里斯蒂安·赛德瓦尔·拉乌塔：《灾害法学研究》，徐航译，中国政法大学出版社 2017 年版。

④ 应松年：《突发公共事件应急处理法律制度研究》，国家行政学院出版社 2004 年版；马怀德：《应急反应的法学思考："非典"法律问题的研究》，中国政法大学出版社 2004 年版；韩大元、莫于川主编：《应急法治论：突发事件应对机制的法律问题研究》，法律出版社 2005 年版；杨立新：《意外灾害应急民法救济》，人民法院出版社 2008 年版；孟涛：《中国非常法律研究》，清华大学出版社 2012 年版。

⑤ 吕景胜：《〈救灾法〉立法若干问题研究》，《国家行政学院学报》2003 年第 6 期；金磊：《中国综合减灾立法体系研究》，《国家行政学院学报》2004 年第 6 期；莫纪宏：《中国紧急状态法的立法状况及特征》，《法学论坛》2003 年第 4 期。

⑥ 王建平：《我国防灾减灾救灾综合机制的设想》，《政法论丛》2017 年第 3 期。

行政管理法，而应是社会安全与可持续发展保障法；我国防灾减灾法不纯粹是公法，而应是公法与私法兼备的综合法。从地位来看，我国防灾减灾法是一个新兴的独立的法律部门。[①] 还有学者指出，我国单一型的防灾减灾立法范式，已无法应对灾害发生的复合化、综合型立法修订滞后、法律部门间衔接不济等新情况，应将借鉴其他国家经验与推行本土化发展相结合，形成以综合立法为主导，单一综合多元并存的防灾减灾立法新机制[②]。

2. 关于防震减灾法的研究

作为地震多发的国家，我国在防震减灾事业的发展进程中，非常重视法制建设，并将防震减灾事业逐步纳入法制化管理轨道。我国防震减灾法律体系由国家法律、国务院行政法规、国务院部门规章、地方性法规和地方政府规章等组成。根据晁洪太等的统计，到 2015 年，在国家层面，正在施行的国家法律有 1 部、国务院行政法规有 5 部、国务院部门规章有 8 部。在省级层面，正在施行的省级地方性法规有 38 部、省级政府规章有 50 部。[③] 张玲等收集了 1949 年以来 511 份国家层面的地震灾害管理政策文件，认为以 1976 年的唐山地震和 2008 年的汶川地震为时间节点，中国的地震灾害管理政策可以分为空白阶段（1949—1976 年）、萌芽阶段（1977—2007 年）和发展阶段（2008—2018 年）[④]。

在汶川地震以后，2008 年 12 月 27 日，《中华人民共和国防震减灾法》得以修订通过。这一时期，服务于社会与现实需求，学界对防震减灾立法的研究尤其集中。王霄艳建议，“5·12”抗震救灾反映了防震减灾立法存在职权规定不明确、程序简单粗略、责任规定不到位等问题，应当出台《防震减灾法实施细则》，以期进一步发挥政府在防震减灾中的主导作用，保障公民权利[⑤]。李纪恩等将防震减灾法与突发事件应对法进行对比，认为二者具有法律结构

---

① 方印、兰美海：《我国防灾减灾法的性质与地位问题初探》，《灾害学》2013 年第 1 期；方印、兰美海：《我国〈防灾减灾法〉的立法背景及意义》，《贵州大学学报（社会科学版）》2011 年第 2 期；方印、兰美海、唐德龙：《论我国〈防灾减灾法〉的主要功能》，《法制与社会》2011 年第 8 期；方印、褚洪光：《我国〈防灾减灾法〉的立法起草建议》，《贵阳学院学报（社会科学版）》，2011 年第 3 期；方印、兰美海、李庆锋等：《论我国〈防灾减灾法〉的立法起草》，《人口·社会·法制研究》2012 年第 1 期。

② 周伟、刘红春：《单一到综合：防灾减灾立法范式的转变》，《学习与实践》2015 年第 2 期；崔永东：《预防灾害法制的基本理论及相关立法问题研究》，《法治研究》2013 年第 9 期；陈书笋：《论行政主体防灾减灾义务的法律构建》，《河北法学》2011 年第 12 期。

③ 晁洪太、李远志、李波：《中国防震减灾法律体系与立法实践综述》，《中国地震》2015 年第 3 期。

④ 张玲、黄庆旭、任强等：《中国地震灾害管理政策的演变——基于 1949—2018 年法律法规文件的计量分析》，《自然灾害学报》2020 年第 5 期。

⑤ 王霄艳：《我国防震减灾立法的不足与完善——从规范行政权的角度》，《法学杂志》2009 年第 8 期。

相似性、法律内容和谐性、立法目的一致性、效力位阶等同性等四个相同点，两部法律的区别是调整对象不一致，适用优先性不同。[①]还有学者对防震减灾法律与科学减灾的关系、从汶川地震看中国防震减灾制度的运作与完善等问题进行了探讨[②]。

3. 关于大气污染防治法的研究

《中华人民共和国大气污染防治法》于 1987 年发布，1995 年 8 月 29 日修改、2000 年 4 月 29 日修订。2013 年以来，雾霾一度成为影响人民生活安康的重要灾害，关于大气污染防治法的修订和实施日渐为社会瞩目。2015 年 8 月 29 日，大气污染防治法再次被修订。此次大气污染防治法中设立第二章"大气污染防治标准和限期达标规划"，对大气环境质量标准的制定和实施、大气污染物排放标准的制定进行系统规范。2018 年 8 月 29 日，鉴于大气环境污染的严峻形势，根据中央提出的加快推进生态文明建设的精神，再次修订大气污染防治法。这次修订，从 2015 年的 7 章 66 条，扩展到 8 章 129 条，法律条文增加了近一倍。

因应于现实问题的急切呼吁，学界对大气污染防治法的探讨也非常热烈，相关文章数量颇丰。根据对中国知网数据库的统计，以"大气污染防治法"为关键词进行搜索，在 2015—2020 年发表的论文数为 438 篇。张国宁、周扬胜认为，我国环境保护标准制度、理论和体系建设，历经标准制度初创期（1973—1986 年）、法律框架建成期（1987—1999 年）、标准作用强化期（2000—2014 年）、标准条款完善期（2015 年以后）四个阶段。对比国外发达国家和地区的标准立法工作，我们还应加强不同类型环保标准的定位、制定原则、技术依据、标准体系和内容等方面的标准立法，提高标准制定的可操作性。[③]姜渊指出，大气污染防治法需要对法律设置进行革新，在健全大气环境质量标准与变革地方政府法律责任的基础上，通过总则、分则与罚则的规

① 李纪恩、李一行、张蕾：《防震减灾法与突发事件应对法异同分析》，《防灾科技学院学报》2009 年第 4 期。

② 王凯、陶文娟、杭思琪：《我国〈防震减灾法〉中震后恢复重建制度探究》，《贵州大学学报》2017 年第 6 期；杨力：《中国防震减灾制度的运作与完善——对汶川地震所反映的制度运作经验的思考》，《学习与探索》2008 年第 4 期；张红梅、魏电信：《新〈防震减灾法〉浅议——以汶川 8.0 级地震为例》，《灾害学》2009 年第 4 期；郑轶文：《从〈防震减灾法〉浅析"科学减灾依法应对"》，《中国减灾》2015 年第 9 期。

③ 张国宁、周扬胜：《我国大气污染防治标准的立法演变和发展研究》，《中国政法大学学报》2016 年第 1 期。

定，有效实施环境质量目标规制。[①]不少学者还围绕大气污染联合防治机制完善对策、区域大气污染联防联控法律制度的完善、大气污染防治法的法律模式及社会实施路径等进行了探讨。

4. 关于传染病防治法的研究

作为预防传染病、控制重大疫情以及监督保障应急防疫工作的基础性法律，《中华人民共和国传染病防治法》于 1989 年 9 月 1 日起施行，2004 年 8 月 28 日修订，2013 年 6 月 29 日修正。2020 年，全球遭遇新冠肺炎的袭击。新冠肺炎疫情是对我国治理体系和治理能力的一次大考，在应对过程中，传染病防治法等公共卫生领域法律的立法短板与执法不足被暴露出来。2020 年 10 月 2 日，国家卫健委发布传染病防治法修订征求意见稿，明确提出甲乙丙三类传染病的特征。为了给传染病防治提供有力的法治引领，学界也做了积极回应。搜索知网可见,2020 年，以“传染病防治法”和“妨害传染病防治罪”为关键词的相关文章即至少有 190 篇和 87 篇，学者们探讨的主要内容包括传染病防治决策的法治化、传染病防治法的修订与完善、妨害传染病防治罪的司法适用等等[②]。

5. 关于防洪减灾法律的研究

在防洪减灾的立法方面，我国先后颁布的相关法律有《中华人民共和国水法》（1988 年 1 月通过，2002 年、2009 年、2016 年 3 次修订），《中华人民共和国河道管理条例》（1988 年 6 月发布，2011 年、2017 年 3 月、2017 年 10 月、2018 年 4 次修正），《中华人民共和国防汛条例》（1991 年发布，2005 年、2010 年 2 次修订）和《中华人民共和国防洪法》（1997 年 11 月通过，2007 年、2016 年 2 次修订）等。一系列法律的实施，为防治洪水，防御、减轻洪涝灾害，维护人民的生命和财产安全，提供了重要的法律保障。

关于防洪减灾法律的研究，主要体现为结合各地实际，对防洪法的解读、贯彻和实践等等。程晓陶肯定了《中华人民共和国防洪法》保证了防洪减灾体系持续高投入的建设与强化，同时认为，与新时代“从减少灾害损失向减

---

① 姜渊：《〈大气污染防治法〉规制思路与手段的思辨与选择》，《浙江学刊》第 5 期。相关文章还包括：吴隽雅：《联防联治：新修〈大气污染防治法〉的立法指向与制度建构》，《华北电力大学学报》2016 年第 3 期；姜渊：《〈大气污染防治法〉实施成效的评估与分析——建立在 1995—2010 年、2011—2014 年两阶段数据之上》，《法律伦理》2016 年第 3 期等。

② 朱芒：《传染病疫情信息公布的义务主体分析——以〈传染病防治法〉第 38 条为对象》，《行政法学研究》2020 年第 3 期；赵鹏：《疫情防控中的权力与法律——〈传染病防治法〉适用与检讨的角度》，《法学》2020 年第 3 期；《风险社会的立法治理：〈传染病防治法〉的修改思路》，《中共中央党校学报》2020 年第 3 期；俞小海：《妨害传染病防治罪的刑法教义学分析》，《法律适用》2020 年第 22 期；陈伟：《新冠疫情背景下妨害传染病防治罪的解释扩张及其回归》，《政治与法律》2020 年第 5 期。

轻灾害风险转变”的要求相比，该法仍需修订改进。[①] 相关文章还包括涉水法律法规中行政强制行为的设定、防洪法的实施与政府灾害应对能力建设等等[②]。

6. 关于气象法的研究

《中华人民共和国气象法》于 1999 年 10 月 31 日通过，2009 年 8 月 27 日、2014 年 8 月 31 日、2016 年 11 月 7 日三次修正。1999 年气象法颁布后，相关论文主要内容为对气象法的学习、对气象法的属性及各地气象法实施状况的分析探讨。[③] 气象法颁布后十年间，有学者进行了持续的研究。如徐骏、何亮亮指出，我国的气象立法虽然在国内立法与国际气象事务合作方面取得了长足进步，却仍存在立法技术粗糙、滞后于气象社会关系需要等缺陷。本应作为理论指导的气象法学，却少人问津。[④] 董勤等提出，应明确将“科学应对气候变化”作为气象法的立法宗旨，加强对气象探测环境的保护力度，全面推进气象法制建设。[⑤]

7. 关于城市综合减灾立法研究

金磊认为，在北京城市综合减灾立法模式研究上，应该强化城市防灾管理立法体系研究，“强化建设以《北京城市防灾法》为中心的立法体系研究。”[⑥] 王建平等提出，应当制定专门的城市法，将“一岗双责”、终身负责制和灾害终结报告制度引入到城市减灾法治能力的提升当中，让更多城市成为适宜人居的安全城市[⑦]。赵俊以城市防灾减灾法律制度的特点、立法法及相关法律的要求和公众参与的功能等为切入点，论述了公众参与城市防灾减灾立法的具体原则和形式[⑧]。还有学者对城市社区防灾减灾法律制度、城市灾害综合风险

① 程晓陶：《防灾体系现代化，法制建设要先行》，《中国减灾》2019 年第 1 期。

② 马拥军、余富基：《对〈防洪法〉实施十年来的法律思考》，《人民长江》2008 年第 11 期；马一心、赖虹宇：《防灾减灾法治化背景下的政府灾害应对能力建设——以“7·19 邢台洪灾”的个案反思为视角》，《光华法学》2019 年第 1 期；王春业、邢鸿飞：《论涉水法律法规中行政强制行为的设定》，《河海大学学报》2018 年第 6 期；王勇、贾晨：《地方知识与地方立法——从地形和地质条件看〈消防法〉与〈防洪法〉之立法目的在兰州市区的实现问题》，《民间法》2017 年第 2 期。

③ 丁凡、邓绍瑛：《论我国气象法的属性及气象资源》，《环境与开发》2000 年第 1 期；任致中：《强化气象法制建设 加大依法行政力度——〈气象法〉实施两年基本情况回顾》，《内蒙古气象》2002 年第 1 期。

④ 徐骏、何亮亮：《气象法初论：基本范畴、调整对象与特征》，《理论月刊》2009 年第 12 期。

⑤ 董勤：《〈气象法〉的修订须以可持续发展为目标》，《法学》2010 年第 5 期；宋晓丹、钮敏：《双重利益博弈下气象法之变革》，《求索》2011 年第 11 期；秦大河：《科学防御和应对气象灾害 全面推进气象法制建设》，《中国减灾》2015 年第 9 期。

⑥ 金磊：《北京城市综合减灾立法思考》，《法学杂志》1998 年第 4 期。

⑦ 王建平：《功能叠加视角下城市减灾能力提升的法治路径》，《华南师范大学学报》2020 年第 4 期。

⑧ 赵俊：《公众参与城市防灾减灾立法的思考》，《河南财经政法大学学报》2015 年第 3 期。

管理的法律应对、公众参与城市防灾减灾立法等予以分析。①

8. 巨灾风险管理法律制度相关研究

巨灾风险因其波及范围大，造成损失严重，对国民经济和社会秩序有着严重影响。因此，完善相关法律法规、强化风险管理成为应对巨灾最重要且最为紧迫之举措。何霖从立法概况、自然灾害防治救助、具体制度、巨灾风险分散四个方面，对我国巨灾风险管理法律制度研究予以总结，并分析了其不足之处②。此方面研究的专著，有王飞的《巨灾债券风险的法律控制——以保险风险证券化为背景》、何霖的《我国巨灾保险立法研究》、任自力的《中国巨灾保险法律制度研究》、潘席龙的《巨灾补偿基金制度研究》等③。在学术论文方面，主要集中在巨灾风险证券化法律制度研究、巨灾保险法律制度研究、巨灾风险基金法律制度研究等方面。

三、灾害法学发展的前瞻

近年来，有学者提出“灾害法学”的概念，并对其内涵外延做了初步界定。方印对灾害法学做了如下概念界定：“灾害法学，是指对严重影响人类生存与发展的自然灾害，国家、政府、社会组织以及公民个人应如何有效预防、抗击以及救助等问题进行全面、系统、深入的法律思考的一门法学科。简言之，灾害法学，就是以人类防灾减灾活动作为研究对象的法律科学，或者可以概括为就是以防灾减灾法律现象或防灾减灾法律问题为研究对象的法律科学。”④ 褚鑫杰指出，灾害法学是以防灾减灾活动作为研究对象的法学。该文同时比较了灾害法学和环境法学的区别，认为灾害法属于广义的环境法，狭义的环境保护活动的本质是，通过改造人类活动来减轻人类对自然的不利影响，即控制污染，其落脚点在于“保护”自然环境，而防灾减灾活动的本质是，通过认识自然、顺应自然规律，来避免或减轻自然本身可能对人类产生的不利影响，其落脚点在于“科学利用”自然环境⑤。喻中、钟爱萍认为，从各个部门法学的关系来看，至今尚无一个部门法学把减灾防灾作为自己的研

① 阳明华：《论法律在城市减灾中的作用》，《城市与减灾》2003 年第 3 期；程啸：《我国城市社区防灾减灾法律制度研究》，西南政法大学 2013 年硕士学位论文；郭红欣：《城市灾害综合风险管理的法律应对》，可持续发展·环境保护·防灾减灾——2012 年全国环境资源法学研究会年会论文。

② 何霖：《我国巨灾风险管理法律制度研究综述》，《四川文理学院学报》2016 年第 6 期。

③ 王飞：《巨灾债券风险的法律控制——以保险风险证券化为背景》，法律出版社 2016 年版；何霖：《我国巨灾保险立法研究》，西南财经大学出版社 2014 年版；任自力：《中国巨灾保险法律制度研究》，中国政法大学出版社 2015 年版；潘席龙：《巨灾补偿基金制度研究》，西南财经大学出版社 2011 年版。

④ 方印：《灾害法学基本问题思考》，《法治研究》2014 年第 1 期。

⑤ 褚鑫杰：《灾害法学研究》，《2007 中国科协年会专题论坛暨第四届湖北科技论坛优秀论文集》。

究对象，灾害法学也有自己的调整对象，那就是灾害法律关系，即法律主体在减灾防灾活动中所形成的权利义务关系。[①]

灾害法学概念的明确提出，说明随着防灾减灾法律的不断制定和完善，灾害法学在整个法学研究中已经受到愈来愈多的重视。从学科发展来看，四川大学自 2016 年开始招收灾害法学方向的博士研究生。“灾害法学”的提出，应当是几十年来学界对防灾减灾法律制度探索的结果，反映了防灾减灾与法律制度之间密不可分的关系。但是，从目前灾害法学的发展来看，还存在诸多不足：其一，学术成果相对单薄。已有的学术成果中，专著较少，论文居多。从学位论文来看，博士学位论文少于硕士学位论文。灾害法学研究成果散列于众多学术论文和评论文章中，尚缺乏论述深刻且全方位的研究论著。对此，有学者指出，“甚至可以说根本不存在整体意义上的灾害法学研究”[②]。其二，相关学科之间对话较少。灾害法学属于交叉科学，涉及法学、灾害学、环境学、地质学等多个学科领域。一方面，从目前研究现状来看，作者既有来自法学、自然科学界的学者，也有来自政府机关、实务部门的专家，他们从不同视角探讨灾害法学的内容，有助于拓宽学术视野，为现实问题找寻多元的解决途径。另一方面，由于学科之间的隔阂，各学科之间，尤其法学与自然科学研究的学者对话甚少，缺少学科之间的沟通和融合。其三，关于灾害法学的概念界定、研究对象、学科体系等探讨多不够系统深入。

在今后的研究中，作为成长中的交叉学科，灾害法学应当在以下三个方面开拓进取，在前人的基础上不断深化和推进相关的研究：

第一，加强学科之间的对话与交融。灾害具有自然与社会双重属性，灾害学研究的发展，是人文社会科学与自然科学有机融合的结果。对于灾害法学研究而言，大大加强各学科之间，尤其法学与自然科学研究的学者对话，加强各学科之间的沟通和融合，是非常必要的。另外，要注意法学内部各学科之间的交叉。灾害法学，除应关注环境与自然资源法学科的有关研究成果外，还应借鉴法理学、宪法、行政法、经济法、民商法、劳动法、刑法、诉讼法等法学科中的相关成果和研究方法。通过各种法学知识的交流沟通与诸多研究方法的综合运用，保证灾害法学研究在整体法视野下吸收营养顺利成长。对于灾害法学研究者个人而言，提高学术研究的复合能力也是非常必要的，在研究方法上，应在发挥法学研究特长的基础上，参考和借鉴自然科学、社会学、人类学等学科的研究方法，将理论研究与实践研究紧密结合起来。

第二，力争建立系统全面的灾害法学学科体系。应松年等认为，在防灾

---

① 喻中、钟爱萍：《灾害法学研究刍议》，《桂海论丛》2000 年第 3 期。

② 褚鑫杰：《灾害法学研究》，《2007 中国科协年会专题论坛暨第四届湖北科技论坛优秀论文集》。

减灾领域，法治所追求的稳定性、普适性和灾害应对所固有的灵活性、个别性之间，永远存在着紧张关系。在防灾减灾领域，不能片面地强调法律的稳定性，灾害法的修改频率必然要大大高于其他法律。只有使“大灾之后必修法”成为一种常态，才能最大限度地使灾害法适应实践的需求。另一方面，灾害法的执行具有较大的弹性，“这些法律既要通过一系列的制度安排来指引人们在面对灾害时的行为选择，有时候甚至要达到不厌其烦的程度；同时，又要为人们在极端特殊的情况下打破这种安排提供空间，要授权决策者在这些情况下摒弃成法、另谋出路，还要豁免或者减轻决策者善意失误所导致的责任。”① 然而，就目前而言，法学者基本上是以确定性或者可预见性为基本尺度，以稳定或者常态为研究对象，难以满足灾害应对的依法管理与有效管理的迫切需要。因此，法学界有必要“针对灾害风险社会的不确定性、管理困难性，我们原先视作不可抗力处理的‘例外’的日常化或者紧急状态的恒久化等问题”进行更加深入全面的探讨②，进一步廓清灾害法学的内涵外延，明确灾害法学的研究属性，丰富灾害法学的研究内容，争取确立相应的法学学科体系和法学理论体系。

第三，灾害法学是对灾害法律问题的全方位的立体化的思考。作为一门新兴的法学分支学科，它是动态的、具开放性的。灾害法学研究的开放性，要求法学界和其他人文社会科学学科、相关自然科学学科打破学科壁垒，利用和创造多种渠道、平台加强沟通和对话。另外，在灾害法学的研究水平和研究质量上，我国灾害法学研究与发达国家尚存在一定的差距。在相关法律建设上，以美国、日本两个防灾大国为例，其法律体系细致严密，由灾害基本法与大量配套法律法规共同组成，通过立法详细地明确了中央政府、地方政府和其他国家机关、社会团体组织在灾害应对中的权责关系，同时重视发挥市场和社会在防灾减灾领域中的作用，这些对于完善我国防灾减灾法制颇具借鉴意义。③ 但是，在防灾减灾法律制度方面，各国国情不同，照搬发达国家的“成熟”模式也是不可取的。因此，加强灾害法学的开放性，既要求研究者立足我国防灾减灾的现状，以及本土经验的积累，同时学会以开放的心态，根据自身状况，适当借鉴国外的相关理论建设和实践经验，以建立本土的灾害法学理论为旨归。

（作者系中国政法大学人文学院历史研究所教授）

---

① 应松年：《巨灾冲击与我国灾害法律体系的完善》，《中国应急管理》2010 年第 9 期；应松年、林鸿潮：《谈谈防灾减灾中的“科学”与“法治”》，《中国减灾》2015 年第 5 期。

② 方印：《灾害法学基本问题思考》，《法治研究》2014 年第 1 期。

③ 林鸿潮、王筝：《他山之石：美日防灾减灾法制建设经验借鉴》，《中国减灾》2014 年第 23 期。

实践推理与规范理由

孔 红

实践推理（practical reasoning）是亚里士多德最早提出并加以研究的。但是在古希腊逻辑直至一百多年前发展起来的现代逻辑学体系中，这种推理类型都完全没有被触及。直至20世纪60年代随着实践哲学的复兴，实践推理开始重新受到关注。但关于什么是实践推理，实践推理的逻辑结构是怎样的，实践推理与理论推理（theoretical reasoning）之间是什么关系，这些基本问题学界尚未取得一致的认识。亚里士多德认为实践推理是主体为了解决一个现实问题、达成一个目标而基于理由推出应当如何行动的推理。这种推理往往由多个步骤组成一个推理链。实践推理的复杂性体现在链条结构中。亚里士多德实践推理的理由具有主观意义（subjective），一个行动理由是实践主体个人的理由，因而与他的意志、愿望等密切相关。拉兹在《实践理性与规范》一书中阐述的实践推理与亚里士多德的概念不同。拉兹认为实践推理是从事实推出事实的过程，其结论是“某人应当（有理由）做……”这样一个事实。实践推理的复杂性体现在作为完整理由的 p 的内在结构中。拉兹实践推理的理由是客观意义上的（objective），如果 p 是某人做 Φ 的理由，那么对任何人来说 p 都是做 Φ 的理由。

法律通过规范人的行为来实现其社会功能，因此，理解法律的一个途径是看法律规范如何作为理由在推理中起作用。判决推理是实践推理的一种，旨在得出判决结论、解决法律纠纷。这一过程不可避免地会受到裁判者个人对案件是非曲直的判断的影响，这种影响又会反映在裁判者对判决理由的运用上。实践推理中的理由究竟是客观的还是主观的？拉兹将理由看作存在于具体事实之间的关系，但规范并不是事实，这意味着抽象的一般规范不能直接充当理由，那么法律规范是如何在判决推理中起作用的？拉兹认为规范是二阶的、排除性理由，以此说明法律规范的权威性。但判决推理不仅要服从权威，更要符合实践理性，那么裁判者个人的理性判断与法律规范的二阶性如何兼容？司法理性又如何发挥作用？这些问题说明拉兹的规范理由论还有待于进一步讨论。本文立足于亚里士多德意义上的理由和实践推理观，对拉兹的规范理由论进行批判性反思，指出法律规范不能直接成为判决推理的理由，只有满足可适用性，规范才能转化为判决推理的理由。

一、理论推理与实践推理

亚里士多德的逻辑学著作被命名为《工具论》，意味着推理被视为用于解决实际问题的思维工具。人需要解决的问题大体上可以分为两类：一类是知识性的问题，如欧几里德几何学的第五条公理能否由前四条公理证明出来。另一种是事务性的问题，如詹天佑解决铁路爬坡的设计难题。面对知识性问题，人作为认识主体要运用推理找出正确的答案。面对事务性问题，人作为实践主体要运用推理找出最优的方案。用于解决前一种问题的推理称为理论推理，用于解决事务性问题的工具称为实践推理。这里做出的区分是相对的。实际上，人们在解决事务性问题时也大量使用理论性推理，例如工程设计要运用数学和力学的理论推理。但是《工具论》以及此后的传统逻辑、现代逻辑都只提供了理论推理的工具。

严格地说，理论推理不同于逻辑学研究的推理，因为理论推理是有主体的，推理中的命题与主体是否相信相关。逻辑学的推理是无主体的推理，仅是基于句子与句子之间的真值关系或语形关系而展开，推理的有效性取决于前提对结论是否保真，或者说结论能否由前提必然地得出。本文将忽略这种差别，将逻辑学里的推理也称为理论推理。在需要加以区分的地方，我把逻辑学里的推理称为“狭义的理论推理”。人认识世界不仅仅是为了满足好奇心，更是为了付诸行动创造美好生活。人要在理性信念的基础上明智地决定该如何行动，就需要不断地进行实践推理，当然其中也包含了大量的理论推理。实践推理就是基于理由推出“应当做……”的推理。与狭义的理论推理相比，实践推理呈现出非常不同的特点。

1. 理论推理旨在求真，实践推理旨在求当。命题有真假，理由有强弱。真是没有程度的，当则有程度、可比较，比如说这样做比那样做更为合理、正当。理论推理依据的是前提与结论之间的句法结构关系和真值关系，与推理者无关，是理想化的无主体推理。实践推理是实践主体为解决问题而进行的、决定该如何行动的推理，只有为主体所相信、接受的情况才能成为其行动决策的理由。实践主体有自己的价值判断和信念系统，有其个人对事物的关切点、关切度，有其进行推理、判断时的现实处境，有其个人对问题的“前理解”，这些因素都影响着一个情况能否成为理由、成为一个强的还是弱的理由。

2. 理论推理不依赖语境，实践推理则是语境化的推理。一个理论推理 A，

B ⊨ C 是有效的，当且仅当对任意模型 M 来说，如果 A 和 B 在 M 上为真，则 C 在 M 上也必定为真。满足这个推理的模型不是一个，而是一类，其中每一个模型都相当于一个确定的情境。实践推理则必定发生于一个特定场合，描述该场合事实的全体命题构成了一个模型，该模型上的信息有一些是主体已经知道的，还有大量信息是主体在某个时点所不知道的。动态地看，主体基于当前已知的信息进行推理，往往需要对某些相关情况予以默认。如果他又获知了新的情况，原来推出的结论就可能被撤销。因此，实践推理是一种非单调推理，其结论具有可废止性。理论推理一般都是单调的，一个前提集的结论也是该前提集的任一扩张集的结论。

3. 理论推理的前提集应当满足一致性要求，实践推理的理由集则可以且常常是不一致的。理论推理的前提集描述一种事实情况，由于客观情况不可能既如此这般又非如此这般，描述一种事实情况的前提集也应当是一致的，不一致的命题集必定不是对客观情况的正确描述。因此命题逻辑包含一条“假推全”定理：A，非 A ⊨ B，以制止任一从不一致的前提集出发的推理。实践推理的理由集则常常包含相互冲突的理由。

4. 实践推理具有后果评价维度，理论推理则不作后果评价。实践推理的结论是“应当如何行动”，一旦行动付诸实施就会直接导致外在世界的变化。这种变化是有利的还是不利的，是否对他人造成影响并承担相应的责任，结果是可接受的还是不可接受的，这些反馈又构成了对实践推理的结论进而对实践推理本身的合理性评价的重要维度。反过来看，有利的结果和影响构成支持一个行动的理由，不利的结果和影响构成反对一个行动的理由，且结果造成的影响越大，相应的理由也越强。

可以说实践推理与理论推理性质迥异，甚至有人认为实践推理能否称为“推理”都是值得怀疑的。推理的根本特征在于前提对结论的支持关系。在这一点上，实践推理与理论推理具有共性。有效的理论推理，其前提为真时结论必真，其前提为假时结论未必假。对实践推理来说，则是理由正当且充分时，结论必然正当，理由不正当或者不充分时，结论未必不正当。

一般在说明什么是“实践推理”时都会将其与理论推理加以比较，认为两者的重要区别在于理论推理的结论是一个有真值的命题，实践推理的结论是一个行动。我认为这是将实践推理与理论推理的差异不恰当地夸大了。实践推理只是推出一个关于该如何行动的决定，其本身并不包含行动，与理论推理一样，本质上都是一个思维的过程。另一方面，在拉兹、雅普·哈赫的论述中，实践推理与理论推理的差异似乎又未得到充分揭示。如果像拉兹那样将实践推理理解为从事实推出事实，由于事实的表述就是命题，那么，实践推理也成了从若干命题推出一个新命题的过程。这就无法从根本上说明实践推理不同于理论推理的特殊性质。

二、两种不同的实践推理观

在《尼各马科伦理学》中，亚里士多德提出并探讨了实践推理。亚里士多德并没有直接使用“实践推理”这个术语，但他详细探讨的慎思（deliberation）、实践三段论实际上就是实践推理。亚里士多德的实践推理是面向问题的，是实践主体为解决一个具体问题、实现一个具体目标而进行的行动决策的推理。亚里士多德的实践推理是通向最终目标的一个连锁的推理链，这种链式结构展示了推理的复杂性和动态性。

下面这个例子典型地代表了亚里士多德的慎思推理：教授为了参加伦敦的学术会议，根据现有条件推出应当在一周后抵达伦敦。此时一周后抵达伦敦变成了一个辅助性目标。由此根据现有条件推出应当购买去伦敦的机票。此时购买去伦敦的机票变成了一个辅助性目标。由此推出应当在网上选择合适的航班。由此推出应当打开电脑。经过这一系列推理，教授决定此时打开电脑。为人熟知的实践三段论的例子是：“所有甜食都应当品尝。这种食物是甜食。所以，（如果某人能够做到，）他应当马上品尝这种食物。”慎思推理与实践三段论可以结合起来，慎思推理的每一个步骤都是一个省略大前提的实践三段论。亚里士多德实践推理的“理由”是主观意义上的，一个行动理由是实践主体个人的理由，因而与他的意志、愿望等密切相关。

拉兹在《实践理性与规范》一书中阐述的实践推理概念与亚里士多德有很大不同。拉兹指出：“一个其结论为‘有理由做……’或‘应当做……’的陈述的推论是一个实践推论。”[①] 这种推理既可以用一个短陈述表示为“p 是 x 做 Φ 的理由”，也可以表示为以 p 为前提、以“对 x 来说有理由做 Φ”为结论的推理。他详细论证了其中的 p 应理解为事实而非推理者的信念。同时，拉兹认为行动者实施一个行动也是一个事实。这相当于说，实践推理前提与结论的关系是两个事实之间的关系。与理论推理前提与结论之间的蕴涵关系类似，一个实践推理的前提与结论之间存在着“理由支持关系”。拉兹进一步说明了实践推理的结构。在“p 是 x 做 Φ 的理由”中，p 是一个完整理由，由 p 可以充分地推出结论。p 可以只包含一个陈述，也可以包含多个陈述，一个实践推理的复杂性体现在 p 的结构中。在实践推理的一个完整理由中，又可以区分出两种成分：一是操作性理由（operative reasons），一是辅助性理由（auxiliary reasons）。操作性理由提示行为者的目的导向并反映其实践性态度。

---

① 约瑟夫·拉兹：《实践理性与规范》，朱学平译，中国法制出版社 2011 年版，第 19 页。

一个操作性理由可能是价值理由，也可能是主体所要实现的愿望、利益等。不是操作性理由的理由都是辅助性理由。对于是否应当做 Φ，一个人常常有多个不同的完整理由，因而会做出多个以"应当做 Φ"或"应当不做 Φ"为结论的推理，最终的结论则需要在相互冲突的完整理由之间评估强弱并基于最强的理由做出。

可以用一个相同题材的简单例子说明亚里士多德与拉兹的实践推理之间的不同：

亚里士多德的推理：为了完成积压下来的大量工作，（如果条件允许，）那我应当加班。

拉兹的推理：由于积压下来大量的工作，所以 x 应当加班。

前者的关注点在于，为解决掉积压下来的这些工作什么样的行动选择是最合理的。后者的关注点在于，该理由是不是结论的一个正当、合理的理由，主体的结论能否被前提合理地证成。

在实践推理的研究中一直存在着客观理由和主观理由两种不同的理解。从亚里士多德将实践三段论描述为"某人相信（a）一个一般情况，（b）一个具体情况，由此导出一个信念（c）应当做某事"，可以看出他所持的是主观理由论。与亚里士多德不同，拉兹的"理由"是客观意义上的，如果 p 是某人做 Φ 的理由，那么对任何人来说 p 都是做 Φ 的理由。他认为："（在实践推理中）指导人的是事实，而非他对事实的信念。"[①] 一个人是否知道、相信一件事并不妨碍这件事成为他的理由："我不相信 p 这个事实，并不证明对于我来说，p 不是我实施某一行动的理由。'我没有意识到任何理由'这一事实并不表明就没有理由。"[②] 实际上，任何一个实践推理都是由特定的人做出的，行动理由是行动主体从很多潜在理由中创造性地选择出来的，表明为什么主体 x 认为应当那样做。这个理由也许是 x 明确意识到的，也许是他没有明确意识到的。但假如 x 根本不相信 p 是事实，那么 p 是不太可能成为他的行动理由并对他的决定产生影响的。

我认为这里拉兹混淆了 reason 一词的两种用法。reason 一词既可以表示"原因"，也可以表示"理由"。在"我不相信 p 这个事实，并不证明对于我来说，p 不是我实施某一行动的理由。'我没有意识到任何理由'这一事实并不表明就没有理由"这个说法中，只有将 reason 理解为"原因"才能解释得通。[③] 拉兹也意识到了 reason 一词的不同用法："应当承认，我们以这两种方式使用 reason。我们甚至能区分 reason 的两种观念。"其中一种是纯解释性的（原

---

① 约瑟夫·拉兹：《实践理性与规范》，朱学平译，中国法制出版社 2011 年版，第 4 页。
② 约瑟夫·拉兹：《实践理性与规范》，朱学平译，中国法制出版社 2011 年版，第 4 页。
③ 中译本将 reason 统一译为"理由"似乎欠妥。

因），但拉兹说这种纯解释性的用法对于他的目的来说并不重要。但是他的论述并没有始终贯彻、坚持这一区分。在《法律逻辑研究》（*Studies in Legal Logic*）[①] 中，哈赫明确区分了 reason 一词的四种用法：（1）原因。例如："绳子断裂的原因是张力太大"。（2）构成性理由（constructive reason）。例如：x 有很多钱且没有人比他钱更多，这些事实是 x 是最富有的人的构成性理由。（3）相信的理由。（4）行动理由。哈赫说他的理由逻辑研究的是构成性理由。如果说实践推理的结论是关于应当如何行动的，其中 reason 应该是第三和第四种用法。那么，为什么哈赫要强调他所说的理由是构成性理由？与之类似，拉兹也说明理由是事实，理由是客观的、逻辑充分的。我认为原因有两方面：一是他们认为实践推理要符合实践理性，而符合实践理性就要求理由必须是客观的、逻辑充分的。另一个原因是，他们仍然按照传统逻辑学意义上的推理来理解实践推理。但实践推理以行动选择的合理性为目标，需要在各种理由之间进行比较、择优。如果充分考虑实践推理不同于理论推理的特殊性，就应当承认实践推理中的理由指的是信念的理由和行动的理由。

拉兹坚持"理由"是事实，很可能是为了保持理由的客观性。他将主体从实践推理中彻底抽离出去以保证实践推理符合客观理性。国内一些学者也持客观理由说。在《实践理由与法律推理》一书中，陈景辉教授认为实践理由的性质之一是"行动理由的普遍性"（主体间的普适性即"客观性"）："行动理由的普遍性实际上是有助于该理由内容上的正确性的，因为普遍性导致了公共讨论的可能性，正是通过这种讨论过程的展开，那些原本就存在某种不适当的部分或者根本就是错误的行动理由，才最终得到有效的纠正。"[②] 这段话表明作者承认存在着"不适当的"或者"错误的"行动理由，但是，能对其予以有效纠正以达到公共理性的，是公共讨论的程序和规则，而不是理由的客观性或普遍性这样一种不切实际的要求。研究实践推理的第一个层面，是以描述性的方法来认识实践推理的特点。第二层面是对实践推理进行正确性评估。客观理由论混淆了这两个不同层面的问题。

在法律论证语境下，理由的作用不是科学意义上的求真，而是在对话过程中说服别人。诉讼参与人从己方立场出发、为了实现特定的目的提出理由，司法程序则提供了诉讼双方相互以偏制偏的机制。发生在这个过程中的实践推理将个人的权利主张置于与他人相连的、在法律秩序结构中受到调节的互动关系之中。法律程序的作用是过滤掉不能为其他参与方接受的那些理由，使得最后达成的一致意见符合公共理性。这样一种协调机制正是以允许每个

① Jaap Hage: Studies in Legal Logic, Springer, New York, 2005. p. 7.

② 陈景辉：《实践理由与法律推理》，北京大学出版社 2012 年版，第 46 页。

人提出个体化的理由为前提。因此，本文接受主观理由说，并且从主观理由的立场出发来探讨规范理由。

三、二阶理由与命令性规范

与理论推理以求真为目的不同，实践推理追求结论的合理、正当。合理、正当是有程度的，因此可以对理由进行比较和评价。拉兹定义了理由之间的一组关系，包括理由 p 与 q 严格冲突、p 与 q 冲突、p 胜出 q、p 强于 q。他进一步区分了不同位阶的行动理由和更为复杂的理由关系，提出了一阶理由、二阶理由及排除性理由的概念，用这些概念来分析法律规范在实践推理中的作用。

一阶理由是一个人从确定的情境出发所考虑到的应当做 Φ 或应当不做 Φ 的各种理由。二阶理由指是否遵循一阶理由而行动，即采纳或不采纳一阶理由的理由。如果 p 是不依某个或某些一阶理由而行动的二阶理由，则称 p 是一个排除性理由。实践推理既可能是主体针对自己的目标、手段进行推理的过程，也可能是被动地服从某个权威性指令的结果。拉兹举了这样一个例子来说明二阶理由：在服兵役期间，士兵杰米里接到指挥官命令，要他强行征用一个商人的货车。他自己认为征用货车是有一定道理的，不征用也有道理，但不征用的理由更强。面对上级的命令，杰米里认为从他自己的判断来看其行为的对错已经不重要了。命令就是命令，即便命令是错的，他也应当服从，因为服从命令是一个士兵的职责。在这个例子里，杰米里个人所考虑的应当征用或应当不征用货车的理由属于一阶理由，指挥官的命令则是一个二阶理由，这个二阶理由排除了应当不征用货车的一阶理由，因而也是一个排除性理由。

广义的法律规范包括命令性规范和许可性、授权性规范。由于命令性规范的规范特质最为典型，本文主要从裁判者的视角探讨命令性规范。命令性规范的规范词通常用“应当”一词表示。根据通说，命令性法律规范的逻辑结构为：如果 p，那么 x 应当做 Φ。由于 x 是对一个论域内任意主体的泛指，可以不予考虑，因此以下将命令性规范的形式表示为：如果 p，那么应当做 Φ，记为：$p \Rightarrow O\Phi$。拉兹认为，从实践理性的角度理解规范，其核心问题是分析一个规范是何种行动理由，这种理由与其他理由的区别何在。他说：“对于说明命令性规范来说，排除性理由的观念是本质性的”，只有借助于排除性理由，才能理解命令性规范在实践推理中的作用方式不同于一般的行动理由。[1] 在拉兹看来，一个命令性规范构成一个完整理由，并且这种规范“要么是一个排除性理由，要么，更一般地说，既是一个实施规范性行为的一阶理由，又是一个不因特定的与之冲突的理由而行动的排除性理由”[2]。这意味着，法律规范作为二阶的排除性理由，具有排除裁判者个人权衡和判断判决理由的功能。

在《实践理性视野中的法律规范》一文中，我论证了一个法律规范在同一个推理中不可能既是一个一阶理由又是一个二阶理由。拉兹的问题在于他错误地假设支配行动的是理由的一阶性。拉兹认为理由的二阶性质反映理由与其他理由之间的关系，理由的一阶性质反映理由与行动之间的关系。简言之，一阶理由支配行动，二阶理由支配一阶理由。实际上，没有任何因素妨碍二阶理由直接支配行动。在士兵杰米里的例子中，上级的命令同时具有两个作用，一是排除了杰米里自己关于是否征用马车的所有理由。同时它又做出了实施某个行动（即征用马车）的明确指示。对行动产生影响的不是一阶理由的“一阶”性，而是“理由”属性。一个二阶理由只要有明确的行动指向，就能直接支配行动，就是该行动的一个理由，但不必是其一阶理由。二阶理由是行动的一个高阶理由，否则就无法理解为什么它对于行动总是具有胜出其他一阶理由的力量。正如士兵杰米里的例子所表明的，一个命令性规范“$p \Rightarrow O\Phi$”同时具有正反两方面的意义。从反面看，它要求在任一属于 p 的情形（以下将这样的情形称为一个 p—情境）下，行动主体不可依自己关于行动理由的考量而行动。从正面看，它要求在任一个 p—情境，行动主体应当做 Φ 指向的行动，这又相当于，它要求主体将一个 p—情境作为“应当做 Φ”的辅助性理由。与其他一阶理由相比，源于规范“$p \Rightarrow O\Phi$”的理由的位阶更高。因此通常情况下，命令性规范是一个二阶理由。但从主观理由论的角度看，也存在命令性规范不以二阶理由的方式起作用的特殊情形。

由于法律规范的抽象性和一般性，一个法律规范不可能构成一个完整性理由。特别需要注意的是，规范表达式“如果 p，那么应当做 Φ”中的“应当”与实践推理结论“x 应当做 Φ”中的“应当”意义完全不同。后者相当于“有理由”、“应该”。而规范式“如果 p，那么应当做 Φ”中的“应当”是一个规范词，正是这个规范词赋予整个表达式以法律意义的规范力。从语句用法的角度讲，该规范表达式不是一个用来描述事实情况的陈述句，而是一个用来表达规范的命令句，它没有真值，不对应事实。“x 应当做 Φ”宣称存在、有一个行动理由，而一个命令性法律规范则潜在地给出了一个行动理

---

① 约瑟夫·拉兹：《实践理性与规范》，朱学平译，中国法制出版社 2011 年版，第 76 页。

② 约瑟夫·拉兹：《实践理性与规范》，朱学平译，中国法制出版社 2011 年版，第 57 页。

由，即规范本身。同时，规范式“如果 p，那么应当做 Φ”与拉兹理由式“R（Φ）p，x”中的“p”和“Φ”的意义也不相同，规范式“如果 p，那么应当做 Φ”中的“p”和“Φ”是抽象表达，而按照拉兹的用法，理由式“R（Φ）p，x”中的“p”和“Φ”指称一个具体的事实和一个具体的行动。哈赫的理由逻辑承认抽象事态和抽象理由，但拉兹并不认可抽象理由，他的理由式 R（Φ）p，x 中的 p 和 Φ 分别指一个具体事实和一个具体行动。对此拉兹举例说，在“对财政大臣来说，这次货币贬值是加强外汇管制的理由”这样的句子中，只有当所说的货币贬值发生时，以通常的方式使用这一句子作出的陈述才是真的。像“对财政大臣来说，货币贬值是加强外汇管制的理由”这类句子并不预设实际发生了货币贬值，它可以重新表述为：“无论何时发生了货币贬值，对财政大臣来说，这都是加强外汇管制的理由。”同样，在一个命令性规范“p ⇒ OΦ”中，p 仅仅是事实构成，并不表示某个已发生的事实，即使在某个具体的 p—情境中，p 也并不是 OΦ 的理由。只有通过将一个案件事实和行动代入到 p 和 Φ 的位置上，才能生成一个理由关系。这个过程就属于法律规范向判决理由的转化。

四、法律规范向判决理由的转化

正如我们已经指出的，按照拉兹关于理由的界定，不论是法律规范的存在，还是法律规范本身，都不能直接构成判决推理的理由。法律规范的存在是一个社会事实，法律规范本身的内容则是一个抽象的应然。在“p ⇒ OΦ”中，p 和 Φ 都是概念化的泛指表达式，并不特指某个已发生的事实和行动。当一个 p—情境出现时，“p ⇒ OΦ”可能会向该情境发生“转化”。抽象规范在实践推理中起作用的方式类似于信念推理中的知识命题。例如在化学中有时会使用石蕊试纸测试一种溶液的酸碱性，而为了判断被测试溶液是酸性的还是碱性的，需要用到一个化学知识：“如果试纸变红，则溶液呈酸性。如果试纸变蓝，则溶液呈碱性。”这个知识并不一定能落实在一个实验上、“转化”为判断的理由。假设我正在注目凝视的东西并不是石蕊试纸、尽管看起来非常像，又或者它是石蕊试纸，但由于存放太久已经变质，只会变成蓝色，那么，尽管上述命题还是一个化学真理，但却不能为当下的判断提供理由。同样，一个法律规范要对案件的判决起作用，也应先落实在案件事实上，这一过程就是“涵摄”。

法律规范向判决理由的转化的第一步是证成规范对于待决案件具有可适用性，而可适用性证立的第一个环节则是涵摄，即，将案件事实置于规范的事实构成之下。如果案件事实 p′ 属于事实构成 p，则意味着涵摄成功，p′ 是一个 p—情境，此时可以将案件中的对象代入规范表达式“$p \Rightarrow O\Phi$”得出：$p' \Rightarrow O\Phi'$，这个公式就是规范“$p \Rightarrow O\Phi$”在案件情境下的解释。在所有的 p—情境中，有些是典型的“标准”情况，有些属于不规则的边缘情况。对于标准情况的案件而言，理由的两个规律会产生作用：（1）理由传递律：如果 A 是 B 的理由且 B 是 C 的理由，那么，A 是 C 的理由。根据这一规律，规范“$p \Rightarrow O\Phi$”自身的价值理由也构成支配当前案件判决的理由，这个理由体现为 $p' \Rightarrow O\Phi'$ 的要求。（2）理由分配律：法律作为整体的、系统化的制度设计，其合理性、正当性的理由体现在每一个具体的法律行为中，成为每一个法律行为的理由。分配在当前案件判决上的理由也体现为 $p' \Rightarrow O\Phi'$ 的要求。因此，如果规范对案件事实涵摄成功且案件情况属于典型的“标准”情况，则法官应依照 $p' \Rightarrow O\Phi'$ 的要求对案件事实 p' 作出 $O\Phi'$ 的判决。如果规范对案件事实的涵摄失败，案件事实 p' 不是一个 p—情境，则规范显然不适用于、至少是不直接适用于待决案件。

真正的法律困境在于，如果法律规范能够涵摄案件事实，此时得出了 $p' \Rightarrow O\Phi'$，但是案件并不属于典型的“标准”情况，此时的法官就像士兵杰米里一样，基于他自己关于判决的各种理由的权衡最终得出了与 $O\Phi'$ 不同甚至相反的结论，那么，该法官是否也应像杰米里那服从 $p' \Rightarrow O\Phi'$ 发出的指令？对此，哈赫的回答是否定的。他认为涵摄成功只构成规范可适用的一个贡献性理由而非决定性理由，如果存在相反的理由且相反理由更强，那么规范仍然不能用于待决案件。不过对于“反对理由更强”的标准是什么这一重要问题，哈赫并没有讨论。拉兹的立场相对更鲜明一些：“我们强调了涉及规范的实践推理的灵活性和复杂性。有规范并不能自动解决实践问题。可能存在着规范并未排除的与之冲突的理由，也可能有影响范围的考虑。但是必须承认，就大部分情形而言，规范的存在是决定性的。复杂因素只适用于极少数情况。拥有规范的全部目的就是要达到这种简单化。规范是排除性理由这一事实就使复杂的情形简单化了。由于规范是排除性理由，它就无需与可能适用于该规则所支配情形的其他大多数理由竞争，因为它排除了这些理由。规范因此简化了实践推理。”[①] 但什么是“规范并未排除的与之冲突的理由”、什么是“极少数情况的复杂因素”，仍然是语焉不详。

事实上，将法官的处境与士兵杰米里进行类比并不恰当，因为杰米里上司的命令是在一个具体情境发出的且指向一个具体行动——征用那辆马车，法律规范之于法官却并非如此。法律规范并不是专门针对当前案件设立的，即使当前案件可以涵摄于规范的事实构成，即确认 p' 是一个 p—情境，$p' \Rightarrow$

① 约瑟夫·拉兹：《实践理性与规范》，朱学平译，中国法制出版社 2011 年版，第 83 页。

OΦ′ 仍然可能并不适用于这个案件。这恰好体现了实践推理与以司法三段论为核心的涵摄模式的不同。

如果在一个案件中法官自己的判断与规范要求的结果不一致，意味着很可能法官遇到了一个疑难案件。法官的职责是在每一个案件中实现蕴含在法律规范中的正义和善。当规范要求在案件上反映出来的结果是不正义的甚至是恶的，面对这种异常情况，法官会考虑两种选择：一是坚持从法实证主义立场出发，认为规则就是规则，即使偏离规则是有益的，也还是应当依规则裁判。二是从案件具体情况出发，追问规范本身的理由是什么，评估当前案件所有支持与反对 OΦ′ 的理由的强弱并依胜出的理由做出判决。我们将这个过程称为对案件的“再评价”。规范以一定的价值判断为基础，“再评价”意味着从规范向价值层面回溯。法官最终如何选择，当然会受他对于法律规则的态度、他的价值倾向和立场的影响，但关键的因素还在于依法裁判的结果的不正义是否达到了如此不可接受的程度，以至于法官无法再心安理得地将遵守法律作为借口。如果是这样，他会对所有支持及反对 OΦ′ 的理由重新评价，判断反对 OΦ′ 的理由是否足以对抗、胜过支持 OΦ′ 的理由，并在必要的时候偏离规则。

支持偏离规则的理由可能会以各种方式提出来，比如：待决案件不具有常规性；规范的价值目标在当前案件中不再可欲；新的价值诉求介入并使原来的各种价值的比例关系发生重大变化。例如，现有规则是老虎作为珍稀动物禁止捕杀，但事实情况是老虎正危及人的生命，此时捕杀老虎应不被禁止。反对偏离规则的理由则至少包括以下几个方面：

（1）规范的价值理由。“任何完整的法律规范都以实现特定的价值观为目的。”[①] 拉兹也说：“规则不是终极理由，规则的正当性要基于基本价值被证成。”[②] 规范有自己的理由，并通过指导人的行为来实现其价值目标。理由传递律以及涵摄成功使得至少有部分证成规范正当性的理由传递到遵循规范的行动的正当性。这构成了支持 OΦ′ 的理由。

（2）法律适用的形式理由。基于同案同判的公平性、不同时间地点的司法活动的协调一致性、法律的整体稳定性、法律行为结果的相对可预测性以及防止裁判者个人偏见、无知等个性缺陷影响的司法安全性，这些都是无法估量的巨大的社会利益。基于理由分配律，这些利益构成了每一个案件应严格依法裁判的形式理由。

（3）相对于案件的具体情况，OΦ′ 的其他利益提供的支持 OΦ′ 的理由。

---

① 伯恩·魏德士：《法理学》，丁小春、吴越译，法律出版社 2003 年版，第 54 页。

② Joseph Raz: Practical Reason and Norms, Oxford University Press,1978, p. 76.

（4）溢出效果形成的理由。一个案件的判决结果会对其他类似案件造成影响，从而一个不正当判决的负面效应难以被控制在一个个案上。法官必须考虑偏离规则可能造成的消极影响，对这种可能性加以评估并将其作为支持 OΦ′ 的理由。

理论上说，法官要为规则创制一个反例必须先获得足以对抗支持 OΦ′ 的所有理由合力的反对理由。如果不能满足这个要求，则仍然应当依 p′ ⇒ OΦ′ 做出判决。

以上说明了法律规范向判决理由转化的第一步，即由涵摄和再评价构成的规范可适用性证立。法律规范向判决理由的转化常常会涉及第二步，即将 Φ′ 转化为一个可操作的行动指令，例如刑事诉讼中从"判处有期徒刑"转化为"判处有期徒刑 3 年"，或者民事诉讼中确定一个具体的赔偿数额。法律规范向判决理由转化涉及规范是否可适用及如何适用的问题，相对于立法权，这些问题属于裁判者的法律适用权。裁判者的法律适用权因隐藏在法治中的法律的不确定性而变得异常重要。限于法律适用权而非创设法律或改变法律的权力，法官提供的论证理由除了"充分"、"明确"，更要符合权限适当性的要求。因此，权限适当性也成为评价判决理由的一条重要准则。

五、结语

二阶理由是拉兹基于其法实证主义立场提出的一个技术概念。将法律规范定性为二阶理由和排除性理由容易造成这样一种结果，即，法官个人关于案件判决的一阶理由、从而法官的自由裁量权被完全排除了。本文的分析表明，法官实际上拥有较大的适用法律的权力空间，特别是在涵摄和再评价环节。拉兹规范理由论的一个意义在于，它揭示了法官只能从现有法律的观点出发作裁判、要求法官承担"适用现有规范之责任"的制度要求。如果法官可以随意地以个案正义为由而背离规则，法律规范实际上就失去了约束力。在正常情况下，法官不能基于自己认为有效的理由、基于自己对理由的权衡做出裁判，使诉讼一再地追溯到那些根本的价值问题，即使他们认为适用规则的实质效果并不是最好的。

20 世纪欧美法理学的主导性特征是反形式主义，这种法律文化对我国法学研究造成的影响是，过分地强调法律的不确定性和主张扩大法官自由裁量权。在这样的现实背景下，拉兹的规范理由论无疑有其重要的理论价值和现实意义。

（作者系中国政法大学人文学院哲学系教授）

家庭的正义：孝道的公共德性与治理意义

郑玉双

在传统法律文化复兴、德治与法治并举的背景下，孝道价值重新进入社会和法律视野，具有理论和现实意义。《民法典》第 1043 条规定："家庭应当树立优良家风，弘扬家庭美德，重视家庭文明建设。夫妻应当互相忠实，互相尊重，互相关爱；家庭成员应当敬老爱幼，互相帮助，维护平等、和睦、文明的婚姻家庭关系。"虽然该条文并未明确提及孝道，但仍然可以视为基于孝道与家庭的价值表达。然而，尽管已有大量文献对传统价值与现代社会治理之间的调适做出分析，孝道如何进入当代中国的法治实践这个问题仍然存在许多法理上的疑难。这些疑难至少体现在三个方面：孝道是传统法律实践的支配性价值，但其背后的价值预设与政治道德框架与现代社会已经难以协调，脱离了传统价值预设的孝道是否仍然能够进入现代社会的价值网络之中？现代家事法已经基于个体平等人格和权利的预设确立了家庭秩序中各方主体的法律义务和责任，孝道是否能够为理解这种秩序提供有增益的视角，而非徒增冗余功能？传统与现代的融合，或者传统价值与现代秩序的调适，并非只是价值之间的碰撞和去芜存菁的过程，同时也涉及方法论层面的反省。[①] 在价值层面传承和复兴孝道价值，需要价值论的特定理论支撑。

由于已有学者对孝道价值在我国法律体系中的相应规范地位做出了探讨，比如基于孝道的精神赡养权的辩护、孝道进入《民法典》的方式等[②]，本文重点关注孝道进入法秩序的背景性原理：孝道是可辩护的公共道德吗？对这个问题做出澄清，可以直接或间接地回应上述三个难题，也能够解释现代家事法中孝道影响家庭责任承担和财产分配的方式。孝道的公共道德属性是孝道进入法律秩序并与法治相调和的前提。孝道的公共道德属性的辩护，需要借助价值论的基本框架进行。本文主张，区分孝道的元理论属性和规范属性，是理解孝道价值之现代意义的关键，孝道的公共道德属性的证成，不能借助

① 参见朱振：《作为方法的法律传统——以"亲亲相隐"的历史命运为例》，《国家检察官学院学报》2018 年第 4 期。

② 参见朱晓峰：《孝道理念与民法典编纂》，《法律科学》2019 年第 1 期。

于传统的道德一元论、反哺理论或接力说，而是采取一种多元证成模式，为孝道进入法律秩序打下公共道德基础并提供价值分析框架。

一、孝道的概念辨析与价值结构

（一）孝、孝道与家庭

在人类的情感世界中，孝是最容易理解、也是最能引起共鸣的一种情感反映和行动。在中国传统法律实践中，这种情感关联被上升为具有伦理和政治意义的双重道德要求。首先，孝是道德之本，“百善孝为先”，孔子将孝道视为仁义之根本和出发点：“孝弟者也，其唯为仁之本与！”[①]其次，孝的情感意义和规范意义被延伸至国家与个体之间的关系，在家国同构的观念支配之下，孝道的基础规范地位既获得了统治者的法律认可，同时与忠并列为个体在共同体生活中最重要的两项道德要求。《郭店楚简》将政道和孝道视为天道人伦的内在一致性要求：“天登大常，以理人伦，制为君臣之义，著为父子之心”。[②]《孝经》是反映孝道之政治重要性的集大成者，将孝道作为政治统治的道德基础，处处可见孝道的基础规范地位：“夫孝，天之经也，地之义也，民之行也。天地之经，而民是则之。则天之明，因地之利，以顺天下”；[③]“五刑之属三千，而罪莫大于不孝。要君者无上，非圣人者无法，非孝者无亲。此大乱之道也”。[④]

在一般理解上，孝、孝道和家庭存在着紧密关联和伦理同构性，但三者在概念内核上是不同的。在西方哲学中，一般将孝道称为“filial morality”，所以孝道是道德原理，也就是特定家庭责任的集合及其辩护依据。[⑤]家庭责任和其他道德责任被纳入到同一个道德体系中进行考察，孝道的道德规范不具有哲学上的特殊性。相比之下，儒家思想将孝道所属的“人道”归结为人先天固有的情感和符合天理运行机理的自然性原则，正如《孝经注疏》里所述：“父子之道，自然慈孝，本乎天性，则生爱敬之心，是常道也。”[⑥]因此，在传统语境中并不容易区分孝行和孝道两个概念，其产生的结果是孝道的规范意义被不断释放，而对孝行提出极致性要求，从而达到孟子所言“亲亲而仁民，仁民而爱物”的境界。[⑦]

---

①《论语·学而》。
②《郭店楚简·成之闻之》。
③《孝经·三才章》。
④《孝经·五刑章》。
⑤ See Christina Sommers, Filial Morality, *The Journal of Philosophy*, Vol. 83, No. 8, 1986.
⑥《孝经注疏·圣治章》。
⑦《孟子·尽心上》。

当我们在现代谈及孝道的价值时，究竟指向的是孝行所实现的价值（父慈子孝、家庭和睦、社会和谐），还是孝道作为道德规范本身所具有的符合天道的内在价值性，并不容易判断。如果把孝道实践视为一种伦理实践，按照现代伦理学的分析框架，我们可以把孝道视为关于孝行的价值基础、概念结构和实践要求的价值原理。这个区分的好处在将孝道的分析纳入到价值论语境之中。孝行是践行感恩、关怀、回报等具体责任的特定实践，而孝道是为孝行提供证成性支持的辩护依据。这个框架有助于我们在整体上理解孝道产生的思想背景与孝道在两千多年间被贯彻和强化的历史脉络。

孝行与孝道在概念上的区分也是理解孝道之现代处境的一个前提，二者的概念关联需要在家庭这个语境之中进行。家庭为孝道的产生和践行提供了代际和时间意义的基础，孝道反过来充实了现代社会中家庭的原子化和功能性意义，使得两代以上的复合家庭结构仍然具有超越原子化家庭之功能定位的情感关联和时间化意义。[①] 孝道既是关于个体之伦理责任的社会道德体系的组成部分，同时又是彰显家庭这个特殊社会构造之内部规范的定义性价值要素。我们无法脱离家庭结构来理解孝道，而孝道的现代实践困境也在家庭中产生。澄清孝道的价值属性，也是对家庭之规范内涵的重新理解。

（二）礼法传统下的孝道

在前述关于孝行和孝道的概念区分基础上，孝道的传统价值结构与现代价值理念存在的张力就变得更为清晰。孝行的典型形态是建立在亲属关系之上的由后辈向长辈所担负的特定伦理责任。理解孝行需要区分为两个层次。首先是孝行产生的基础，其次是孝行之要求的具体落实。从基础上看，子女应该向父母行孝，并不在于其血缘关系，而是在于“仁爱”的要求。孔子说：“其为人也孝弟，而好犯上者，鲜矣；不好犯上，而好作乱者，未之有也。君子务本，本立而道生。”[②]《中庸》中也强调了仁爱对于行孝的基础意义：“仁者，人也，亲亲为大。”

孝行的具体责任形式有很多，比如利亲、善事和慎终。[③] 利亲表达对的利益的维护和促进，善事是对长辈所应担负的孝敬和顺从之责任，慎终则是后辈丧亲之后应当遵循的礼仪性规定。这三种要求结合起来，构成了后辈对长辈在物质、精神和礼仪上所应承担的整体性伦理要求。

自然的代际传承产生了不同代际之间的差异性伦理责任，使得人类群体区别于同样借助于生育和哺育而生存的其他动物。传统思想提供的主要解释

---

① 参见张祥龙：《家与孝》，生活·读书·新知三联书店 2017 年版，第 148 页。

②《论语·为政篇第二》。

③ 参见龙大轩：《孝道：中国传统法律的核心价值》，《法学研究》2015 年第 3 期，第 180 页。

有两种方案，即道德价值一元论和自然主义主张。[①] 这两种主张实际上是一枚硬币的两面。孝的伦理要求与仁义、忠诚和其他美德融为一体，相互促进，孝也提供了理解其他伦理要求的话语资源，同时也直接地被纳入到政治伦理的构建之中。儒家传统支持一种自然主义的伦理证立途径。“克己复礼为仁”，体现的正是将人的自然情感和反映上升为道德要求的自然主义模式。而董仲舒所发展出的天人合一的观念更是体现了将个体生命纳入宇宙秩序之一元结构的自然主义尝试。

孝的道德价值所产生的政治和法律上的意义是最为关键的。中国传统法律实践中所呈现出的几个核心特征，无一不跟孝这种价值追求有着千丝万缕的联系。礼法合一的巅峰《唐律疏议》提出“德礼为政教之本”，而德礼的渊源来自于孝道这种基础性价值立场。孝道转化成为政治和法律实践的核心价值，这是道德价值一元论在政治领域运用的结果。与法家强调将法律作为主要的治理工具不同，儒家认为法律应当是以道德为中心的社会治理结构的辅助和保障。在儒家思想的影响下，一方面道德成为法律之治的正当性基础，另一方面需要通过法律的实施（主要是刑法）对道德价值进行保护和促进，于是形成了道德法律化的独特现象。[②] 作为道德规范之核心的孝道，自然成为刑法实践所关注的重点。[③] 刑律中关于“十恶”的规定将不孝的道德严重性等同于谋反而加以惩罚，司法实践中以突破法律一般性规定的方式来贯彻孝道，并由此形成存留养亲、代父母受刑和宽容复仇等司法惯例，都是以法律强制实现孝道的典型体现。[④]

最后，道德一元论思想和道德的法律化实践模式对孝道进行了双重塑造，使得孝道这种基础性价值深深嵌入传统政治和法律的深层治理结构之中。这种模式在实践中对道德观念和制度设计产生了多方面的影响，既有积极意义上的伦理共同体的构建和良善秩序的维持，也与现代法治理念的核心共识相抵牾。

（三）孝道的现代价值处境与法治面向

在清末修律过程中的“礼法之争”中，孝道遭遇了前所未有的危机，曾经主导传统法律实践之伦理基础的孝道受到了猛烈批判，在争论双方的妥协之后逐渐淡出政治与法律实践的话语体系。[⑤] 现代中国社会发展中的文化角力、制度变革、社会转型和理论对立等因素共同促成了孝道的现代处境和形象。

---

① 关于道德价值一元论的分析，参见金观涛、刘青峰：《中国现代思想的起源》第 1 卷，法律出版社 2011 年版，第 20 页。

② 参见梁治平：《寻求自然秩序中的和谐》，商务印书馆 2013 年版，第十章。

③ 参见瞿同祖：《中国法律与中国社会》，中华书局 2003 年版，第 29 页。

④ 参见龙大轩：《孝道：中国传统法律的核心价值》，《法学研究》2015 年第 3 期，第 186 页。

⑤ 参见邹小站：《清末修律中的国家主义与家族主义之争》，《中国文化研究》2017 年第 2 期。

在现代法治精神及与其配套的自由、权利和尊严等价值已经在理念和制度上获得正当性的背景之下，一种脱离了宗法家族制度土壤、失去了道德价值一元论支撑的传统价值，在价值网络之中应该如何安放？

按照元理论和规范理论的划分，孝道的传统价值理念的主要问题不在于这种价值在复杂的社会实践中会变质或者被扭曲，而是这种价值理解混同了价值的元理论维度和规范维度。也就是说，在道德价值一元论的理论体系之下，孝道的价值本质和来源问题与孝道的实践方式混为一体。《孝经》中大量的论述将孝道视为自然运行的机理，自然地成为民众的行为规范。然而，这种混同一方面陷入了摩尔所批判的“自然主义谬误”，即孝道的价值表达和规范要求并不存在一个类似于自然事物的结构，另一方面在价值实践中会造成价值主张与实践理由（practical reason）之间的巨大张力和冲突。

孝道价值与实践之间的张力和冲突在现代政治道德体系和法治框架下更为明显，礼法传统所支持的通过法律强制来贯彻和实施孝道的政治模式，既产生了道德的法律强制的证立难题，同时也带来了很多实践上的困境。[①] 道德价值一元论无法给道德的法律强制提供充分的证立（justification），因为道德价值一元论缺少元理论维度，没有对价值的本质给出充分说明，实际上并不完整，所以难以在完整的规范意义上证成道德的法律强制这种规范立场。在实践中，孝道的法律强制实施究竟在何种程度上能够实现孝道价值，并能在完整的价值网络中与其他价值相融贯，是值得疑问的。显然，通过大量的立法对孝行进行规定并以法律强制保障实施，与对个体自治的尊重和法律在道德领域的必要克制等基本原则相冲突，而且在实践中也行不通。虽然孝道作为传统文化的精髓不断得到倡导，也有学者建议在法律实践中弘扬孝道文化，特别是在《民法典》编纂之中体现孝道的文化价值。[②] 但从法律文本上来看，孝道进入法律规范的空间极为有限。其背后的原因不在于立法技术，而在于孝道的价值本质和实践模式发生了实质性改变，进入法律实践的方式面对着难以克服的实质挑战。从本源上澄清孝道的价值属性，是解决孝道的法治困境的必要出路。

二、孝道的价值属性与多元证成

通过对孝道实践及其所追求的价值进行抽象化，可以将孝道的价值原理提炼为两个方面：一是抽象的孝是一种能够产生行动理由的特殊的善好

---

① 参见屈永华：《从儒家孝道的法律化看法律维护道德的限度》，《法商研究》2013 年第 5 期。

② 参见何勤华、王静：《中国古代孝文化的法律支撑及当代传承》，《华东政法大学学报》2018 年第 6 期，第 94 页。

（goodness）[①]；二是这种价值依附于特定的事实结构，即在家庭这个独特伦理语境之下尊长与后辈之间的特定亲缘纽带，所以孝道是差异化道德要求。[②]第一个方面的分析意义体现在，在人们是否按照孝所产生的行动理由去行动的选择之中，产生了对与错的道德判断的空间，也即在现代社会，我们依然可以对不孝的做法进行道德评判。第二个方面的分析意义在于，需要在价值论的框架下解释特定自然事实与孝的价值来源之间的关系，即为什么父母生育和养育子女这个事实本身产生了子女承担孝道责任的道德义务，而非一般性的道德要求。

道德价值一元论视角下的孝道观的缺陷在于，既以一种功利主义的最大化方式将孝的价值属性与孝所引发的行动理由进行强关联，导致孝道成为一种排他性道德规范，同时又混同了自然事实的事实性和孝的价值属性，陷入了“休谟难题”。这个困境的破解之道在于，借助于孝道的元伦理学属性的预设来切入到孝的价值内涵和实践原理。

（一）孝道的元伦理属性和规范属性的二分

借助于当代元伦理学的理论资源和分析框架，我们可以把孝道视为一种自然主义的内在价值。其本质包含着两项内容：第一，孝是一种客观价值，其客观性类似于自然属性，因此是自然主义的；第二，孝是一种内在价值，其内在性既体现在孝的价值并不依附于其他更为基础性的价值，也在于孝是一种关系性的、能够转化为行动者的内在行动理由的价值。孝道能够为人们提供有真值的规范性理由。本文借鉴伦理学家迈克尔·史密斯对于内在主义的自然主义价值理论的界定，主张孝道是内在主义的，因为孝道能够为行动者提供实在和客观的规范性理由，行动者有动机按照孝道所提供的正确理由去行动；其次，孝道是自然主义的，意味着孝道以一种具有自然意义的方式存在于人们的社会交往和理解之中。[③]孝道的自然主义价值属性符合人的道德直觉，并且以一种外在的方式在社会实践中被验证。[④]但孝道的价值属性在本质上是内在主义的，区别于传统观念中内嵌着一元论的外在自然主义孝道观。

确定了孝道的自然主义价值属性之后，下面这些问题的回答已经具备了初步的价值基础和框架：谁是孝道的实践主体，向谁承担孝之责任？孝道实践的边界和限度是什么？在孝道退回到社会文化理解之中的社会背景之下，我们是否能够重新确立孝道的规范基础，并重构孝道的制度和法律形象？

---

① See Simon Keller, Four Theories of Filial Duty, *The Philosophical Quarterly*, Vol. 56, No. 223, 2006, p.266.

② See Christina Sommers, Filial Morality, *The Journal of Philosophy*, Vol. 83, No. 8, 1986, pp.444-445.

③ 迈克尔·史密斯：《道德问题》，林航译，浙江大学出版社 2011 年版，第 187 页。

④ 参见柯仁泉：《孝道——一种自然主义的解释》，《科学技术哲学研究》2014 年第 5 期。

这些规范性问题的回答，一方面当然需要元伦理学对孝道价值的本质剖析，同时也需要分析孝道实践的社会语境，孝道的文化积淀、经济结构变迁对家庭结构的冲击、政策等因素都会影响和改变孝道的规范性结构，并产生相应的制度和法律后果。[①] 因此，孝道的规范内涵必须要区分两个层次：第一个层次是，作为一种自然主义的客观价值，孝道构成复杂的社会实践的内在构成性约束力量，并能够引发客观的价值评判。第二个层次在于，孝道的规范性理由及其论证性力量在复杂的社会结构中会被重塑甚至扭曲，以至于产生新的变异性力量，与孝道的规范力量进行角力，从而引发孝道的诸多实践难题。

（二）孝道的多元证成模式

孝道的规范属性在一定程度上区别于其元理论属性，但二者在方法论上有相通之处。规范属性关注的是孝道所提供的理由能够指引行动的规范力量的特殊面向，是什么使得孝道产生出一种特定的规范要求，能够对成年子女的行为选择形成约束？孝道如何区别于其他的道德要求，即使它们共享着相同的自然主义价值属性？虽然这些问题的回答仍然离不开孝道的自然主义价值本质，但问题的重点还在于孝道作为一种区别于其他价值内涵的实践原理，如何能够成为包含着特定实践模式要求的道德力量（moral force）。[②] 如果从孝道的元理论层面转向规范层面，那么关于孝行的行为理由的一系列学说就进入到检验的序列。在既有的学术讨论中，为孝道提供规范辩护的主要理论有反哺理论、接力理论和天理人情观。然而，这些理论主张存在着明显的缺陷，它们侧重了孝道的可理解性的某一个方面，但既不能提供完整意义上的孝行理由，也不能在充分展示其与法律实践进行对接的公共面向。

以反哺说为例，基于反哺的孝道观意味着子女应当通过对父母的养育之恩加以回报和反馈，以体现子女对父母养育之恩的铭记和偿报。[③] 反哺之论既符合常理，也具有一定的合理性。然而，反哺模式并不能完整地解释孝道所承载的道德意义和社会意义。首先，反哺模式预设了角色伦理和互惠伦理两个前提，即父母与子女相互之间所承担的角色是产生特定义务的支撑框架，以及这种框架应该嵌入到互惠的伦理要求之中。[④] 然而，角色伦理是理解父母与子女之关系的重要参照，但并非解释父母与子女之规范性关联的主要依据。

---

① 参见瞿郑龙：《孝道与法律之关系嬗变的民族国家逻辑》，《天府新论》2014 年第 5 期。

② See Nancy S. Jecker, Are Filial Duties Unfounded?, *American Philosophical Quarterly*, Vol. 26, No. 1, 1989, p. 73.

③ 典型的讨论参见费孝通：《家庭结构变动中的老年赡养问题——再论中国家庭结构的变动》，《北京大学学报（哲学社会科学版）》1983 年第 3 期。

④ Simon Keller, Four Theories of Filial Duty, *The Philosophical Quarterly*, Vol. 56, No. 223, 2006, p.257.

不同于上司与员工之间的固定角色关系，父母与子女之间的关系随着时间而不断变动，因此角色也会发生变化。父母作为养育者对子女的抚育并不是子女作为赡养者角色而尽孝道的前置性理由，反而只是时间意义上的责任转换。父母的角色实践并不以子女承担赡养者角色为条件，尽管从社会心理的角度，大多数父母带有“养儿防老”的一般心理。其次，互惠理念的确能够用来解释子女在成年之后对父母所尽到的诸种赡养和扶持义务，特别是在普通民众仍然具有强烈的反哺意识的情况下。然而，互惠模式在证成儿女的孝道义务上，仍然是不完全的。按照尼可·科罗德尼（Niko Kolodny）的建议，爱意的本质是对关系的珍视。[①] 如果把孝道视为爱意的独特体现，儿女通过孝行对父母表达爱意，并非基于父母在过往对其成长的付出，而是基于对父母子女这段包含着亲情和相互依赖的关系的珍视。

无论是反哺说还是接力说，都只是反映了孝道价值之重要性的某一侧面，而忽视了孝道实践作为一种复杂社会实践形式的多元面向。[②] 既然孝道是人类情感和社会实践中贯穿家庭和社会的独特价值表达，那么孝道的证成结构必须既与孝道的价值本质相符合，同时又能回应孝道在社会实践过程中所遭遇的各种文化或制度意义上的难题。换言之，孝道的规范基础和内容在社会实践的价值之网络中既呈现其独特性，也必须具备融贯性。满足这一条件的证成模式只能是多元证成模式。[③] 多元证成模式呈现为三个维度：（1）价值性质的内在限定；（2）作为实践理由之价值的产生和辩护机制；（3）价值在社会语境被塑造的方式及其与价值自身属性之间的关系。其中第二个维度是孝道之价值证成的核心。

（1）价值性质的内在限定。如前所述，孝道价值的证成与孝道的价值属性是两个问题，但孝道的价值属性却是解决孝道价值之证成问题的限定性条件。这体现为两个方面：第一，作为自然主义属性的内在价值，孝道的客观性和实在性是孝道能够得到理性辩护的前提条件。如果孝道只是一种文化表达或者地域习惯，那么孝道的证成就不是一个理性化框架能够解决的问题。但显然，非理性化问题恰恰是我们对孝道在现代实践中的诸多担忧的根源之

---

① Niko Kolodny, Love as valuing a relationship, *Philosophical Review*, Vol. 112, No. 2, 2003, p.136.

② 在目前关于孝道的文献中，西方学者的讨论大多关注孝道义务的产生基础，而中国学者的研究则主要关注孝道的文化意义如何继续在社会中发挥实质影响。这两个方面体现了孝道之证成的两个侧面，但各有偏失。孝道义务的证成必然以文化和社会意义反映在经济、政治和法律结构之中，对任何一个侧面的讨论都必须在整体性框架之中进行。因此此处简化对于证成孝道义务的各种理论学说的梳理，而将重点放在孝道的证成结构的整体性意义上，特别是与法律语境的关联。See Chenyang Li, Shifting Perspectives: Filial Mcrality Revisited, *Philosophy East and West*, Vol. 47, No. 2, 1997, pp. 211-232.

③ See Anders Schinkel, Filial Obligation: A Contextual, Pluralist Model, *Journal of Ethics*, Vol. 16, No. 4, pp.411-414.

一。第二，孝道的内在价值属性对孝道如何成为实践理由做出了元理论层面的说明，虽然这个说明并不能解释孝道的理由是如何产生的，但对价值本质的理解实际上就是对社会实践之深层结构的解析，一旦确立了价值如何形成理由并影响实践的方式，那么理由产生的规范依据及其社会化问题的解决就具备了可靠的平台。具体来说，孝道为子女提供了尊敬和赡养父母的具有客观意义和实在性、能够在道德判断和动机之间建立关联的内在理由，那么孝道就是一种超越文化意义和特定时空的客观价值，即使一个社会对于孝道如何具体实施、如何营造孝道文化存在分歧和实践差异，也并不会影响孝道的价值属性。①

（2）作为实践理由之价值的产生和辩护机制。理解孝道的规范层面的主要难题在于孝道作为实践理由的产生机制。是什么使得父母与子女之间的情感关系从养育关系转向了受扶持的责任关系？换句话说，作为具有内在价值属性的孝道理由如何像水蒸气从水中产生那样从家庭关系之中产生？破解这个难题需要解决两个问题，一是正确面对休谟难题，二是孝道的产生机制与孝道的价值属性相融贯。如前所述，传统的道德价值一元论违反了休谟难题，以一种与自然世界契合的方式来理解人的价值实践。元理论层面和规范层面的区分有助于避免陷入休谟难题，但仍然需要回答孝道价值产生的规范性问题。

在这个问题上，德沃金给出的一种方案是在道德内部解决价值问题，在价值统合的语境下分析不同价值之间的关联，按照这个框架，孝道价值可以通过与自由、尊严、关怀等其他价值之间的相互支持而得到证成。②然而，德沃金的价值理论的最大困境在于在方法论上反对元理论和规范理论的划分，直接将价值的元理论属性等同于其规范属性，这种做法即使不会产生道德价值一元论的深层困境，也会破坏孝道价值的客观性。汉学家安乐哲（Roger T. Ames）等基于一种改造的"角色伦理学"从元理论层面对孝道的社群根基做出了分析和证成，并重新为儒家的孝道伦理进行辩护。③然而，角色伦理学并不需要预设伦理价值的客观属性，也会受制于外在变量，因此以角色伦理来理解孝道会遭遇伦理个体主义的困境，并且再次将孝道归为特定文化时空下

---

① 甚至有心理科学的研究证实了元伦理学立场与个体的伦理观念和道德判断之间的强关联性。See Geoffrey P. Goodwin & John M. Darley, The Psychology of Meta-ethics: Exploring Objectivism, *Cognition*, Vol.106, No.3, 2008, p.1360.

② 罗纳德·德沃金：《刺猬的正义》，周望、徐宗立译，中国政法大学出版社 2016 年版，第 135 页。

③ See H.Rosemont, Jr. and R. T. Ames, Family Reverence（xiao 孝）as the Source of Consummatory Conduct（ren 仁）, *Dao*, Vol. 7, No.1, 2008, p.14.

的产物。[①]

孝道理由的产生机制的完整说明需要综合和权衡其元理论面向和规范面向。孝道的不完全辩护可以忽略其元理论面向，比如基于功利主义的判断会主张说孝道盛行会促进社会团结和和谐，但脱离了对孝道的内在价值属性的分析，功利主义倾向的社会意义就会显得空洞。[②]元理论与规范理论的综合路径的切入点在于将父母的衰老（aging）视为一个规范性过程，而非角色转化和变迁。[③]伴随着衰老的时间过程，父母会进入舍夫勒所提出的“规范性匮乏”（normative poverty）的处境。[④]这种处境在父母身上呈现为生命的脆弱性、规范性关系的封存以及互惠关系的倒置。生命的脆弱性体现在生理性的衰老（包括疾病）对人的行动力（agency）的冲击从而引发自我管理和尊严实践的挑战。[⑤]规范性关系的封存指的是父母作为社会实践的参与者在人生工程之中所形成的社群关系，比如工作、友谊关系的终结，封存并不意味着这些关系对进入老年的个体彻底失去了意义，而在于这些社群关系的规范意义与个体自主实践之间产生了张力，从而引发规范性匮乏问题。[⑥]与之类似，正是由于父母进入衰老期而面临的行动力的挑战，因此父母与子女之间的互惠关系出现倒置，父母从施惠方转向受惠方。规范性匮乏的三个方面在证成的意义上产生了子女对父母承担生命扶持、规范性关系的维续和亲情施惠的孝道责任。这种责任关系是证成意义上的道德责任，因此孝道实践是一个道德问题；子女的孝道实践所内含的价值以内在的自然属性贯穿于实践过程之中，与孝道的证成面向共同构成了孝道的规范结构的完整形态。

（3）价值在社会语境被塑造的方式及其与价值自身属性之间的关系。孝道价值的社会面向是一个非常宽泛的问题，包括文化意义、社会意义和经济意义等诸多面向。[⑦]但显然孝道的制度意义是其社会面向的关键内容，包含着如何将孝道的内在理由转化为特定语境中的制度性机制，以及如何通过法律

---

① 参见郭齐勇、李兰兰：《安乐哲“儒家角色伦理”学说析评》，《哲学研究》2015 年第 1 期。

② 一个典型的例子是中国在城市化过程中家庭结构的巨大变迁，产生了严重的“空巢老人”社会危机，在这种情况下我们会把它视为一个社会问题，而非孝道价值落空的问题。参见李志强：《孝道危机时代下空巢老人权益的法律保护》，《河北学刊》2015 年第 1 期。

③ 参见林建武：《塑成作为伦理主体的父母与子女——勒维纳斯与儒家的孝道和父道》，《道德与文明》2016 年第 4 期，第 85 页。

④ See Samuel Scheffler, Aging as a Normative Phenomenon, *Journal of the American Philosophical Association*, Vol.2, No.4, 2016, p.508.

⑤ 关于行动力的规范意义，参见詹姆斯·格里芬：《论人权》，徐向东、刘明译，译林出版社 2015 年版，第 57 页。

⑥ Samuel Scheffler, Aging as a Normative Phenomenon, *Journal of the American Philosophical Association*, Vol.2, No.4, 2016, p.507.

⑦ See Joseph Raz, *Engaging Reason: On the Theory of Value and Action*, Oxford University Press, 1999, p.206.

配置和权利保护来保障这种机制。孝道的价值属性在转化为社会面向的过程中面对着一些限制性因素，比如由于文化和社会变迁的影响，孝道理由在转化为具体的实践要求时会出现梯度效应，即孝道会因为家庭结构的变化、经济发展状况、城乡发展差异和社会心理学因素而呈现梯度性规范状态，即子女为了克服父母的规范性匮乏而承担的孝道责任会存在重要性差异和评价标准的分层。[①]

三、孝道的公共德性与治理意义

（一）孝道进入司法

孝道的道德规范性是否能够经得起公共道德标准的检验？公共道德考量包含两个要素，一是道德价值被政治和法律贯彻的可行性，二是价值之间的相互融贯。尽管很多论者认为重塑孝道文化仍然具有坚实的制度基础，但在个体伦理实践与政治道德实践二分的立法结构之下，孝道立法必须是节制性的，传统意义上通过法律强制推行孝道的做法会加重家庭成员的道德负担，也会带来选择性执法的制度难题。同样地，孝道与个体自由、私人权利等价值存在着表面冲突，在立法中过分突出孝道会挤压其他价值的空间，引发融贯性困境。基于这两点，节制性立法是必然的选择。这是否意味着孝道不能通过公共道德检验，只能在法律制度上被边缘化，承担有限的文化和辅助功能？并不尽然。对节制性立法有两种解读方式，一是将之视为孝道价值的不完备性在立法中的体现，二是基于开放性视角将价值实践纳入到更为广阔的制度视野之下，探索公共道德实践的多元形态。司法实践最能体现出这种开放性，是一个有待阐释的空间，能够展现孝道通过政治道德检验的另一种可能性。

有学者对孝道的公共道德属性进行质疑或批判。温和的反对者认为孝道在私人道德实践中可以发挥作用，但不具备成为公共规范的基础。朱承认为孝道主要关注的是子女对父母的私人情感实践，因此属于私人美德，难以成为严格的、强制性的公共规范。[②]极端的反对者认为孝道完全不具备进入公共空间的道德正当性，刘清平认为奠基于血亲伦理之上的忠孝道德与儒家的仁义伦理是根本冲突的。而仁义道德所包含的“不可坑人害人、应该爱人助人”

---

① 参见胡安宁：《老龄化背景下子女对父母的多样化支持：观念与行为》，《中国社会科学》2017 年第 3 期；李永萍：《家庭转型的“伦理陷阱”——当前农村老年人危机的一种阐释路径》，《中国农村观察》2018 年第 2 期。

② 朱承：《“孝”是公共规范还是私人道德》，《道德与文明》2019 年第 6 期，第 47 页。

观念才是当今社会应该守为至善的道德原理。[①]

前面对孝道的元伦理属性的探讨部分地回应了孝道作为公共道德所面对的挑战，然而仍然需要回答的问题，如果孝道是公共意义的，那么这种公共性如何通过制度承载起来？在这一点上，孝道的公共道德辩护可以采取一种更为能动的策略。一方面，儒家伦理在辩护孝道基础上固然存在方法论上的困境，但现代伦理学提供了解决这一困境的资源，我们无需固守儒家思想传统，而是对现代道德哲学采取一种开放的态度。另一方面，也是更重要的一点，现代的政治和法律实践已经意识到排斥家庭所带来的各种消极后果，当前急需对家庭进行重新安顿，这是一个不同于传统道德价值一元论的全新命题。我国宪法对家庭做出了规定，这意味着家庭在我国法律实践中并不欠缺公共形象。唐冬平认为家庭除了个体自由和家庭伦理内涵，同时也具有公共利益维度。[②]然而由于公共利益概念的模糊性，对家庭的保卫如何与公共利益关联，以及法律制度应该如何设计以妥善地安顿家庭，国家、社会和家庭自身如何进行权利义务分配等，仍然是悬而未决的问题。[③]

孝道的公共道德属性隐藏在关于孝道之法治论辩的各种立场之中，孝道在哲学或伦理学中所引发的各种问题，并未在法学研究得到回应。因此，无论在法律实践中还是理论上，孝道究竟具有何种法律价值内涵，实际上并不清晰，其产生的直接结果是法律在对孝道做出规定时，总是进退维谷、左右为难，《老年人权益保障法》第十八条中写入“常回家看看”条款所引发的社会争议是鲜活的体现。其主要原因在于孝道的元理论面向未被充分挖掘，从而导致孝道的规范内涵在法律实践中的复杂过程中无法被完整呈现。由于社会结构的极度多元化、情感实践的复杂性与人性的纠缠，孝道这种传统的价值表达难以与注重形式正义和确定性的法律理解实现良好的调适。即使法律文本尽可能地对孝道的典型行为模式做出规定，比如在《民法典》之中突出家庭价值的重要意义和规范保护的必要性，但从司法案例中所包含的一些疑难来看，孝道的法律形象仍然需要面对规范文本与现实实践的巨大张力。在这种意义上，法律保卫家庭的恰当态度是采取节制性立法姿态，以尽可能克制的方式对孝道做出规定。具体体现是对家庭成员的权利义务设定以满足底线伦理为基本要求，无需通过专门立法对家事领域做出规定，分散立法并不

---

① 刘清平：《忠孝与仁义——儒家伦理批判》，复旦大学出版社 2012 年版，第 338 页。

② 参见唐冬平：《宪法如何安顿家——以宪法第 49 条为中心》，《当代法学》2019 年第 5 期，第 63 页。

③ 参见王丹：《新中国宪法文本中“家庭”的规范分析》，《河南大学学报（社会科学版）》2019 年第 6 期，第 57 页。

会损害家事立法的权威性。[①] 更务实的选择是通过建构性司法来展现家庭的社会意义以及孝道之公共道德的价值推理意义。

在司法实践中，家事审判包含着婚姻纠纷、子女养育和老年人赡养等各种事务，涉及孝道的判决也占很大比例。对孝道在司法推理和裁判中的形象进行考察，有两重理论内涵：一是对孝道的自然主义价值属性进行检验，二是从孝道的司法塑造中探索孝道进入法律的更为有效的制度模式。[②] 需要承认的是，孝道的社会实践复杂性在裁判中实际上展现得并不激烈，这主要是因为一方面关于孝道的法律规范本身并不多且偏于抽象，其次是在相应的法律规范基础上尚未形成完整的家庭制度形态。[③] 即使在司法裁判中，这种困境也以一种不那么激烈的方式被化解和疏导掉。从效果上来说，孝道纠纷的司法解决并无太多的制度成本，孝道在实践中的一个困境是并不存在与其价值属性相吻合的健全机制，比如老年监护制度，但即使这种制度缺失所带来的社会实践机制出现危机，比如大量老年人得不到生活保障和精神赡养，但在司法裁判中，孝道的社会危机经由独特的司法机制被转化，嵌入到一套教义学话语之中，伴随着孝道的修辞性情感表达，可以一种舒缓的方式化解孝道纠纷并适度地缓解孝道的制度缺失所带来的挑战。[④]

基于司法视角的分析更加关注孝道在裁判中的规范处境、推理结构中的位置，以及孝道究竟在何种意义上能够影响法官的决定。如何解决孝道的司法纠纷？除了一般意义上的法律推理模式问题，孝道案件面临着两个独特问题，一是法官的价值论证，二是案件裁判的社会意义。

第一，法官在裁判中不可避免地要进行价值判断，在涉及道德争议和伦理评价的案件中，比如情妇遗赠案、冷冻胚胎案和全国首例代孕子女监护权案中，关于婚姻、家庭和代际传承的价值判断甚至会成为案件裁判的核心。但法官不是伦理学家，法官的说理和论证能力存在局限，在判决中通常会进

---

① 参见张剑源：《家庭本位抑或个体本位？——论当代中国家事法原则的法理重构》，《法制与社会发展》2020 年第 2 期，第 146—147 页。

② 参见郑玉双：《孝道与法治的司法调和》，《清华法学》2019 年第 4 期。

③ 相比之下，传统法律实践中建立起了完整的家庭制度形态，但这种形态与司法在本质上确实是相冲突的。参见于语和、秦启迪：《家法族规中的“无讼”法律传统》，《江苏社会科学》2018 年第 3 期。

④ 法官对孝道的推崇在一定程度上承担着将孝道制度化的角色，但这种制度化存在着限制，且容易产生负面效果。比如在陈某真诉陈某领、陈某霞赡养纠纷案中，商丘市睢阳区人民法院受理案件后在陈某领所在村巡回审判，借助法官的教育、旁听群众的议论、父亲的控诉指责，迫使被告陈某领当庭承认自己的错误做法，跪求父亲原谅，并保证认真履行法院判决义务。该案纳入最高人民法院十起婚姻家庭纠纷典型案例（河南），作为法院维护社会主义核心价值观的示范。然而，这种通过司法打造“孝道红黑榜”的做法过度强调了纠纷解决的社会心理效果，与司法应有的制度性克制相冲突。参见最高法院公布婚姻家庭纠纷典型案例（河南）：http://www.court.gov.cn/zixun-xiangqing-16037.html。最后访问时间：2021 年 3 月 15 日。

行极简推理。比如在谷小妹诉仇爱娣等赡养纠纷案中，法官写道："子女除了须遵守法律规范，还需以伦理、情理、道义等传统美德来衡量要求自己。暖寒问候、侍候尽心、同胞同心、家人和谐，对母亲而言，胜似良药，价超万金"。[①]

从实用主义的角度来看，这种形式的判断方式能以情理暖化人心，使得法律裁判显得不那么冰冷。但孝道的情感性表达并不总是能够准确地传达孝道的价值结构和规范意义。在这种情况下，法官应该进行适度的价值论证，即使并无直接的制定法依据或者法律规定过于模糊，王洪称之为"衡平模式"，即"当法律因其太过刚性而不能适用于个别问题时对法律的补正，是对法律严格性的软化和缓解，是对法律缺点或难点的淡化或回避，是通过补救法律一般性的缺陷使法律走出不义的困境。"最典型的例子是于欢正当防卫案。于欢和其母亲在被困期间，被害人杜某对其母亲实施羞辱，事后于欢拿刀刺向杜某并致其死亡。最高人民法院在于欢案二审后将该案确定为指导性案例，在裁判要点中强调杜某的行为"亵渎人伦"，因此于欢的防卫过当行为情有可原。然而，这个意见仍然弱化了孝道在该案中的衡平意义，无法充分突出孝道在论证中突破机械且不合理的正当防卫教义的重要意义，实在是一种缺憾。

第二，案件裁判不可避免地会产生社会意义，家事审判的公共利益属性使得它们的社会内涵更为丰富，而且也有助于我们反思孝道的公共道德的落脚点。无论是婚姻还是赡养纠纷，司法裁判就如同冰冷的法律技术介入夹杂着人性与情感的复杂家庭关系之中。为了缓和这种张力，有学者建议将家事审判理解为一种并非解决法律纠纷的社会治理技术，其本质不是要理性使用法律，而是运用中国独有的家庭精神资源化解家事领域的情感危机。[②]然而，这种制度定位是对家事法律实践的误解，也陷入了道德价值一元论的桎梏之中。法律对于家事领域的介入，并不回避家事领域的各种价值冲突，但正确的选择不是从文化资源或者社会治理的后果考量模糊掉这些实际的冲突。家事冲突很大程度上表现为价值冲突，比如个人自由与家庭团结、人格平等与父母权威之间的冲突，对家庭价值的法律捍卫无需回避这些冲突，而是把每个个体作为有尊严的主体。在孝道关系中，基于舍夫勒提出"规范性匮乏"视角，我们可以把子女对父母的责任理解为基于父母尊严的互惠关系，父母的尊严和内在价值占据着推理的中心位置。[③]社会治理意义的司法容易模糊家事关系之不同主体的独立价值地位，而孝道的公共道德属性要求进入道德推理关系的主体，无论是父母还是子女，都是道德上具有能动性的独立行动者

---

① 谷小妹诉仇爱娣等赡养纠纷案［（2011）北民初字第0882号］。

② 参见李拥军：《作为治理技术的司法：家事审判的中国模式》，《法学评论》2019年第6期。

③ 参见郑玉双：《人的尊严的价值证成与法理构造》，《比较法研究》2019年第5期，第178页。

（agent）。

（二）孝道的制度空间与治理意义

司法只是通过法官在具体案件中的法律推理具体解决纠纷的一个动态过程，虽然能够对于特定事实的规范意义做出裁决，但价值实践是一个整体性的社会过程，孝道的社会意义也需要在整全的社会实践结构中被完整地建构。孝道的司法面向指出了孝道的公共道德构建的可行路径，以及应该克服的基本难题。这个过程可以分为三个方面，分别构成了对孝道进行更为深入研究的三个方向。

第一，孝道背后的整全性价值实践结构。人的价值实践毕竟是整体性的，我们总是需要对价值之间的关联或冲突提供理论解释方案。孝道的价值分析框架为分析其他价值提供了一个模板，特别是家庭价值和社会连带（social solidarity）价值。传统上对家庭和社会连带价值的分析容易陷入道德价值一元论的陷阱，反而会招致很多批判。然而，正如孝道一样，家庭价值可以在一个元理论与规范理论的理论框架中进行分析，从而释放出其规范效力，为家庭价值进入立法提供价值论辩平台。[①] 在这一点上，传统文化观念提供了强有力的文化意义上的思想支持。但家庭价值如何影响个体的道德推理模式和责任担当，以及社会连带价值如何转化为共同体成员的具体化实践方案和法律理由，需要将尊严、权利和自由等实质性的价值纳入。这会产生一个复杂的价值之网，但现代法治实践并不回避价值冲突，而是为实质价值论辩提供制度平台。

第二，孝道进入法律语境的规范原理。孝道受到法律保护只是孝道的规范效力的教义学结果，其原理在于把法律视为解决孝道的道德责任分配与冲突的凝结点和理性化方案，这种证成性原理可以称为法律道德主义。法律道德主义需要面对两个问题：一是孝道的价值属性向制度面向转化的过程中需要进行大量的价值论辩和公共建构，在制度建构中需要提炼出清晰的公共理性主张。二是孝道在法治结构中的转化并不意味着孝道的价值内涵一成不变，而是需要考虑制度成本和道德风险，特别是防止道德主义变成道德投机主义，法律道德主义需要基于孝道的自然主义价值属性提供一种可辩护的理性化方案。

第三，孝道影响法律推理的结构。从司法哲学的角度来看，法律推理的本质究竟是什么，法律推理中的价值难题如何解决，仍然是悬而未决的问题。一方面中国经历剧烈社会价值转型，另一方面司法过程中层出不穷的疑难案

---

① 参见张龑：《论我国法律体系中的家与个体自由原则》，《中外法学》2013 年第 4 期，第 714—715 页。

件（比如冷冻胚胎案）不断提出新的难以回避的推理难题。孝道在法律推理之中，是道德推理与法律推理结合的特殊形式，道德推理影响法律的推理方式，以及道德理由在法律推理中的分量，是比较宽泛的问题，难以一概而论，但孝道价值具有特殊性。孝道的文化分量不只起到修辞性作用，而应当具有足够的权衡力量。孝道作为一种自然主义价值，在推理中应当成为法官做出决定的权衡性理由或决定性理由。孝道理由与其他理由会形成竞争，可能在权衡中输掉。孝道在推理中也可能发挥决定性作用，成为判决的主要依据。在这种意义上，道德理由和法律理由可能会混同。作为道德理由的典型，孝道如何影响推理结构，需要建构一种一般性的司法哲学原理。①

四、结语

孝道如何成为一种实在的道德价值，与其如何在社会和法律制度中得以实施，是两个相对分离的问题。前者可视为一种元理论层面的探讨，后者关注的是孝道的实践意涵。然而，在中国法律实践的语境中，由于孝道实践所产生的各种含混，这两个问题应当放在一起分析。社会变革带来了家庭结构和伦理观念的巨变，现代法律实践中关于家庭事务的大量纠纷，最终表现为价值危机。解决这一危机的出路首先在于澄清孝道的价值本质。本文试图从道德哲学的角度分析孝道的价值结构及其与实践之间的复杂关系。尽管孝道实践会随着社会结构的变化而发生形式上的改变，但至少从情感上，我们认为孝道的价值本质并未变化。这为孝道的自然主义价值属性提供了直观上的支持，而道德哲学领域的相关资源能够确证这一结论。虽然孝道的法律意义在立法上被淡化，但在裁判之中仍具有丰富的价值内涵，遗憾的是，孝道的司法意义并没有被充分释放出来。通过把孝道的自然主义价值属性转化为道德推理理由和重塑现代家庭结构的辅助性力量，可以捍卫孝道的公共道德地位，实现家庭内部的正义。

（作者系中国政法大学法学院副教授，
本文为中国政法大学青年教师创新团队支持计划阶段性成果）

① See William N. R. Lucy, Criticizing and Constructing Accounts of Legal Reasoning, *Oxford Journal of Legal Studies*, Vol. 14, No. 3, 1994, pp.330-331.

自治与法治

张丽清

一、自治的内涵

不论从理论角度，还是从实践角度，约翰·自治（Autonomy）这个概念越来越受到当代政治哲学、法哲学的重视。契约论的代表约翰·罗尔斯（John Rawls）、托马斯·斯坎伦（Thomas Scanlon）都对自治给予高度关注。当然，如同对于诸多哲学基本概念的理解一样，对自治内涵的理解，尚难有众所接纳的经典定义。

从词源上讲，自治包含“auto”和“nomo”两个词根。据考证，古希腊用语中，“auto”有自我（sefl）、“nomo”有规则、法律（law）的意思，“Autonomy”含有“自己赋予自己法律”的词源内涵。此词最早被使用于古希腊城邦政治时期，初始即是一个政治概念，意指一个城邦的法律由其公民、而不是由统治者或者征服者制定。文艺复兴时期的思想者，将自治内涵从政治层面引申到个人意识层面，突出其唤醒自我、自我抉择、个体觉醒的内容，与自由概念更为接近。从“我”、“自我”、“内部”的视角阐释自治概念，强调其追求个人价值、自我解放的性质。

康德从哲学角度奠定了自治概念的近现代内涵。康德将通过自治实现道德的方式称为自律，自律是道德最高且唯一的法则。在康德那里，自治与自由、自律密切相连，“自由和意志的自己立法两者都是自律，因而是可互换的概念”[①]。“自律的概念和自由的理念不可分离地结合在一起，而德性的普遍原则又与这自律概念不可分离地结合在一起，这种德性原则在理念中为理性存在者的一切行动奠定了基础，正如自然规律为一切现象奠定了基础一样。”[②]从康德对意志自律的论述中可以看出，意志是人的特性，自律是意志的特性，自律依照其纯粹理性的法则或者绝对命令（categorical imperative）行事，道

---

① 康德：《道德形而上学基础》，杨云飞译，邓晓芒校，人民出版社 2013 年版，第 95 页。

② 康德：《道德形而上学基础》，杨云飞译，邓晓芒校，人民出版社 2013 年版，第 99 页。

德律不过表示了纯粹实践理性（pure practical reason）的自律而已。康德对自治概念的理解，有两点具有重要意义：一是从人之为人的本质，即人作为自由和平等的理性存在物、作为意志自主的本质特性，去阐释自治。对于人而言，自治具有一般性和普遍性。其次，自治是一种行动原则，是实践理性的结果，是理性抉择后的必然。一个人能够自治地行为，是一种理想的公民状态。也正是由于有自治愿望并能够自治行动，人们最终能以自愿平等的身份联合起来，制定法律并愿意服从自身制定的法律，从而构成社会的和政治的共同体。

自由主义哲学多将自治（自律）看作人作为理性存在物的本质特性，看作道德哲学、正义理论的基点。康德契约论的当代继承者罗尔斯，通过“无知之幕”这种更理性、更抽象的方法，阐释自由平等的人们如何自治地行动，如何在一个良序社会选择其所愿意遵从的公平正义理论。罗尔斯在论述权利优先理论时有过这样的分析，认为平等自由原则的正义理论，建立在康德的自律（autonomy）概念上。“存在着一种对衍生出平等自由原则的正义观的康德式解释，注意到这一点看来是恰当的。这个解释建立在康德的自律观念上。”“人是一种自由、平等的理性存在物，当他的行为原则可能是作为对其本性最准确的表现而被他选择时，他是在自律地行动着。”[①] 哈耶克将自治等同于他所强调的自由，他认为，一个人是否自由，并不是取决于他选择的范围，而是取决于他能否按照现有的意向形成他的行为。一个人如果不能按照自己的意向实际行动起来，某人的生活就是被他人控制和计划的，这个人也是不自由的。可以看出，自由主义哲学将自由和自治紧密联系起来，甚至在有些学者那里，自由和自治具有几乎相同的内涵。

没有自由自然谈不上自治，但自治并不等同于自由。美国曼里克教授认为，自由是一种价值，自治是一种能力，“自治是个人通过依照自身的决定，有意义的确定自己生活方向的能力。”美国另一位杰拉尔德·德沃金教授认为，对比自由，自治更受到地域、历史社会等诸多条件的限制，自治更接近于一种行为、一种程序、一种过程。举例来说，比如对于戒烟行为，一个人为了戒烟自愿接受诸多外在的、强制性的限制，被限制的正在戒烟的这个人不是自由的，但他却是自治的。德沃金对自治条件性、行为性的强调，和马克思主义对于自治的理解有某种相通之处。自治也是马克思主义的重要概念。对抽象的自由、自治观念，马克思的理解始终站在特定主体、特定生产关系的角度。自治指劳动者本人成为自己劳动的主人，自治是克服资本主义生产关系的经济异化和人的异化最终回归人自身的过程，自治是在人的历史实践活

---

① 参见罗尔斯：《正义论》，何怀宏等译，中国社会科学出版社 2009 年版，第 197、198 页。

动中实现人的自主生存状态。从一定程度上说，马克思强调的“自由人联合体”实质上是“人民的自治”、“无产阶级的自治”。

如果说，自由是一种具体的价值目标，自治则是包含了个体对自己生命的评价、抉择和最终的行动和实践。自由是自治的基础，自治与历史性、实践性、具体性紧密联系，具有程序、行动的特性。

二、法治的合法性基础：自治

在近现代法理学对法治的理解中，法治不仅是普遍的、非任意的，更根本的是对国家权力的限制。法学家反复描述法律规则的特性，如一致、不矛盾、清晰、可能被遵守等等，这些看似趋向形式主义的描述，不管描述主体是否有意识，或者是否统一，实质上他们对于法治的要求有一个共同的目的：法治中的法律，首先是可以预测的。法治的基本要求是人们可以借此规划自身的行为和生活。换言之，可预测性是形式主义法学和实质主义法学对法治的共同诉求。

法治的可预测性为什么如此重要？可预测性是维持社会秩序成本较少、相对理性的治理策略，也是一种基本可欲的目标。但可预测性，是否充分构成法治的合法性基础？

近代以后，为求得法律的可预测性、确定性，法学家曾经努力使法学朝向科学、朝向技术。从对法律概念、命题、规则、规范的解剖，从试图运用语言学等手段使法律变得更可分析，实证主义法学做出了大量努力。实证主义思想使法律朝科学化方向发展，法律研究也更多关照立法技术、司法判决方法。法律的技术化、规范化大大缩小了权力任性的空间，法律自身因为与政治、道德的分离越来越走向独立，法律可预测性的图景似乎日益切近。但是，迄今的努力表明，法治可预测性的实现，并非仅仅依靠科学化、技术化的努力能够完成。可预测性的达到，很难与人的价值及其综合的现实生活剥离。

人类社会及其行为并非完全技术、理性可以解释和覆盖，如哈贝马斯所言，科学只是知识的一种类型。如何在科学、形而上学和批判等不同知识形态之间寻找解决问题的办法，哈贝马斯有其解答。但完全通过技术化、科学分析的途径，寻求法律可预测性的努力，忽略了人本身行为的复杂性和现实生活的综合性。不论是德沃金朝向原则的努力，还是哈贝马斯商谈理论的介入，都在试图超越技术化的同时，用相对清晰、可以遵循、动态而非固化的方式解读人们复杂、综合的生活，试图解构那种认为找到一劳永逸的可预测性方法即可完成法治治理的美梦。

再退一步假设，即使我们确实能够获得明确、清晰的法律规则，即使人的行为具有了清晰的可预测性，能否可以说就是实现了理想的法治状态？或者说，这样的法治状态就是合理的？形式主义法治观坚持这样的观点。他们认为，法治的合法性并不依赖于法的内容（公正与否）及来源（民主与否）。换言之，法治的合法性仅仅依赖法治本身的形式特征。此观点所持有的理由是，在当代社会，道德相对主义、法律的复杂性和对政治代表的不信任，从形式角度确立法治的合法性，比从民主或者其他实质内容的角度，更为可靠。[①]这样的问题，涉及哲学更为元理论层面的问题。从哲学的角度，价值领域是否存在客观性？是不是只有事实层面现实的（可分析可证实，或者实实在在可欲的）才是合理的？价值论是哲学的元理论问题，不同于事实真理的价值客观性问题早已被哲学家关注。与必须超越主体寻求事实真理的方法不同，价值真理的追寻必须回到主体，回到主体与客体的关系之中。西方古典契约论者通过虚拟的契约所要表达的，并非刻意假想不存在的权力起源，而是在陈述这样一个要求：国家权力和社会规则来源于被约束的主体的同意，来源于被约束主体的主动选择。权力及法律不仅仅是靠外在强制力维持。契约方共同制定规则，不仅仅是同意规则的内容，同时也要遵守经过他们同意的规则。以罗尔斯为代表的当代契约论以一种更为抽象、理性的方式阐释契约论。契约论把人在本质上确定为自由、平等的存在物，力求从主体的特性及其关系的角度探讨法治的合法性根源。尽管最后契约论对人是本质的抽象认识，导致契约论本身的抽象，但契约论揭示了这样的观点：尽管秩序是人的秩序，但法治合法性的基础并不能归结为抽离人的可靠、确定、秩序本身，法治的合法性最终还是要回到主体本身，回到主体的选择和同意。

受法律约束的人们，为什么要遵守规则？只因为不遵守所带来的惩罚？只因为遵守带来的秩序和稳定？规则对人的行为能够产生强制力，不仅仅因为背后有警察监狱，不仅仅因为它的清晰、明确和秩序，产生可预见性。这背后有人的生活图景，人意欲如何生活的意愿。康德强调人为自身立法，这种法不仅包括人心中的道德律，也包括外在的实践法则，即法律。哈耶克认为被强制选择和无选择的生活，都是一种奴役状态。如果接纳人是自由平等存在物的本质，如果追求人是自由平等存在物的生活图景，可预测性、秩序等目标虽然重要，但最终要走向合意、选择、自治等内涵。我并非受命于外在事物的被动存在物。我遵守法律，其实只是在遵守我自己的选择和意志。我遵守法律，是我自主行为的一部分。源于自治，提升自治，促进自治，才

---

① 参见里卡多·加西亚·曼里克：《自治与法治》，张丽清编译：《法治的是与非——当代西方关于法治基础理论的论争》，中国政法大学出版社 2015 年版，第 156 页。

是法治合法性的基础。

对人本质理解的不同，是对人与规则关系理解不同的根本原因，是对法治合法性问题产生不同答案的根源。人们能够在某种程度上预测国家权力的运作，并就此决定自己的行为，计划自己的生活。这种能够计划自身生活的能力，是实现人们自治能力的必要条件。法治不仅从这样一个角度促进了自治，或者保障了自治。法治更实在的意义，是其规范来源于自治，是为了完成符合个体存在本质的自治。

三、自治的规范性保障：法治

法学家拉兹曾经谈到自治的三个必要条件：正常的心智能力、充足的选择和独立性[①]。认知存在障碍的人可能缺乏足够的心智能力去做抉择；大饥荒中，人们显然没有充分的选择权利，处于特定严峻环境下的人也是如此，没有充分的选择权，谈不上自主决定；奴隶和农奴缺乏独立性，当然也不会有自治行为。按照拉兹的看法，如果一个人缺少上面三个条件中的任何一个，他都不可能有自主的生活。对于那些存在严重心智缺陷的人而言，即使他们享有足够的独立性和选择范围，也谈不上享有自治。如果行使这些能力是在依赖条件下或者不充分选择情况下进行的，那么这些行为不能称之为自治。

从拉兹的自治必要条件出发，法治能为自治提供什么？国家通过此前颁布并被人们了解的规则行使权力，可能既不能赋予人们独立性，也不能给予人们充分选择（可能有部分选择），当然更不能提高他们的心智能力。这样是不是说，法治可以与自治相互分离，法治对于自治没有必然的意义？

从法的可预测性角度，人们越是能预测自己的行为结果，越是具有自治的可能性。可以说，以可预测性为特征的法治，为自治提供了可能性，或者提供了部分选择的现实结果。如果从形式要件的角度认可法治，或者说法治仅仅是形式意义的，可以得出，法治对自治有所帮助，但仅此而已。法治允许人们至少在两项行动中做出选择并且预知各自行动后果，人们在事前预知自己的行动结果情况下在做与不做之中做出选择，这种可预测性有助于自治，但并不能真正提高人的自治能力。

我们对法治的界定，不仅是可预测性、确定性、清晰性等形式要件，还包含如下内容：规则的来源是遵守规则的主体的合意的结果，规则是法律主体的主动选择并愿意自愿遵守的结果，强制力也是他们自己接受的对自己的处罚，法治能够做到的，就不仅仅是维护了某种有限选择的能力，给予人们

① Raz, Joseph, *The Morality of Freedom*, Oxford University Press（1986）. pp. 372-373.

自主决定一个狭小的空间，而且使人们以一种规范的方式进行自我选择和自我管理。在一个动态的自我选择、自我管理过程中，人们尽量朝向充分选择，或者会为充分选择创造条件。这是一个不断前进中的、反复循环的过程，在这样一个理性选择和承担结果的反复中，人的心智能力、理性能力、选择能力、独立能力都在受到不断的磨练，人与他人、人与共同体的关系也在这样一个过程中，不断被批判地认识，不断接近那种关系所应有的本质。

法治在这种意义上，促进和提升了人的自治能力，但法治是不是自治的必要条件？现代社会，没有法治状态，人们是否也能通向自治之路？认可这种观点的，在自由无政府主义或绝对市场经济的拥趸者那里并不少见。也许这些人不反对自然法或者习惯法，但对国家法保持警惕或者排斥态度。他们更加警惕国家法的强制力、攻击性、扩张性，“政府只是把不规则和专制引入法律”，现代法治体系在他们眼里同样是一种强制和专制，他们推崇一种无政府（无国家强制力，或者说无国家制定的法律）状态下的自治秩序。[①] 对此我的观点是，近代国家的发展进程，以及市场经济的运转过程，以历史实践方式已经给了我们有益的启示：国家权力与个人意志并非二元对立、有你无我。从应然的角度，国家权力存在的意义恰恰应该以个人权利为目的，而将国家权力与个人有机连接起来的，恰恰是法治这种近代治理模式。

近代以后，法治成为自治的必要条件，或者是保障自治的基础，主要原因如下：其一，法治可以限制膨胀和侵犯性的国家权力，运用权利的力量使权力本身受到约束，划分了国家产生后个人自治的最强有力的威胁——国家权力的界限。其二，非法治的社会，个体往往屈服于权力之下，或者屈从于丛林法则的强者之下，何谈自我选择和依照某种计划生活？其三，法治使平等的自治主体之间的合意生活具有现实可能性。法治不仅约束国家权力，更提供了一种工具、一种程序、一个框架。在这个框架中，每个平等主体之间有可能在协商、讨论和妥协过程中实现自身与他人理想生活的共存，并通过保障他们的计划能力最终实现自治。

因此，在国家与个人、个人与个人如何共处的意义上，没有法治就没有真正自治的可能性。法治是自治的必要的规范性保障。

四、民主是沟通自治与法治的桥梁

罗尔斯说，一个真正的人的生活，是按照理性计划的生活。自治是符合

---

① 参见杰拉德·凯西：《无命令的法律》，张丽清编译：《法治的是与非——当代西方关于法治基础理论的论争》，中国政法大学出版社 2015 年版，第 92—93 页。

人的本性及其生活的观念（对于比人更高等或更低等的物的本性的认识，很可能不同）。正如上文说明的，契约论及自由主义思想流脉对人及自治观念的理解，都是从抽象角度出发的。从抽象个人的角度，个人可以按照自治的原则生活。从某种抽象化理论的角度，或者依照康德式的解释，每个人的自治最终可以达成一种普遍的自治，自治原则可以获得抽象层面的普遍存在。但如马克思批评的，人是存在于一定社会现实条件和一定历史范畴中的，人的自我抉择、自治也不是抽象的。需要在历史实践范畴内对自治进行思考。在某一特定历史条件下，每一个主体的选择都受到自身诸多社会条件的限制。即使在同一历史时序，主体的存在不仅仅以抽象、孤立的个体形式，每个个体都以个人、群、类的三种方式存在着。一个人即是一个自我的个体，也是社会的一个份子，存在于不同的错落交融的群体中，具有不同的社会身份。作为群体、类的一员，现实主体之间需要相互尊重、妥协，需要形成某种公共的规范约束，才可能形成共同体的有序生活。否则，个体将无法进行自我矫正，个体自治之间将因冲突而无法实现自治或者造成诸多不公。

如何在现实的多层次个体、群体共存中实现自治？首先需要法治的保障。法治的规范性、强制性使个体与国家及个体之间的冲突获得和平而非暴力的解决方式。如果这种强制性仅限于解决冲突、维持秩序，法治也极有可能是压制、限制自治的手段。当我们努力在“法治”（rule of law）与“法制”（rule by law）之间进行区分时，是旨在突出法治的限制国家权力的要素，突出法治最终如何为人的生活服务的要素。秩序、可预测性是人的生活图景，但这是不是法治能够给予人的最大可能性的生活图景？实证主义法学者或许认为，超越秩序、可预测性的目标是不可欲的，否则在一个价值多元和相对的时代，过于模糊和难以确定的目标，反而使秩序和可预测性这些基本的目标变得也不可能。部分自由主义者却远远不甘于此，他们努力使自我立法、自我抉择、自己遵守自己成为现实，换句话，使自治的生活朝向更可能。

在法治保障下使自治生活得以可能的，离不开民主。自古希腊的古代民主政治后，民主一直是政治生活最为重要的内容。不管是投票方式下的多数人做主，还是对“公意”、“协商”等内容的讨论，民主的核心要素是强调人民自己治理自己。民主之所以被认为是正当的，根本原因是基于对人的认识，人具有意志自主且这种意志自主应该受到平等的尊重。自治是民主的核心。如果说，自治的主体是个人，民主的主体则是那些有机联系起来的个人——人民；如果说，自治是一个社会概念、个体概念，民主则是在此基础上的政治概念、群体概念。个人如何转化为人民中的一分子，个体意志如何在公共生活中既保持其独特性，又能与他人达成协调一致，这个过程恰恰是民主的程序过程。在一个没有自治要求及自治能力的社会，根本谈不上真正的民主；

具有强烈自治诉求的社会，必然要求民主政治制度。

能够保障自治的法治，其来源也应该是自治的。换句话，其规则的产生，本身是民主的结果。如果以民主的方式完成立法过程，规范的产生是公民合意的结果，那么遵守法律规范就是公民在遵守自身，法治来源于自治，既是自治的结果，也是自治的保障。规则是受约束主体的自愿接纳，强制也是内在的强制。这样的逻辑当然是一个理想的层面，如何以民主方式完成立法，人类尚在摸索实践中。代议制、是否等同于民主？现代技术的发展能否使直接民主具有实现的可能？即使真正实现直接民主，依照民主程序产生的结果是不是理性并值得考验的？

世界各国都在结合具体情况探索适合自己的民主、法治、自治之路。一个不言而喻的实践经验是：不断的民主法治实践中，有自治期望的个体会不断成熟自身的理性，不断跳出个人的计算理性而走向一种公共理性。他 / 她会越来越知道，平等地对待他人，才能使自己被平等地对待；在兼顾他人期望的同时，自身的期望才更容易得以实现。这种个人理性到公共理性的转变，生活理性与政治理性的融合，经民主过程后理性经验获得积累和提升，最终朝向自治生活的努力，是在非民主实践中永远不会获得的。

（作者系中国政法大学人文学院哲学系原副教授）

从"电车难题"看价值多元与法治共同体建设

倪寿鹏

随着全球化的发展，人与人之间的交往关系不断丰富，过去地域性的相对单一的价值观受到前所未有的挑战。在世界性的多元文化影响下，我国社会的价值观也日益显示出多元化的样态，人们在许多问题上难以达成共识。在家庭内部，不仅为谁去做饭能大吵一架，据报载一对哲学博士夫妻竟然因对黑格尔的不同理解而分道扬镳。中华传统价值观礼崩乐坏，"一切神圣的东西都被亵渎了"[①]，人们难免陷入思维和实践的困境。伦理学领域的"电车难题"不仅在大学哲学课堂上被研讨，而且风靡到学术圈以外，这就是当代价值多元的一种具体表现。对此，只有积极建设社会主义法治文化，打造社会主义法治共同体，合理分配每个人的权利和责任，才能切实推动社会的和谐与进步。

一、"电车难题"引发的争论

英国哲学家菲莉帕·富特（Philippa Foot）1967年在《牛津评论》上最先提出"电车难题"，这引起了哲学界乃至社会各界人士的浓厚兴趣。美国哲学家朱迪思·贾维斯·汤姆森（Judith Jarvis Thomson）1985年在《耶鲁法律学刊》上就提出了一个旁观者视角的新版本。自从哈佛大学迈克尔·桑德尔（Michael Sandel）教授2009年以"电车难题"开堂的视频公开课上线以来，"电车难题"的讨论热度在世界范围内再度提升。美国学者托马斯·卡思卡特（Thomas Cathcart）2013年出版了《电车难题》一书，同样受到了东西方广大读者的欢迎，2014年就有了中文版。

在卡思卡特版的"电车难题"中，奥克兰居民达夫妮·琼斯（Daphne Jones）女士在街上行走时，发现一辆失控的电车高速行驶，而前方轨道上有五个人。危急时刻，琼斯女士看见手边有个道岔，她立即扳动道岔将电车引

---

①《马克思恩格斯选集》第1卷，人民出版社2012年版，第403页。

入岔道，挽救了那五个人的生命，却造成事发时刻站在岔道上的旧金山居民切斯特·法利（Chester Farley）先生身亡。琼斯女士的所作所为是对是错？许多社会成员给出了迥然相异的评价。

获救的五人之一萨利·乔·卡利亚吉蒂斯（Sally Jo Kariakidis）说：“我当然对法利先生的家人表示同情，但我觉得琼斯女士减少伤亡的举动是大多数人都会作出的选择，而她并不应当为此受到谴责。”[①] 法利先生的女儿桑德拉·法利（Sondra Farley）则要帮助父亲讨一个说法，主张对琼斯女士进行定罪。

有意思的是，旧金山市长给琼斯女士颁发了见义勇为奖，表彰她的非凡机智和勇气。区检察官克利夫兰·坎宁安（Cleveland Cunningham）却认为琼斯女士犯有非预谋故意杀人罪，因为“琼斯女士私做主张，认定法利先生一人的死优于另五人丧生，但她‘无权扮演上帝’。”[②]

然而，事发当日巡警请示旧金山警察局总部，总部指示认为琼斯女士的行为符合第一百九十二条杀人罪第三款例外：“为避免自己或他人丧生或重伤，造成他人死亡的，不论是否故意，不构成杀人罪。”[③] 或许也由于此，该案在市、州两级法院都没有公诉立案，最终由全民民意法庭开庭审理。全民民意法庭是民主国家的最高法庭，具有改变宪法、创造新法的能力，因此可以超出具体法条，基于全民民意来判定琼斯女士是否有罪。为了充分体现全民民意，法庭请各方人士发表意见。从哲学上看，这些意见的理论根据主要有功利主义、义务论、伦理直觉主义等。

辩方律师玛莎·鲍姆加滕（Martha Baumgarten）女士援引了英国伦理学家边沁的功利主义观点。在边沁看来，一个行为是否正确应以其造成的社会后果为标准，“最多数人之最大幸福”应成为我们的行为准则。这种道德观注重现实的功利后果，属于典型的“后果论”。从功利主义的后果论看来，琼斯女士杀一救五的行为无疑是道德的，应该予以嘉许的。但是，在大众心目中，抽象的五大于抽象的一，具体的五未必大于具体的一，生命的价值是很难计量的。伦敦大学政治学讲师阿比沃顿·恩泽欧格乌（Abiodun Nzeogwu）说，被牺牲的“那个人如果名叫钱宁·埃尔斯沃思三世（Channing Ellsworth Ⅲ），一个有着私人游艇的亿万富翁；或者是一个名叫拉特雷尔·佩顿（Latrell

---

① 卡思卡特：《电车难题——该不该把胖子推下桥》，朱沉之译，北京大学出版社 2014 年版，第 14 页。

② 卡思卡特：《电车难题——该不该把胖子推下桥》，朱沉之译，北京大学出版社 2014 年版，第 13 页。

③ 卡思卡特：《电车难题——该不该把胖子推下桥》，朱沉之译，北京大学出版社 2014 年版，第 20 页。

Payton）的清洁工——这在美国人眼里会不会有所不同。”[①] 或者，被牺牲者如果是一位救死扶伤的顶级医生，获救的五人是正在密谋恐怖袭击的极端分子呢？而且，这种为多数牺牲少数的做法一旦普遍化，社会上人人自危，其连锁效应未必就符合社会的最大功利。

区检察官坎宁安则援引了与功利主义针锋相对的德国哲学家康德的义务论观点。在康德看来，我们应从实践理性的绝对命令出发，将人当成目的而非手段，并依照我们希望成为普世法则的规则行事。从义务论道德观看来，琼斯女士的“见义勇为”是以法利先生为手段来达成的，她并没有将法利先生当作目的，而是剥夺了他的生存权。这种做法辱没了人的尊严，是不道德的。如果放任甚至鼓励这种行为，费城的罗德尼·梅普斯（Rodney Mapes）医生也可以为他擅自摘取一名送医的轻伤员的器官移植给另外五名重伤员寻求道德支持了。坎宁安质问公众：“如果国家随时可以破门而入将你抓捕，摘取你的两颗肾脏，因为这样可以挽救两名肾衰竭的病人，你们希望生活在这样一个社会吗？”[②]

针对坎宁安对琼斯女士的指控，鲍姆加滕女士为琼斯女士进行了辩护。她特别否定了琼斯案与梅普斯案属于同一类型的说法，强调后者与前者不同，“涉及了故意（而非预见）的不良后果，涉及了对于被害人的直接（而非间接）的行为，以及新危险的造成（而非对既存危险的转移）。”[③] 她认为对大多数人来说，“我们‘感觉’到达夫妮一案和梅普斯医生一案之间存在区别，但至于能否讲明区别究竟在哪儿，这并不重要。凭感觉来判决达夫妮一案，我们无需感到不好意思。哲学家们甚至给这种方法起了个高级的名字：伦理直觉主义。”[④] 从伦理直觉主义出发，善恶都是自明的。问题是人们的直觉有时较为一致，有时又几乎是相反的。直觉总是受到自然和文化的深刻影响，在直觉发生冲突的时候，我们又应该以谁的直觉为准呢？

在《公正：该如何做是好？》一书中，桑德尔教授对解决“电车难题”的上述思路都不满意，但他没有正面回答这个问题。从全书来看，他希望超越功利主义、义务论等道德观，回到亚里士多德的德性主义，在理论上强调

---

① 卡思卡特：《电车难题——该不该把胖子推下桥》，朱沉之译，北京大学出版社 2014 年版，第 133 页。

② 卡思卡特：《电车难题——该不该把胖子推下桥》，朱沉之译，北京大学出版社 2014 年版，第 39 页。

③ 卡思卡特：《电车难题——该不该把胖子推下桥》，朱沉之译，北京大学出版社 2014 年版，第 51 页。

④ 卡思卡特：《电车难题——该不该把胖子推下桥》，朱沉之译，北京大学出版社 2014 年版，第 52—53 页。

“公共善优先于个体权利”，在实践中探索“一种道德参与的政治”[①]。他认为在重大道德是非问题上，政府和公民都应该积极介入。不过，究竟“怎样才能既承认共同体的道德分量，同时又给人类自由留下余地？”[②]如果承认公共善优先于个体权利，其内容怎样确定呢？诸公共善若发生冲突，哪一种最应该遵从呢？难道功利主义和义务论不也是以自己的方式提出某种公共善吗？对于这些问题桑德尔教授在该书中并没有给出令人信服的说明。

从马克思主义的价值“实践说”看来，上述观点都属于哲学上的价值独断主义，即人们对自己价值判断的立场和适用范围缺少反省就断然下了结论。价值独断主义者把自己所追求的价值，看作与主体的生活情境无关的，看作代表着对对象的唯一正确把握、和客观真理一样放之四海而皆准的。李德顺先生在《价值独断主义的终结——从“电车难题”看桑德尔的公正论》一文中认为，桑德尔反对功利主义和义务论的独断，这些方面他的观点是有道理的，但他却回到了一种更古老的德性主义的独断。德性主义的问题不在于对人类德性的信奉，而在于信奉考总是把自己所认同的某种规范看作最高的“德性”，而无视其主体性条件和范围。在“电车难题”中，各方参与者都围绕“琼斯女士是否有罪”来争论，也可说都想找到某种“最高德性”来下决断，结果只是徒劳。这一方面是不懂得价值的主体性特征，混淆了价值与真理所致；另一方面是不了解多元主体的层次结构，将不同场域的权利和责任胡乱搭配所致。只有通过精准化的法治尺度，尽可能明确不同主体在不同社会关系场域中的权利和责任，才能最大限度地消解价值多元带来的矛盾。这实际上也是推动构建社会主义法治共同体的过程。

二、法治：价值多元的底线规范

从霍布斯和休谟以来，许多哲学家就明确地认为价值不是客观自在的，而是与主体的情感相关的。李德顺先生在马克思主义价值论领域的一大贡献，就是进一步揭示出这种价值情感的实践基础，从存在论高度将价值的本质理解为一种客体主体化的关系质态。由于同一客体与每一具体主体之间都构成一种特殊的价值关系，因而其在不同主体的价值意识中必然获得不同的评价，被认为有着不同的价值。就此而言，价值在本质上就是多元的、因人而异的，不能指望它像客观真理一样放之四海而皆准。一种价值规范对这群人有利，对那群人就可能不利；对同一群人此时此地有利，异时异地就可能相反。在

---

① 桑德尔：《公正：该如何做是好？》，朱慧玲译，中信出版社2012年版，第305页。

② 桑德尔：《公正：该如何做是好？》，朱慧玲译，中信出版社2012年版，第252页。

“电车难题”中，人们从各自的主体性立场出发，在法律条文有待明确的情况下，对“琼斯女士是否有罪”发生争议是正常的；侵害人和受害人观点完全一致才违背常理。

在迎来个性解放的全球化时代，社会上价值多元是普遍现象。针对这一现象带来的理论和实践困境，与其徒劳地追求言人人殊的实质正义，不如优先建立健全法律制度追求程序正义。程序正义虽然不能保证结果一定符合各方心目中的实质正义，但它至少是稳定的、明确的、一视同仁的，各方可借此合理规划自己的生活。程序正义也不是纯粹形式的，对这种形式的采用本身就蕴含着一种尊重各方主体地位的实质正义。如果没有这种程序正义，人们用功利主义、义务论和德性主义等各种版本的具体的实质正义党同伐异，必然陷入霍布斯所谓“人对人是狼”的丛林状态，或黑格尔所谓“一切人反对一切人的战场”。通过法治明确主体在不同社会关系中的权利和责任，才能在一定程度上使价值独断主义走向终结，使价值多元演化为百花齐放的社会主义精神家园。

李德顺先生指出，现实的人作为主体是有多个层次的，我们不必在个人主体和共同体主体之间进行非此即彼的选择。在多元多维的社会关系网络中，每个人、每个群体都有多重主体身份，也相应地有着多重权利和责任。“对人的主体角色及其权责定位不准或辨认不清，甚至将个体和共同体的权责彼此混淆颠倒，往往是使价值判断不能准确公正的真正原因。”① 在“电车难题”中，我们可以说琼斯女士是“扳道岔”这一具体行为的主体，却不能说她是“见义勇为”这一一般规范的主体。规范的主体只能是整个社会。琼斯女士选择了扳道岔，这是在社会上受到多年教育熏陶的结果。她是作为社会的成员、国家的公民采取了符合主流价值观的行为。因此，旧金山市长代表社会对她给予奖励是合乎情理的。但是，国家对待公民应该一视同仁，琼斯女士有她的权利和责任，法利先生也有他的权利和责任。无论琼斯女士的行为是犯罪还是见义勇为，法利先生无辜枉死总要有人负责。琼斯女士的行为可算作紧急避险而免于处罚，其所带来的损失受害者家属可申请国家补偿。如果像书中一样，代表公权力的旧金山市长只记得给琼斯女士发锦旗，却忘了慰问和抚恤法利先生的家属，那是非常失职的。

李德顺先生进一步指出，在许多人还将“电车难题”视作无解之谜的时候，一些法律实践已走在了哲学争论的前头。这些法律实践其实也蕴含着一种主体哲学，即以每个主体在其不同社会关系中的具体身份为根据，寻求其

---

① 李德顺：《价值独断主义的终结——从“电车难题”看桑德尔的公正论》，《哲学研究》2017年第2期。

权利和责任的统一。一言以蔽之，就是让个人的归个人，团队的归团队，国家的归国家，人类的归人类。只有具体的主体身份清楚，权责统一，各有担当，才是解决纷争的出路。如果说价值独断主义经常让人“怎么做都不对”，陷入进退两难的困境；那么用精准化的法治尺度来评判，明确每个人的权利和责任，就是要让人们“怎么做都对”，充分体验“的自由”[①]。要达到“从心所欲不逾矩”，在儒家主要是“心”的修养境界问题，在马克思主义价值论中则主要是“矩”的制度合理性问题。这二者应该是相辅相成的。

针对卡思卡特版的“电车难题”，李德顺先生提出的解决思路是非常有启发性的。不过，在对法条或主流价值观有疑问的情况下，法利先生的家属未必会接受国家补偿，或者虽然接受了国家补偿，但是反对紧急避险的案件定性。紧急避险能否以生命权为客体？这是一个历代法学家争论不休的问题。在法律思想史上，卡斯东·斯特法尼（Gaston Stefani）、理查德·A. 波斯纳（Richard Allon Posner）、平野龙一、我国学者张明楷等持“肯定说”，汉斯－海因里希·耶塞克（Hans-Heinrich Jescheck）、托马斯·魏根特（Thomas Weigend）、木村龟二、我国学者马克昌等持“否定说”。世界各国对这一问题的法律规定也不相同。可见，这一难题在法律实践中并没有被真正解决。从某种意义上说，“电车难题”不是哲学家杜撰出来的思想试验，而是法律实践等面临的现实难题在哲学理论层面的反映。这里的关键或许不在于琼斯女士的行为能否被认定为紧急避险，而在于是否有一套实现民主法治的程序使同类行为获得一视同仁的裁决。

为了克服价值多元带来的困境，李德顺先生强调主体的权利和责任必须统一，这一点也是有真知灼见的。不过，单纯的权利与责任统一似乎只能达到一般主体的概念，却达不到自由、平等的主体的概念。不难设想，在某种家国同构的政治制度中，最高统治者像大家长一样拥有很大的权利和责任，普通人拥有很小的权利和责任，每个人的权利和责任都是对等的、统一的，但这显然不是一个自由、平等的社会主义社会。在马克思构想的“真正的民主制”社会中，最高领导人的权利和责任或许比普通人仍然大得多，但这种权利和责任是民主赋予的，并在法治程序约束下通过特定的职位来行使，它与其说属于领导者个人，不如说属于体制的公共主体。要达到这种效果，除了强调每个主体的权利和责任必须统一，我们还要强调对权利和责任的公正分配。在“电车难题”中，人们既纠结于每个人的权利和责任是否对等、统一，又纠结于应该分配给每个人多少权利和责任。有一点是明确的，就是要

① 李德顺：《价值独断主义的终结——从“电车难题”看桑德尔的公正论》，《哲学研究》2017年第2期。

解决“电车难题”，首先要建立一种法治共同体。

三、共同体：在国家与社会的良性互动中发展

在历史唯物主义视野中，法治共同体不是从来就有的，而是历史的产物。要建立法治共同体，不能仅仅靠少数哲学家的先知先觉，只有大多数人都有“要法治不要人治”的意愿，才有建设成功的指望。先知先觉者的启蒙和引导固然十分重要，但思想的力量只有与当事人的利益相似或一致，才能真正落到实处。对于整个社会利益格局的变动情况，唯有通过生产方式的发展来加以解释才能呈现出清晰的历史逻辑。

古代人受制于落后的生产力水平和不发达的交换制度，“越往前追溯历史，个人，从而也是进行生产的个人，就越表现为不独立，从属于一个较大的整体”。[①] 那时单个人离不开家族，正如单个蜜蜂离不开蜂房一样。在以家族为单位的社会中，每个人必然受他人限制，形成各种各样的人身依附关系。概括地说，古代人的法权观主要是这种人身依附关系在人的观念中的折射。在这种人际关系网络中，主体的权利和责任通常取决于其在等级秩序结构中的身份，而不取决于其通过个人努力而成就的自由个性。这种身份的高度同质化和等级化决定了社会生活中价值的单调性和统合性。由于很少有自主把握命运的可能性，所以人们习惯于等待和依靠彼岸的神明和世俗的明君贤相来主持公道，这便造成了人类历史悠久的人治文化传统。

在人类发展的资本主义阶段，生产力突飞猛进，社会物质交换遍及全球，使单个人摆脱家族独自生活成为可能，这便带来了有关正义的新的呼声。用恩格斯的话说，“大规模的贸易，特别是国际贸易，尤其是世界贸易，要求有自由的、在行动上不受限制的商品占有者，他们作为商品占有者是有平等权利的，他们根据对他们所有人来说都平等的、至少在当地是平等的权利进行交换。……社会的经济进步一旦把摆脱封建桎梏和通过消除封建不平等来确立权利平等的要求提上日程，这种要求就必定迅速地扩大其范围。…… 就很自然地获得了普遍的、超出个别国家范围的性质，而自由和平等也很自然地被宣布为**人权**。”[②] 在这一时期，资产阶级市民社会蓬勃发展，逐渐脱离了封建国家的掌控，最终反过来主导了国家权力。于是人们不再迷信教会和国王的权威，用一种法学世界观取代了神学世界观，起码在形式上致力于建设自由、平等的法治共同体，这才开辟了人类政治文明的法治之路。

---

①《马克思恩格斯选集》第 2 卷，人民出版社 2012 年版，第 684 页。

②《马克思恩格斯选集》第 3 卷，人民出版社 2012 年版，第 482—483 页。

在自由放任的资本主义发展阶段，资产阶级和无产阶级的利益严重分化，自由和平等仅仅停留在法律条文上，“人的解放”止步于“政治解放”。世界无产阶级被迫掀起了波澜壮阔的共产主义运动，最终建立了苏联等社会主义国家。在这些社会主义国家中，人们曾经认为推行计划经济就能实现对资本主义的超越，实践证明这种教条主义的马克思主义是没有出路的。过度集中的政治体制通过计划指令经济制造了新的社会等级身份，同样使得人们的权利和责任更加失衡，这构成苏联模式社会主义失败的一个重要因素，并在一定程度上促成社会主义中国的改革开放。有学者认为，改革开放四十多年以来，我国的政治体制已发生显著变化，“一是，国家权力恢复其公共权力的本来面目，职能逐渐缩小，并服从于人民整体利益和市民社会需要，同时也保留着必要的政治性质和职能；二是，逐渐缩小的政府职能不断地还原为社会成员普遍的平等自由权利，使‘人民为着自己的利益重新掌握自己的社会生活’”。[①] 这种变化的实质就是要通过推进社会主义民主法治，一方面限制和规范国家的权力和职能，另一方面培植繁荣和成熟的社会主义市民社会，保障每个人自由和全面发展的权利，使国家和社会实现良性互动，力争建设成功社会主义法治共同体。这也是对社会主义市场经济下主体多元、价值多元的承认和协调，必将有助于“电车难题”等的解决。

综上所述，由于生产方式的演进，社会形态的发展，导致更加个性化的多元主体出现，社会生活面临价值多元的挑战，形成各式各样的“电车难题”等困境。对此，我们不能因为看到社会主义民主政治及其经济基础有这样那样的副作用就因噎废食，而要积极发展更加规范、完善的社会主义市场经济，不断推动构建社会主义法治共同体，使不同种类、不同层次的价值都能在统一的法律体系中获得合乎情理的安顿，从制度上保障“每个人的自由发展是一切人的自由发展的条件。”[②]

（作者系中国政法大学人文学院哲学系副教授）

① 马长山：《国家、市民社会与法治》，商务印书馆 2002 年版，第 234 页。

②《马克思恩格斯选集》第 1 卷，人民出版社 2012 年版，第 422 页。

乡村法治的价值体系探赜[*]

王金霞

乡村法治分有法治的一般性，是“法治在乡村”而不是“乡村的法治”。许多乡村法治的特殊性问题事实上都应算作普遍性问题，也即乡村法治是在法治普遍性基础上的特殊性。现今许多关于乡村法治的研究中似乎过于关注其特殊性方面，过于强调其本土性和个别性，而对于法治的一般性、普遍化的价值体系讨论不足。法治是现代社会公共性最为重要的表现形式之一，立法过程一般表现为公共主体基于公共理性、公共利益、公共品德就很多公共问题进行公共立法，司法和执法则是适用和执行公共规则的过程，其同样排斥私人性。乡村法治同样承载着乡村的诸多公共性价值，我们可以从法治的目的价值和工具价值进行深入诠释。

一、乡村法治的目的价值

这里，法治的目的价值是指基于法治自身的内容和形式即可以承载的公共性价值，包括基于法治的普遍性、一般性、明确性、不溯及既往、稳定性、平等性、公正性等内在形式和良法的实质内容，可以承载的乡村正义和秩序。在实质上，法治原初的出发点即为私权自治和公权受限，在乡村则表现为保障村民权利和限制村干部权力。

1. 乡村正义

法哲学视角之下正义的普遍性话语在乡村正义的问题上有其从普遍到特殊的指导性意义。正义是个宏大的话语体系，为说明乡村正义的普遍性或一般性问题，可以从正义的一对范畴的角度进行论证——形式正义和实质正义。形式正义的核心是法律面前人人平等，同等条件下同等处理，任何人不得享有法律之上的特权，平等是形式正义的核心。② 形式正义中的“形式”也内涵

* 本文系国家社科基金专项重大项目“社会主义核心价值观与法治文化建设研究”（项目编号：17VHJ005）的阶段性成果之一。作者系西北政法大学法治学院讲师、法学博士。

② 参见阿图尔·考夫曼：《法律哲学》，刘幸义等译，法律出版社 2011 年版，第 176 页。

了程序，形式正义包括了程序正当的涵义。村民平等地享有权利和履行义务，用看得见的方式获得这种权利和义务，是乡村形式正义的基本要求，最终促成法律合秩序性的实现。实质正义则需要遵守法律的合目的性，如在内容上符合罗尔斯意义上的两个正义原则，即平等的自由原则；不平等的安排应该：机会平等原则，有利于最不利益者的最大利益（差别原则）等[①]。另权利必须得到救济，分配正义需要有矫正正义的保障，乡村实质正义要有一定的救济手段来保障和衡平，并考虑法律运行的实际效果等等。在乡村正义的层面上，法治的普遍性并没有多大的差别，或者说在乡村法治的层面上，可以体现所有的法治普遍性。

在乡村正义普遍性原理的基础上，可以展开其具体分析。正义问题最基本的方面需要区分“谁之正义”“何种正义”的问题，正义的主体性问题是解答乡村正义问题的关键，如现今乡村正义的“边缘人”问题尤为突出。乡村中常住人口自是乡村正义的核心主体，这一点毫无争议，但是一些由城乡二元体制等原因造成的诸多农村的“边缘人”，他们是否应该享受乡村正义？如农村“出嫁女”是否应该享有村民待遇？村民待遇包括享受本村的宅基地使用权、使用公共设施的权利、承包经营权、参与决策的权利、参加征地补偿款、集体经济组织分红的分配权。[②]有些户籍依然在村里，但是生活已经完全在城市当中的村民，是否还应该享有村民待遇？[③]农村的大中专学生是否还应该享有村民待遇，尤其是土地权益？[④]并不是某村村民，但长期在某村居住和生活，是否也应该享有村民权利？另外诸如出生农村的军人、超生子女等能否获得村民资格？

这里牵涉的重要问题即是村民主体资格该如何获得的问题。这在我国的《村民委员会组织法》第十三条中作了相关规定：村民委员会选举前，应当对下列人员进行登记，列入参加选举的村民名单：户籍在本村并且在本村居住的村民；户籍在本村，不在本村居住，本人表示参加选举的村民；户籍不在本村，在本村居住一年以上，本人申请参加选举，并且经村民会议或者村民代表会议同意参加选举的公民。另外，依据某些地方性法规的规定，如《浙江省村经济合作社组织条例》第十七至十九条就社员资格作出了明确规定，确立了以下规则：（1）法定取得——“户籍＋法定情形”。该条例第十七条规定：“户籍在本村，符合下列条件之一，且遵守村经济合作社章程的农村居民，

① 参见约翰·罗尔斯：《正义论》，何怀宏等译，中国社会科学出版社 2009 年版，第 47、237 页。

② 这里的“外嫁女”多指“嫁而不出”，虽然已经嫁出本村，但户口未迁出或拒绝迁出的成年女性。参见陈端洪：《排他性与他者化：中国农村“外嫁女”案件的财产权分析》，《北大法律评论》2003 年第 2 辑。

③ 陈晓强：《浅析农村集体经济组织成员资格的认定》，《农村经营管理》2019 年第 8 期。

④ 刘灵辉等：《“三权分置”制度下农村大学生土地权益保障研究》，《西部论坛》2019 年第 3 期。

为本村经济合作社社员：（一）开始实行农村双层经营体制时原生产大队成员；（二）父母双方或者一方为本村经济合作社社员的；（三）与本社社员有合法婚姻关系落户的；（四）因社员依法收养落户的；（五）政策性移民落户的；（六）符合法律、法规、规章、章程和国家、省有关规定的其他人员。”据此规定，除了遵守章程以外，社员的标准就是“户籍＋法定情形”。需要指出的是，法定情形包括有户籍的法定情形和无户籍的法定情形。其中，没有户籍但保留社员资格的法定情形，主要包括军人、大学生和服刑人员。条例第十八条规定：“因下列原因之一户籍关系迁出本村或者被注销的，应当保留社员资格：（一）解放军、武警部队的现役义务兵和符合国家有关规定的初级士官；（二）全日制大、中专学校的在校学生；（三）被判处徒刑的服刑人员；（四）符合法律、法规、规章、章程和国家、省有关规定的其他人员。”（2）议定取得——“履行章程＋表决通过”。条例第十九条规定：“除本条例第十七条、第十八条规定以外的人员，履行村经济合作社章程规定义务，经本社社员（代表）大会表决通过的，可以成为本社社员或者保留本社社员资格。”例如，在本村出生的回乡养老的城市居民，即使户籍迁入本村，也并不当然享有社员资格。只有村集体讨论决定同意的，才可以成为社员。[①]

依据上述基本规定，我们可以从法理上确定一些对村民资格取得进行完善所应遵守的一般性原则。首先是标准法定原则。村民资格问题是确立村民权利和义务的基础性问题，应该由法律确立其基本框架，再由地方性法规、自治规范进行补充。现今的《村民委员会组织法》当中只从村民选举权的角度确立村民资格问题，应该予以扩张，确立为一般性规定而非仅仅是选举权。现今法定的标准可能也存在问题，《村民委员会组织法》目前确立了以户籍为基准的村民资格制度。那么，基于长期在村里生活的事实可否获得村民的主体资格？具体而言，如来到农村支教的教师，来到农村从事医疗防疫卫生的医生，甚至是在村里长期经商的人，来村庄承包土地等的经营者，是否能够获得村民资格或者部分村民资格？这几种情形按照目前的法律规定可能就是难以解决的。现今的村民资格尽管并不一定是什么“香饽饽”，但也存在“只出不进”或“出去容易进来难”的封闭性，应该予以适当改变。前述“出嫁女”问题也应该在标准法定的层面上进行解决。这一问题背后，有关农村社员权、农村集体成员权的法律确立也成为亟待解决的问题。[②]第二个重要的补充性标准是权利和义务相对等原则。没有无权利的义务，也没有无义务的权利。村民要享有一定的村民资格及其他权利，应该为乡村尽一定的义务。这个原则

---

① 应秀良：《农村集体经济收益分配研究——兼论社员资格的取得与丧失》，《人民司法》2016年第10期。

② 参见陈小君：《我国农村集体土地成员权的立法选择》，《清华法学》2017年第2期。

至少可以为实际在村庄生活的村民取得村民资格提供一定的依据。而事实上不在村庄生活的村民，不尽乡村义务的人员，也不应该享有乡村的某些权利。第三个补充性原则是法律父爱主义原则。即法律应该为一些不利益群体提供一定的关爱。村庄的相关法律法规也应该体现村庄作为共同体所应尊重的共有情感基础，这里应该为一些"边缘人"如农村户籍的军人、大中专学生、超生子女等提供村民待遇。第四个原则是特殊取得应该遵守实体和程序相结合原则。特殊取得是对上述一般性取得的补充，特殊性村民资格取得问题应该有实体和程序的双重规定，规定几种特殊情况以及附加程序性设置（如经过村委会集体决定）。

2. 保障村民权利与限制村干部权力

乡村法治以保障村民权利为基本的出发点。这里的村民权利除了村民的私法权利，如财产权（各种土地权利、获得宅基地的权利等）、人身权（人格权、隐私权、姓名权、名誉权、人身自由权等）。尤其需要加强对村民程序上的权利、公法上的权利以及一些新兴权利的保障。程序上的权利如听证权，与村民利益相关的一些行政决定或集体决定，一定要听取村民的意见建议；各种程序法上的权利，正当程序权利如获得辩护的权利、申请回避的权利、获得法律救济司法救济的权利等。实体上的权利村民事实上难以遗忘，程序上的权利村民则并不一定具有权利的敏感性，因此需要提升村民的程序权利意识。公法上的权利如生存权（困难村民获得救济的权利等）、发展权（受教育权）、尊严权、选举权和被选举权、结社权、宗教信仰自由权等，"公民四权"（中共十七大报告中的重要提法，内容为知情权、参与权、表达权、监督权）则显得尤其重要。[①] 公法上的权利是私法上的权利的重要延展，也是对私法上权利的保障，"公民四权"的保障程度是乡村法治的完善程度的一块试金石。与知情权相关，乡村法治建设需要加强村里的信息公开建设，村庄的年度财务明细、获得救济的人员信息、获评先进的人员信息等与村民息息相关的信息都应该予以公开。在新兴权利方面，尤其是数字正义的问题上，乡村数字鸿沟难以跨越，村民的信息近用权（网络权）的保护是村民权利保障的急切问题。[②] 一些乡村集体权利如环境权利的保障问题也日益突出。现今农村发展过程中遇到的所有问题都可以看到其与村民权利问题的紧密相关性。

---

① 参见王金霞：《权利是法治的元概念》，《学习时报》2017 年 1 月 11 日，第 7 版。

② 2020 年初，由于新冠肺炎疫情的暴发，教育部推迟开学时间，提倡"延期不延学，延期不延教"，从而展开了大规模的远程教育实践。然而，在诸多偏僻的农村，由于网络信号不好，缺乏上网课的条件，乡村数字鸿沟展现得尤为明显。由此造成的极端结果是令人痛心疾首。见《河南一贫困户女儿因无法在家上网课，吞药物自杀》，搜狐网，https://c.m.163.com/news/a/F6LNH20I0001899O.html?spss=wap_refluxdl_2018&spssid=b37d8056c667a94ef2d05c6221294d5c&spsw=9&isFromH5Share=article&from=timeline&isappinstalled=0。最后访问时间：2020 年 3 月 2 日。

2011年，汕尾市乌坎村四百多名村民因土地、财务、选举等问题对村干部不满，上访、打砸、罢市，形成群体性事件。从中可以看出村民权利意识的觉醒与乡村法治建设任务的紧迫性。

保障村民权利与限制村干部权力是乡村法治建设的一体两面。村干部是游离于国家行政干部体制之外、不在编、不脱产的“边缘化”干部，主要是指通过村民自治机制选举产生的、在村党组织和村民委员会及其配套组织担任一定职务、行使公共权力、管理公共事务、提供公共服务，并享受一定政治经济待遇的工作人员，包括村党支部书记，村民委员会主任、村长等。近些年来，由于乡镇企业的发展、农村征地补偿、分给村民安置房、政府的扶贫救济款项拨付等原因，村一级干部所能接触或使用的资源日渐丰富起来，“小官大贪”的情况也屡屡出现，村干部的权力限制问题日益突显。用法治的方式限制村干部权力，主要体现在两个重要方面：一个是用村民权利制约村干部的权力，“公民四权”等都是制约权力的有力方式；二是用权力制约权力，现今乡村权力也体现了某种“一把手”主义，用权力制约权力则要做到用法律或自治规范的方式确立分权，切实落实《村民委员会组织法》，落实或者激活现有法律的制度存量，让村民委员会也发挥重要的治村责任。现今诸多村庄存在着村支书权力过大，而村民委员会则流于形式的情况。

保护村民权利和限制村干部权力，这意味着用法治思维和法治方式去解决乡村遇到的诸多困境。尽管强调这两点，并不意味着法治在乡村的目的价值只是这两点，或这两点只是单向度，即对村民的权利一味地保护，而对村干部的权力则一味地限制。法治意味着权利，但权利一定和责任不分离，村民的权利也意味着村民有用好权利的责任，需要提高村民的权利意识和担当意识。那些较为隐性的维度，如用权利制约权利，用权力制约权利等，同样是法治思维和法治方式的重要内容。划定权利和权力的边界，村民不能滥用自己的权利，村干部在法治之下同样可以促进其施用权力。所有这些，都是乡村法治的意义所在。

二、乡村法治的工具价值

乡村法治的工具价值是指通过法治思维、法治方式、培育乡村法治文化等途径，促进其他很多乡村法治外在价值的实现。当代著名法哲学家阿列克西在讨论法概念问题上为反对实证主义的法概念，曾提出原则论证的三个命题：第一为安置命题，即每个最低限度发展的法律体系必然会包含原则；第二为道德命题，即法律体系所包含的原则必然具有某种道德关联性；第三为正确性命题，即法律体系必然包含道德原则使得法律和正确的道德之间具有必然联结。[①] 在乡村法治的层面上，法治的工具价值很多都可以通过原则方式而在乡村法律或自治规范中获得安置或接纳。乡村法治的有效实施，维护和促进了特定价值目标或价值原则的实现。

1. 乡村法治涵养公序良俗

公序良俗，是公共秩序和善良风俗的简称，一般指国家社会存在和发展所必须的一般秩序和一般道德，是特定的文明得以维持和发展，社会避免无序和解体的社会利益。法律中的公序良俗原则主要在民法当中进行规定，公序良俗则作为联结社会公共利益、社会一般道德与民法的纽带。[②] 美国法学家庞德曾把与法律相关的利益划分为三种：个人利益、公共利益和社会利益。个人利益是指直接以个人生活名义提出的主张、要求和愿望（如人格利益、家庭关系利益和物质利益等）。公共利益是政治组织从政治生活角度出发，以政治组织社会的名义提出的主张、要求和愿望（如作为法人的国家的利益，作为社会利益监护者的国家利益等）。社会利益是从社会生活角度出发，为维护社会秩序、社会的正常活动而提出的主张、要求和愿望（如一般安全利益；家庭、宗教、政治等社会组织安全利益；一般的道德利益；保护社会资源的利益；一般进步的利益；个人生活方面的利益）。[③] 借助于庞德的社会利益概念，公序良俗原则的核心即是维护社会利益，由乡村法治所涵养的乡村公序良俗则可以表现为对社会利益的类型化或具体化。

概言之，乡村公序良俗内在的社会利益主要表现为：（1）乡村的公共安全利益，如公共人身安全、公共卫生安全、公共交易安全等。（2）乡村家庭制度、乡村宗教制度、乡村政治制度等社会制度安全。（3）一般的乡村公共道德。（4）保护乡村社会资源的利益。（5）乡村公共发展的利益。（6）村民个人生活中的社会利益，如维护村民的自我主张和表达的权利、提供村民各种机会和保护村民生活条件等社会利益。这些乡村社会利益需要由现代法治体系提供保护，在村民的自治规范当中也应该把这些社会利益纳入其中。

2. 乡村法治促进乡村富裕

富裕已经蕴含在乡村公共发展的社会利益当中，但值得更进一步的解释，尤其是乡村法治如何促进乡村富裕。依据共同富裕的政策，要让一部分人先富起来，让先富带动后富，最终实现共同富裕。应该说，富裕较多需要依靠个人的努力，发挥个体的聪明才智，法治在何处用力则需要探讨。然而，法治之于富裕可能是基础性的，在法治的基础上才能更好地实现富裕。在财产

---

① 罗伯特·阿列克西：《法概念与法效力》，王鹏翔译，商务印书馆 2015 年版，第 77—88 页。

② 于飞：《公序良俗原则研究——以基本原则的具体化为中心》，北京大学出版社 2006 年版，第 2 页。

③ 罗斯科·庞德：《法理学》第 3 卷，廖德宇译，法律出版社 2007 年版，第 18 页。

清晰、交易安全、秩序良好的基础上，村民的富裕才更容易实现。

乡村法治为乡村富裕提供了制度基础和富裕的厚度或意义深度，乡村法治为乡村富裕提供坚实的保障。改革开放以来，我国农村土地政策经历的过程，事实上就是不断走向乡村法治的过程。农村的体制改革是从安徽凤阳小岗村开始的。小岗村的村民一致同意实行“大包干”，并订立三条铁规：一是瞒上不瞒下，不许任何人向外透风；二是交粮油时，该是国家的按时交国家，该是集体的按时交集体，不准任何人装孬、拖欠；三是万一走漏风声，领头人为此蹲班房，全队社员共同负责把他的后代抚养到 18 岁。这三条规定一夜之间变成了小岗村包干到户的“最高宪法”。社员全都表示决不反悔，并逐一在他们的“法律”上按下了手印。[①] 正是实践中出现了这种土地包产到户的需求，这种需求在得到政策支持并逐渐完善后，成熟的家庭联产承包责任制得到建立。1982 年 1 月 1 日，中共中央批转《全国农村工作会议纪要》，指出目前农村实行的各种责任制，包括小段包工定额计酬，专业承包联产计酬，联产到劳，包产到户、到组，包干到户、到组，等等，都是社会主义集体经济的生产责任制。1991 年中共十三届八中全会通过的《中共中央关于进一步加强农业和农村工作的决定》，提出把以家庭联产承包为主的责任制、统分结合的双层经营体制作为我国乡村集体经济组织的一项基本制度长期稳定下来，并不断充实完善。家庭联产承包责任制作为农村经济体制改革第一步，突破了“一大二公”“大锅饭”的旧体制。随着承包制的推行，个人付出与收入挂钩，农民生产的积极性大增，农村生产力得到解放。最终，1993 年宪法修正案明确承认了农村中的家庭联产承包责任制的地位。1999 年宪法修正案规定，农村集体经济组织实行以家庭联产承包责任制为基础，统分结合的双层经营体制[②]。

家庭联产承包责任制解放了农村的生产力，通过宪法和法律的方式确立农村土地制度改革的成果，为村民富裕奠定了坚实和稳定的基础。由中共十八届三中全会提出的有关农村土地的“三权分置”改革（即农村土地所有权、承包权、经营权分置），事实上也是新一轮的通过改变制度促进村民富裕的又一重大举措。

3. 乡村法治提升乡村文明

文明的整体视野之下，现今中国所经历的过程正是文明的转型过程。与农业文明（农耕文明）紧密相关的是道德文明、宗教文明等，与工业文明（商工文明、资本主义、或有学者所称的西方文明）紧密相关则是法律文明、科

① 参见徐俊：《单一种植业农村社区的变迁：安徽凤阳县小岗村调查》，陆学艺主编：《改革中的农村与农民：对大寨、刘庄、华西 13 个村庄的实证研究》，中共中央党校出版社 1992 年版，第 40—59 页。

② 详见《中华人民共和国宪法》（1982 年宪法，2018 年最后修改）第八条。

技文明等。如有学者指出的，从人类发展史的纵向观点来看，人类已形成的文明主要是两大类别——农耕文明和商工文明，即主要以农耕生产为社会物质资料来源的文明和主要以商工生产为社会物质资料来源的两种根本性不同的文明。商工文明是一个完整的人类生产、生活、管理、思维的文明形态，它包括思维方式的理性化、文化观念的人本化、交换方式的市场化、生产方式的工业化、分配方式的普惠化、生活方式的城市化、政治组织的民主化、管理方式的法治化等。[①] 乡村文明是中华农业文明的积淀，乡村法治则是要在农业文明中注入工业文明的新鲜血液。

文明的细节方面，乡村法治是促使村民生活方式改变的重要方法，村规民约成为改变陈规陋习的有效手段。在笔者调研的湖南中部某农村，为改变"大操大办"陋俗，村民们根据当地实际制定了相关村民决议，法治思维和法治方式已经为村民所广泛采用。

××村移风易俗实行红白喜事从简操办的决议

全体村民同志们：

随着经济发展，生活富裕，各种奢侈之风盛行，特别表现在操办红白喜事喜事中。为了改变这一陋习，经村支委提议，村支两委会议商议，党员大会审议，村民代表决议，决定在我村实行红白喜事从简操办的决议：

一、成立红白喜事理事会

会长：×××

副会长：14人名单

成员：20人名单

二、严禁大操大办：

1. 凡举办酒席，事先提前一天向理事会申报，红喜事控制在25桌以内，白喜事控制在180桌以内，半夜不兴餐，桌子上不准摆瓶装酒和饮料，只限米酒；除做事人员外，其他来宾一律只准发零烟。送葬不发整包烟和红包。

2. 白喜事不搭台唱戏，不搭设豪华灵堂，不准请各种乐队搞娱乐汇演，提倡简易K歌。

3. 白喜事孝家和亲戚只允许请一支迎宾队和"一条龙"队。

4. 请和尚超度只能一天一夜，提倡追悼会悼念方式。

5. 禁止燃放烟花、礼炮，定点燃放少量鞭炮（限1000元以内鞭炮），确保广大村民人身安全。

---

① 张恒山：《略论文明转型》,《学术交流》2010年第12期。

6. 每次红白喜事必须由理事会二人参与监督，如弄虚作假，按30%收取费用及追究理事会参加人员责任。

7. 注意环境卫生。在办理红白喜事中，应保护好环境卫生。每操办一场喜事交卫生押金500元，喜事办完，由村专管卫生领导检查，合格后退还押金，如不合格，押金不再退还，由村保洁员清理干净，作为工资费用。

三、提倡厉行节约，反对铺张浪费，白喜事金额控制在5万元以内，超过5万元按20%收取费用，用于村公益事业或困难户救济，在5万元之内奖励1000元。

四、村干部、党员、村组长、理事会成员要带头执行。

本决议自公布之日起施行。

全体村民：一粥一饭，当思来之不易；半丝半缕，恒念物力维艰。希望大家在操办红白喜事上提倡厉行节约，反对铺张浪费！

我承诺本户如操办红白喜事一定按上述决议执行。

承诺人 ______________

××村民委员会

2018年4月10日

以上决议既有实体性规则又有程序性规则，既有鼓励性规定也有惩罚性规定，规定细致且经过村民参与讨论和同意的程序，在提升乡村文明程度方面产生了良好的效果。这种类型的村民决议和乡规民约，在乡村自治过程中已经比较普遍，是对乡村法律法规的重要补充，也是乡村法治提升乡村文明的有力证明。

结　语

相较于城市法治的实践，乡村迈向法治的过程更为缓慢，因此越发需要强调法治的普遍性方面。基于乡村法治价值体系的普遍性视野，可以发现现代法治在乡村法治层面的一般性，证明乡村法治也只是现代法治展开的一个具体环节，乡村法治的实践提炼也在呈现出和法治普遍性之间的对接。乡村法治普遍性价值体系的讨论也有利于为乡村法治的具体问题提供普遍性解答，目的价值和工具价值可以提供解释乡村法治价值体系的基本框架，目的性价值的充分展开有利于更好地实现乡村法治的工具性价值。

（作者系西北政法大学法治学院讲师）

法文化史

歌德的欧洲及近代史思考

——《浮士德》中的海盗、海洋自由与欧洲新秩序

谷　裕

引言　海洋由自然物到攫取权力和财富的场域

《浮士德》(下)第五幕前三场呈现了15世纪航海大发现以来欧洲国家有组织的海上冒险、海上劫掠活动，表明战争、商贸及海盗行径已取代中世纪基督教的三位一体，成为左右欧洲近代政治经济、宗教伦理格局的新三位一体。在《浮士德》(下)中，浮士德(Faust)走出书斋和情感等私人领域，来到时空广阔的大世界，进入公共生活和政治实践。从此，海洋问题便有节奏地出现在舞台上。但直至最后撰写的第四及第五幕之前，约翰·沃尔夫冈·冯·歌德(Johann Wolfgang von Goethehe)对海洋的认识和思考显然还囿于自然或地理层面，并未在陆地与海洋的大格局中呈现海洋在政治、国际法，特别是宗教和伦理方面给近代欧洲带来的严肃挑战。

在第二幕的“爱琴海湾”这场中，海洋代表四大元素中的水，与爱若斯(Eros)神一道，生成和养育生命，令万物以温和的渐进方式塑造成形。[①]在第三幕开篇，特洛伊战争结束，海伦(Helen of Troy)作为斯巴达的战俘，“乘着如马鬃般高耸的浪脊”、“借波塞冬的惠顾并欧洛斯［东南风］的力量”(*Faust*：8490—8493)，回到父国的海港。海洋在此符合荷马史诗所反映的地理现实，当然也包含了漂泊和返乡的寓意。在第四幕中，梅菲斯特(Mephisto)脚踏“匆匆前行”、被称为“进步”的七里靴而至(see *Faust*：10066—10067之间的舞台提示)，在经“火成”[②]——地壳剧烈变化——由地

① See J. W. Goethe, Faust. Texte, hrsg. v. Albrecht Schoene, Berlin: Deutscher Klassiker Verlag, 2017, 8474-8487. 后文出自同一著作的引文，将随文标出该著名称简称“*Faust*”和引文所在行数，不再另注。

②“火成论”是18世纪出现的地质学基本理论之一，该理论把地下热火看成地质现象的主要动力，而且并不认为火是地质变化的唯一动力因素，水和火都起作用。

狱翻转而成的高山之巅，向浮士德展示“世上的万国与万国的荣华”（*Faust*：10131），此时浮士德坦白了他的“宏图”：前工业革命时代市井的殷实富庶、帝王的豪华奢侈，都不再能满足他的欲望；他已把目光转向“脚下的地球”，准备以沛然的勤劳和果敢，用“行动”释放“人的贪婪”，在广阔空间赢得“权力、财产！”（*Faust*：10186）。至少从此刻开始，地球对于浮士德已不再是一个平面，而是一个有地壳和地核的球体；世界也不再等于以欧洲为中心的陆地，而是分布着已知陆地和海洋以及新发现的大洲。在俯视“脚下的地球”时，浮士德的身份显然已不再是追求知识的学者，也不再是游历大世界的旁观者，而是即将演变为觊觎权力和财富的近代绝对君主。

把目光移向深远的海洋，是欧洲国家所谓“地理大发现”之后的共同转向，也是欧洲由传统农耕、手工业、陆路—内河—内海贸易，转向近代海外殖民、海外贸易、海外掠夺、资本积累乃至民族国家形成的必由之路。浮士德的这一转向，标志着欧洲人从中世纪的旧秩序迈入近代（新时代）的新秩序。然而，这一关键转向却长时间为学界所忽视。这一方面是因为意识形态化的解读，例如，二战前的解读倾向于把浮士德解释为德意志民族精神的代表，而二战后则把拦海造陆解释为改造自然、为民造福。即便当今学界试图消除意识形态干扰的解读，也不过立足于菲勒盟—鲍咯斯（Philemon-Baucis）悲剧，从人道主义角度，把浮士德解释为滥杀无辜的殖民者。[①]种种与意识形态化对抗的解读，无论观点如何新颖，论证如何有力，其宗旨无不是在批驳以往观点的基础上，提出相反的观点，但探讨的问题并未突破以往的框架，也未打开新的视域。[②]

另一个原因则在于歌德及作品自身。《浮士德》（下）第五幕的写作顺序与文本最后呈现的顺序并不相同，歌德先创作了后面部分，然后再完成了前面部分，这使得一般读者难以捕捉到他思想的变化。具体而言，第五幕中浮士德死亡、升天的结局，包括著名的临终独白，均创作于1825年前后，因为歌德提前写好了结尾，以求首先确保戏剧结构完整。集中呈现海洋问题的第五幕前三场以及昭示海洋转向的第四幕，则先后创作于1831年间，即歌德去世的前一年。1825年至1831年短短数年间，欧洲和德国的格局发生了变化，或许歌德自己的认识也在升华，但读者却仍习惯性地把注意力集中于浮士德

---

① See Rüdiger Scholz, *Die Geschichte der Faust-Forschung. Weltanschauung*, *Wissenschaft und Goethes Drama*, Bd. 1, Würzburg: Königshausen u. Neumann, 2011, S. 352ff.

② 就此问题最新集大成者也未涉及歌德《浮士德》与海权问题，参见 Michael Jaeger, *Wanderers Verstummen*, *Goethes Schweigen*, *Fausts Tragoedie. Oder*: *Die grosse Transformation der Welt*, Würzburg: Königshausen & Neumann, 2014, S. 454ff; 歌德《浮士德》最新和最权威注释版就此三场的评注亦未特别提到海权问题，详见 J. W. Goethe, Faust. Kommentare, hrsg.v. Albrecht Schoene, Berlin: Deutscher Klassiker Verlag, 2017, SS. 703-731.

的临终独白。歌德先写成的这部分确实仅止于拦海造陆：已然目盲的浮士德虽预感到了决堤之灾，却仍在描画想象中的愿景。[①] 然而在后来新添加的部分中，歌德的笔力显然已从改造自然的后患，转移到“脚下的地球”和“深远的大海”。换言之，海洋已从自然物过渡到攫取权力和财富的场域。与之相应，浮士德的“事业”也转向开凿运河、海上劫掠以及与此同时进行的芟除旧秩序。

一、浮士德的“事业”：开凿运河、海上劫掠

近代史上，海外殖民和海外贸易首先需要建造港口、开辟航道。航线首先是贸易通道。为缩短航行距离，提高贸易效率，需要开凿连接内陆河或沟通大洋的运河。歌德时代，德国境内正在动议开凿莱茵—多瑙运河，欧洲也在讨论开凿连接地中海与红海、大西洋与印度洋的苏伊士运河。歌德查看专业书籍，跟踪信息，密切关注这些新事物。[②]

由于第四幕提及拦海造陆，于是第五幕给读者造成了一个错觉，即有劳动大军在日夜兼程地“挖掘”：聪明的主人指使能干的仆役，“挖掘沟渠，修筑水堤”（see *Faust*：11123—11134）。这似乎指拦海造陆所需工序：修筑水堤把滩涂与海水隔开，阻挡海水入侵，然后挖掘沟渠，排出海水，形成堤内陆地。然而事实上，第五幕反复描写的却是另一条沟渠：“火光排开向海岸绵延，至晨间便有运河出现。”（*Faust*：11129—11130）同时，修建该运河的目的并不是为了连接水路，而是为了连接海港与浮士德的宫殿，是为了把海上舶来的货物转运至浮士德的宫殿前，再由此搬至宫中宝库，由他亲自查点计算。这才是重点所在。与之相应，在运河尽头、在填造的陆地上早已有投入使用的港口：“海天之际有帆船驶来！/ 寻找夜间停靠的港湾。/ 如鸟儿认得自家的巢头，/ 那里已有它们的港口。”（*Faust*：11099—11102）

帆船和港湾指示着近代海上活动，表明浮士德已不再是中世纪意义上固守于土地的封建领主，他获取权力和财富的愿望要通过海洋来实现。他通过造陆获得“自由的”土地，亦即无先主且无需纳税之地，然后建造海港去开拓无主的、自由的海洋。一切都洋溢着新时代的兴奋和喜悦：帆船“兴致勃勃”地驶入港湾；驳船上“彩旗欢快地迎风飘扬”：“一艘大驳船正欲起锚，顺运河来到咱的宫殿 /……/ 绚丽的驳船欢欢喜喜，乘清爽晚风扬帆来仪 !/ 乘风破浪，盆满钵满，大箱小笼，高高堆起 !”（*Faust*：11163—11166）歌德时

---

① 关于第五幕的成文及拦海造陆问题，详见 J. W. Goethe，*Faust. Kommentare*，SS. 704-710. 注释者提到了运河连接海港和宫殿，这启发了笔者，但注释者并未继续论及海盗和海权问题。

② See J. W. Goethe，*Faust. Kommentare*，SS. 707-708.

代的舞台不同于今日的银幕，如此大场面只能通过语言来呈现。宫殿塔楼上的瞭望人林叩斯（Lynceus）通过传声筒，向主人浮士德报告所见景象，更有舞台提示："豪华的驳船，满载全世界异域的各色货品。"（*Faust*：11166—11167 之间的舞台提示）

这便是大约 16 世纪欧洲海外商船返航时的情景。"欢欢喜喜"既暴露出海员的心情，也传达出主人接货时的喜悦。值得注意的是，梅菲斯特只是船长暨船队的领班，船队真正的主人是宫中的浮士德，如靠岸时水手们向他致意："洪福永驻！保护神，我主！"（*Faust*：11169—11170）双关词"保护神"也是"船主"之意，表明浮士德既是船队的主人也是船队的庇护者。在近代语境中，此主人会为船队提供船只、乃至为海外冒险投资颁发航行许可。接下来瞭望人直接用赞美诗句式和用词，对浮士德称："水手称颂你[①]赞有福，值此吉时幸运向你致意。"（*Faust*：11149—11150）文中用着重的"你"置换了神，表明对于水手而言，浮士德已取代旧神，成为新神。另一个文字游戏则再次把浮士德与海上冒险融为一体："浮士德"一词本源自拉丁语"运气"；海上冒险需要运气，能满载货物而至是受到"幸运"的眷顾；反之，"蔑视如此丰厚收益的人"，是在"极度地浪费其机会和鸿运"。[②]

至此，我们以为看到的不过是一幅正常海外贸易的景象，只不过利润格外丰厚而已。然而，梅菲斯特随后的台词却明确说明这是一次赤裸裸的海盗行径：

> 我们很好地经受了考验，若主人打赏则更加喜欢。
> 出海时只有两只孤船，却带二十只返回港湾。
> 我们都干了哪些壮举，满载的货物就是实例。
> 自由的大海解放思想，谁还管它什么叫考量！
> 要成事则需快速出手，如捕鱼一般来捕货船，
> 待当上三条船的老板，再放手钩来第四条船。
> 第五条量也在劫难逃，谁有强权谁就有公道。
> 人们只管什么不管如何，否则便是不谙航海之道。
> 战争、贸易、海盗行径，三位一体，不可分离。
>
> （*Faust*：11171—11188）

---

① 原文为"In Dir preist"（赞美你），明显模仿赞美诗用语，其中"Dir"（you，你）在赞美诗中指神 / 主 / 耶稣。

② 雨果·格劳秀斯（Hugo Grotius）：《捕获法》，张乃根等译，上海人民出版社 2015 年版，第 356 页。后文出自同一著作的引文，将随文标出该著名称简称"《捕》"和引文出处页码，不再另注。

这段引文从组织形式、技术手段、获利方式、获利幅度、法哲学依据等方面，富有代表性地勾勒出欧洲近代的海盗行径。首先，这其中的“主人”，就是梅菲斯特及其海盗船队的主人，即浮士德。出海时只有两艘孤船，返回时却已是由 20 只船组成的庞大船队；新增加的船只是海盗们“钩”来的正常行驶的商船。用钩子钩船，是近代海盗乃至海战中常用的方法。梅菲斯特一行不仅劫掠货物，还一并捕获船和船员。他们凭此“壮举”获得了 20 倍的货物、船只和水手。

如此海盗行径若非受到主人指使，至少也得到其授意和默许。接下来便是浮士德例行查点“在楼上一间间里摆好”的战利品。其贪婪之态，甚至遭到梅菲斯特的鄙夷，称之“看到如此丰饶，定把一切算得不差分毫”（see *Faust*：11210—11212）。剧中还有多处细节如实再现了近代的“海盗文化”，如浮士德作为船主和东家，将以酒宴和“花枝招展的鸟儿”犒劳船队（see *Faust*：11215—11217）；船长及其手下会私留部分财宝（梅菲斯特：“你们那份儿，不是早就拿走”），然后再要求分成——“我们要求同样的额度”（*Faust*：11201），如此等等不一而足。①

由海船归港、驳船起锚、瞭望人通报、梅菲斯特汇报、水手搬货入库、浮士德查点等一系列连贯的步骤可见，该团伙的海盗行径已绝非偶然，甚至可以说它就是浮士德在新造陆地上的日常程式。浮士德的“事业”因此可概括为：指使或默许海盗出海，然后精心计算利润所得；继而依此逻辑，筹划更大规模的垦殖扩建和更大规模的海上劫掠。于是，“由这个位置开疆破土，在此建起第一座木屋；当日向海边挖了条小渠，如今桨橹穿梭繁忙无比”（*Faust*：11230—11233）。凭借海盗战略，浮士德在垦殖初期搭起的第一座木屋的位置上建起今日的宫殿，一条小渠已扩建为万舸争流的运河，昔日贫瘠的滩涂成为“人口稠密”的海港都市。梅菲斯特最后概括了第五幕前三场的海洋主题：“高远的智慧登峰造极，河岸与海弥合了嫌隙，/ 大海乐意接纳从河岸 / 借快速通道驶来的航船；/ 大可说，从宫殿从此地 / 你的臂膀拥抱整个寰宇……你的才智，你属下的勤劳 / 赢得了大海和大地的酬劳。”（*Faust*：11221—11226）运河弥合了陆地和海洋，构成浮士德从统治者的宫殿拥抱“整个寰宇”的“快速通道”。大海、大海的酬劳成为浮士德这类新型君主的追求。以勤劳智慧获得酬劳，似乎一切都颇为合理。

① 关于海盗船主与东家犒劳船队、与参与者分成，详见西尔维娅·米格恩斯（Silvia Miguens）：《海盗简史》，夏侯珺等译，百花文艺出版社 2013 年版，第 141、146 页。

二、欧洲近代的海盗立国与海洋自由

海盗并非德国特有现象，甚至不是德国现象。考察各类简繁的海盗史，几乎看不到有关德国人海上冒险的重大案例。中世纪和近代早期神圣罗马帝国的德语区，是内陆型、河流型或内海型（波罗的海）文明和文化。从 17 世纪开国到 19 世纪末统一，普鲁士各位好战的君主都把精力放在陆地上。近代史上，西班牙、葡萄牙、尼德兰、英国及法国彼此之间均频发海战[①]，而与此同时，德国方面无论是腓特烈大帝（Frederick the Great，Frederick Ⅱ）的《军事原理》（1762 年）还是卡尔·菲利普·戈特弗里德·冯克劳塞维茨（Karl Philip Gottfried von Clausewitz）的《战争论》（1832 年），仍全部集中于陆战的战争理论和作战规律。德国真正把组建海军、争夺海权作为国策，发生在 19 世纪下半叶，即 1871 年帝国成立后的威廉二世（Wilhelm Ⅱ von Deutschland）时代。[②] 即便此时，帝国首相奥托·冯·俾斯麦（Cotto von Bismark）仍主张陆战和国家社会主义的保守政策[③]，并因此与威廉皇帝发生矛盾而被迫请辞。德国在东亚唯一可使用的海军基地，即“租借”的中国胶州湾，后因第一次世界大战后的《凡尔赛条约》而被迫转让给了日本。直至第二次世界大战初期，由于英国切断德国海上交通线，德国从中国进口的战略资源有色金属，均需通过陆路运送，或经西伯利亚铁路，甚或经中亚转道莫斯科。[④]

在文学领域，与西、葡两国不计其数的航海日志（如克里斯托弗·哥伦布（Christopher Columbus）的《航海日记》，1492—1502 年）、英国丹尼尔·笛福（Daniel Defoe）的《鲁滨孙漂流记》（1719 年）相比，德语文学至歌德时代也不曾出现海上冒险的“英雄”或类似加勒比海盗的题材[⑤]。这表明，歌德在《浮

---

① 这些王国本应当以英格兰、卡斯蒂利亚等具体王国名称来称谓，本文为简化表述，使用了相应地区民族国家形成后通用的国名。关于这些海战，详见阿尔弗雷德·塞耶·马汉（Alfred Thayer Mahan）的海权论三部曲：《海权对历史的影响（1660—1783 年）》，李少彦等译，海洋出版社 2013 年版；《海权对法国大革命和帝国的影响（1793—1812 年）》，李少彦等译，海洋出版社 2013 年版；《海权与 1812 年战争的关系》，李少彦等译，海洋出版社 2013 年版。

② 德国汉莎同盟的海上贸易主要集中于波罗的海沿岸。据记载，普鲁士曾有过小规模海外殖民的尝试——弗里德里希·威廉（Friedrich Wilhelm）曾利用尼德兰犹太船主米恩海尔·本杰明·劳勃（Mynheer Benjamin Raube）开办“勃兰登堡—非洲贸易公司（1682/1683），建立起一支 30 只船组成的船队，向西非黄金海岸拓殖，但 30 年后该公司即破产，选候的孙子将产业卖给了荷兰人”。丁建弘、李霞：《普鲁士史》，浙江人民出版社 1996 年版，第 71 页。

③ 马汉在其《海军战略》中特别提及俾斯麦恪守陆地扩张而忽视海军建设。详见艾·塞·马汉：《海军战略》，蔡鸿幹等译，商务印书馆 2018 年版，第 108 页。

④ 详见柯伟林：《德国与中华民国》，陈谦平等译，江苏人民出版社 2018 年版，第 286—287 页。

⑤ 至歌德时代，德语经典描写战争和匪盗的作品，如汉斯·雅各布·克里斯托夫·冯格里美豪森（Hans Jakob Christoffel von Grimmelshausen）的《痴儿西木传》（1668 年）或约翰·克里斯托弗·弗里德里希·冯·席勒（Johann Christoph Friedrich von Schiller）的《强盗》（1780 年），均描绘陆地战争或陆上强盗。

士德》中所呈现和探讨的海洋问题，已远远突破德国疆域，扩展到了欧洲和世界空间，且也和作品所探讨的很多问题一样，切中了决定欧洲近代史格局的核心问题。

《浮士德》所上演的海盗行径，严格说主要出现在16世纪下半叶至17世纪上半叶，也就是历史上浮士德（约1480—1540年）以后的一个世纪。歌德在1831年6月6日与约翰·彼得·艾克曼（Johann Peter Eckermann）的谈话中表示，浮士德在第五幕出场时，“刚好一百岁”①。虽不能说歌德笔下的浮士德具体影射了欧洲哪位君主，但就情节而言，他的确与近代借海盗之力的立国者之间存在某种类比甚至一一对应的关系。

日本近代国际关系史学家竹田勇的研究表明，伊丽莎白一世（Elizabeth Ⅰ）女王（1558—1603年在位）即多以默许或口授等隐秘方式传达海盗指令；在为海盗冒险的集资中，女王投资占最大份额（平均占王室财政预算的10%），王室投资的船只也通常是船队中吨位最大者；王室颁发的所谓“私掠许可证”，便是以政府文件形式为海盗活动赋予合法性。“王室海盗”船队通常守候在加勒比海附近，袭击从南美满载黄金白银或从东印度满载香料经此地返航的西葡船只；海盗不仅打劫货物，同时钩走比本国先进得多的船只以扩充海盗兼皇家海军的船队，俘获有经验的船员为之导航。无论是劫掠的财富、船只还是海员，都为英国1588年战胜西班牙的无敌舰队起到了决定作用。一言以蔽之，依靠海盗之力，英国终成为垄断海洋和世界贸易的日不落帝国，占有海上主导权近三百年之久。②因此，在欧洲近代史上，最大规模利用海盗发展经济、获取权力者莫过于伊丽莎白时代的英国。海盗不仅受到君主政治庇护、法律支持和资本赞助，还成为国家外交支柱，被纳入强化国家海洋实力的战略。从著名的海盗，如约翰·霍金斯（John Hawkins）、弗兰西斯·德雷克（Francis Drake），被晋封骑士、加官晋爵，被各种媒介打造成英雄，便可知其所作所为如何为英国由贫弱的二流国家崛起为海上大国做出了贡献，又如何得到王室和官方的认可。正所谓“英国的国家目标是彻底利用海盗来发展国家经济，即建设‘海盗国家’”（《创》：142）。

---

① Johann Peter Eckermann, *Gespräche mit Goethe in den letzten Jahren seines Lebens 1823-1832*, Berlin: Deutscher Klassiker Verlag, 2011, S. 489.

② 详见竹田勇：《创造世界史的海盗》，阿部罗洁译，浙江大学出版社2017年版，第1—8、17—21页。后文出自同一著作的引文，将随文标出该著名称简称“《创》”和引文出处页码，不再另注。关于英国自16世纪中叶起的海盗行为，详见卡尔·施米特（Carl Schmitt）：《大地的法》，刘毅、张陈果译，上海人民出版社2017年版，第145页（后文出自同一著作的引文，将随文标出该著名称简称“《大》”和引文出处页码，不再另注），译文据德语原文有所调整，德文版参见Carl Schmitt, *Der Nomos der Erde. im Völkerrecht des Jus Publicum Europaeum*, Berlin: Duncker & Humblot, 2011。施米特称此时的英国海盗为“海上游击队员”（《大》：153）。

"海洋和空气对全人类开放"（转引自《大》：157），伊丽莎白女王于 1580 年对西班牙公使如是声明。梅菲斯特所言"自由的大海"与之同出一辙，均切中 16 世纪以来有关"海洋自由"讨论的核心话语。"可以说，整个 16 世纪，人们都在探讨'海洋自由'问题。"① 英国人勤于实践，标志性的理论则由荷兰人提出。荷兰人雨果·格劳秀斯（1583—1645）于 1609 年匿名发表《论海洋自由》，对这一提法进行了准国际法论证。该书由作者生前未版的巨著《捕获法》之第十二章扩展而来。后者论述更为全面细致，然究其要义，莫过于论证海洋不属于任何国家，任何国家不得对之加以控制："海洋的任何部分均不能被视为任何一国的领土。"（《捕》：257）因此海洋对于地球上各民族、所有人都应当是公开和自由的；人人都可以自由夺取，并在海上自由航行、自由贸易、自由捕鱼和自由捕获（详见《捕》：251—253）。《论海洋自由》还特别针对西班牙的"先占权"和"教皇捐赠"发起责难。② 这实际上是为后起海洋国家重新瓜分海权提供了准国际法辩护。

同近代许多各事其主的理论家一样，《论海洋自由》一书的副标题"或荷兰参与东印度贸易的权利"表明，格劳秀斯首先是站在本国立场，试图通过论证公海自由，帮助荷兰从西葡那里分得东印度地区的海权和殖民地势力范围，并同时抑制英国对公海的垄断。③ 因此无论是援引《圣经》，还是依据罗马法、西班牙所依持的教会法，目的都不过是为荷兰争得海权和财富寻找合法性。否则，"荷兰这个人口稠密、全凭商贸生存的民族，除了试图从新兴贸易中获取利润来弥补损失，难道还有其他选择？"（《捕》：189）

事实上，《论海洋自由》所出自的《捕获法》，正是格劳秀斯受俗称为"荷兰东印度公司"之机构的委托，作为诉讼法律顾问所撰写的辩护词。事件起因是荷兰联省议会（相当于联合政府）对该公司进行了投资，并允许它在受到攻击时进行防卫，不久后又授权它"可夺取葡萄牙的船只和货物作为捕获物"（《捕》：5）。1603 年，荷方以防卫之名捕获一艘葡方商船。翌年，捕获法庭裁决所捕获的财产为正当捕获物。格劳秀斯的辩护显然对该判决有推波助澜之功。他提出，捕获船只连同船上的货物、夺取和持有战利品，是既光荣又有益的合理合法行为；而占有系争捕获物之所以光荣，是因为这是正义且充满美德的（详见《捕》：338—359）。

---

① Hugo Grotius，*Von der Freiheit des Meeres*，Übersetzt und mit einer. Einleitung，erklärenden Anmerkungen und Register versehen von Dr. R ichard Boschan，Leipzig：Meiner，1919，S. 9.

② 详见雨果·格劳秀斯：《论海洋自由或荷兰参与东印度贸易的权利》，马忠法译，上海人民出版社 2013 年版，第 24、45—46 页。德文版译注者特别指出著作的檄文性质和"为东印度公司辩护"的特征（see Hugo Grotius，*Von der Freiheit des Meeres*，SS. 7-8，S. 11）。

③ 详见雨果·格劳秀斯：《论海洋自由或荷兰参与东印度贸易的权利》，马忠法译，上海人民出版社 2013 年版，第 3—4 页。

由此可见，梅菲斯特之所谓“自由的大海解放思想”，实非不经意的谐谑之语，而是概括了一个时代的问题。它尤其指出欧洲近代新旧秩序更迭的关键所在：以海洋自由的名义，赋予欧洲陆地以外，亦即欧洲私法、万民法尚且关涉不到的海域，以私掠（海盗行为）合法性，继而赋予后起海洋国家重新争夺海域、争霸海权之行为以合法性。

三、争夺海权与“强权即公理”

海盗有多重含义，也有漫长的历史。歌德《浮士德》（下）所上演的海盗行径，具体指涉发生在近代的由君主或国家组织的行为，主要发生在宗教改革后的新（清）教国家与天主教国家之间[①]，特别指英国、荷兰对西班牙及（1580—1640 年因继承权名义上归属西班牙的）葡萄牙的海上劫掠。“欧洲大陆诸国是以贸易为主要目的，而英国人却是以进行海盗活动为目的。”（《创》：21）英国人守候在加勒比海诸岛，劫掠从中南美洲经此地返航的西班牙船只，或从东印度经此地返航的葡萄牙船只；荷兰海盗主要分布在东印度海域。之所以打劫，是因为那些大陆、岛屿或海域因被西葡先占而被划归西葡占有和使用。[②]

换言之，最早发现新大陆、开辟新航线的西班牙人，虽然对中南美洲和东印度地区进行了残酷殖民和掠夺，但从严格意义上讲，根据当时欧洲的万民法和教会谕令，其所作所为并非海盗行径，而是属于在划归的海域内正常航行。在新教国家确立之前，欧洲还是一个统一在天主教会中的基督教共同体。在此旧框架中，西班牙天主教君主在法律上有传教义务，从当时欧洲中心的意识出发，“教宗授予传教任务，便是征服的法律基础”，西班牙君主也在各项谕令中明确强调了传教义务，罗马教廷于 1501 年、1510 年和 1508 年几次下诏书和谕令，对之进行规定，并开列免除十一税以贴补传教等条件（《大》：80）。故而，“西班牙的地理大征服，是中世纪基督教共同体空间秩序

---

① 近代海洋贸易大国、海上霸权崛起与清教和资产阶级崛起相辅相成。有关海盗和海权的著作均把教派格局作为讨论的基础，详见艾·塞·马汉：《海军战略》，蔡鸿幹等译，商务印书馆 2018 年版，第 64—65 页；雨果·格劳秀斯：《论海洋自由或荷兰参与东印度贸易的权利》，马忠法译，上海人民出版社 2013 年版。全面概括则参见 Carl Schmitt, *Land und Meer*, Stuttgart: Klett-Cotta, 2018, S. 83。其中谈到，新教具体指（政治）加尔文教，包括英国清教、法国胡格诺派、荷兰的加尔文派。马汉和施米特均指出，加尔文教的预定论是导致“为达目的不择手段”之肆意妄为行为的神学基础。

② 教宗亚历山大六世（Alexander I, 1492—1503，出身西班牙波吉亚家族）承认西班牙对新发现的土地拥有主权；1493 年大约以亚述尔群岛和佛得角为界，将其西东分别划归西班牙和葡萄牙所有。

的一种延伸”（《大》：85）[1]，尚未引发国际法和国际秩序的变化。

当后起海洋国家欲争夺海权、进行同样的海上贸易时，原有的秩序才被打破，从而引发新格局的出现。[2]在新教国家与天主教国家争夺海权的时代，且在真正以国家为单位开展海战之前，“海盗就是海战的代名词”[3]。如16世纪中期以来的英国海盗，原不属于国家，但因其能够帮助国家取得海权和战利品而被赋予了合法性。但对于西葡国家，他们即是海盗，是“逍遥法外的罪犯”（《大》：153）。直到英国确立了海上霸权地位，成为海上帝国，为保证其自身海上安全和海上秩序，才宣告海盗为“人类的敌人”，剥夺其权利和合法性。[4]

而在伊始和过渡时期，为实现重新分配，打破西葡的海权垄断，就要建构新的国际法—欧洲公法秩序，为此首先要再次提出和论证古老的、原始的基本概念“海洋自由”，即罗马法中已提出的海洋是无主的、海洋是共有物、海洋由所有人共享这个立场。也就是说，与稳固的陆地相比，海上“没有藩篱、没有界限、没有划定的区域、没有神圣的场域，因此也就不存在法权和财产权”（《大》：8）。在这个意义上，所谓“海洋自由”即是指“海洋是无主的”；“自由的海洋”即是“无主的海洋”。这与17世纪末约翰·洛克（John Locke）所提出和探讨的“无主的土地”秉承的是同一思路。洛克《政府论（下编）》在“论财产”一章中以美洲印第安人荒地为极端例子以说明土地为全体人、全人类共有时，亦谈到“人类所共有的海洋中所捕获的鱼或在那里采集的龙涎香”，当成为为之付出劳动的人的所有。[5]关于无主的土地当然在歌德的《浮士德》（下）中亦有呈现，即《浮士德》（下）著名的临终独白中所谓“自由的土地上自由的人民”（*Faust*：11580）——在拦海造陆得到的无原主的土地上的、无需向原主纳税的自由的人民。

然而就海洋自由而言，近代德国国际法学家卡尔·施米特（Carl Schmitt）又把“自由”即为“无主”的意思推进了一步，认为“无主”的逻辑结果是法律和秩序的失效：在划定界限之外的海域，欧洲大陆传统的罗马法、万民法、教宗谕令皆失去约束力，对于欧洲内部的战争限制也不再生效。所谓自

① 关于西班牙海外殖民的合法性，详见瓦尔特·L. 伯尔奈克（Walther L. Bernecker）：《西班牙史：从十五世纪至今》，陈曦译，上海文化出版社2019年版，第13、20—21页；关于其传教区域，参见第24、27页。

② 关于英国16世纪海权崛起及其在17、18世纪与西班牙、荷兰的争夺，详见保罗·肯尼迪（Paul Kennedy）：《英国海上主导权的兴衰》，沈志雄译，人民出版社2014年版，第33—40页。

③ 西尔维娅·米格恩斯：《海盗简史》，夏侯珺等译，百花文艺出版社2013年版，第168页。

④ 1713年《乌特勒支和约》确立了英国的海上霸权地位，1721年英国即制定海盗取缔法，开始取缔有损国家利益的海盗详见《创》：62—63；《大》：9。

⑤ 详见洛克：《政府论（下编）》，叶启芳、瞿菊农译，商务印书馆2018年版，第18—23页。

由，即是不再承认欧洲的法律和道德准则，可以肆意使用暴力，这就为海上私掠和海盗行径打开了大门：

> 以此线［16、17 世纪新教与天主教国家之间根据条约划定的多条“友好线”，而非此前为西葡划定的各条界线——笔者注］[①] 为界，欧洲结束，新世界开始。以此线为界，欧洲的法，至少是欧洲的公法，失去效力。继而，至此为止欧洲万民法对战争的限制亦失去效力，争夺战变得肆无忌惮。该线以外即成为“海外”区域，在此，因缺少对战争的法律限制，生效的就是强者的法。(《大》：62—63）

可见前文所言海洋自由，诚然是海上竞争和海上贸易的自由，但在实质上更是在划定的海洋空间中不再受旧法约束、可以毫无忌惮地使用暴力的自由。在原有欧洲大陆法不能覆盖的空间里，原有的共同的裁决机制、分配原则、道德秩序被打破，其逻辑结果便是，“法律实际上已经荡然无存”，强者即可以法律名义为所欲为，一如回到“自然状态下的自由”；换言之，在这种“无法的自然状态”中，强权便成为唯一标准（详见《大》：64—68、154—156、158、161）。恰似前文梅菲斯特所言：“谁有强权谁就有公道。/ 人们只管什么不管如何，否则便是不谙航海之道。/ 战争、贸易、海盗，三位一体，不可分离。”强权即公理，航海之道即是不择手段掠夺财富、争夺霸权，这就是海洋自由带来的必然结果。以自由贸易为宗旨，海盗和战争为之保驾护航，而近代国家海军之兴起即出于保护海上商船、海上贸易的需要。[②]

随之，受海上贸易刺激而发展的近代工商业，逐渐排挤掉传统的陆地和农耕文明。如果说西葡早期的殖民贸易主要为掠夺异域特产、向以农业为主的宗主国输送贵金属，那么后来的清教国家则是有意识地以之进行资本积累、发展工商业，在走向海洋的同时走上工业化道路，使两者紧密结合在一起。就此而言，工业革命发生在从陆地迈向海洋的英国并非偶然，即如格奥尔格·威廉·弗里德里希·黑格尔（Georg Wilhelm Friedrich Hegel）断言：“就像家庭

---

① 关于海上列强更改、重新划分很多海上分界线，以区分各国间海域，详见刘小枫：《地理大发现与政治地理学的诞生》，《甘肃社会科学》2018 年第 5 期，第 67—68 页。

② 详见阿尔弗雷德·塞耶·马汉：《海权对历史的影响（1660—1783 年）》，李少彦等译，海洋出版社 2013 年版，第 20 页；艾·塞·马汉：《海军战略》，蔡鸿幹等译，商务印书馆 2018 年版，第 133 页。马汉有关海权的各种著作，其宗旨均在于论述建设海军对于夺取和维护海上霸权的重要性。此外，18 世纪西班牙开始在绝对君主制下实施重商主义发展经济时出现的理论著作《商业、海军理论与实践》（杰罗尼莫·德·乌兹塔力兹，Gerónimo de Uztáriz，1742 年）是天主教阵营的一个佐证，此时教派利益已让位于国家利益。详见瓦尔特·L. 伯尔奈克：《西班牙史：从十五世纪至今》，陈曦译，上海文化出版社 2019 年版，第 55—56 页。

生活的原则要以陆地——固定的基础和土壤——为条件一样，那么对于工业来说，它向外谋求生存发展的自然因素是海洋。”[①]

四、菲勒盟—鲍咯斯寓意剧：芟除旧秩序

在《浮士德》（下）第五幕前三场中，与浮士德—梅菲斯特之开凿运河、海外劫掠事件平行演进、交错进行的，是菲勒盟—鲍咯斯悲剧。歌德以此寓意剧，演示了以强权即公理和海盗逻辑为特征的近代海洋文明如何对以和平、友善、虔诚为特征的陆地文明施以火刑并将其彻底根除。

菲勒盟和鲍咯斯是一对耄耋夫妇，取名自普布留斯·奥维第乌斯·奥维德《变形记》第 8 卷所载古罗马神话。在奥维德笔下，他们居于茅屋，贫穷而虔敬，倾其所有，招待乔装过路却处处吃闭门羹的朱比特（Jupiter）和墨丘（Mercury）利神。大神惩罚了他们“不信神”的邻居，把平地变成渊薮，却令他们跟随自己上到高处，把他们的茅屋变为小礼拜堂，菲勒盟请求作为祭司守候圣堂，并愿神赐予他夫妇二人“终生相伴、同日而死”。故事的寓意在于，“天神眷顾的人本身就是天神；崇拜天神的人也将受别人崇拜”[②]。

在歌德的剧中，菲勒盟和鲍咯斯居于海边高地的茅屋，在小教堂旁，有花园和菩提树环绕；二人从容、平静、知足、虔诚，他们的茅屋是海上遇难者的庇护所。老人在花园中款待曾为其所救、经年后前来谢恩的过路人。[③]与此同时，他们的“邻居”浮士德正孤坐于宫殿，野心勃勃、暴躁、不安、不信神，与两位老人形成了鲜明对比。小教堂的钟声令浮士德怒不可遏，因钟声提醒他，在他的疆土上，还有不畏暴力、拒不搬迁、固执守成、无声抵抗的孱弱老人。他们虽不构成任何实质性威胁，但其存在本身即成为浮士德的“眼中钉、肉中刺”（*Faust*：11161），让他向刚刚海上冒险归来的梅菲斯特表示，他“出于刻骨的无奈，不得不疲于坚守正义”（*Faust:* 11271—11272），并授意后者“那就去把他们给我弄走”[④]，转移到“为老人精心挑选”的“小小美宅［坟墓］”（see *Faust*：11275—11277）中。领会了主人意图，梅菲斯特率人前去恫弊老人，杀死过路人，把茅屋连同小教堂和菩提树一并送上“火刑堆”。

---

① 黑格尔：《法哲学原理》，邓安庆译，人民出版社 2016 年版，第 375 页。

② 奥维德：《变形记》，杨周翰译．上海人民出版社 2016 年版，第 226 页。

③ 有学者专门探讨过路人身份，并认为过路人影射歌德本人，详见 Michael Jaeger，*Goethe*，*Faust und der Wanderer*，Muenchen: C. F. v. Siemens Stiftung，2017，S. 66ff 。

④ 该诗行系命令式，用孤韵，字面意思为“把他们给我弄到一边去”。德语中“弄走”有“连锅端、毁灭、杀掉”之意，结合上下文，可以认为是浮士德授意梅菲斯特除掉菲勒盟与鲍咯斯的暗语，即便是非明确命令，也是为了有意引起误解。

耐人寻味的是，根据歌德的设计，跟随梅菲斯特除掉菲勒盟—鲍咯斯的悍仆，既是梅菲斯特在第四幕战争一场中的走卒，又是伙同他出海劫掠的海盗，这表明战争、海盗和杀戮是出自同一伙执行者。同时，铲除古老田园之后的次日便是浮士德给船队的庆功宴："主人有令"，今晚"弄走"那对老朽，"明天要开宴给船队庆功"（*Faust:* 11282—11283）。浮士德一方要庆祝的是旧秩序的埋葬和新秩序的确立。而梅菲斯特引以为辩护的正是"强权即公理"的海盗逻辑——剧中以《旧约·列王记上》第21章中"拿伯（Naboth）的葡萄园"故事作寓："从前的故伎此刻又要重施，那就是拿伯的葡萄园。"（*Faust*: 11287）

菲勒盟—鲍咯斯取名自古罗马神话，代表了欧洲至中世纪的农耕文明，呈现了欧洲近代前的秩序和图景。在这种秩序中，土地和虔诚紧密结合在一起。在菲勒盟—鲍咯斯的世界的另一面，是新时代自由的、可供不断重新占有和划分的海洋，是依靠冒险、战争和强权支持的工商业文明。菲勒盟—鲍咯斯世界的毁灭，象征农耕文明最后一道防线被摧毁，再也无法阻挡惊涛骇浪的冲击。

回归具体历史语境的解读，令人清楚认识到，菲勒盟—鲍咯斯悲剧并非一部简单的人道意义上的悲剧，而是一部生动的寓意剧。借助这部寓意剧，歌德在《浮士德》（下）最后一幕推演和呈现了欧洲乃至世界空间秩序的新旧交替。耄耋之年的歌德，在临终前思考的是宏大的欧洲和世界秩序问题，是海洋和陆地两种文明的更迭。在菲勒盟—鲍咯斯悲剧中，可以看到他对旧事物的缅怀；在对浮士德—梅菲斯特所信奉的新的三位一体中，可以看到他对新事物引发道德失范的忧虑，因为在紧随其后的一场中，便有寓指"忧虑"的灰衣老妇登场，对浮士德发出警告。

拦海所造之陆是自由的土地，是不受旧法律和秩序约束、可供重新分配并通过劳动而纳入耕作者财产的土地，但却——至少在歌德眼中——缺乏稳固而坚实的根基，随时可能成为泥潭和渊薮，海浪随时伺机冲垮堤坝，毁掉所得到的一切。或许从充满直觉和预感的鲍咯斯口中，通过一个大写的"你"，可隐约听到老年歌德对每一位观众的告诫，而这个高处正是《变形记》中大神把善人引上的、躲避灭顶之惩罚的所在："切莫相信拦海所造之陆，务必坚守在你的高处。"（*Faust*：11137—11138）

（作者系北京大学德语系教授）

论“创世记”的谱系

喻　中

说到“创世记”，人们很容易想到《旧约全书》之第一部分“摩西五经”。排在“摩西五经”最前面的“经”就是“创世记”。“创世记”的第一句是：“起初，神创造天地”，时间由此开始，世界也由此开始。在“起初”之后的六天时间里，神先后创造了光、空气、天、地、海、各种植物、日月星辰、飞禽走兽。在第六天，神创造了人。接下来，就是伊甸园里发生的事，以及后续发生的各种各样的事。从“创世记”到“摩西五经”中的其他四经，从“摩西五经”到整个《旧约全书》，从《旧约全书》到《新约全书》，从犹太教到基督教，从摩西诞生到耶稣诞生，一直到世界末日，一个从起点到终点的全过程，由此得到了完整的、圆满的呈现、叙述与解释。这样一个自成一体的解释系统，曾经对西方世界，进而对整个世界，都产生了巨大的影响。在任何时候，倘若我们要追溯这个解释系统的逻辑起点，我们的目光最终只能止步于作为圣经第一篇的“创世记”。

西方的基督教文明有它的“创世记”，东方的儒教文明有没有它的“创世记”？回答是肯定的。基督教有“摩西五经”，儒教或儒家也有“五经”。“儒教五经”或“儒家五经”包含了“书经”。“书经”就是今天通行的《尚书》。在《尚书》第一篇“尧典”之开端，就描绘了这样一个画面：“曰若稽古，帝尧曰放勋，钦明文思安安，允恭克让，光被四表，格于上下。克明俊德，以亲九族。九族既睦，平章百姓。百姓昭明，协和万邦，黎民于变时雍。”按照这样的叙述，是帝尧输出的德性之光，持续不断地向四周扩散，由近及远地照亮了包括“万邦”在内的整个世界，帝尧的德性之光所及之处，就是教化所及之处，华夏文明秩序就是这样建立起来的。根据《圣经》之“创世记”，是神创造了自然的世界；根据《尚书》之“尧典”，是帝尧创造了文明的世界。从“创造世界”这个角度来看，《尧典》第一段的功能，就相当于《圣经》中的“创世记”第一段的功能。由此可见，“尧典”实为儒教文明或儒家文明之“创世记”。

在一个相当长的历史时期内，“摩西五经”中的“创世记”与“儒家五经”中的“创世记”，曾经分别形塑了西方与东方的文明秩序。不过，自近代以来，这两种影响巨大的“创世记”，先后都经历了一个急剧衰退的过程。在西方，“摩西五经”中的“创世记”及其影响，在17世纪出现了一个明显的“下降”——这个过程可以描述为“神之下降”，与此同时，则出现了一个“人之上升”［正如英国人雅可布·布洛诺夫斯基（Jacob Bronowski）的《人之上升》一书的书名所示］的过程。就在这个“此起彼伏”的过程中，“摩西五经”中的“创世记”在西方世界中曾经占据的全局性的支配地位，逐渐被17、18世纪的启蒙思想家之“创世记”所取代。

试看霍布斯（1588—1679）在《利维坦》第13章关于“人类幸福与苦难的自然状况”的描述：“在没有一个共同权力使大家慑服的时候，人们便处在所谓的战争状态之下。”“这种战争是每一个人对每个人的战争。”“在这种状况下，产业是无法存在的，因为其成果不稳定。这样一来，举凡土地的栽培、航海、外洋进口商品的运用、舒适的建筑、移动与卸除须费巨大力量的物体的工具、地貌的知识、时间的记载、文艺、文学、社会等等都将不存在。最糟糕的是人们不断处于暴力死亡的恐惧和危险中，人的生活孤独、贫困、卑污、残忍而短寿。”[①] 这就是人类的“自然状况”，也是人类在“起初”时期的状况。人类要走出这种“恐惧和危险”的自然状况，“那就只有一条路”：通过“订立信约”，建立国家。所谓国家，“用一个定义来说，这就是一大群人相互订立信约、每人都对它的行为授权，以便使它能按其认为有利于大家的和平与共同防卫的方式运用全体的力量和手段的一个人格。”“这就是伟大的利维坦的诞生，——用更尊敬的方式来说，这就是活的上帝的诞生”。[②] 霍布斯在此所说的“信约”，就是政治上的社会契约。根据霍布斯的描述，我们可以看到一种新的“创世记”：简而言之，人类文明始于社会契约的订立。在社会契约尚未订立之前，人类的状况仿佛帝尧诞生之前的状况；根据社会契约形成的国家，就仿佛帝尧的德性加持过的天下：有意义的人类文明、人类历史才由此开始。

霍布斯的《利维坦》成书于1651年。这就是说，社会契约理论在17世纪中叶，已经在霍布斯的笔下得到了全面的阐述。在将近40年后的1689年与1690年，洛克（1632—1704）又先后出版了他的《政府论》上篇与下篇。上篇主要批判君权神授，下篇主要阐明国家权力的正当性依据，那就是社会契约。这样的过程意味着，从1689年至1690年，从《政府论》上篇到《政府论》下篇，出现了一个颇具标志意义的转换：在政治、国家与法的领域，神学的“创世记”被世俗的“创世记”所取代。这个世俗的“创世记”就是

---

① 霍布斯：《利维坦》，黎思复、黎廷弼译，商务印书馆2011年版，第94—95页。
② 霍布斯：《利维坦》，黎思复、黎廷弼译，商务印书馆2011年版，第131—132页。

社会契约理论，它有多个版本：既有霍布斯版本，也有洛克版本，还有后来的卢梭（1712—1778）版本。见于这几种版本的“创世记”具有大致相同的叙事框架。在这几种版本之间，当然有一些差异，但其间的差异就像《新约全书》中四种福音书之间的差异无损于耶稣的形象一样，因此不必过度纠缠。

从17世纪以降，西方世界有关政治、国家、法的理论，都是以社会契约理论作为基础的。譬如，1787年的美国联邦宪法，就是以“我们人民”作为开端的。“我们人民”所蕴含的政治意义与法理意义是：这部宪法是“我们人民”订立契约的产物。换言之，“我们人民”其实就是社会契约理论凝聚而成、转化而来的宪法语言。美国宪法和法律是由社会契约理论支撑起来的，其他西方国家的宪法和法律同样是由社会契约理论支撑起来的。就像《圣经》中的“创世记”构成了中世纪“神学的文明秩序”的逻辑起点，启蒙思想家表达的社会契约理论则构成了近代以来“世俗的文明秩序”的逻辑起点。启蒙思想家关于社会契约的叙述，就是近现代西方世界居于支配地位的“创世记”，时至今日，其支配地位依然没有动摇。

如果说西方世界中的“创世记”已经从神学的“创世纪”转向了世俗的“创世记”，那么，华夏世界中见于《尚书》“尧典”的“创世记”同样也被新的“创世记”所取代。较之于西方近代启蒙思想家的“创世记”，华夏世界中新的“创世记”即为马克思主义的“创世记”，亦可称之为历史唯物主义的“创世记”。

马克思主义的“创世记”或历史唯物主义的“创世记”集中体现在《家庭、私有制和国家的起源》一书中。这部1884年问世的著作，由马克思开其端绪，由恩格斯最终完成，在列宁的《论国家》中，被称为“现代社会主义的基本著作”。此书第一节讲“史前各文化阶段”，分述蒙昧时代与野蛮时代，其中的蒙昧时代又可以分为低级阶段、中级阶段和高级阶段。至于“蒙昧时代”的“低级阶段”，则可以理解为人类的开始。恩格斯就此写道：“这是人类的童年。人还住在自己最初居住的地方，即住在热带的或亚热带的森林中。他们至少是部分地住在树上，……他们以果实、坚果、根作为食物；音节清晰的语言的产生是这一时期的主要成就。在有史时期所知道的一切民族中，已经没有一个是处在这种原始状态的了。虽然这一状态大概延续了好几千年之久，但我们却不能根据直接的证据去证明它；不过，我们既然承认人是起源于动物界的，那么，我们就不能不承认这种过渡状态了。”①

按照这样的叙述，蒙昧时代的“初级阶段”，就是人走出动物界的第一个阶段，人的世界由此开始了，这就是人的起源，也是人的历史的开端。随后，

①《马克思恩格斯文集》第4卷，人民出版社2009年版，第33页。

《家庭、私有制和国家的起源》第二节讲“家庭”的产生与演变，第三节讲易洛魁人的氏族，第四节讲希腊人的氏族。接下来的五、六、七、八节，分别叙述了雅典人、罗马人、德意志人的国家是如何产生的。

在《家庭、私有制和国家的起源》中，首先描述“人类的童年”。处于童年时期的人类，通过制造和使用工具，提高了生产力；随着生产力的提高，人类开始拥有剩余产品，这就刺激了一些氏族首领的私心，他们利用职务之便，把一些剩余产品据为己有，这就导致了私有制。私有制把整个社会撕裂成为两大对立的阶级，“为了使这些对立面，这些经济利益互相冲突的阶级，不致在无谓的斗争中把自己和社会消灭，就需要有一种表面上凌驾于社会之上的力量，这种力量应当缓和冲突，把冲突保持在‘秩序’的范围以内；这种从社会中产生但又自居于社会之上并且日益同社会相异化的力量，就是国家。”① 这就是历史唯物主义关于文明起源、国家起源的叙述。

马克思主义经典作家在多篇文献中都阐述了历史唯物主义，但是，《家庭、私有制和国家的起源》是关于历史唯物主义的最完整、最彻底的阐述，一个基础性的、历史唯物主义的解释框架由此得以建立：古往今来，无问西东，不论南北，一切个体、团体、政党、政权，一切政治、经济、社会、文化，一切思想、观念、理论、学说，都在这个解释框架中出场。这是一个无远弗届的解释框架，它解释了人类的过去、现在与未来，它描述了人类的起点与终点。马克思主义作为一个完整的、科学的思想理论体系，由此得以证立。然而，如果我们尝试着去追溯这个思想理论体系的逻辑起点，那就是《家庭、私有制和国家的起源》所描述的“人类的童年”。正是因为这个缘故，《家庭、私有制和国家的起源》在庞大的马克思主义文献体系中，占据了“创世记”的地位，充当了马克思主义的“创世记”。

从历史过程来看，马克思主义是随着“十月革命一声炮响”正式来到中国的。在此之前的 1905 年，科举制被正式废除，儒家经书不再作为选拔政府官员与社会精英的依据，在这种背景下，要把儒家学说继续作为政治、国家、法的理据，已经越来越困难。这就意味着，在华夏世界中，必须重新寻找政治、国家、法的理据。后来，经过历史的选择，马克思主义最终取代了儒家学说，成为华夏世界中政治、国家、法的新理据，马克思主义的“创世记”也就随之取代了儒家的“创世记”，成为支撑华夏文明秩序的新的逻辑起点。如前所述，儒家的“创世记”主要见于《尚书》“尧典”，马克思主义的“创世记”则主要见于《家庭、私有制和国家的起源》。就东西比较来看，西方世界中的“创世记”是在 17 世纪下半叶完成了从旧到新的转化，华夏世界中的

---

①《马克思恩格斯文集》第 4 卷，人民出版社 2009 年版，第 188—189 页。

“创世记”则是在 20 世纪上半叶，完成了从旧到新的转化。

从“摩西五经”所述的“创世记”到《利维坦》所述的“创世记”，从“儒家五经”所述的“创世记”到《家庭、私有制和国家的起源》所述的“创世记”，这四种“创世记”，大致可以展示“创世记”的基本谱系。在人类历史上，这四种“创世记”产生的影响较为显著。在这四种“创世记”之外，不论是在东方还是在西方，都还有其他形形色色的“创世记”，由于它们对世界的影响相对较小，这里不再逐一述论。

最后，还有一个值得思考的问题：“创世记”有什么用？在一种思想理论体系中，没有“创世记”行不行？要回答这个问题，就得看一种思想理论体系的抱负了。且以科斯（Ronald H. Coase，1910—2013）的理论为例。科斯作为享有世界声誉的经济学家，以《社会成本问题》《企业的性质》等论文阐述了交易成本及相关理论，影响很大，但是，科斯就没有写出自己的“创世记”。在各个学科，像科斯这样的学术名家还有很多，他们普遍没有提出自己的“创世记”。相比之下，马克思主义经典作家、西方近代启蒙思想家分别都写出了自己的“创世记”，并在此基础上分别建构了历史唯物主义与社会契约理论，这两种不同的“创世记”及其承载的理论，分别为近代以来的华夏世界与西方世界的文明秩序提供了终极性的论证。马克思主义经典作家与科斯的差异，以及西方近代启蒙思想家与科斯的差异，由此可以得到直观的显现。

一种思想理论体系，如果要独立自主地为文明秩序提供终极性的论证，它就必须要有自己的“创世记”。只有通过它自己的“创世记”，一种思想理论体系才可能确立其独立自主的根基：它不必依附其他的思想理论体系，就可以从头到尾，全面而彻底地解释这个世界。反之，一种思想理论体系，如果没有它自己的“创世记”，它就必然依赖其他思想理论体系所建构的解释框架，这种依附性的思想理论体系，其实就是它所依赖的思想理论体系的一个分支，归根到底是从属于其他思想理论体系的。从这个角度来看，马克思主义与西方近代主流理论的差异，就根源于马克思主义的“创世记”及其承载的历史唯物主义与西方近代启蒙思想家的“创世记”及其承载的社会契约理论之间的差异。

任何彻底的、全面而深刻地解释、引领、塑造文明秩序的思想理论体系都有其相对独立的“创世记”。我们要理解这样的思想理论体系，应当首先理解其“创世记”。同样，我们要比较不同的文明形态，就应当首先比较不同的关于特定文明形态的“创世记”，特定文明形态的“创世记”作为特定的思想理论体系的逻辑起点，蕴含着特定文明形态最初的基因密码，因此，不可不察。

（作者系中国政法大学法学院教授）

法律转型的因应之道

——沈家本与晚清刑律变迁*

陈新宇

一、引言

拙文试图以晚清刑律变迁为视角，从历史考证出发，澄清学界存在争议的重要史实，辨析尚未厘清的关键概念，探讨沈家本在实践与学理两个维度上对于近代中国法律转型的因应之道，从而达到对时代中人的同情理解，为当代法治建设提供启示借鉴。

拙文的主体共三部分，第一、第二部分是关于沈家本的实践问题，聚焦于晚清刑律变迁的两个关键节点即刑罚制度改革和刑法典编纂，首先回应学界关于《删除律例内重法折》的主导者是伍廷芳还是沈家本的学术公案，考证沈家本在废除酷刑重法中所起的画龙点睛和临门一脚的关键作用；其次探讨近代刑法典的编纂模式，从政治的高度分析为何风格迥异，分别属于旧律范畴的《大清现行刑律》和属于新法范畴的《大清新刑律》要并行编纂，理解沈家本的政治智慧与态度策略。第三部分是关于沈家本的学理问题，指出其方法论的核心是复古与会通，即在古今问题上着力于复古，试图恢复古典汉唐法意；在中外问题着力于会通，试图以古典中国的情理来融会贯通近代西方的法理。他对近代中国的“法理”一词，有创造性贡献。最后是余论，总结沈家本的业绩，引申其法律遗产的意义。

二、谁是《删除律例内重法折》的作者？

（一）沈家本在《删除律例内重法折》中的作用

光绪三十一年三月二十日（1905 年 4 月 24 日）伍廷芳、沈家本联衔上

* 本文是国家社科基金项目“沈家本新研究”（项目号：18BFX029）的阶段性成果。

奏《删除律例内重法折》，获得朝廷钦准，一举废除了沿袭数千年的三项酷刑重法：一是凌迟、枭首、戮尸，二是缘坐，三是刺字，[①] 这是中国刑罚从野蛮走向文明的关键一步，从比较法的视角上看，其堪比贝卡利亚的《论犯罪与刑罚》。该折收在沈家本的《寄簃文存》之中，以往一般将其作为研究沈氏思想的资料。近年来关于该折的作者问题，有学者提出了新观点，例如苏亦工认为"比较沈（家本）、伍（廷芳）的学术功底，此折当为二人合作之稿，但其整体框架和基本思路出于伍氏的可能性似更大些"[②]，陈煜认为"该折……由伍（廷芳）占主导地位迨无可疑问"[③]，卜正民（Timothy Brook）等认为"奏折的第一部分是伍廷芳所写，……第二部分是沈家本所写"[④]。这些新观点丰富了历史的细节，使得学术讨论更加深入。

但与上述新观点不同，也有别于最初学界不做辨析地将其作为资料使用，拙见认为这份具有里程碑意义的奏折乃由沈家本主导，废除酷刑重法是当时先进法律专家的共识，沈家本在这个过程中起到画龙点睛、临门一脚的关键作用。理由有以下三个方面：

首先是新资料的佐证。持新见者不曾留意到当年亲历者章宗祥的回忆中有关奏折出台的历史细节，"次为废除凌迟极刑、先斩后奏及刑讯问题。以上诸节为保护人权上万不能容之事，而沿用数千年，除刑讯问题尚有争议外，旧派亦早有不忍之心，然无有敢创议者。某日会议，余等提议：现在既改订新律，旧时沿用残酷之制必须先行革除，为人民造福。伍大赞成，谓：'外人屡讥中国为野蛮，即指凌迟及刑讯而言。我辈既担此改革重任，大宜进言先废，于他日收回治外法权，必得好结果。'沈乃命即日草拟奏稿，旧派于凌迟及即决两端无异议。"[⑤] 根据章宗祥的介绍，该奏折是由他们提议，伍廷芳赞

① 参见《删除律例内重法折》，沈家本：《历代刑法考（附寄簃文存）》（四），中华书局 1985 年版，第 2023—2028 页。

② 苏亦工：《明清律典与条例（修订版）》，商务印书馆 2020 年版，第 487—488 页。相比于该书的初版认为"肯定出自伍氏"（中国政法大学出版社 2000 年版，第 351—352 页），修订版的观点有所变化。

③ 陈煜：《清末新政中的修订法律馆——中国法律近代化的一段往事》，中国政法大学出版社 2009 年版，第 207 页。

④ See Timothy Brook, Jérôme Bourgon, Gregory Blue, *Death by a Thousand Cuts*, Harvard University Press, 2008, p.96. 中文译本见卜正民、巩涛、格力高利：《杀千刀：中西视野下的凌迟处死》，张光润、乐凌、伍洁静译，商务印书馆 2013 年版，第 109 页。英文原著将奏折（《删除律例内重法折》）称为 edict（应为 memorial），中文译本将"奏折"翻译为"文告"，似不甚严谨。

⑤ 章宗祥：《新刑律颁布之经过》，中国人民政治协商会议全国委员会文史资料委员会编：《文史资料存稿选编》第 1 册，中国文史出版社 2002 年版，第 35 页。

成，沈家本下令起草而成。章本人在此过程中的表现可以再考，[①] 但其关于伍廷芳和沈家本各自作用的描述在一定程度上可以作为佐证。

其次是沈家本的个人记载与性格分析。沈家本的《寄簃文存》最早是在光绪三十三年（1907 年）年末出版，该版卷前写有“小引”，其中有文章渊源的介绍，“迨癸卯岁奉命修订律例，不得不研究法学之编。乃年齿日颓，不能深求学理，偶有论说，不过一隅之见。出示同人，尚不相菲薄，群来索观。儿子辈怂恿排印，以代钞胥。因取近日论说，及向日参考之所及者，益以自治奏牍数篇，都为八卷，付诸印工。若曰文也，乌足言。光绪丁未仲冬，家本自识。”[②] 文存的卷一收入奏折四篇，分别是《删除律例内重法折》《虚拟死罪改流徒折》《伪造外国银币设立专条折》《旗人遣军流徒各罪照民人实行发配折》。[③] 而对照同一时期伍、沈联衔的其他重要奏折，例如《奏请设立法律学堂折》《派员赴日考察折》《议覆江督恤刑狱折》《覆刘彭年复刑讯折》《进程诉讼律拟请先行试办折》等，[④] 无论排名先后，皆没有收入《寄簃文存》之中。因此“小引”所谓“自治奏牍”，[⑤] 可谓意味深长，正是沈家本表明心迹之说。沈氏性格乃外圆内方，其《压线编》的故事正可与《寄簃文存》的“自治奏牍”说形成印证关系。早年沈家本在刑部曾因为专业能力出色而为同僚代拟奏牍，当时虽然“以律鸣于时”却仕途不顺，他在感叹“每恨年年压金线，为他人作嫁衣裳”之余，特地将这类奏稿汇集，命名为《压线编》。[⑥] 上述之举可以证明沈家本对自己劳心之作非常在意，其既不夺人之美，也留心为自己正名。《删除律例内重法折》作为《寄簃文存》的首篇文章，足见其在沈家本心目中的地位。

在沈家本逝世后出版的《沈寄簃先生遗书（甲编）》虽然收入了 1907 年

---

① 当时另一亲历者董康也谈到他曾建议改革刑制，并草拟奏稿，包括：（一）废止凌迟枭示；（二）免除缘坐；（三）废止刺字。参见董康：《中国修订法律之经过》，何勤华、魏琼编：《董康法学文集》，中国政法大学出版社 2005 年版，第 461 页。

②（清）沈家本：《寄簃文存》八卷，修订法律馆铅印本，光绪三十三年（1907 年）。

③ 李贵连编著：《沈家本年谱长编》，山东人民出版社 2010 年版，第 207—208 页。1907 年版本的《寄簃文存》卷一除了奏折，还有其他两篇文章《变通行刑旧制议》《死刑惟一说》。《寄簃文存》共有三个版本，分别是光绪丁未（1907 年）的《寄簃文存》、辛亥（1911 年）的《寄簃文存二编》和 1928 年或 1929 年的《寄簃文存》（收入《沈寄簃先生遗书》甲编之中），前两个版本是沈家本生前自己所编，第三个版本是其去世后后人整理，以前两个版本的文章为基础，略有增删而成。（参见李贵连：《〈寄簃文存〉版本漫谈》，李贵连：《近代中国法制与法学》，北京大学出版社 2002 年版，第 478—486 页。）

④ 关于二人联衔奏折的梳理，可见苏亦工：《明清律典与条例（修订版）》，商务印书馆 2020 年版，第 483—485 页；陈煜：《清末新政中的修订法律馆——中国法律近代化的一段往事》，中国政法大学出版社 2009 年版，第 207 页。

⑤ 李贵连教授曾提醒笔者注意“自治奏牍”四字的重要性。

⑥ 参见《压线编》“家本自记”，收入徐世虹主编：《沈家本全集》第 2 卷，中国政法大学出版社 2008 年版，第 333 页。

《寄簃文存》的文章，但记载了重要信息的“小引”却被删除。[①] 当前通行的中华书局版《历代刑法考（附寄簃文存）》所用的底本正是《沈寄簃先生遗书》，[②] “小引”同样不可得见，这一关键史料的缺失可能会影响今人对此问题的判断。

最后是奏折的文本分析。有两点值得注意：第一点是奏折的旨趣。《删除律例内重法折》通过外观世情，内审国法，提出了修订法律的核心要素：仁。“仁”在奏折中一共出现 14 次，包括单独“仁”字 2 次、“仁政”7 处、“仁人”2 处、“不仁”3 处，“仁”与“不仁”成为评价法律良窳的重要标准，凌迟等酷刑重法因此不具备合理性。特别是奏折的中心句“臣等窃维治国之道，以仁政为先，自来议刑法者，亦莫不谓裁之以义而推之以仁，然则刑法之当改重为轻，固今日仁政之要务，而即修订之宗旨也”[③]。在沈家本的另一名篇《论杀死奸夫》中，可以看到“义”与“仁”并用的类似句式，“世风浇薄，为政者闲之以义，尤贵导之以仁”。[④] 相比之下，“仁”字在光绪二十四年（1898 年）伍廷芳上呈的《奏请变通成法折》[⑤] 中不曾得见，在与《删除律例内重法折》有类似主张，光绪三十年（1904 年）吉同钧的《上修律大臣酌除重法说帖》[⑥] 中同样不见踪迹，而在沈家本的《历代刑法考》中则多次出现“仁”字，“仁”是其评价中国历代法制的重要依据。[⑦] 综上可见，“仁”的提出更应该是沈家本的意见，而这正是奏折得以切中肯綮，会通中外，最终获得朝廷同意，新旧两派双方认可的关键一着。

第二点是奏折的主张与论据。光绪三十年吉同钧的《上修律大臣酌除重法说帖》提出了修改中国法律的十项主张，其中包括第一项“缘坐之法宜酌改也”、第二项“凌迟、枭示、剉尸、戮尸诸刑宜删除也”、第六项“刺字之

---

① 参见李贵连：《〈寄簃文存〉版本漫谈》，李贵连：《近代中国法制与法学》，北京大学出版社 2002 年版，第 480 页。

② 邓经元、骈宇骞：《点校说明》，沈家本：《历代刑法考（附寄簃文存）》（一），中华书局 1985 年版，第 3 页。

③《删除律例内重法折》，沈家本：《历代刑法考（附寄簃文存）》（四），中华书局 1985 年版，第 2024 页。

④《论杀死奸夫》，沈家本：《历代刑法考（附寄簃文存）》（四），中华书局 1985 年版，第 2085 页。

⑤ 收入丁贤俊、喻作凤编：《伍廷芳集》上册，中华书局 1993 年版，第 47—50 页。就笔者的阅读，苏亦工最早发现了伍廷芳这份奏折与《删除律例内重法折》的相似之处。苏亦工：《明清律典与条例（修订版）》，商务印书馆 2020 年版，第 488 页。

⑥ 收入吉同钧纂辑：《大清律讲义》，闫晓君整理，知识产权出版社 2017 年版，第 312—318 页。

⑦ 例如他推崇唐代法制，认为除了个别时期外，“其可谓仁矣……后代治律之士莫不以唐为法”，反之批判辽代法制，认为“与唐相考镜，其仁与暴何适相反也……后之鉴古者，但如唐之仁，毋若辽之暴”。沈家本：《历代刑法考（附寄簃文存）》（一），中华书局 1985 年版，第 53、58 页。

条宜删减也”，[①]除了次序与个别细节略有差异（例如吉同钧主张删减刺字，奏折是全面废除），这些主张正是《删除律例内重法折》的意见。笔者承认吉同钧说帖具有重要价值，但也要指出，早在光绪十二年（1886 年），沈家本在其第一本法学著作《刺字集》的“自序”中已经介绍了刺字的历史，不仅内容要比《上修律大臣酌除重法说帖》有关刺字的部分翔实，而且可以看出沈家本对刺字滥用的批判态度，“独是良民，偶罹罗网，追悔已迟。一膺黥刺，终身戮辱，善乎？”[②]，可以说《刺字集》的编纂为后来《删除律例内重法折》废除刺字奠定了坚实的基础。[③]《刺字集》五卷的内容是清代典章成案中有关刺字规范的分类整理，沈家本又另外汇辑古代经史典籍中有关刺字的资料，单独成《刺字考》一卷，对刺字的历史进行更为详细的整理考证，其目的“非徒考阙源流，亦藉以究其得失”，后来《刺字考》在宣统元年（1909 年）编入了其《历代刑法考·刑法分考》“墨”刑的内容之中。[④]以此类推，沈家本作为经世致用者,《历代刑法考》中关于古代刑罚“缘坐”、“连坐”、“陵迟”、“枭首”、“戮尸、剉尸”等内容，很可能同样是其为刑律改革所做的准备功课，因此奏折中关于这类刑罚的历史钩沉，更应该是出自沈家本。

（二）《删除律例内重法折》排名次序的背后

《删除律例内重法折》的排名次序是外务部右侍郎伍廷芳在前，刑部左侍郎沈家本在后，但奏折排名的先后并不能真正反映出贡献的大小。以光绪二十八年二月二十三日（1902 年 4 月 1 日）两江总督刘坤一、湖广总督张之洞、直隶总督袁世凯三人联衔上奏的《会保熟悉中西律例人员沈家本等听候简用折》[⑤]为例，该折中袁世凯虽然排名最后，但实际中却是他首先提议合保沈家本和伍廷芳，得到刘坤一、张之洞的赞同，会奏稿也是他负责起草，[⑥]可见袁世凯才是这份奏折的核心人物。《删除律例内重法折》的第一部分中有两点与伍廷芳相关，第一点是有“臣廷芳从前游学英国”字样，第二点是关于领事裁判权的介绍与 1898 年伍廷芳的《奏请变通成法折》相近，苏亦工、陈

① 吉同钧纂辑：《大清律讲义》，闫晓君整理，知识产权出版社 2017 年版，第 312—318 页。

② 参见《刺字集》“自序”，收入徐世虹主编：《沈家本全集》第 2 卷，中国政法大学出版社 2008 年版，第 261—262 页。

③ 已经有学者敏锐地注意到两者的关系，参见李贵连：《沈家本传》，法律出版社 2000 年版，第 58 页。

④ 参见沈家本：《历代刑法考（附寄簃文存）》（一），中华书局 1985 年版，第 226 页。

⑤ 天津图书馆、天津社会科学院历史研究所编：《袁世凯奏议》上册，廖一中、罗真荣整理，天津古籍出版社 1987 年版，第 474—476 页。

⑥ 参见李细珠：《张之洞与清末新政研究》，上海书店出版社 2003 年版，第 2024 页。

煜、卜正民等学者根据这类证据认为此处应出自伍廷芳之手，[①] 我认为判断可以成立。但更需要看到，第一部分的结尾句也即整个奏折的核心句，倡议推行仁政来修订法律，以及遍布整个奏折的“仁”的内容，正如之前分析所示，乃沈家本的主张；而奏折篇幅更长的第二部分是对凌迟等酷刑重法的历史梳理与批判，这些内容亦是沈家本的专长。因此从整体上比较两人的贡献，沈氏才是这份奏折的核心人物。那么两人排名为何是伍前沈后？原因主要有三点：第一点是部门地位，清末时期伍廷芳所在的外务部要高于沈家本所在的刑部，即便彼时身份上沈家本的左侍郎要稍高于伍廷芳的右侍郎；[②] 第二点是效果，在当时“务期中外通行”的历史情境下由代表西学背景的伍廷芳领衔上奏可能更佳；第三点是沈家本的谦谦君子之风，两人之间正是通力合作、互相成就的关系。

我们也应该注意到在沈家本、伍廷芳之外，曾任刑部尚书的薛允升在此前《唐明律合编》《读例存疑》《刺字集序》等著述、文章中已经对古代的酷刑重法持一种含蓄否定的态度，再到当时他们的下属吉同钧、章宗祥、董康等皆提议废除，可以说废除酷刑重法是清末先进法律专家们的共识。[③] 但需要特别指出，共识从思想层面到付诸落实，绝非易事。以吉同钧为例，他曾在光绪二十九年（1903 年）有《上刑部长官减轻刑法书》，结合定张氏之监禁一案，批评《大清律例》的重法，据其自述，此举得罪了当时刑部尚书葛宝华，遭到打击报复，升迁受阻甚至被降职处分。[④] 光绪三十一年（1905 年）葛宝华仍在刑部尚书任上（1901—1906 年），类似的潜在阻力仍可能存在，[⑤] 因此这个时段修律大臣沈家本、伍廷芳上《删除律例内重法折》，既需要把握时代发展的趋势潮流，也需要注意字里行间的修辞分寸，责任担当与谋略智慧，可谓缺一不可。

---

① 苏亦工注意到这两点［苏亦工：《明清律典与条例（修订版）》，商务印书馆 2020 年版，第 488 页］；陈煜注意到第一点（陈煜：《清末新政中的修订法律馆——中国法律近代化的一段往事》，中国政法大学出版社 2009 年版，第 207 页）；Timothy Brook, Jérôme Bourgon, Gregory Blue 只提到奏折两部分各自的作者名字，没有展开论证，但我推测其很可能同样是注意到第一点。（Timothy Brook, Jérôme Bourgon, Gregory Blue, Death by a Thousand Cuts, Harvard University Press, 2008, p.96.）

② 参见苏亦工：《明清律典与条例（修订版）》，商务印书馆 2020 年版，第 485—486 页。

③ 陈煜认为修律是“集体行为”，颇有洞见。（参见《清末新政中的修订法律馆——中国法律近代化的一段往事》，中国政法大学出版社 2009 年版，第 134 页。）这提醒我们不能只关注焦点人物，需要将镁光灯以外的人物纳入研究视野，但同时我们也应该认识在集体行为中不同层面人物的作用不同，需要在放宽研究视野的同时适当加以区分，注意其互动关系，从而达到更加深入的探讨。

④ 参见吉同钧：《乐素堂文集》，闫晓君整理，法律出版社 2014 年版，第 115—117 页。

⑤ 光绪三十二年（1906 年）官制改革，刑部改为法部，葛宝华由刑部尚书改任镶红旗蒙古都统。吉同钧说他“以变法裁缺落职”。吉同钧：《乐素堂文集》，闫晓君整理，法律出版社 2014 年版，第 116 页。从葛宝华（1844—1910）的履历看，他在进士及第后，历任总理各国事务（**接下页**）

三、新旧两律并行编纂的原因和沈家本的态度

（一）预备立宪对刑律编纂的影响

从改造旧律的视角看，光绪二十九年（1903 年）十一月起沈家本等开始修改条例，到光绪三十一年三月十三日（1905 年 4 月 17 日）完成初步删除工作，共删除条例 344 条。[①] 光绪三十四年正月二十九日（1908 年 3 月 1 日），沈家本等上奏《拟请编定〈现行刑律〉以立推行新律基础折》，建议赓续之前未竟的工作，编定《现行刑律》，在新刑律正式颁布前使用。清廷下旨由宪政编查馆会同法部议奏，同年五月二十八日（1908 年 6 月 26 日），宪政编查馆奕劻等上奏同意沈家本等的提议。宣统二年四月七日（1910 年 5 月 15 日），宪政编查馆和修订法律馆会奏《呈进〈现行刑律〉黄册定本请旨颁行折》，同日朝廷上谕颁行。该律采取传统《大清律例》的律例合编体例，通过删除总目、厘定刑名、节取新章、简易例文四种办法，具体采用修改、修并、移改、移并、删除、续纂、仍旧、修复八种方式，对旧律进行全面改造，其汲取了薛允升、王肯堂、沈之奇等传统律学家作品的意见，是旧律修订的集大成者，代表着传统律学的绝唱。[②]

从制定新法的视角看，光绪三十三年八月二十六日（1907 年 9 月 30 日）和十一月二十六日（12 月 30 日），沈家本分别上奏了近代刑法典《大清新刑律》的总则与分则。该法由日本法学家冈田朝太郎主事，董康、章宗祥、汪荣宝等参与，采用近代刑法总则分则两编的编纂体例，确立了罪刑法定、刑罚人道主义的理念精神，体现出一定程度礼法分离的色彩，对出礼入刑、明刑弼教等礼法一体的法律观有重大修正，从而引发礼教与法理两派的论辩，史称礼法论争。该法经过内外各衙门签注，辗转于修订法律馆、法部、宪政编查馆、资政院等多个机关，历经六案，最终于宣统二年十二月二十五日（1911 年 1 月 25 日）钦定颁布。[③]

上述可见，属于旧律范畴的《大清现行刑律》和属于新法范畴的《大清新刑律》在时间节点上相当接近，呈现出一种齐头并进的编纂样态，在人事

（**接上页**）衙门、户部、太常寺、通政司、光禄寺、宗人府、都察院、兵部等各种职务，光绪二十七年（1901 年）升任工部尚书，同年改任刑部尚书。可见他是直接空降刑部，非法律科班出身，既不同于薛允升、沈家本、吉同钧、董康等刑曹历练多年脱颖而出者，也不同于伍廷芳、章宗祥等在国外学习法律者。当然这种专业背景差别是否会影响对酷刑重法的意见，需要更多论据来支持，在此只是结合吉同钧的遭遇提出某种可能性。

①《修订法律大臣奏请先将例内应删各条分次开单进呈并清单》，上海商务印书馆编译所编纂：《大清新法令（点校本）》第 1 卷，李秀清等点校，商务印书馆 2010 年版，第 195—196 页。

② 参见陈新宇、陈煜、江照信：《中国近代法律史讲义》，九州出版社 2016 年版，第 116—118 页。

③ 参见陈新宇：《〈大清新刑律〉编纂过程中的立法权之争》，《法学研究》2017 年第 2 期。

上例如董康、章宗祥、汪荣宝等皆参与两律的编纂。为何要在同一时期制定两部风格迥异的法典？沈家本作为修订法律大臣的立场态度如何？

拙见认为新刑律并非因清末立宪而作，但预备立宪决定了新刑律的进程，造成新旧两律并纂的特殊模式。在新旧两者之间，沈家本更倾向于新刑律，编定现行刑律只是权宜之举。

从时间上看，新刑律起草要早于预备立宪。史料显示《大清新刑律》在光绪三十一年（1905 年）或光绪三十二年（1906 年）春即有草案出台，[①] 而清廷要到光绪三十二年七月十三日（1906 年 9 月 1 日）才颁布《宣示预备立宪先行厘定官制谕》，开启仿行宪政，并从官制改革入手。[②] 在预备立宪的背景逻辑之下，新刑律被纳入其中，成为一个重要标志性的立法环节。

预备立宪对于刑律带来的影响主要有两个方面，首先是预备立宪的时间表对新刑律的编纂进程提出了明确的要求。光绪三十四年八月初一日（1908 年 8 月 27 日），伴随《钦定宪法大纲》的出台，清廷颁布了逐年筹备事宜清单，这份九年（1908—1916 年）预备立宪清单中就有关于新刑律的规定。其具体内容是：光绪三十四年修改新刑律，修订法律大臣、法部同办；光绪三十五年核订新刑律，宪政编查馆办；光绪三十六年颁布新刑律，宪政编查馆、修订法律大臣同办；光绪三十九年实行新刑律。[③] 到了宣统二年十二月十七日（1911 年 1 月 17 日）清廷迫于压力决定缩短预备立宪期限，提前至宣统五年（原定 1916 年），《修正逐年筹备事宜清单》也修订了新刑律的相关规定。其具体内容是：宣统二年颁布新刑律；宣统四年实行新刑律。[④] 这种时限要求可以解释为什么新刑律在资政院省略三读通过总则，分则尚未议决的情况下，最终由皇帝裁可宪政编查馆奕劻等的《议决新刑律总则缮单会陈请旨》和《新刑律分则并暂行章程未经资政院议决应否遵限颁布缮具清单请旨办理》

---

① 2009 年孙家红在中国社会科学院法学研究所图书馆发现了光绪三十一年（1905 年）章宗祥、董康合纂的《刑律草案》（刑法总则的 77 条条文），但其经过考证认为是光绪三十二年。参见孙家红：《清末章董氏〈刑律草案〉稿本的发现和初步研究》，《华中科技大学学报》2010 年第 3 期。冈田朝太郎曾介绍在光绪三十二年春清廷已经有新刑律的草案，并将其命名为预备案。参见冈田朝太郎：《清国ノ刑法草案ニ付テ》，《法学志林》第 12 卷第 2 号，明治四十三年（1910 年）。

② 参见故宫博物院明清档案部编：《清末筹备立宪档案史料》上册，中华书局 1979 年版，第 43—44 页。

③ 参见故宫博物院明清档案部编：《清末筹备立宪档案史料》上册，中华书局 1979 年版，第 61—67 页。

④ 参见故宫博物院明清档案部编：《清末筹备立宪档案史料》上册，中华书局 1979 年版，第 88—92 页。前后两份清单比较，新刑律颁布的时间一样，但实行的时间提前了一年。

奏折，在宣统二年钦定颁布，[①] 从这个角度讲清廷遵守了其政治承诺。因此，尽管沈家本在光绪三十三年（1907 年）底已经上奏新刑律，仍然需要按照预备立宪清单的时间安排进行后续修改、核订等流程。

《新刑律》本身内容极富争议，在预备立宪清单出台前已经有光绪三十四年五月初七日（1908 年 6 月 5 日）以学部为代表的机关在签注中提出了强烈的反对意见。[②] 因此在光绪三十四年正月二十九日（1908 年 3 月 1 日）沈家本等就提出编定《现行刑律》的计划，[③] 可以说是比较稳健且富有前瞻性之举，其原因可能是在修订法律馆内部的讨论中已经可以听到反对《新刑律》的声音。[④] 而在该折上奏后，清廷令宪政编查馆会同法部议奏，但宪政编查馆奕劻等没有马上反馈，在过了近四个月后，到五月二十八日（1908 年 6 月 26 日）才表态赞成，很可能是在等待与观察内外各衙门关于《新刑律》的签注反应，这在一定程度上可以解读为当时的中枢机关宪政编查馆更倾向于《新刑律》，同意编定《现行刑律》是不得已而为之。

其次是制度变革分散了立法者们的精力。预备立宪要求权力分立，司法权脱离行政权而成为独立的一支。在光绪三十二年九月二十日（1906 年 11 月 6 日）首先着手的官制改革中，清廷将刑部改为法部，专任司法，大理寺改为大理院，专掌审判。[⑤] 作为首任大理院卿兼修订法律大臣的沈家本需要分身去筹建近代法院体制，制定《大理院审判编制法》《法院编制法》等规范。在此期间其不可避免地陷入了权力争竞之中，先发生与法部关于司法权限的部院之争，[⑥] 后又有与法部、大理院的法律起草权之争，[⑦] 极大地牵涉了在刑律方面的精力。最初参与旧律修订者也因为官制改革“有擢升外任者，有调赴他部者”，导致该项工作“暂行中止”。[⑧] 制度转型，情势变更，人心思动，暗潮

---

① 参见陈新宇：《〈钦定大清刑律〉新研究》，《法学研究》2011 年第 2 期。

② 参见《学部原奏》，高汉成主编：《〈大清新刑律〉立法资料汇编》，社会科学文献出版社 2013 年版，第 187—190 页。

③ 董康曾谈到其提出学习日本在近代刑法颁布之前先颁布《新律纲领》和《改定律例》的做法，通过修正旧律以资过渡，最终修成现行刑律。参见董康：《新旧刑律比较概论》，何勤华、魏琼编：《董康法学文集》，中国政法大学出版社 2005 年版，第 483 页。

④ 吉同钧曾谈到新刑律在修订法律馆内部的讨论中其“首以不适用面相争论，并上书斥驳，无如口众我寡，势力不敌。”吉同钧：《乐素堂文集》，闫晓君整理，法律出版社 2014 年版，第 118 页。

⑤ 参见《裁定奕劻等核拟中央各衙门官制谕》，故宫博物院明清档案部编：《清末筹备立宪档案史料》上册，中华书局 1979 年版，第 471 页。

⑥ 参见李贵连：《沈家本传》，法律出版社 2000 年版，第 234—241 页。

⑦ 参见陈新宇：《〈大清新刑律〉编纂过程中的立法权之争》，《法学研究》2017 年第 2 期。

⑧ 沈家本等：《拟请编定〈现行刑律〉以立推行新律基础折》，《钦定大清现行刑律（点校本）》，陈颐点校，北京大学出版社 2017 年版，第 9 页。

涌动，客观与主观多种因素延缓了新旧两律的进展，[①] 最终就是《大清现行刑律》与《大清新刑律》皆在宣统二年颁布，两者时间只差八个月，如果清廷不覆灭，现行刑律的过渡之用不足两年（现行刑律是颁布即可施行，新刑律颁布已经是宣统二年岁末，准备在宣统四年实行），[②] 比原来预设的效果要打一折扣。

（二）沈家本的态度：求新与妥协

沈家本对于新旧两律的整体态度是以新刑律为重心，但其也懂得妥协，因此务实地推动现行刑律的编定。理由有以下有三点：

第一点，在迄今可见最早的新刑律草案即光绪三十一年（1905 年）章宗祥、董康合纂的《刑律草案（稿本）》中，共有 72 条签注，其中沈家本的 55 条，吉同钧的 17 条，[③] 这可以证明沈家本很早就深度参与了新刑律的起草工作。

第二点，关于修律的宗旨，沈家本的意见是“折衷各国大同之良规，兼采近世最新之学说，而仍不戾乎我国历代相沿之礼教民情”[④]，次序上新（大同、最新）在旧（历代相沿）前。他这番言辞似乎是针对法部尚书戴鸿慈的主张而发，后者认为“编纂大清法律全典，于守成、统一、更新三主义兼而有之”，[⑤] 次序上旧（守成）在新（统一、更新）前。可以想象如果负责人不同，晚清修律的风格将会大相径庭。

第三点，在对待《现行刑律》的态度上，沈家本曾明确谈到，“此次编订，体例虽隐寓如为筹备宪政，模范列强，实非博采东西大同之良法，难收其效”，他更希望，“臣等更当督促在事各员，将前奏《刑律草案》酌加修正，

---

① 沈家本谈到的制度变革下人员变动以及由此带来的人心不安可以在刑部官员唐烜的日记中得到印证，利用此日记的专门研究参见李在全：《亲历清末官制改革：一位刑官的观察与因应》，收入李在全：《变动时代的法律职业者》，社会科学文献出版社 2018 年版。《大清现行刑律》在宣统元年八月二十九日（1909 年 10 月 12 日）已经告竣，但因为新的犯罪类型（窃毁铁路）增设、《法院编制法》出台、秋审制度改革等涉及《现行刑律》相关内容的增补改动，因此需要假以时日修订，因此要到宣统二年四月初七日（1910 年 5 月 15 日）才颁行。参见沈家本等:《编定〈现行刑律〉告竣谨缮具黄册恭候钦定折》、奕劻等:《核议沈家本等奏〈编定现行刑律告竣缮具黄册恭候钦定折〉》、奕劻等:《呈进〈现行刑律〉黄册定本请旨刊印颁行折》,《钦定大清现行刑律（点校本）》,陈颐点校，北京大学出版社 2017 年版，第 13—19 页。

② 陈颐认为“现行刑律看不出有机会实现过渡之用”[《钦定大清现行刑律（点校本）》，陈颐点校，北京大学出版社 2017 年版，“序”第 15 页]，可能是没有注意到新刑律颁布后并非马上施行，而是按照预备立宪计划要到宣统四年（1912 年）才施行，与现行刑律之间仍然是有一定的时间差。

③ 参见孙家红：《光绪三十二年章董氏〈刑律草案〉（稿本）所附签注之研究》,《华东政法大学学报》2010 年第 4 期。

④《修订法律大臣沈家本等奏进呈刑律分则草案折并清单》，上海商务印书馆编译所编纂：《大清新法令（点校本）》第 1 卷，李秀清等点校，商务印书馆 2010 年版，第 521 页。

⑤《法部尚书戴鸿慈等奏拟修订法律办法折》，高汉成主编：《〈大清新刑律〉立法资料汇编》，社会科学文献出版社 2013 年版，第 15 页。

克期会奏”[①]，可见《现行刑律》只是权宜之计而非其首选。可以与此相印证的证据是在光绪三十三年（1907 年）末出版的《寄簃文存》中，收入有《论杀死奸夫》《论威逼人致死》两篇重要文章，[②]皆是对旧律有关条文的强烈批判，应该是沈家本为新刑律所作的功课，但是“杀死奸夫”和“威逼人致死”两律仍然保留在《现行刑律》之中。

综上，笔者大胆地进行推测：在光绪三十一年三月十三日（1905 年 4 月 17 日）完成旧有条例的删除工作后，沈家本等借着同年三月二十日（1905 年 4 月 24 日）上奏《删除律例内重法折》之机，测探朝廷对于法律改革的态度，[③]在获得朝廷支持肯定之后，其重心基本转移到《新刑律》方面，甚至在有意无意中停止了旧律修订工作。随后预备立宪开始，晚清新政进入改革的深水区，《新刑律》在编纂过程中出现新旧两派的巨大争执，面对立宪的时间表与礼教派的强烈反对，为了减轻《新刑律》的压力，巩固已有修律成果，沈家本等审时度势，重拾旧章，提出编定现行刑律作为过渡的中庸计划。虽然形势比人强，但大清《现行刑律》《新刑律》最终得以相继颁布，并预留出一定的过渡时间，从立法的角度看结果虽非完全如意，但仍可说差强人意。

四、沈家本的方法论：复古与会通

（一）区分汉唐法制与明清法制

面对旧律新法中蕴含着的古今中外问题，沈家本在学理上如何进行应对？需要指出，沈家本不是学院派的法学理论家，而是躬身立法、司法等领域的法律实践家，他在解决具体问题中阐发其理论，因此需要我们从其著述中去发掘、引申与建构其方法论。

近代法的古今中外问题蕴含着四个维度，即古中、古外、今中、今外。所谓古今，主要是历史问题；所谓中外，主要是文化问题。沈家本方法论的核心意旨是在古今问题上着力于复古，即辨析中国法制的汉唐与明清之别，试图恢复古典法意；在中外问题着力于会通，即不拘于中外有别的成见，试图以古典中国的情理来融会贯通近代西方的法理。

沈家本是一个有着历史自觉意识的法学家，其以历史动态、多元的视角

---

① 沈家本等：《编定〈现行刑律〉告竣谨缮具黄册恭候钦定折》，《钦定大清现行刑律（点校本）》，陈颐点校，北京大学出版社 2017 年版，第 13 页。陈颐注意到沈家本这番话，参见该书“序”，第 6 页。

② 李贵连编著：《沈家本年谱长编》，山东人民出版社 2010 年版，第 208 页。

③ 董康曾谈到，“康建议……今欲中外书一，须从改革刑制始，如蒙俞允，始知朝廷非虚应故事也。”董康：《中国修订法律之经过》，何勤华、魏琼编：《董康法学文集》，中国政法大学出版社 2005 年版，第 461 页。

来看待中外法制。例如其在筹办近代监狱时，注意到西方监狱背后的理念从“苦人、辱人”到“感化”的演变规律；[①] 其在分析西方各国刑法对自杀者处以重罪的同时，也留意希腊斯托伊克（应即斯多葛学派，Stoicism）对此主张无罪说的不同意见；[②] 其在梳理西方学术源流时，提到希腊、罗马的渊源作用；[③] 其考核欧美与日本各国死刑时，指出其从“从前极为惨虐”到“近年则日从减轻”的发展趋势[④]。

相比于对外国法制历史的留心，沈家本对中国法制历史的爬梳整理用功更勤，其曾陆续刊刻《唐律疏议》、《明律》、《宋刑统》、《洗冤集录》、《读例存疑》、《汉律摭遗》等古代法典和律学著作。一个有意思的现象是，《唐律疏议》刊印于光绪十六年（1890 年）十二月，《汉律摭遗》付梓于民国元年（1912 年），两者一个在清末法律改革之前，一个在清廷覆灭之后，可以说无论是否已经受到西法影响，无论清廷是否存在，通过研究汉唐法制来探索三代之法的古典法意是沈家本思想一以贯之的内在理路，对此沈家本在生前最后一本著述《汉律摭遗》的序中有精辟的总结：

“《汉律》正多古意，非犹为三代先王之法之遗留者乎。历代之律存于今者唯《唐律》，而古今律之得其中者亦唯《唐律》，唯其尚得三代先王之遗意也。《唐律》之承用汉律者不可枚举……是则求《唐律》之根源，更不可不研究夫《汉律》矣。”[⑤]

可见由唐趋汉，他的旨趣正是复古三代之法。传世的法典《唐律》得古今之平，符合仁的要义，能够体现三代之法的法意，因此在立法进程争议条文的讨论中，沈家本经常以唐律作为标准进行检验。例如在讨论“杀死奸夫”律时，他指出《唐律》无杀奸之条，《唐律·捕亡》的“不言请辄捕”律规定对奸人非持杖拒捍者不得辄杀，否定“杀死奸夫”条文的合理性；其辨析《唐律·贼盗》的“夜无故入人家”律的律意并无包含杀死奸夫之义，批驳以“夜

① 参见《监狱访问录序》，沈家本：《历代刑法考（附寄簃文存）》（四），中华书局 1985 年版，第 2238 页。

② 参见《论威逼人致死》，沈家本：《历代刑法考（附寄簃文存）》（四），中华书局 1985 年版，第 2089 页。

③ 参见《政法类典序》，沈家本：《历代刑法考（附寄簃文存）》（四），中华书局 1985 年版，第 2241 页。

④ 参见《虚拟死罪改为流徒折》，沈家本：《历代刑法考（附寄簃文存）》（四），中华书局 1985 年版，第 2028 页。

⑤《汉律摭遗自序》，沈家本：《历代刑法考（附寄簃文存）》（四），中华书局 1985 年版，第 2230 页。

无故入人家”律来支持“杀死奸夫”者。[①] 又例如在讨论“威逼人致死”律时，沈家本指出《唐律》没有甲自尽而乙抵命的条文，以此质疑后世立法的合理性。[②] 在沈家本的语境里，唐律既然是正面推崇的典范，那么专门设置“杀死奸夫”、“威逼人致死”等唐律所无条文的明律就成了反面批判的靶子，而承续明制的清律自然是不言自明的改革对象。因此，汉唐律与明清律分别成为其肯定与否定的两种类型。

（二）从构建“法理”到立足“情理”

面对更为复杂棘手的中外会通问题，沈家本选择了“法理”和“情理”两个关键词汇。

他对“法理”的使用，大致可以分为三个阶段。第一个阶段，虽然西学已经输入且有所影响，但其主要仍在中国古典词汇固有涵义下使用“法理”一词。有学者考证，沈家本在光绪己亥（1899 年）秋为清末大型案例集《刑案汇览三编》所写的序中，首次使用“法理”一词。[③]

“顾或者曰：今日法理之学，日有新发明，穷变通久，气运将至，此编虽详备，陈迹耳，故纸尔。余谓：理固有日新之机，然新理者，学士之论说也。若人之情伪，五洲攸殊，有非学士之所能尽发其覆者。故就前人之成说而推阐之，就旧日之案情而比附之，大可与新学说互相发明，正不必为新学说家左袒也。”[④]

此时的沈家本，正在保定知府任上，这段文字是其在法律新思潮学说纷沓而至的时代背景下，对是否有必要费心编辑古典刑案质疑的回应。中国古代的“法理”一词，有三种含义：（1）法则、原理。汉王充《论衡·骨相》：“非徒富贵贫贱有骨体也，而操行清浊亦有法理。”指形成人的品德的法则。（2）法律、道理。《后汉书·七六·王涣传》：“其冤嫌久讼，历政所不断，法理所难平者，莫不曲尽情诈，压塞群疑。”《南齐书·孔稚珪传》上表：“臣闻匠万物者，以绳墨为正，驭大国者，以法理为本。”（3）佛教语。指佛法的道理。

---

① 参见《论杀死奸夫》，沈家本：《历代刑法考（附寄簃文存）》（四），邓经元、骈宇骞点校，中华书局 1985 年版，第 2083—2087 页。沈家本虽然在没有具体指明何人举《唐律》“夜无故入家”律来支持“杀死奸夫”合理性（只是说“解之者曰”、“或又曰”），但根据笔者的阅读来看，其中应该包括吉同钧。吉同钧认为唐律之所以没有“杀死奸夫”律，是因为该律的规定散见于其他条文之中，例如“登时杀死奸夫，已有夜无故入人家杀死勿论之律”。参见吉同钧纂辑：《大清律讲义》，闫晓君整理，知识产权出版社 2017 年版，第 111 页。

② 参见《论威逼人致死》，沈家本：《历代刑法考（附寄簃文存）》（四），中华书局 1985 年版，第 2088 页。

③ 参见李贵连：《沈家本评传》，中国民主法制出版社 2016 年版，第 141 页。

④《刑案汇览三编序》，沈家本：《历代刑法考（附寄簃文存）》（四），邓经元、骈宇骞点校，中华书局 1985 年版，第 2225 页。

《晋书·王珉传》:"时有外国沙门名提婆，妙解法理，为珣兄弟讲《毗昙经》。"[①]这里沈家本的"法理之学"，更接近第二种的"法律"之义。可以与此相印证的是近代中国第一篇倡言中国应研究法学的论作——1898年梁启超的《论中国宜讲求法律之学》。[②]在这篇文章中，梁启超提出"吾愿发明西人法律之学，以文明我中国，又愿发明吾圣人法律之学，以文明吾地球"。[③]究其语境，沈家本的"法理之学"应即梁启超的"法律之学"，沈家本的"新发明"应指梁启超的"发明"。而中文世界里明确区分法律与法理两个概念，目前可见最早的文献要到1902年攻法子的《法律与法理之别》,"何谓法律，法律者规则之谓。何谓法理，法理者规则之原理之谓。盖法律其当然，而规则者其所以然也。其法理如是，故法律必由此而定，惟其法律如是，故法理亦因此而出。两者盖相交济，而其区别则显然也。"[④]但也要看到，虽然这时沈家本的"法理"指的只是"法律"，但其单独使用的"理"、"新理"已经涉及对法律背后的原理、学说等问题的思考。

第二个阶段，伴随孟德斯鸠及其《法意》(今译为《论法的精神》)的介绍与翻译，沈家本主要受到严复译本及其案语的影响，并对"法理"一词进行创造性的诠释，赋予其"义序礼情"的内涵。

沈家本曾讲到，"近世纪欧洲学者孟德斯鸠之伦，发明法理"，[⑤]说明其关注孟德斯鸠。严复翻译的孟德斯鸠《法意》共七册，于1904年至1909年陆续由商务印书馆出版，其中前三册出版于1904年。[⑥]沈家本在光绪三十二年(1906年)的《新译法规大全序》中谈及,"说者谓西文'法'字，于中文有理、礼、法、制之异译，不专指刑法一端"，[⑦]这里的"说者"，显然指严复。严复不仅翻译孟德斯鸠的书，而且在译文以外，通过案语的方式表达自己的见解，他在案语中指出，"西文'法'字，于中文有理、礼、法、制四者之异译，学者审之"，[⑧]又，"西人所谓法者，实兼中国之礼典。中国有礼、刑之分，以谓礼防未然，刑惩已失。而西人则谓凡著在方策，而以令一国之必从者，通谓

---

①《辞源(修订本重排版)》下册，商务印书馆2010年版，第1912页。

② 参见李贵连:《20世纪初期的中国法学》,《中外法学》1997年第2期。

③ 参见梁启超:《论中国宜讲求法律之学》,《湘报》1898年第5号。

④ 攻法子:《法律与法理之别》,《译书汇编》1902年第2卷第9期，第120—121页。

⑤《法学会杂志序》，沈家本:《历代刑法考(附寄簃文存)》(四)，邓经元、骈宇骞点校，中华书局1985年版，第2244页。

⑥ 参见王栻主编:《严复集》第1册，中华书局1986年版，第144页之脚注。

⑦《新译法规大全序》，沈家本:《历代刑法考(附寄簃文存)》(四)，邓经元、骈宇骞点校，中华书局1985年版，第2242页。《寄簃文存》没有标明该序文的时间，但《新译日本法规大全》于1907年由商务印书馆出版，书中沈家本的序附有时间，为"光绪三十二年冬仲"。参见《新译日本法规大全(点校本)》第1卷，何佳馨点校，商务印书馆2007年版，第9页。

⑧ 孟德斯鸠:《法意》上册，严复译，商务印书馆1981年版，第3页。

法典。”[①] 沈家本序文的这句话，分别直接和间接出自严复的《法意》案语，可以佐证严复译本对其的影响。

严复翻译的《法意》，第一卷“法律通论”的第一段便是说明“法”与“理”的密切联系：

“法，自其最大之义而言，出于万物自然之理。盖自天生万物，有伦有脊，既为伦脊，法自弥纶，不待施设。宇宙无无法之物，物立而法形焉。天有天理，形气有形气之理。形而上者固有其理，形而下者亦有其理。乃至禽兽草木，莫不皆然，而于人尤著。有理斯有法矣。”

对于这段话，严复的案语是“儒所谓理，佛所谓法，法理初非二物”。[②]

目前可见《论法的精神》最早的中译本，是刊登于1900—1901年的《译书汇编》杂志上的《万法精理》。[③] 两者对照，同一段话译文的最大区别是没有严复译本的“理”字，《万法精理》的翻译是：

“人有恒言，皆曰气数。一若天壤间事事物物，皆出于造化之无心也者。呜呼，妄哉是言也。问两间万物，有出于偶然者乎，无有也。有绝无法纪而能生存者乎，无有也。故法也者，不可须臾离也，可离非法也。神灵也，人类也，以至飞者走者游者泳者，其所恃以立者皆法也。”[④]

《译书汇编》由中国最早的留日学生所创办，这个译本应该是根据日文译本而来，沈家本的“法理”应该没有参考到《万法精理》这个译本。

对于理与法的关系，严复还有一段重要案语：

“孟氏意谓，一切法皆成于自然，独人道有自为之法。然法之立也，必以理为之原。先有是非，而后有法，非法立而后以离合见是非也……盖在中文，物有是非谓之理，国有禁令谓之法，而西文则通谓之法，故人意遂若理法同物，而人事本无所谓是非，专以法之所许所禁为是非者，此理想之累于文字者也。”

从译文的“法”与“理”关系密切，到案语的“法理初非二物”、“法之立也，必以理为之原”、“物有是非谓之理，国有禁令谓之法”，可以推测沈家本很可能是在严复译本的影响下，接纳了“法理”一词，并将其定义为“法律的原理”，“是非”之理成为法律的评价（价值）标准。

《论杀死奸夫》是沈家本运用“法理”最典型的例证。他批判明清律所谓丈夫杀死奸夫奸妇无罪的立法，提出了心目中关于良法的重要命题，“窃谓后

---

① 孟德斯鸠：《法意》上册，严复译，商务印书馆1981年版，第7页。

② 孟德斯鸠：《法意》上册，严复译，商务印书馆1981年版，第1页。

③ 该译本是节译本，翻译了前4卷，第1—2卷于《译书汇编》1900年第1期；第3卷于1901年第2期，第4卷于1901年第3期。

④《译书汇编》1900年第1期，第36页。

人立法，必胜于前人，方可行之无弊。若设一律，而未能尽合乎法理，又未能有益于政治、风俗、民生，则何贵乎有此法也”。[①] 沈家本对“法理”的贡献有两个方面，首先，使得“法理”成为一个法的内在价值标准，与政治、风俗、民生等外部因素一起构成评价良法的综合视角。

其次，使得“法理”成为一个分析式、可以实践的概念。该“法理”由四种要素构成，分别是义、序、礼、情，用现代的话语来说，就是正义、公平、伦理、人性。在此沈家本展现出对历代法条极为熟稔的素养，立足于规则是其论证的特色。关于“义”，他列举出唐律、元律、明律关于和奸者皆没有死刑，因此丈夫杀死罪不至死的奸夫奸妇不具合法性，这种杀人行径有罪却不追责有悖正义，不符合法理。关于“序”，他指出官司差人擅自杀死应判死罪之人，尚且要被判处杖刑，丈夫杀死只是应判杖罪的奸夫奸妇，却可以无罪，法律体系内部轻重失衡，有悖公平，不符合法理。关于“礼”，他指出依据礼，妇人淫佚是“七出”的理由之一，以礼入法，写入《户律》出妻的条文，并无死罪，明律甚至规定如果有“三不去者”即便淫佚也不许出妻。君子绝交尚且不出恶声，更何况对于妻子，因此允许丈夫杀死与人通奸的妻子，有悖伦理，不符合法理。关于“情”，他指出好生恶杀是人之常情，更何况事关家人，决无立置死地的道理。之所以有亲属相为容隐之律，就是考虑到父母、兄弟、子女、夫妻等之间，如果要求互相检举，则情不能安，有悖人性，不符合法理。[②] 或许正是因为就法论法，不同于政治、风俗和民生等外部因素，沈家本才会用“法律之原理”[③] 而不是“法的原理”来定义“法理”。

需要指出，在 1902 年梁启超已经发表《法理学大家孟德斯鸠之学说》、1904 年时又有《中国法理学发达史论》，已经有“法理（学）”一词，但从梁启超介绍“孟德斯鸠……研究法理学”[④] 来看，其很可能是受到日本学者穗积陈重的影响。明治十四年（1881 年）穗积陈重对于东京开成学校法学科目中的“法论”名称不甚满意，认为佛家已有“法谈”一词，“法论”佛教气息浓厚，而且以“论”为科目名称也不合适，同时认为从德文 Rechtsphilosophie 翻译而来的“法律哲学”局限于形而上学，在综合权衡之下，最终创造了“法

① 《论杀死奸夫》，沈家本：《历代刑法考（附寄簃文存）》（四），邓经元、骈宇骞点校，中华书局 1985 年版，第 2084 页。

② 参见《论杀死奸夫》，沈家本：《历代刑法考（附寄簃文存）》（四），邓经元、骈宇骞点校，中华书局 1985 年版，第 2084—2085 页。

③ 《论杀死奸夫》，沈家本：《历代刑法考（附寄簃文存）》（四），邓经元、骈宇骞点校，中华书局 1985 年版，第 2085 页。沈家本小结，“以上是四端，皆于法律之原理有未能尽合者也”。

④ 《梁启超法学文集》，中国政法大学出版社 2000 年版，第 17 页。

理学”一词。[①] 这里的“法理学”，毋宁是学科意义上的广义“法理”，以梁启超的《中国法理学发达史论》为例，其包括“法之起因”、“法字之语源”、“旧学派（即儒、道、墨家）关于法之观念”、“法治主义之发生”等内容，与沈家本相对狭义、主要指价值标准的“法理”并不相同。

第三个阶段，沈家本以古典中国的“情理”会通近代西方的“法理”。

一个此前未曾发现的有趣现象是，“法理”是沈家本批判中律的武器，而“情理”则是其批判西法的武器。在《论威逼人致死》中，沈家本展示了其批判性的思维，其既批评明清律“威逼人致死”中强调自尽抵命的不合理之处，也以“情理”质疑西法所谓自杀为重罪：

“若西人自杀为重罪之说，在彼国之论者，已不以为然，如斯托伊克之说是也。而墨守宗教者，犹坚持此说。揆诸情理，实有未安。人所受之苦难万不能堪而出于死，此最可哀可矜之事。今不哀之矜之，而反加之以罪，仁人之心，必不出此。于礼不过不吊而已，不吊者而大辱之，此不合于人情者也。人之有罪，必其有害于世，不乐生而甘于死，于世乎何害而必罪之，夺其财产、光荣而屏弃之，此不合于天理者也。且于死者而有知，饮恨黄泉，忍与终古，使死者而无知，即处重罪，乌足为戒？彼杀人之犯未论决而自杀，即无余罪之可料。自杀之人本无罪，反较杀人者之责备为刻。中律故自伤残者有罪，如犯罪待对，（杖一百。诈病死伤避事律。）恐吓诈赖人，（杖八十，同上。）避征役，（罪止杖一百。从征违期律。）此等人若应伤残而致死，并无治罪之文，盖以其人已死，罪已无可加也。夫以有罪之人而自杀尚无罪之可加，乃以无罪之人而自杀反有罪之难免，岂情也哉？其理也哉？此西法之可议者也。”[②]

“不合于天理”与“不合于人情”是沈家本批评西法以自杀为重罪的理由，沈家本了解该西法的宗教背景，认为“不足取法”。他运用“情理”的论证，同样可以归纳为该西法违反了义（自杀本是苦难反而被定罪）、序（法律体系轻重失衡）、礼（不符合礼义）、情（有悖仁人之心）的“法理”四要素，可见“情理”与“法理”存在某种契合之处。从写作时间上，《论杀死奸夫》与《论威逼人致死》前后相继；[③] 从关键词使用上，“法理”与“情理”接踵相连，寓意着沈家本对于如何会通中外法律有持续深入的思考。

这种思考，在沈家本宣统三年（1911 年）的《法学名著序》中有精辟的

---

① 参见穂積陳重：『法窓夜话』（岩波书店，1980 年，174—175 頁）；何勤华等：《法律名词的起源》（上），北京大学出版社 2009 年版，第 19—22 页，本文引用部分的作者是江玉林。

②《论威逼人致死》，沈家本：《历代刑法考（附寄簃文存）》（四），邓经元、骈宇骞点校，中华书局 1985 年版，第 2091—2092 页。

③ 两文是沈家本围绕《大清新刑律》的制定，对旧律的批判而写，时间推测约在 1906—1907 年间。从《大清律例》的条文次序上看，“杀死奸夫”和“威逼人致死”分别是律第 285 条和（**接下页**）

总结：

“新学往往从旧学推演而出，事变愈多，法理愈密，然大要总不外‘情理’二字。无论旧学、新学，不能舍情理而别为法也，所贵融会而贯通之。”①

一个值得细品的现象是，沈家本作为一个不通外语、未曾出访外国的法学家，主要通过阅读翻译著述和留学生介绍来了解外国情况，这一方面可能是他的劣势，另一个方面也可能是他的优势，使得他能够不囿于留学所在国的法学背景的束缚，更为客观合理选择借鉴外国法，这与中国近代以来留学归国者，多主张借鉴其留学国家的制度与学术，“路径依赖”之下有时不免偏颇，形成鲜明对比。

五、余论

在近代中国法律转型时期，废除凌迟等酷刑重法是清末先进法律专家们的共识，《删除律例内重法折》是中国刑罚从野蛮迈向文明的关键一步，这份可以名垂青史的奏折由沈家本主导，他在其中起到画龙点睛、临门一脚的关键作用。在通过《删除律例内重法折》测探清廷改革决心之后，沈家本开始编纂近代刑法典《大清新刑律》，因为随后清廷开启预备立宪，新刑律被纳入预备立宪的清单之中。面对立宪时间表的具体要求与礼教派对新刑律的猛烈抨击，沈家本展示了现实的理想主义者的灵活一面：为了减轻新刑律的压力，巩固已有修律成果，他务实地提出编定古典律例模式的《现行刑律》作为过渡的计划，近代刑事立法因此出现了属于旧律范畴的《大清现行刑律》和属于新法范畴的《大清新刑律》并行编纂、相继颁布的独特现象。他的妥协，不是无原则底线，乡愿式的屈从，而是具有前瞻意识，最大程度凝聚共识推进改革的手段。

旧律新法蕴含着复杂的古今中外问题，沈家本的方法论是复古与会通，即在古今方面着力于复古，辨析中国法制的汉唐与明清之别，试图恢复古典法意；在中外方面着力于会通，不拘于中外有别的成见，试图以古典中国的情理来融会贯通近代西方的法理。他受严复《法意》译本及其案语的影响而使用近代意义上的“法理”一词，并创造性地赋予其“义、序、礼、情”的内涵，使法律具有正义、公平、伦理、人性的价值标准，这是中外得以会通

（**接上页**）第 299 条，《寄簃文存》两文的次序正好前后相连，无独有偶，吉同钧的《书旧律杀死奸夫门后》和《刑律缘宗教而生与宗教相表里论》（《乐素堂文集》）两文同样如此，在一定程度上可以证明两人在这些问题上有过论辩。

①《法学名著序》，沈家本：《历代刑法考（附寄簃文存）》（四），邓经元、骈宇骞点校，中华书局 1985 年版，第 2240 页。

的生花妙笔。沈家本的复古观，不同于康有为、梁启超的托古改制，毋宁是信而好古，《汉律摭遗》作为其在民国肇建后归隐枕碧楼而作的生平最后一书，表现其对中国古典法意的推崇，就是最好的佐证。他的会通观，乃以古典中国的情理为基础，彰显其仁（人）本主义的法律观，体现了立足中国法文化本位的思考。

“世界潮流，浩浩荡荡，顺之则昌，逆之则亡”，[①] 沈家本是一个具有时代意识的法学家，这正是其有别于吉同钧等旧律学者之处，他深厚的律学功底和经史知识，又使其在大变革时代仍然具有自我意识，即中国古典法律的自信与法律文化的自觉。正是在这种时代意识和自我意识之下，他能够以开阔的胸襟格局坦荡地说：“古今中外之见，又何必存哉。”[②]

当沈家本驾鹤西归后，礼法论争中的对手陈宝琛给其画像题诗《悼子惇仁兄》的最后一句是“一幅萧闲巾服在，典型长与世人瞻”。[③] 在当前流传下来的沈家本照片中，似乎未见其官服照，从这个角度讲，他在本质上可谓“毕竟是书生”。已故法史学家黄静嘉曾在沈家本诞辰 150 周年之际，称其为“法制现代化之父”[④]，后又提出“沈学（寄簃）”[⑤] 之说。沈家本研究曾在学界有过一阵热潮，虽然不乏李贵连教授等人的沉潜耕耘之作，但更多的则是虚火，或者是将其标签化，或者是陷入某种似是而非的无谓之争，从某种程度上讲，可谓“沈家本像立而沈家本学衰”，对于黄静嘉先生的命题仍然没有很好的回应，沈家本“书生意气，挥斥方遒”的潜德幽光和法律遗产，仍可待阐发与继承。

（作者系清华大学长聘教授）

---

① 语出孙中山，参见万士孙：《探录孙中山“观潮题词”的真相》，《中国集邮报》2014 年 8 月 15 日，第 7 版。

②《裁判访问录序》，沈家本：《历代刑法考（附寄簃文存）》（四），邓经元、骈宇骞点校，中华书局 1985 年版，第 2237 页。

③ 参见沈厚铎：《端午之祭》，《法治周末》2020 年 6 月 25 日，第 15 版。

④ 黄静嘉：《沈家本年谱长编序》，李贵连编著：《沈家本年谱长编》，山东人民出版社 2010 年版，第 1 页。该年谱长编最早由台湾成文出版社于 1992 年 9 月出版。

⑤ 黄静嘉：《沈家本传序》，李贵连：《沈家本传》，法律出版社 2000 年版，第 3 页。

秦代儒法王霸思想浅析

王心竹

在中国古代思想史的诸范畴体系中，王道与霸道是一对非常重要的范畴，通过这一对范畴，不仅中国古代政治思想得以线条性的勾勒，中国思想史中的主流学派的思想也可以得以比较鲜明的体现，而且作为两种相对待的治道，王道与霸道实际影响中国古代现实政治始终，它们的分合构成中国古代政治的基本特征。

就王道而言，它是儒家理论的重要组成部分。儒家思想以修身为起点，通过格致诚正的内圣功夫，最终要达到的是齐家、治国、平天下的外王事业。王道即是儒家外王事业所设计出来的理想社会政治和文化状态。这一理想是儒家以三代礼乐之制为典范而建立起来的，这一政治文化制度，即礼乐之制，其最终在西周得以集大成。而儒家的王道理想正是对这一文化制度理论提升和升华的结果。儒家之所以以西周礼乐之制所体现的纲纪规范和理论原则，尤其是德治和礼义两方面的内容为核心而构筑其王道理想，就在于儒家本身实乃三代礼乐制度培养出的与这种社会组织管理和教化方式同一的特殊的社会成员群体。就此而论，儒家的王道理想具有经验性的特点。

霸道的出现则和礼乐之制的崩坏有着密切的关系，西周的分封，是宗法血缘制社会结构下依“尊尊、亲亲”原则所进行的权力和利益的分配，礼乐之制正是对这一分封关系的体现和维护。随着时间的推移，诸侯之间乃至诸侯与天子之间、诸侯与臣属之间权力与利益之争不可避免。而春秋的权力和利益之争一方面导致礼坏乐崩，一方面则是霸政的崛起，以史实言之，即春秋五霸陆续登上历史的舞台。礼乐之制，为维护宗法血缘制下的权力与利益而设，也因权力和利益之争而毁。由于霸政和霸道之崛起以武力为后盾，多体现为王权的凌替与僭越，因而具有反宗法性和非道德的特点。他们无不以本国富强为目的，重耕战，重刑罚，具有强烈的功利性。就此而言，以相对待形式并列出现的王道与霸道这对范畴，实际存在着时序性，由王道到霸道，是一个历时性的发展结果。

战国中期以后，霸道、霸政全面胜利，使得王霸之辨在战国得以实质性展开。论辩的一方是作为霸道思想代表的法家，它公开提出以耕战、尊君、任法而富国强兵，而对礼制、德治大加挞伐，尊霸而贱王；一方是坚持王道理想的儒家。在整个战国时期，王道是作为一种政治价值理想而存在，而霸道却是作为现实的治道发挥着实际的作用，也就是说王道表现为一种应然的状态，而霸道则是实然之政治举措，可谓霸政。这样，儒家对王道的倡扬，实乃以理想批判现实。而且，由于坚持王霸观点的分别是以儒法为代表，故王霸之辨从一定意义上体现为儒法之辨，而其论辩的焦点则主要为德法之争。

秦始皇正是借助法家的霸道思想成就帝业，故在新的帝国统治中，他沿用这一治道，尊霸贱王，且有过之而无不及，对与法家不一致的一切思想，加以禁绝。儒家作为和法家观点相对，且在战国时期少有的几个能与法家相抗衡的学派，其思想自然在禁绝之中，故整个秦朝，基本是法家的天下。此时的王霸之辨，以儒家的相对缺席、法家的官方地位，而使霸道具有绝对优势。

一、以霸道称雄六国

秦国的崛起和秦孝公起用商鞅有着直接的关系，就此而言，虽然自战国就有“周秦”之称，但周秦实乃两种不同的文化，周乃礼乐之制、王道的代表；而秦则被视为严刑酷法、霸道的代表[①]；就分属的学派而言，周政是儒家政治理想的体现，秦政则是法家思想的果实。

但秦国之所以在秦孝公时代以法家霸道为治国指导方略，也是和秦处周戎之间，需不断通过与外邻的战争以开拓自身生存环境有关。史载：“平王封襄公为诸侯，赐之岐以西之地，曰：‘戎无道，侵夺我岐、丰之地，秦能攻逐戎，即有其地。’与誓，封爵之。”[②]也就是说，秦所获封的领地实际遍布戎狄部落，只有靠自己的力量，才能将这些名义上的封赐夺取回来。所以秦从襄公开始，一切活动都是围绕着争夺土地、扩大领地这个中心进行的，而其一整套国家机器和社会编制，都带有浓厚的军事性质。就此而论，战争是秦能够在戎狄夹击中生存下去的重要手段；由战争也可获得触目可见的利益，由此决定其急功近利的特征。这从孝公与商鞅初见时的对话中即见。孝公之

---

① “儒法之异说，何莫非周、秦之异政，周、秦以民族之不同，其文物教化自不能无别。儒承周制而法衍戎俗，儒为周之说明，而秦则法之时行者……故儒法二思想实即周、秦二时代、二民族不同文化之反映而已。”“秦用法家，其行事皆本法家之义，儒家从周，故儒皆周政之本。由周、秦之政治不同，而知儒法者两种不同政治之说明也。”见蒙文通：《古史甄微》，巴蜀书社 1987 年版，第 297—300 页。

②（汉）司马迁：《史记·秦本纪第五》，中华书局 2007 年版，第 179 页。

“久远，吾不能待”和“各及其身显明天下”，[①] 十分清楚地反映出了其急功近利的心态和对霸道的热衷。

从地缘的角度讲，三晋是法家的重要发源地，秦与三晋地域相连，风俗相近，而号称“礼乐渊薮”的齐鲁等国与秦不接壤，影响是间接的，所以秦人接受法家是很自然的事。钱穆先生在《秦汉史》说秦所接受的文化影响时谓：“此所谓文化西渐者，其实以受三晋之影响为大”。[②]

当然，秦作为周的诸侯国，虽处戎周之间，但自然也受其宗主国的影响。而且，秦与周有血缘和文化关系。“周后稷，名弃。其母有邰氏之女，曰姜嫄。姜嫄为帝喾元妃”[③]，而“帝喾高辛者，黄帝之曾孙也”[④]。而“秦之先，帝颛顼之苗裔孙曰女修”[⑤]。颛顼为黄帝之孙，昌意之子。秦人也是大体沿着周人的路线，逐步向东，由甘肃到宝鸡、扶风、凤翔至关中，最后落脚于咸阳。“秦国时期的周化阶段，自襄公至献公，共二十四代君主。此阶段以秦人吸收、继承周文化为特征。考古资料表明，秦人吸收周文化早在西周时已经开始，但大量地全面吸收继承，则在秦文公十六年（前 750 年）取得对戎战争的胜利，‘收周余民’之后。从此，可以说开始了一种‘秦人周化’运动。其结果，导致了穆公时代的繁荣昌盛，秦国步入了霸主的行列。”[⑥] 还有学者通过考察秦国早期的墓葬，发现“汧邑、汧渭之会，平阳附件发现的秦墓表明，秦人在秦立国后的近百年里，在葬俗文化中，从用鼎制度，器物配置组合，器物造型及装饰风格，墓葬形制及葬式等方面，全面承袭了周人做法，反映出周文化对秦文化影响在这个时期达到了高峰。”[⑦]

但正如考古资料所发现的，秦国对西周的承袭主要在农业、青铜业、文字等知识技艺范畴。当然，器物制度与价值观念是紧密相关的，对器物制度

---

①《史记·商君列传第八》，中华书局 2007 年版，第 2228 页。孝公既见卫鞅，语事良久，孝公时时睡，弗听。罢而孝公怒景监曰：“子之客妄人耳，安民用邪！”景监以让卫鞅。卫鞅曰：“吾说公以帝道，其志不开悟矣。”后五日，复求见鞅。鞅复见孝公，益愈，然而未中旨。罢而孝公复让景监，景监亦让鞅。鞅曰：“吾说公以王道而未入也。请复见鞅。”鞅复见孝公，孝公善之而未用也。罢而去，孝公谓景监曰：“汝客善，可与语矣。”鞅曰：“吾说公以霸道，其意欲用之矣。诚复见我，我知之矣。”卫鞅复见孝公，公与语，不自知膝之前于席也。语数日不厌。景监曰：“子何以中吾君？吾君之欢甚也。”鞅曰：“吾说君以帝王之道比三代，而君曰：‘久远，吾不能待。且贤君者，各及其身显明天下，安能邑邑数十百年以成帝王乎？’故吾以强国之术说君，君大说之耳。然亦难以比德于殷周矣。”

② 钱穆：《秦汉史》，生活·读书·新知三联书店 2004 年版，第 8 页。

③（汉）司马迁：《史记·周本纪第四》，中华书局 2007 年版，第 111 页。

④（汉）司马迁：《史记·五帝本纪第一》，中华书局 2007 年版，第 13 页。

⑤（汉）司马迁：《史记·秦本纪第五》，中华书局 2007 年版，第 173 页。

⑥ 黄留珠：《秦文化琐议》，《秦汉史论丛》第 5 辑，法律出版社 1992 年版，第 6 页。转引自韩星：《儒法整合：秦汉政治文化论》，中国社会科学出版社 2005 年版，第 68 页。

⑦ 刘明科：《秦国早期墓葬中周文化因素的观察》，《秦文化论丛》第 8 辑，陕西人民出版社 2001 年版。转引自韩星：《儒法整合：秦汉政治文化论》，中国社会科学出版社 2005 年版，第 68 页。

的借鉴必然要涉及思想价值理念，秦缪公自诩秦国是“以诗书礼乐法度为教”[①]，孔子弟子中秦祖、壤驷赤、始作蜀等都来自秦国，至商鞅主张“燔诗书而明法令”，必须通过烧毁儒家的诗书典籍，才能彰明法令，并斥儒为“虱”，可见作为王道典范的礼乐之制以及作为王道理想之持守者的儒家在当时的秦国还是具有一定的影响力的。但总体而言，作为西周礼乐之制的核心层面的宗法制度和人才选拔制度，并没有进入秦国的政治文化中，如嫡长子继承制即很少为秦所用，对昭公五年（公元前537年）“秦伯卒”,《公羊传》即解之为:“何以不名？秦者夷也，匿嫡之名也。其名何？嫡得之也。”[②]可以这样说，在秦孝公起用商鞅之前，以西周礼乐之制为典范的王道之制对其有一定的影响，儒家思想在秦国也有一定的传播，秦国也并没有形成明确的治国指导方略。但由秦国逼仄的生存环境和地缘所决定，相较而言，秦国统治者更崇尚用武力的手段获取直接的利益，故尚武、重利从一定意义上成为秦国的生存之本，再加之秦逐渐东扩的过程也正是周逐渐衰落的过程，“礼坏乐崩”的大气候，使人们对西周以礼乐之制为典范的王道的认同不仅大为降低，而且从一定意义上具有反面榜样的效应。相对应的是，诸侯国之间利益的争夺却更加严酷，故秦孝公只热衷于霸道和强国之术可谓势之必然。也正是自秦孝公始，秦国确立法家霸道乃治国指导方略，王道以及作为王道持守者的儒家在秦国逐渐受到轻视和全面的打压。所以，孔子虽然称赞过秦政，但也有孔子西行不到秦之说。秦昭王也问荀子:“儒无益于人之国？”[③]当今更有学者认为，进入战国以后，秦国的统治阶级逐步形成了一种“反儒的倾向”[④]。

二、秦朝初期整合德法的努力

秦朝的建立就是以法家霸道为攻取天下武器的胜利，故秦始皇对法家霸道的青睐可谓顺理成章。他对功利、霸道的热衷，从对韩非“嗟乎！寡人得见此人与之游，死不恨矣”[⑤]的景仰中即见。当然，在秦朝立国之初为笼络六国遗民而设立的博士官以及某些礼仪、风俗等中，以德治仁政为核心的王道之治以及儒家思想还见其影响。始皇“即帝位三年，东巡郡县，祠驺峄山，颂秦功业。是征从齐、鲁之儒生七十人，至乎泰山下。”[⑥]“始皇置酒咸阳宫，

①（汉）司马迁:《史记·秦本纪第五》，中华书局2007年版，第193页。
② 刘尚慈译注:《春秋公羊传译注》（昭公五年），中华书局2010年版，第516页。
③（清）王先谦撰:《荀子集解》，沈啸寰、王星贤点校，中华书局1988年版，第117页。
④ 简伯赞:《秦汉史》，北京大学出版社1983年版，第81页。
⑤（汉）司马迁:《史记·老子韩非列传第三》，中华书局2007年版，第2155页。
⑥（汉）司马迁:《史记·封禅书第六》，中华书局2007年版，第1366页。

博士七十人前为寿。”[①]“秦博士，典教职，礼仪之所寄也。”[②] 而且，在秦始皇巡游各地留下的一些刻石文字中，儒家德治思想也得到一些体现。如秦始皇登临泰山的刻石所谓的“贵贱分玥，男女礼顺，慎尊职事。昭隔内外，靡不清静，施于后嗣。化及无穷，尊奉遗诏，永承重戒”[③]；琅琊台刻石中所谓“合同父子”、“圣智仁义”，碣石门刻石中讲的始皇的道义功德与对民的恩惠“诛戮无道”，“惠论功劳，赏及牛马，恩肥土城”，“德并诸侯”，“惠被诸产”等等，俨然儒家风气。这些制度和刻石文字，一方面，似乎可以说秦朝面对一统后诸国各异的政治文化，亦有纳王道策略于霸道政治的整合政治文化的意图，但另一方面，从实际的政治活动而言，这种对王道策略的利用，只是缘饰霸道，并没有在现实政治活动中发挥实际的作用。

值得一提的是，在秦朝统一前夕，由吕不韦所主持编写的《吕氏春秋》[④]中，有明显的试图将德法整合，为即将统一的王朝提供治国方略的意图。

《吕氏春秋》多处强调德治的重要性：“为天下及国，莫如以德，莫如行义。以德以义，不赏而民劝，不罚而邪止，此神农、黄帝之政也。”[⑤] 认为德治是得民心的重要手段：“夫以德得民心以立大功名者，上世多有之矣。失民心而立功名者，未之曾有也。”[⑥] 并纠正严刑黩武之失。“昔上世之亡主，以罪为在人，故曰杀僇而不止，以至于亡而不悟。”[⑦]

具体而言，《吕氏春秋》吸纳了儒家德治和反对不义战争的观点，而对法家霸道“以力服人”的主张颇有贬斥，由此形成了新的“义兵”说，“兵苟义，

---

①（汉）司马迁：《史记·秦始皇本纪第六》，中华书局 2007 年版，第 254 页。

②《北堂书钞》引晋郭璞语。

③（汉）司马迁：《史记·秦始皇本纪第六》，中华书局 2007 年版，第 243 页。

④ 该书一般被认为乃杂家的著作，《汉书·艺文志》曰：“杂家者流，盖出于议官。兼儒、墨，合名、法”，但对于该书到底以何种思想为主体，吸收了哪家思想，有不同看法。高诱《吕氏春秋序》谓“不韦乃集儒者使著其所闻。”刘起釪也认为《吕氏春秋》是以儒家学说为主，然后综合其他各家学说，如墨、名、法、道、阴阳、五行家之说。（见刘起釪：《古史续辨》，中国社会科学出版社 1991 年版，第 435 页。）郭沫若则认为：“对于各家虽然兼收并蓄，但却有一定的标准。主要是对于儒家、道家采取尽量摄取的态度，而对于墨家、法家则出以批判”。（郭沫若：《十批判书》，东方出版社 1996 年版，第 423 页。）徐复观也认为该书“系统合儒、道、墨、农、阴阳五家思想而治；因含有反对秦国当时所行法家之治的深刻意味，故一字不提法家”，“但他们反对法家，并不反对法，更不反对变法，而是反对法家的法，完全以统治者的权威、目的为基础，片面地加在人民身上的法”。（徐复观：《两汉思想史》第 2 卷，华东师范大学出版社 2001 年版，第 1—2、32 页）。熊铁基则认为《吕氏春秋》是道家的著作。（见《秦汉新道家论略稿》1986 年）陈其猷则认为“凡此诸证，都很有力地证明吕不韦的主导思想是阴阳之学”。（参见《〈吕氏春秋〉的成书年代与书名的确立》，《复旦大学学报》1979 年第 5 期。）但不管其是否以儒学为主体，其取名《春秋》，可见其受儒家经典《春秋》的影响，“将欲为一代兴亡之典礼也”。（陈澔：《礼记集说》）

⑤ 许维遹撰，梁运华整理：《吕氏春秋集释》，中华书局 2009 年版，第 517 页。

⑥ 许维遹撰，梁运华整理：《吕氏春秋集释》，中华书局 2009 年版，第 199—200 页。

⑦ 许维遹撰，梁运华整理：《吕氏春秋集释》，中华书局 2009 年版，第 76 页。

攻伐亦可，救守亦可。兵不义，攻伐不可，救守不可。”[①]“义兵”之“义”，一在于要诛“辟远圣制，謷丑先王，排訾旧典，上不顺天，下不惠民，征敛无期，求索无厌，罪杀不辜，庆赏不当”[②]的天人共愤的暴君。二在于能得到百姓的拥护：“兵诚义，以诛暴君而振苦民，民之说也，若孝子之见慈亲也，若饥者之见美食也，民之号呼而走之，若强弩之射于深溪也，若积大水而失其壅堤也。”[③]同时，“义”还是贤人君子的标准：“世之所以贤君子者，为其能行义而不能行邪辟也。”[④]在批评公孙鞅、郑平、续经、公孙竭等人无义趋利的基础上，《吕氏春秋》指出义在治理国家中的重要性：“先王之于论也极之矣，故义者百事之始也，万利之本也，中智之所不及也。不及则不知，不知趋利。趋利固不可必也，公孙鞅、郑平、续经、公孙竭是已。以义动则无旷事矣。人臣与人臣谋为奸，犹或与之。又况乎人主与其臣谋为义，其孰不与者？非独其臣也，天下皆且与之。”[⑤]而且君主关系上，《吕氏春秋》认为应在天地为公的前提下，对君主的专断权力要有所限制，君主必须注重“修身”、“治身”，“圣人行德乎己，并四荒咸饬乎仁”[⑥]，可见儒家德治的影响。

而就对王霸本身的论述而言，《吕氏春秋》谓“同气贤于同义，同义贤于同力，同力贤于同居，同居贤于同名。帝者同气，王者同义，霸者同力”[⑦]。以义力之别论王霸，并在王道之前加上帝道，并以后者为最高的治道，可见对孟、荀等家思想的综合。除此之外，它更多是将王、霸并举，对二者并不做过多的区分，并认为公与平是“霸王”治天下的原则，并引《尚书·洪范》的“无偏无党，王道荡荡”一段来论证，“桓公行去私恶，用管子而为五伯长；行私阿所爱，用竖刀而虫出于户”[⑧]，说明成霸业必须公，对五帝三王五霸都加以肯定，但当它罗列“五帝先道而后德，故德莫盛焉。三王先教而后杀，故事莫功焉。五伯先事而后兵，故兵莫强焉”[⑨]时，亦可见先道后德、先教化后刑杀，先礼让后用兵的区别；并认为先王之法应随着时代的变更而变更，后世之君应该法先王之所以为法，而“先王之所以为法者，何也，先王之所以为法者，人也”[⑩]。

---

① 许维遹撰，梁运华整理：《吕氏春秋集释》，中华书局2009年版，第168页。
② 许维遹撰，梁运华整理：《吕氏春秋集释》，中华书局2009年版，第172—173页。
③ 许维遹撰，梁运华整理：《吕氏春秋集释》，中华书局2009年版，第162页。
④ 许维遹撰，梁运华整理：《吕氏春秋集释》，中华书局2009年版，第612页。
⑤ 许维遹撰，梁运华整理：《吕氏春秋集释》，中华书局2009年版，第604页。
⑥ 许维遹撰，梁运华整理：《吕氏春秋集释》，中华书局2009年版，第213页。
⑦ 许维遹撰，梁运华整理：《吕氏春秋集释》，中华书局2009年版，第287页。
⑧ 许维遹撰，梁运华整理：《吕氏春秋集释》，中华书局2009年版，第28页。
⑨ 许维遹撰，梁运华整理：《吕氏春秋集释》，中华书局2009年版，第71—72页。
⑩ 许维遹撰，梁运华整理：《吕氏春秋集释》，中华书局2009年版，第391页。

三、秦朝末期法家霸道的严重异化

《吕氏春秋》试图将王霸、德法整合起来甚至提高德治地位的努力并没有被一统天下之后所实际施行的政治制度所吸纳，历史朝着将法家的霸道进一步极端化的路子愈走愈远。法家霸道重刑，秦朝制定和推行了名目繁多、残酷暴虐的刑罚和高压政策。至秦始皇晚年和秦二世统治时期，秦朝的专任刑罚更是达到了登峰造极的地步。

秦朝后期对法家霸道的极端尊崇，对儒家王道德治的打压禁绝，集中体现在焚书坑儒事件中。虽然对“焚书”的动因，究竟焚了哪些书，“坑儒”的真实性等，历来有不同的说法和争议[①]，但这两件事确实说明了秦始皇对儒家的极端排斥，并由此使法家的地位进一步独尊化，这也是秦孝公以来重法轻儒思想的必然结果。

李斯的“督责之术”更是这种将以霸道为核心的法家治国之术彻底极端化的政治实践走向末途的反映。“夫贤主者，必且能全道而行督责之术也。督责之，则臣不敢不竭能以徇其主矣。此臣主之分定，上下之义明，则天下之贤不肖莫敢不尽力竭任以徇其君矣。是故主独制于天下而无所制也。”[②]以迎合秦二世“吾愿肆志广欲，长享天下而无害”[③]的欲求，其核心内容便是极力维护专制君主的绝对权力，对百姓轻罪重罚。在他为了证明君主具有肆意享乐的正当权力的论证中，正是以儒家王道理想中的典范人物尧舜作为深陷于“桎梏”的反面典型，认为贵有天下的君主如果不能在政治实践中想方设法地实现“专以天下自适”的目标，那么就会如尧舜般“徒务苦形劳神”，落入“顾以其身劳天下之民”的“桎梏”境地。另一方面，督责之术的轻罪重罚，“徇

---

① 王充《论衡·书解》认为：“五经遭亡秦之奢侈，触李斯之横议，燔烧禁防。……秦虽无道，不燔诸子，诸子尺书，文篇具在，可观读以正说，可采掇以示后人。”即“焚书”所焚仅《五经》，不及诸子。朱熹曰：“秦只教天下焚书，他自己却依旧留着”（《朱子语类》卷一三八），也就是说秦仅焚了民间所藏之书。梁启超亦云：“始皇所焚者，不过民间之书，未尝与儒教全体为仇也。岂惟不仇，篋自私而自尊之。”（梁启超：《论中国学术思想变迁之大势》，上海古籍出版社 2001 年版，第 54 页）章太炎则认为：“李斯以淳于越之议，夸主异取，故请杂烧以绝其原。……余以为著于法家令者，自秦纪、医药、卜筮、种树而外，秘书私篋无所不文学述作无所不禁。”（《章太炎政论选集》上册，中华书局 1977 年版，第 155—157 页。）

对“坑儒”的历史真实性，学术界一直存在争论（参看《剑桥中国秦汉史》，杨品泉等译，中国社会科学出版社 1992 年版，第 87—88 页。）而且有学者认为，所坑诸生，非儒生，而是方士。“彼之所坑者乱道之儒，而非圣人之徒。”（朱彝尊：《曝书亭记》卷五九。）“陆贾秦之巨儒，郦食其秦之儒生，书孙通秦时以文学召博士，是则秦时，未尝不用儒生与经学也。况书孙通降时，自有弟子百余人。齐鲁之风，亦未尝替。故项羽之亡，鲁为守礼义之国，则知秦时，未尝废儒；而始皇所坑者，盖一时议论不合耳。”（焦竑：《焦氏笔乘》卷三。）

②（汉）司马迁：《史记·李斯列传第二十七》，中华书局 2007 年版，第 2554 页。

③（汉）司马迁：《史记·李斯列传第二十七》，中华书局 2007 年版，第 2553—2554 页。

人贵己”，将对百姓的“有难则用其死，平安则尽其力”[①]推到极致，“夫罪轻而督深，而狂有重罪乎，故民不敢犯也。”[②]专制君主得以御臣的“术”和治民的“法”都被当作强有力的工具被极大地凸显出来，而与王道之治中重民、以民为本、重教化的思想截然相反。

当然，从另一角度而言，秦始皇统治后期和秦二世时期的残暴统治与其说是对法家霸道之治的极端化，毋宁说是其已背离法家霸道之精神，完全变成一种暴政。众所周知，法家虽然主张重刑，但并不是随意重刑、无限重刑。而且，法家重刑的核心不在刑重，而在罪与刑适当。韩非讲“夫刑当无多，不当无少”[③]，即是此意。另外，法家在强调“刑”的同时也重视“赏”，始皇父子却忽视了“赏”，一味地强调“重刑”，结果是“赭衣塞路，囹圄成市，天下愁怨，溃而叛之”[④]。

同样，法家主张奖励农耕、以农为本，这是自商鞅变法以来秦的基本国策。它不仅使秦民“家给人足”，更为秦一统天下奠定了雄厚的经济基础。但秦朝建立后，却不顾诸侯初灭，天下之心未定，痍伤未瘳的现实，大兴土木，修筑长城、离宫别馆、驰道、陵墓，穷兵黩武。《汉书·食货志》说秦力役30倍于古，赋税也是过去的20倍。“秦祸北构于胡，南挂于越，宿兵无用之地，进而不得退。行十余年，丁男被甲，丁女转输，苦不聊生，自经于道树，死者相望。”[⑤]农耕根本无从谈起。

总之，在秦国和秦朝的统治中法家霸道一直占据绝对统治地位，而儒家王道德治则作为其对立面被打压禁绝，其有限的作用仅在于缘饰霸道、歌功颂德。王霸之辨于此体现为尊霸贱王。但就满足空前统一的封建帝国各种现实利益及各方面的需求，更好地维持统治而言，不能单纯依靠某一家理论学说，必须杂糅各家思想中有利于政权统治的成分，重新建设。于法家霸道法治而言，“法家政治产生和运行的合适土壤是社会的非正常状态，尤其是特定形势的战争环境。它的严苛和残酷与战争的特质正相适应，它的命运也与战争紧密关联在一起。因而一旦社会摆脱了战争的困扰走向新的建设时期，法家政治的种种弊端便像一颗颗迅速恶化和扩散的毒瘤侵蚀着社会，同时也大大加速了法家政治的彻底崩溃。法家政治取得统治之日，成为它迅速跨向崩溃之时，这正是法家政治运行的辩证法。”[⑥]就儒家王道德治而言，其德治、仁

---

① 王先谦撰：《韩非子集解》，钟哲点校，中华书局1998年版，第418页。

②（汉）司马迁：《史记·李斯列传第二十七》，中华书局2007年版，第2555页。

③ 王先谦撰：《韩非子集解》，钟哲点校，中华书局1998年版，第360页。

④（汉）司马迁：《汉书·刑法志第三》，中华书局2009年版，第1096页。

⑤（汉）司马迁：《史记·平津侯主父列传第五十二》，中华书局2007年版，第2958页。

⑥ 张仲立：《法家政治与秦的兴衰——兼论战争环境是法家政治的合适土壤》，《秦文化论丛》第2辑，西北大学出版社1993年版，第75页。

政、重民、重教化等思想，恰有利于和平时期政权的建设与巩固。当然，就儒家王道德治之秦的境遇而言，秦的禁儒既造成了儒家王道之治在秦世的中衰，也导致了其在汉代登上政治舞台。同时，伴随着秦王朝的覆亡，法家也逐渐淡出学术思想的主流，王霸之辨逐渐成为儒家自身内的一个问题，而非展开于不同学派的论争中。

（作者系中国政法大学人文学院哲学系教授）

《周易》卦爻辞之中的“君子”范畴

刘　震

引　言

谈到“君子”的范畴，我们大概首先会想到《论语》之中的话：“君子喻于义，小人喻于利”。特别是经过宋代陆九渊在白鹿洞书院的讲读，人们愈加认定君子与小人的差别就在于义与利的不同诉求，然而在《周易》的文本之中，我们发现其中的君子形象似乎并非一句“喻于义”可以简单概括的。特别是在《周易》的卦爻辞[①]之中，君子的形象与内涵似乎更多指向的是一些社会责任，并非单纯的道德诉求。分析《周易》卦爻辞之中的君子形象，既可以帮助我们更为准确地把握《周易》卦爻辞的准确含义，亦可以对我们今日建构君子之德起到良好的借鉴作用。那么《周易》的卦爻辞究竟是如何定义君子的呢？我们今天又能够从中得到什么样子的启迪呢？下面我们就结合《周易》的卦爻辞来对“君子”这一范畴进行尝试性的解读。

众所周知，《周易》的文本分为“易经”与“易传”两个部分，二者的成书年代有着较大的差距，其中前者一般认为成书于西周初年，后者则完成于战国以后。“君子”的概念在“易传”之中大量出现，最为突出的是“象传”，在我们一般称之为“大象传”的部分中，六十四卦之中超过五十卦是以“君子”作为主语来表述其思想的。我们可以由此确定“易传”是君子日常品德行为的范本。目前在这一领域的研究成果已经较为成熟，在此不再赘言。然而，既往我们在重视研究“易传”君子形象的同时，对于《周易》卦爻辞文本对于“君子”表述并没有足够重视，笔者今天所要重点探讨的正是在《周易》卦爻辞之中所出现的“君子”范畴。根据我们的统计，卦爻辞之中出现“君子”的有乾、坤、屯、小畜、否、同人、谦、观、剥、遁、大壮、明夷、

①《周易》的文本分为经文与传文两部分，二者在思想、年代、内容上差距甚大，本文所探讨的君子形象主要是依据经文。

解、夬、革、未济，一共16卦。可见"君子"在《周易》的卦爻辞之中是有着极为重要地位的一个范畴。限于文章的篇幅，我们在此挑选了较有代表性的卦来解读其中的君子的形象。[①]

否卦与同人卦之"君子"

首先来看看否卦与同人卦在卦辞之中所谈到的"君子"，否卦之中的文辞是"不利君子贞"，而同人卦之中的卦辞则是"利君子贞"。二者意义正好相反，那么从这样的一种比较之中，我们是否能够对君子有更为深入的认知呢？我们先来看看历史上是如何解说这两句文辞的。

"彖传"解释否卦曰：

"否之匪人，不利君子贞，大往小来"，则是天地不交而万物不通也；上下不交而天下无邦也；内阴而外阳；内柔而外刚；内小人而外君子。小人道长，君子道消也。[②]

"象传"解释否卦曰："天地不交，否。君子以俭德辟难，不可荣以禄。"[③]

"彖传"解释同人卦曰："同人，柔得位得中，而应乎乾，曰同人。同人曰'同人于野，亨，利涉大川'，乾行也。文明以健，中正而应，'君子'正也，唯君子为能通天下之志。"[④]

"象传"解释同人卦曰："天与火，同人。君子以类族辨物。"[⑤]

从"易传"对于两个卦的解读来看，我们发现否卦与同人卦有着较为明显的不同，特别是否卦之中提到了"匪人"，我认为匪人正是与同人相对立的概念。匪人在否卦之外，还出现在比卦的文辞之中，比卦六三爻有"比之匪人"。《周易正义》中因王弼注解其曰："四自外比，二为五贞，近不相得，远则无应，所与比者，皆非己亲，故曰'比之匪人'。"[⑥]从王弼的注解来看，其主要是从卦象上分析了匪人的含义，认为比卦卦象之中，与六三爻相比的是六二爻与六四爻，但是这二者的属性与六三爻一样，都属于阴爻，因此相互处于"失比"的状态。在整个比卦之中，只有五爻是阳爻，但是二爻与五爻相应，六三爻似乎也没有什么机会。至于与三爻相应的上爻，则同样的是阴爻，因此，在二爻、三爻、四爻、五爻四个爻位之中，三爻是唯一既失位又

---

① 据本人研究，研究《周易》中君子形象的既往作品对于诸如乾、坤等卦爻辞之中的君子形象已经多有涉猎，在本文中相应的内容就不再讨论。

② 刘大钧、林忠军：《周易经传白话解》，上海古籍出版社2006年版，第182页。

③ 刘大钧、林忠军：《周易经传白话解》，上海古籍出版社2006年版，第226页。

④ 刘大钧、林忠军：《周易经传白话解》，上海古籍出版社2006年版，第183页。

⑤ 刘大钧、林忠军：《周易经传白话解》，上海古籍出版社2006年版，第227页。

⑥ 李学勤编：《十三经注释·周易正义》，北京大学出版社1999年版，第56页。

无比且无应的爻位。王弼借由卦象之上的六三爻，来比喻生活之中那些孤独之人，孔颖达在疏语之中言道："所欲亲比，皆非其亲，是以悲伤也。"[①]进而非常形象地勾勒出"匪人"这样一种百呼无应的尴尬形象。

通过上面的分析，我们不难看出匪人与同人相对之处在于，匪人是无人理会的，而同人是一呼百应的。笔者以为否卦之中的匪人也是同样的含义。《周易本义》之中朱熹认为否卦之中的"之匪人"三个字疑似为衍文，是由比卦六三爻所来。但我们现在认为朱熹的这种判断并不准确。就内容而言，否卦整体讲的就是匪人的境遇，在"象传"解释"匪人"的文辞中特意提到了"上下不交而天下无邦"，"无邦"的含义显然与我们前面所言的匪人无人理会一致。

因此，通过对否卦与同人卦的分析，我们认为君子在《周易》视域之下有一个首要的社会职能，就在于"同人"。这里的同人指的是如何将普通民众聚合在一起，并且得到民众认可。同人卦本身的文辞就指向这样的一种社会大同。而在这样的一种大同之中，有两个方向是极为重要的：

君子之同，在于打破宗族的观念，在同人卦的文辞之中，我们可以清楚地看到打破宗族的观念，例如其卦辞之中指出"同人与野"；初爻文辞曰"同人于门"，"象传"解释其曰"出门同人"；上爻文辞是"同人于郊"，这些文辞都获得较为吉祥的评断语，而二爻"同人于宗"，则是不利的评价。因此，古人在评价同人卦多数提到了要体认"大同"而非"小同"的这样一种认知理念。如朱熹在《周易本义》中言："宗，党也。六二虽中且正，然有应于上，不能大同而系于私，吝之道也。故其象占如此。"[②]

结合我们前面所提到的匪人，我们不难看出匪人之错就在于行为过于自私，以至于无法得到人们的认可，而同人则要求以一种更为宽广的胸怀和视野去审视这个社会。在"同人"的过程之中，绝不可以仅仅着眼于一己之私，亦不可以利用社会管理的权责去结党营私，为小团体服务。从卦象上看，六二爻本身是同人卦之中唯一的阴爻。又处于中正之位，且九五爻与之相应，那么为什么还没出现不祥的文辞呢？朱熹在此认为是不能大同而着眼于个体，因此才会有了悔吝之象，笔者以为朱熹所言甚是。同时，我们可以看到六二爻是整个同人卦的唯一阴爻，按照王弼的"卦主"理论可称之为"以少御多"，显然二爻在此占据了一定的主导地位。这就如同现实之中君子在社会治理中拨乱反正的之际（否卦象征着混乱，同人卦则表述努力结束混乱）可能会因为机缘际会得到重要的认可，在这样的情景之下，君子应当清楚地认识到崭

---

① 李学勤编：《十三经注释·周易正义》，北京大学出版社 1999 年版，第 56 页。

②（宋）朱熹：《周易本义》，廖名春校注，广州出版社 1994 年版，第 62 页。

露头角的二爻不同于大放异彩的五爻，因此，处于二爻之位的君子更应该谨小慎微，坚持“贞”的原则，不忘初心地持之以恒，方可有所进步。反之，如果这时因为个体家族利益蒙蔽双眼，则恐难有好的结局。

在社会大同的“同人”之外，笔者以为“同人”还有另外一层含义，即“天人相同”。如前所述，“同人”之下君子的行为在于团结普通民众，使其有着相同的价值追求——合于天道。同人卦象由离卦与乾卦组成，“彖传”中解释同人卦说道：“文明以健，中正而应，君子正也。”我们可以看到同人卦的二爻讲的是君子所面临的危险，“彖传”则表述了君子之应然，君子正确的行为，就在于守住自己的权利（正），恭谨自己的责任（应）。在这样的基础上去完成“同人”的任务，也只有君子可以完成这样的任务，所以其提到：“唯君子为能通天下之志。”显然，这里的“天下之志”就包含着我们前面所提到的两个方面，一方面是君子将各个阶层的民众“同人”在一起，一方面则是引领众人一致性地认知天道，将人的行为与天道“同人”在一起。在这个过程之中，“匪人”是因为不能正确完成以上两个步骤而出现的错误局面，“同人”则是正确方向的指引与定位。在这样的一种君子概念理解之下，君子显然成为人与天道和谐统一的关键环节，而在这样的一个步骤之中，有一个外在形式突出性有着极具价值的功用，那就是祭祀，那么君子在祭祀之中应有如何表现呢？

观卦之君子

《周易》卦爻辞另一个在一个卦之中多处提到“君子”的是观卦，与谦卦有所不同，《观》卦的卦辞之中并没有提到君子。其对于君子的表述集中在爻辞之中，其初六爻文辞曰：“童观，小人无咎，君子吝。”九五爻文辞曰：“观我生，君子无咎。”上九爻文辞曰：“观其生，君子无咎。”这里同时出现了“小人”与“君子”的概念，而且指出了“小人无咎”与“君子无咎”两种境界，下面我们就结合古人的注释来分析一下这两种境界的差异。

观卦整体与祭祀相关，王家台秦简之中观卦作“灌”，“灌”本身就是周代礼仪的一部分，就是将带有味道的贡酒淋洒于地面之上，以祈求神明降临。《礼记·郊特牲》中记载周代礼仪曰：“周人尚臭，灌用鬯臭，郁合鬯；臭阴达于渊泉。灌以圭璋，用玉气也。既灌，然后迎牲，致阴气也。”[①] 值得注意的是，“说卦传”中曰：“巽为臭”，观卦的卦象正好是巽上坤下，生动地诠释了周人祭祀的过程中贡酒淋洒于地面的行为。因此观卦所言必然与祭祀有着极

① 李学勤编：《十三经注释·礼记正义》，北京大学出版社 1999 年版，第 817 页。

为密切的关联。

观卦与祭祀的相关性在“易传”之中得到了进一步升华。“彖传”解释观卦曰：“大观在上，顺而巽，中正以观天下。观。‘盥而不荐，有孚颙若’，下观而化也。观天之神道，而四时不忒，圣人以神道设教，而天下服矣。”[①]

“象传”解释观卦则曰：“风行地上，观，先王以省方，观民设教。”[②]

以上两处叙述都提到了“设教”。由此可见观卦所讲的祭祀仪式其目的在于教化百姓，通过这样一种仪式来团结普通民众，从而达到“万民臣服”的社会和谐。在此，“易传”从时间与空间两个不同的维度出发；“彖传”中提到了“天道”，其是以时间为准绳，其设教的依据在于“四时不忒”；“象传”中则是“先王以省方”，通过巡视四方来认识空间中的变化依据。只有时间与空间两个领域的信息全面把握，才可以保证“设教”能够使百姓信服。

如果说观卦的卦象是对祭祀活动本身的一种模拟，那么观卦的文辞则突出了祭祀在实际生活中的社会功用，通过祭祀加强普通民众对于神明的认可度。从祭祀到设教，是将信仰普遍化的过程，圣人通过对时间性与空间性规范的掌握来设立教化原则，从而引导与统领普通民众。而君子正是在这样一个过程中发挥了极为重要的作用。其行为具体表现为爻辞之中的三个不同状态：“童观”、“观我生”与“观其生”。

从文辞上我们不难发现“童观”是一种否定性质的君子行为，即所谓“小人无咎，君子吝”。值得注意的是，在《周易》早期的文辞之中，小人与君子的差别除了道德准则上的不同，还体现在社会地位的不同，君子一般是有着一定社会地位的人，而小人则更多地代表了普通民众。就此处的表述而言，笔者以为君子代表了祭祀活动的主导者，而小人则是祭祀活动的参与者。二者显然在祭祀活动之中所承担的责任有所差异，因此在“童观”的行为之后，二者会有着截然不同的结局。那么“童观”在此究竟意味着什么呢？

解释“童观”，笔者以为还要从卦象入手，按照传统的象数爻位关系来看，初爻本身是阳位而阴爻居之，谓之失位，其次相邻与相应的二爻与四爻都是阴爻，谓之“失比无应”。再次，五爻在观卦之中居于核心地位，但是初爻是六个爻位之中距离五爻最为遥远的一个，所以王弼在解释初爻的时候特别强调：“最远朝美……无所鉴见，故曰‘童观’。”[③]可见就卦象而言，初爻本身就处于最为不利的位置。因此“童观”必然与此有着较为密切的联系，而

① 刘大钧、林忠军：《周易经传白话解》，上海古籍出版社 2006 年版，第 187 页。
② 刘大钧、林忠军：《周易经传白话解》，上海古籍出版社 2006 年版，第 233 页。
③ 李学勤编：《十三经注释·周易正义》，北京大学出版社 1999 年版，第 98 页。

同样是解释“童”，马融将其视为“孤独”的含义，《经典释文》中说：“童，马云童犹独也。”今人尚秉和先生在其著《周易尚氏学》中也对马融的这一观点持认可的态度，其印证《太玄》与《焦氏易林》等汉代易学典籍所述，认为：“初体坤，上无应，阴遇阴失类，孤寡极矣，故曰童观。”而结合前面我们所讲的同人卦的内容，笔者认为此处的“童”应当解释为“孤独无应”，“童观”则是祭祀中背离应有的程序与内容，导致祭祀得不到应有的重视，乃至于出现了祭祀无人围观、无人响应的尴尬局面。君子的责任就在于团结与领导普通民众，引领他们正确地认识天道与合理地敬畏天道，而祭祀无疑是这样一个过程之中极为关键的一个环节，一个良好的仪式可以大大加强参与人的神圣感与使命感。例如我们今日的一些仪式之中演唱国歌，恰恰就是通过这样庄严肃穆的歌声来加强人们的家国情怀。但是如果这样的仪式无人问津或者在其过程之中心猿意马，自然也就难以达到应有的效果。如果出现祭祀无人理会的局面，作为君子是需要马上引起警觉的。因此爻辞中庸用“吝”来提示君子。

如果说“童观”是一种祭祀无人喝彩的落寞，那么五爻所言的“观我生”，则显然代表了祭祀高潮的到来。从卦象上而言，九五爻是阳爻居于阳位，谓之正，六二与之相应，六四与之相比，虽上爻所有所敌，但不碍大局，故而其应当是六个位置之中最为理想的。那么在此我们就有了一个疑问，为什么这个理想的位置上的文辞仅仅是“无咎”呢？

我们还是从古人的注解入手，“易传”在解释这一爻辞时讲道“观我生，观民也。”王弼在注解观卦九五爻时讲道：“居于尊位，为观之主，宣弘大化，光于四表，观之极者也。上之化下，犹风之靡草，故观民之俗，以察己道，百姓有罪，在予一人。君子风著，己乃‘无咎’。上为化主，将欲自观乃观民也。”①

显然，王弼是将九五爻视为观卦之主爻，并借此比喻现实之中的社会管理阶层，其认为“观”之德在于通过教化百姓来推进社会整体的道德建设，“君子之德风，小人之德草，草上之风必偃。”此之谓也。孔颖达在其疏语之中讲道：“九五居尊，为观之主。四海之内，由我而观，而教化善，则天下有君子之风；教化不善，则天下着小人之俗，故观民以察我道，有君子之风著，则无咎也。故曰：‘观我生，君子无咎’也。”②

“无咎”在《周易》之中本身就有着改过的含义，“易传”中曰：“无咎者，善补过也。”王弼这里强调的是君主在教化百姓的过程之中，要通过对百

---

① 李学勤编：《十三经注释·周易正义》，北京大学出版社 1999 年版，第 99 页。
② 李学勤编：《十三经注释·周易正义》，北京大学出版社 1999 年版，第 99 页。

姓表现的观察来判断教化是否成功，如果民风淳朴，则说明君子德教成果斐然，也就说明“君子之风”对于“小人之草”进行了较为显著的改造与约束。达成这样的一种状态即谓之“无咎”。笔者认为王弼的这种解释有其合理的一面，但是观卦的五爻与上爻有着相同的“君子无咎”，其前面的文辞则有所不同，九五爻是“观我生”，而上九爻是“观其生”。如果按照王弼之言，则“君子无咎”在于合理地改造百姓，那么上九爻“君子无咎”也应该是一致的含义，但王弼在注解上九爻辞的时候又将“无咎”解释为“君子德见，乃得‘无咎’”。[①] 孔颖达的疏语中则表示：“既居天下可观之地，可不慎乎？故居子谨慎，乃得‘无咎’也。”[②] 可见此处的“无咎”似乎又成为君子自身行为的一种衡量，这与五爻将外在环境视为君子的考量标准而言的“无咎”显然不尽相同。

在此，我认为在五爻与上爻之中连续出现的“无咎”所指应当是相同的。所谓“君子无咎”指向的就是君子行为的一种较好结果，就如同初爻爻辞所讲的“小人无咎”一般。如前所言，初爻形容的是一种错误的状态，在这种错误之下，小人是“无咎”，即没有大的风险。虽然“无咎”也包含改正错误的含义，但小人并非祭祀的主导力量，所以小人在祭祀出现问题时候所承担的责任要少于君子。而在五爻与上爻的局面之中，应当说祭祀是比较顺利的，但金无足赤，依然有需要君子警觉的方面，“君子无咎”指向的就是君子要对于自己的行为有所反思。

而“观我生”与“观其生”是面对两种不同局面之下的反思。笔者以为“观我生”讲的是祭祀之中对于我的影响，“观其生”则是祭祀中他人所获得的反应。在此窃以为“生”乃是“性”，“观”在此则有着动词的含义，可以理解为“通过祭祀而触动”的含义，在这样的理解下，“观我生”意味着通过祭祀触动我的本性，使得我在这样的一个过程之中有所醒悟，从而达到“君子无咎”的境界；“观其生”则是通过祭祀的互动，使得参与祭祀的其他人的心性得以校正，从而避免初爻之无人问津的尴尬，也就使得“君子之吝”转化成“君子无咎”。其中“观我生”中的“无咎”在于君子的自我反省，这个“无咎”的含义与乾卦三爻的“无咎”意义相同，就是强调了君子对于自身行为的一种反思。在祭祀的过程之中，如何能够做到比较顺利，如何可以较好地达成效果，这些首要就决定于君子自身的态度。如果君子能够秉承“终日乾乾”的勤奋有为，自然就可以“无咎”。“观其生”则指向了祭祀对于其他人本性的一种影响，君子需要在此反思的实际就是顺承初爻而来的。如果说

① 李学勤编：《十三经注释·周易正义》，北京大学出版社 1999 年版，第 100 页。
② 李学勤编：《十三经注释·周易正义》，北京大学出版社 1999 年版，第 100 页。

初爻是一种祭祀中所出现的不利局面，那么五爻则代表克服了各种不利之后迎来祭祀的新局面。在这样一个过程之中，祭祀也潜移默化地对参与者起到了教化之用。君子在祭祀之后，要总结如何合理有效地改造小人之行为，君子之德如何能够风行草上般改善小人之德。特别是“象传”中言：“观其生，志未平也。”可见即使在九五完美的祭祀之后，依然有着不尽如人意的一些反馈。因此，上九爻的“君子无咎”是一种“夕惕若厉”的忧患意识，其不同于九五爻用一种积极有为的态度，而是更为警惕危险的一种可能性。从卦象上看，上九爻是阳爻居于阴位，是为不正；阳爻比于九五，是为失比，加之上爻处于一卦之终，代表了一种发生质变的临界状态。以上种种不利都要求君子要时刻反思自身的行为，这样才可以避免九五爻顺利祭祀的大好局面付诸东流。

谦卦之“君子”

除去观卦，在《周易》卦爻辞之中还有谦卦多次提到“君子”，分别是卦辞、初六爻、九三爻三处。与观卦所不同的是，谦卦文辞中“君子”皆处于一种较为良好的状态。如其卦辞曰：“谦，亨，君子有终。”初六爻辞与九三爻辞则直接以“吉”作为断语。对比我们前面所讲“君子”种种，显然谦卦视域下的“君子”与众不同。那么这样的一种不同又有着怎样的含义呢？

首先，谦卦自身有着特殊性。众所周知，《周易》的卦爻辞之中多有断语，尽管我们依然无法完全说清这些断语的由来，但是其中相当多的部分类似于一种生活总结，其判别标准整体是经验性的，而在六十四卦之中，绝大多数的卦之文辞有吉有凶，只有谦卦的文辞之中没有偏向于凶的断语。

其次，谦卦自身的卦象也是比较特殊的，谦卦是由艮卦与坤卦组成，六个爻位之中只有九三爻一个阳爻，其余皆是阴爻。王弼在其注《易》的过程之中曾提出“卦主说”，其曰：“夫少者，多之所贵也；寡者，众之所宗也。……五阴而一阳，则一阳为之主矣！夫阴之所求者阳也，阳之所求者阴也。阳苟一焉，五阴何得不同而归之？”①

九三爻在此正合乎“一阳”为主的境地，与此同时，九三爻的爻辞与谦卦的卦辞相一致，都是“君子有终”。由此可见九三爻在谦卦之中显然有着较为特殊的地位。

那么九三爻在这里有象征着什么呢？我想分析九三爻还是要从卦象的整体入手。首先，《周易》中的六爻卦象按照阴阳之分，则初爻、三爻、五爻是

①《王弼集校释》，楼宇烈校释，中华书局1980年版，第591页。

阳位，阳爻居之谓之得正，从这样的一个体系来看，三爻处于中间的位置；其次，每一个六爻卦象都是由上下两个三爻的卦象所组成，而三爻正处于上下两个卦象交接的位置。从这两点来看，我们相信九三爻的位置属性就在于上呈下达，这与现实之中的君子正好有所对应。

《周易》之中还有一处可以印证君子与九三爻之间有着密切关系。就是乾卦的六个爻辞之中，有五个爻位的文辞是与龙相关的内容，只有九三爻与众不同地出现了关于君子的文辞，这也说明了九三爻与君子有着较为密切的关系。

正是由于九三爻与“君子”有着较为密切的关系，因此笔者在此认为谦卦因其特殊的卦象，表明其即为《周易》六十四卦之中的君子之卦，如同蒙卦谈到了教育、讼卦谈到了争讼一样，谦卦讲的就是君子。君子的核心就是九三爻中的文辞——劳谦。所谓“劳谦”代表了三个含义：第一，“劳”指向的是能力，君子作为社会管理的中坚力量，自身能力方面的要求自然不可以过低。在笔者看来，《周易》将“劳”置于“谦”之前，说明了在品德与能力两者排序之中，《周易》更为看重能力，这与后世德才兼备的说法有所不同。我想这样的一种差异一方面与整体的时代背景及文化环境有关，另一方面也与《周易》自身的价值取向相关联。同时，“劳”还代表了能力的方向性，我们说《周易》因其自身的实用性，使得其在功利方面与后世儒家有所不同。第二，“谦”是君子品德的一种表述，如果说“劳”代表的是一种“先天下之忧而忧”的高瞻远瞩，那么“谦”正是“后天下之乐而乐”的虚怀若谷。“谦”是君子所必备的品德，因此也就有了《周易》之中的君子之卦以“谦”命名。值得注意的是，“谦”在《周易》之中的含义并非仅仅简单代表了一种品德，今人韩慧英在其作《对〈周易〉“谦”卦的再解读及其启示》中就指出“谦”实际有礼治的含义：“‘谦’卦既是古代君子之谓的核心部分，也与古代礼仪的制定有着密切的关系，代表了一种平等、均衡的价值观念。……以平等为核心的正义观念有程序性正义与补偿性正义两种模式，而‘谦’卦所代表的君子品德恰可以在两者之间找寻一个平衡点。”[①] 可见“谦”所代表的品德与“谦虚”并不能够完全画等号，这也是“劳谦”的核心所在。因此，我以为“劳谦”的第三重含义恰恰在于指明了能力与品德的最佳结合路线。如前所述，《周易》因为其“推天道以明人事”的特殊属性，使得其终极视野着眼于天人合一。在这样的背景之下，君子的社会职能就在于推进普通民众对于天道的认知与体认，因此，“劳”所体现的能力绝非为个人谋取福利，而是“举而措天下之

① 韩慧英：《〈周易〉“谦”卦的再解读及其启示》，《哲学研究》2014 年第 10 期。

民”的事业情怀与实践，“谦”则是将天道以规范礼制的形式固定下来，从而使得民众有礼可循、有法可依，进而在“礼”的约束下体认天道所在。在“谦”德之下，君子一方面要时刻以“卑以自牧”的精神约束自己，不可滥用自身的社会地位与资源，另一方面则是全心全意投入为社会的服务之中，以达成“君子有终”的亨通局面。

结　语

通过我们的论述，我们不难发现“君子”在《周易》的卦爻辞之中绝非道德楷模这样的一种简单表述，而是更多地指向了一种近乎完美的人生态度。在其看来，只有通晓天地之道，顺化万物之德，外承人物之义，内明良善之理的人，方可称之为“君子”，而君子的行为除了自省个人品德之外，更需要引导社会民众正确地处理天人之道，从而和顺天地之化育。但是，这样的一种综合性的君子诉求随着皇权崇拜的上升而逐步消失，特别是在后世帝制规范之下，“君子协治天下”可能更多时间只是一种理想化的表述，也正是随着君子权利的不断消减，其慢慢地过渡成为一个单纯意义上的道德标准。我们今天的社会已经从既往的帝制之中摆脱，为了更好地建设我们的国家，我认为君子的范畴不应该简单地停留在过往的历史尘埃之中。从历史来看，君子的含义在其后的发展之中因为成为单纯意义上的道德标准，使得其远离了社会管理职能，从而不再为人所瞩目。当今社会在社会管理层面依然存在一些问题，这就客观上要求我们首先在社会管理层面重建君子团体。通过前面的论述，我们认识到君子除了自身高尚的道德值得人们关注之外，更需要有着服务于社会与群体的实际技能，他们既需要上传下达地组织社会活动，又能够通过自身的劳动来平衡社会的不公，进而促使社会走向繁荣。

此外，笔者认为《周易》的君子之道还为我们今天定义君子提供了一定程度的借鉴意义。如前所述，在历史上君子的内涵从最早的社会管理意义逐步过渡成为一个单纯意义的道德范畴，而我们既往受制于这样的一种观念，使得我们在以君子来规范人生的时候反而陷入了一种唯道德论的困境之中，在这样的困境之下，或者培养了道貌岸然的伪君子，或者成就了脱离现实的道德楷模而无法落实。因此，我以为借助于重新审视传统君子范畴的内涵，可以帮助我们以一种更为丰满的君子形象来为社会设置标准。一方面，我们不仅要求君子有高尚的情操，更要求其可以通过实践技能融入普通民众，在真切有效的社会管理过程之中可以自身品德感化他人，从而实现社会道德水平的整体提升。而另一方面，通过君子的社会管理实践，也可以帮助我们有效检验品德范畴的现实意义，特别是当代社会在全球化的背景之下，社会的整体价值观念已经发生了翻天覆地的巨变，如何在面对外来文明的时候做到兼容并蓄、继往开来，实为吾辈之历史使命。我相信，通过君子之德在生活之中的实践，我们的传统品德必定能够在生命的体认之中焕发夺目光彩，在扬弃中实现升华。

（作者系中国政法大学哲学系教授）

尚未完成的美国宪法重塑

——从《第二次建国》谈起

胡小进

在美国历史上，革命建国与内战重建是两个至关重要的分水岭，几乎所有的美国史教科书都将其作为历史叙事的分界线；相关的研究成果也形成了美国史学界遥相呼应的两大高峰。如果说革命建国塑造了美国的政府框架与权利观念，内战重建则重塑了美国的宪法结构和平等观念。

由争取独立自主引发的美国革命，最终为美国赢得了独立，独立之后的立宪建国，则进一步塑造和确立美国的制度框架与美国人的权利观念。由奴隶制引发的内战，最终导致美国废除了奴隶制，很多学者将内战称为美国的第二次革命。[①] 相应地，随内战而来的重建，则被称为美国的第二次建国。[②] 重建时期出现的第十三、第十四和第十五条修正案，改变了美国的宪法结构，进一步扩展了自由和平等的宪法观念。

最近，商务印书馆出版的美国历史学家埃里克·方纳（Eric Foner）新著《第二次建国》[③] 便以这种视角，探讨内战和重建如何重铸美国宪法。方纳以研究美国重建闻名学界，他在极具代表性的著作中提出，美国重建是一场尚未完成的革命；[④] 如果借用这一说法，内战与重建时期宪法修正案所带来的冲击，则是一场尚未完成的宪法重塑。

---

① 以研究林肯与美国内战著称的历史学家詹姆斯·麦克弗森（James M. McPherson）就将内战称为美国的第二次革命，参见 James M. McPherson, *Abraham Lincoln and the Second American Revolution*, Oxford University Press, 1992。

② 比如，美国宪法学家布鲁斯·阿克曼（Bruce Ackerman）便称“重建”为美国的重新建国，参见布鲁斯·阿克曼：《我们人民：转型》，田雷译，中国政法大学出版社 2014 年版，第 239 页。

③ 埃里克·方纳：《第二次建国：内战与重建如何重铸了美国宪法》，于留振译，商务印书馆 2020 年版。该书英文名为 *The Second Founding: How the Civil War and Reconstruction Remade the Constitution*，2019 年由美国诺顿公司（W. W. Norton & Company）出版，系方纳教授的最新专著。

④ Eric Foner, *Reconstruction: America's Unfinished Revolution, 1863-1877*, New York: Harper Perennial, 2015.

内战与重建时期通过的三条宪法修正案影响至今，其使命尚未完成，因为奴隶制度的烙印依然存在，美国联邦最高法院的判决曲解了修正案的主旨，重建宪法修正案[①]令美国女性非常失望，美国华人至今也深受其影响。这三条修正案并不符合民众对于重建的期待，偏离了所谓的大众宪法观。

一、奴隶制的烙印依然存在

废奴是一个过程，而非单一事件。在这个过程中，出现了两个标志性事件，产生了两份历史性文件，一个是发布《解放奴隶宣言》，另一个是制订宪法第十三条修正案；这两者都发生于美国内战期间，也基本上是在林肯任上完成的。所以，几乎所有的历史叙述都将林肯与废奴紧密联系在一起，称其为“伟大的解放者”。但是林肯并非废奴主义者，方纳在书中明确指出，林肯“从来没有声称自己是废奴主义者；他不赞同废奴主义者要求立即废除奴隶制的主张，也不赞同他们认为黑人和被解放的奴隶应该成为美国社会平等成员的信念”。(《第二次建国》第 31 页，以下只标注页码，省略书名)。

在内战的大部分时间里，以宪法修正案的形式来废除奴隶制，并不是最受欢迎的途径，而且内战一开始也并不是一场废除奴隶制的革命运动（第 33 页),《解放奴隶宣言》只是一种争取战争胜利的军事手段，属于权宜之计，其合宪性备受争议。但是宪法第十三条修正案解决了《解放奴隶宣言》的合宪性问题，也将内战的遗产固定下来，升华了美国内战的历史意义。1865 年 2 月 1 日，林肯在第十三条修正案草案上签字（不属于必要的宪法程序)。1948 年，国会通过联合决议，由时任美国总统杜鲁门签字，将这一天命名为“全国自由日”，内战废奴的自由话语从此进入美国人的历史记忆和日常纪念。

宪法第十三条修正案最终解放了黑人奴隶，改变了美国的经济体制，此为内战的最大历史功绩。然而奴隶制虽然废除，奴隶制的历史烙印却久久不散。以往的历史叙事普遍认为，这是南方种族主义者的顽固抵抗与南方各州的不平等立法所致，似乎与宪法第十三条修正案关系不大。但是方纳此书注意到美国学界最近一些年的最新研究成果，敏锐地提出，宪法第十三条修正案在禁止奴隶制、奴役劳动的同时，增加了强制服刑囚犯劳动除外的“但书”[②]，为后来黑人长期遭受压制提供了宪法上的依据，遗留了长久无法抹去的

① “重建宪法修正案”的英文原文为 Reconstruction Amendments，是美国内战与重建时期通过的第十三、第十四、第十五条宪法修正案的合称。

② 方纳在《第二次建国》一书正文之前全文收录了第十三、第十四、第十五条宪法修正案（即重建宪法修正案)。其中，第十三条修正案第一款文字为：“在合众国境内受合众国管辖的任何地方，奴隶制和强制劳役都不得存在，但作为对于依法判罪的人的犯罪的惩罚除外”。“但”字后面一句话，将强制服刑的囚犯劳动排除在外，保留了一部分强制劳役。

奴隶制烙印。

这种将奴隶制与服刑犯并举的措辞方式，在美国立法史上由来已久，几乎形成传统。早在1787年宪法之前的邦联时期，邦联国会于1784年制订如何处分西部土地的法令时，来自弗吉尼亚州的托马斯·杰斐逊（Thmas Jefferson）就曾提议，要在1800年之后禁止在西部土地上实行奴隶制或者强制性劳动（involuntary servitude）——除非是为了惩罚罪犯（otherwise than in punishment of crimes）——但是杰斐逊的提议当时遭到了支持蓄奴的国会代表抵制，未能写入1784年的土地法令；直到1787年才最终进入《西北土地法令》（*Northwest Ordinance of 1787*）。

方纳在书中追溯了美国立法史上的这种措辞传统，将禁止奴隶制与允许强制服刑囚犯劳动并列，归纳为内战前的“样板”语言——在此前的国会立法和内战前加入联邦的自由州宪法中，都可以找到；就连众议院中负责起草第十三条修正案的激进派议员斯蒂文斯（Thaddeus Stevens）也在自己的草稿中加入了同样的字句。国会中的另一位废奴主义者萨姆纳（Charles Sumner）倒是意识到，这样的措辞可能会给黑人带来不利，他本来主张取消宪法修正案草案中允许强制服刑囚犯劳动的“但书”——可惜当时参与制订该条款的议员们急着“去吃晚饭”，未能成功（第54—55页）。

后来的历史发展证明，萨姆纳的担忧很有道理，第十三条修正案的这种表述方式，未能阻止南方各州通过司法机构给大量黑人定罪，将其收监强制劳动。从重建结束之后的“黑人法典”（Black Codes）到今天美国的“大规模监禁”（Mass Incarceration），就是最好的证明。“黑人法典”以州法的形式限制南方黑人的各种权利，黑人动辄违法，而且无法出任陪审员，没有资格出庭作证，陷入法律之下的种族隔离和监狱管制。

而所谓的“大规模监禁”则是指20世纪60年代以来，美国政府通过几轮的打击犯罪行动，将大量的人口关进监狱，强制劳动，其中黑人的比例极高。“大规模监禁”是当今美国犯罪学领域研究的热门话题，追根溯源，就不能不提宪法第十三条修正案，正是这条解放黑人奴隶的修正案，将奴隶制与惩罚犯罪的强制劳动并列——禁止前者，而允许后者，才酿成今天的恶果，留下奴隶制的烙印。最近一些年，美国历史学界探讨“大规模监禁”起源的著述不断涌现，其中最具代表性的应该是伊丽莎白·辛顿（Elizabeth Hinton）根据自己的博士论文修改出版的专著；[①] 而辛顿正是方纳教授培养的优秀弟子，哈佛和耶鲁两大名校竞相延聘，最终花落耶鲁。

---

① Elizabeth Hinton, *From the War on Poverty to the War on Crime: The Making of Mass Incarceration in America,* Boston: Harvard University Press, 2017.

按照辛顿教授和相关学者的研究，“大规模监禁”可谓美国奴隶制烙印的当代体现；[①]对此，2016 年好莱坞还专门推出了一部名为《宪法第十三条修正案》（13TH）的专题纪录片，方纳在书中也有提及。但是方纳没有提及的是，这部纪录片中展现的身陷囹圄的大量黑人中，有些是蒙冤错判入狱的，他们承受着不该承受的刑罚。毕业于哈佛大学法学院的著名民权律师布莱恩·史蒂文森（Bryan Stevenson）曾为这些人奔走翻案，近年来，他和他们的故事已经写入畅销书、拍成传记性电影，在美国广为流传。[②]

方纳书中也没有提及宪法第十三条修正案中这句“但书”遗留的另一个奴隶制烙印——被关押于监狱的大量黑人囚犯，不但失去了人身自由，而且也被剥夺了政治选举权。[③]这些黑人即便刑满出狱（或者假释）之后，也长期无法恢复行使选举权。据统计，美国目前仍有 11 个州严格限制刑满释放人员恢复选举权。[④]在 2016 年的大选中，全美有 600 万选民因为犯罪而丧失选举资格，其中绝大多数是黑人。[⑤]在 2020 年的美国大选中，共和、民主两党也曾就此问题展开激烈争论，新闻报道直接将这种现象追溯到美国内战结束后南方各州制定的“黑人法典”，将其视为奴隶制和种族隔离的残留印记。[⑥]

美国各州之所以能够限制监狱囚犯和刑满释放人员的投票权，一方面固然与美国的联邦体制和各州传统有关，另一方面也离不开美国最高法院的认可。2020 年 7 月，美国最高法院在雷泽案（*Raysor v. DeSantis*）中拒绝干涉联邦下级法院的禁令，导致佛罗里达州的相关立法继续有效，该州刑满获释人员要求恢复行使选举权的希望再次落空。[⑦]这是美国联邦最高法院通过解释宪法间接影响黑人权利的最新例证。

---

① 比如著名民权律师兼法律学者米歇尔·亚历山大（Michelle Alexander）就在其成名作《新吉姆·克劳制度：无肤色时代的大规模监禁》（*The New Jim Crow: Mass Incarceration in the Age of Colorblindness*, New York: The New Press, 2010.）将“大规模监禁”视为新形式的种族等级制度。

② 布莱恩·史蒂文森：《正义的慈悲：美国司法中的苦难与救赎》，于霄译，上海三联书店 2015 年版，以及 2019 年上映的同名电影（Just Mercy）。

③ 美国绝大多数州都禁止或者限制服刑囚犯投票，只有缅因和佛蒙特两州完全不限制监狱囚犯参与政治投票。

④ https://www.thoughtco.com/where-felons-can-and-cannot-vote-3367689, 2021.2.20.

⑤ 在其中几个州，黑人因为犯罪丧失选举权的比例超过了本州黑人选民的五分之一，参见 https://www.sentencingproject.org/publications/6-million-lost-voters-state-level-estimates-felony-disenfranchisement-2016, 2021.2.20.

⑥ https://www.vox.com/voting-rights/21440014/prisoner-felon-voting-rights-2020-election, 2021.2.20.

⑦ 传统上，佛罗里达州法律一直严禁获释的前刑事犯罪分子参与政治投票，但是在大量获释者的质疑和呼吁之下，该州于 2018 年修改州宪法，并通过相应立法，允许这类获释者在缴清各种罚款、赔款之后，参与政治选举。但是很多获释的黑人本来就穷困，根本没有能力缴清罚款、赔款，他们申请联邦地区法院下达禁令，禁止执行这种不公平的法律，联邦地区法院支持了（**接下页**）

实际上，美国联邦最高法院对重建宪法修正案的解释，从一开始便偏离和曲解了重建宪法修正案的原意。

二、最高法院曲解了重建宪法修正案

从立法意图上讲，宪法第十三条修正案旨在从根本上废除奴隶制，宪法第十四条修正案则是为了促使获得自由的黑人平等享有美国公民的所有权利，无论是在《第二次建国》中（第 74 页），还是在其研究美国重建的经典著作中[①]，方纳都明确表示，宪法第十四条修正案的目的在于贯彻法律面前人人平等原则。美国历史学界的其他教授，也有类似观点。[②]

除了历史学界的几位教授外，在美国政治学界和宪法学界，同样有很多学者认可宪法第十四条修正案与平等之间的紧密关系。[③]第十四条修正案第一次将平等一词写入了美国宪法，其首倡者便是后来被誉为美国宪法第十四条修正案缔造者的约翰·宾厄姆（John Bingham）；鉴于宾厄姆在制订和通过重建宪法修正案过程中的重要历史贡献，有学者将其与 18 世纪末争取独立、制订宪法的“建国之父”（Founding Fathers）类比，称宾厄姆为“建国之子”

（接上页）他们的请求，但是联邦上诉法院后来又暂停了地区法院的禁令。当时已经临近选民登记的最后期限，受其影响的获释者请求最高法院取消联邦上诉法院的暂停令，维持联邦地区法院的禁制令，但是最高法院多数大法官拒绝了这些人的申请，导致佛罗里达州的法律继续有效，这些无力缴清罚款、赔款的获释者仍然无法行使政治选举权。详见美国最高法院的判决意见，https://www.supremecourt.gov/opinions/19pdf/19a1071_4h25.pdf, 2021.2.20。

① Eric Foner, *Reconstruction: America's Unfinished Revolution, 1863-1877*, New York: Harper Perennial, 2015.

② 比如专门研究美国宪法史的哈罗德·海曼（Harold M. Hyman）与威廉·威尔赛克（William M. Wiecek）合著的《法律之下的平等正义：1835—1875 年的宪法发展》（*Equal Justice Under Law: Constitutional Development, 1835-1875*, New York: Alfred A. Knopf, 1982），以及海曼教授 1973 年出版的《更完善的联盟：内战与重建对宪法的影响》（*A More Perfect Union: The Impact of the Civil War and Reconstruction on the Constitution*, New York: Alfred A.Knopf, 1973）。在历史学界，关于重建宪法修正案与平等关系的最新研究，可以参见颇受争议的迈克尔·贝尔西莱斯（Michael Bellesiles）2020 年出版的新著《发明平等：内战后的宪法重建》（*Inventing Equality: Reconstructing the Constitution in the Aftermath of the Civil War*, New York: St. Martin's Press.）。

③ 政治学界的代表性著作首推朱迪斯·贝尔（Judith A. Baer）的《宪法之下的平等：改造宪法第十四条修正案》（*Equality under the Constitution: Reclaiming the Fourteenth Amendment,* Ithaca: Cornell University Press, 1983）；法学界最近 20 年的代表性著作当数加伦特·艾普斯（Garrett Epps）的《民主的再生：宪法第十四条修正案与内战后美国争取平等权利的斗争》（*Democracy Reborn: The Fourteenth Amendment and the Fight for Equal Rights in Post-Civil War America*, New York:Holt Paperbacks, 2007.）。

(Founding Son)。[①]

不过，宾厄姆最初提出的宪法第十四条修正案草案，其中的第一句并没有最终通过："所有在合众国出生或归化合众国并受其管辖的人，都是合众国和他们居住州的公民"。这句定义出生地公民身份的话，是在参议院讨论修正案草案时临时添加上去的。这句话明确地解决了黑人的公民身份问题，也使先前黑人奴隶的孩子能成为与白人身份平等的公民。

但是，这句看似清晰的表述，却在确认出生地公民身份的同时，将公民身份一分为二：合众国公民和各州公民，为后来美国联邦最高法院判决案件时留下了解释的空间。1873 年——宪法第十四条修正案通过不到五年之后，联邦最高法院在屠宰场案中首次运用并解释这条修正案。多数大法官在判决意见中写道，重建宪法修正案的目的和初衷并不是要彻底改变美国的联邦体制；[②]第十四条修正案确立的州公民身份依然是美国人的基本身份；其中所包含的权利依然是美国人的基本权利；联邦公民身份的意义和权利非常有限，也不得凌驾和超越州公民身份。也就是说，联邦政府不得依据宪法第十四条修正案，制定立法干涉属于各州掌握的公民权利。

对此，方纳在书中明确表示，联邦最高法院的这种解释，"显然偏离了 1866 年大多数国会议员认为他们正在实现的目标。他们认为，他们正在对各州建立广泛的联邦监督，并认为该修正案的措辞适用于所有美国人。宪法第十四条修正案宣布所有在美国出生的人都是他们这个国家和他们所居住的州的公民，这两种公民资格本应该相互转化"(第 134 页)。

写作屠宰场案法院意见的主笔大法官，也是美国内战和重建的见证者，对宪法十四条修正案的历史记忆鲜活如新，他在该案判决意见中的这种解释，不仅仅是偏离，更是曲解了重建宪法修正案，实质上是希望美国南方各州尽快回归传统的白人统治。对于这样的司法意见，一同参与屠宰场案审判的另外四位大法官提出了不同意见，他们驳斥说，宪法第十四条修正案通过之后，公民资格所包含的根本权利 (特权与豁免权) 来自联邦，而非各州；"由于第二次建国，全国性公民资格现在是首要的，州公民资格是次要的，战前的联邦制度从根本上得到了改变"(第 135 页)。

屠宰场案判决是美国联邦最高法院第一次解释宪法第十四条修正案，给联邦公民身份及其所包含的"特权与豁免权"穿上了紧身衣，虽然后来学界

---

① Gerard N. Magliocca, *American Founding Son: John Bingham and the Invention of the Fourteenth Amendment*, New York: New York University Press, 2016.

② 王希：《原则与妥协：美国宪法的精神与实践 (增订版)》，北京大学出版社 2014 年版，第 309 页。

有学者提出批评意见，[1] 联邦最高法院也有大法官表示不同看法，[2] 但这份判决意见一直有效，影响至今。直到 2010 年，联邦最高法院还在判决持枪权是个人基本权利的麦克唐纳案（*McDonald v. City of Chicago*）中，多次引用屠宰场案判决作为先例，继续沿用 1873 年时联邦最高法院关于州公民身份与联邦公民身份的区分，认为不应改变当年的判决。[3]

联邦最高法院的多数大法官之所以拒绝触动 1873 年屠宰场案关于州公民身份与联邦公民身份的区分，主要的原因在于，一百年来，最高法院的大量判决已经绕过了第十四条修正案中的公民身份条款（以及与之相应的“特权与豁免权”），选择了该修正案中的正当法律程序条款，以此作为保障公民权利的首要宪法依据；并通过司法解释，将《权利法案》（宪法前十条修正案）中的个人权利也“吸收”进来，实现了个人基本权利的全国化，从而打破了州公民与联邦公民身份的藩篱。

联邦最高法院在 1873 年屠宰场案中对宪法第十四条修正案公民身份条款及相应权利的曲解，背离了重建宪法修正案的原意，极大地削弱了重建宪法修正案应有的历史贡献。十年后，联邦最高法院在 1883 年的民权案判决中，同样曲解宪法第十四条修正案，判定南方各州私人经营的公共场所（剧院、旅馆、饭店等）歧视黑人，并不违反宪法第十四条修正案。因为该修正案只是禁止各州政府制订或者执行任何限制合众国公民特权或豁免权的法律，而私营业主的歧视行为，不属于州政府行为（State Action），不属于宪法修正案的禁止范围。联邦最高法院在民权案判决中确立的州政府行为原则，同样曲解了这条修正案的用意，进一步削弱了该修正案的历史作用。

联邦最高法院在屠宰场案和民权案中的判决，彻底束缚了联邦国会的手脚。按照宪法第十四条修正案的原意，国会本来可以在创设联邦公民身份之后，通过立法直接保护公民的各项权利，不受各州干预。宪法第十四条修正案最后一款，也授权国会制定适当的立法实施该修正案。1875 年，重建时期的国会曾经制定过一部比较完备的《民权法》，推行和保护联邦公民权，包括公民的社会性权利；但是联邦最高法院在 1883 年判决的民权案中推翻了这部《民权法》，19 世纪美国的民权立法因此功败垂成。

---

① Charles L. Black, Jr., *A New Birth of Freedom: Human Rights, Named and Unnamed*, New York: Grosset/Putnam, 1997, pp. 70-75; Akhil Reed Amar, “Substance and Method in the Year 2000”, 28 *Pepperdine Law Review* 631, n.178（2001）.

② 比如克拉伦斯·托马斯（Clarence Thomas）大法官在萨恩斯案中写下的不同意见，*Saenz v. Roe*, 526 U.S. 522, 527（1999）.

③ https: //www. supremecourt. gov/opinions/09pdf/08-1521. pdf, 2021. 2. 20.

联邦最高法院在民权案中的判决曲解重建宪法修正案，也直接导致在 20 世纪 60 年代的民权运动中，国会无法继续依据重建宪法修正案的相关规定制订新的民权性立法。所以，著名的 1964 年《民权法》不得不利用宪法正文中的州际贸易条款，凭借联邦国会管理州际商务的权力，来立法推行种族、肤色、宗教、性别、族裔方面的平等保护。

但是在 19 世纪后半期，大多数的美国白人男性并不赞成种族和性别方面的完全平等，尤其是不支持社会领域的种族与性别平等，自然也不支持国会通过立法推行这方面的平等。1883 年民权案判决意见书的主笔大法官布拉德利（Joseph Bradley）就认为，重建宪法修正案并没有授权国会调整不同种族之间的社会权利；他也不支持白人内部的性别平等。就在 1873 年屠宰场案判决的第二天，布拉德利还在一件拒绝白人女性申请成为律师的案件中表示，女性天然是属于家庭的，这是家庭组织结构的自然与神圣法则。[①]

两年后，在另外一件关于女性要求登记为选民的案件中，联邦最高法院明确裁定，重建宪法修正案所确定的联邦公民身份，只是规定各州不得因为种族因素否认黑人男性的选举权，并不必然带来女性的投票权；女性要求选举权还得通过各州议会的立法来实现。[②] 这令曾经为重建宪法修正案积极奔走的女性大为失望。

三、女性对重建宪法修正案深表失望

1776 年的《独立宣言》高呼人人平等，1787 年宪法开篇便以“我们人民”自许，均未明确将女性排斥在政治生活之外。在传统的美国式联邦体制之下，女性的政治参与权（尤其是选举权），完全掌握在各州手中。根据美国宪法第一条第四款，各州选举国会议员的时间、地点和方式，由各州州议会自行规定；直到今天，哪些人有资格（或者没有资格）参与选举，依然由各州会议自行掌握。比如，刑满释放人员以及在监狱服刑的囚犯是否拥有选举权，各州的法律规定便不尽相同。

黑人获得自由和政治权利，与女性的支持密不可分，方纳在书中援引学界的最新研究，高度评价女性对重建宪法修正案的巨大贡献。废除奴隶制的宪法第十三条修正案最初便是由一群倡导女性权利的白人废奴主义者所发起的，“她们希望该修正案能为美国妇女争取更大的权利铺平道路”（第 52—53 页）。

---

① *Bradwell v. The State*, 83 U.S. 141-142（1873）.

② *Minor v. Happersett*, 88 U.S. 162-165（1875）.

1863 年 5 月，美国争取女性权利的代表性人物伊丽莎白·斯坦顿（Elizabeth Cady Stanton）和苏珊·安东尼（Susan B. Anthony）组织了全国妇女忠诚联盟（Women's National Loyal League）。她们广泛发动会员，散发了数千张请愿书，征集了数十万份签名，呼吁国会通过宪法修正案来废除奴隶制。如果没有这批女性主义者的敦促，国会也许很难如此顺利地以宪法修正案的形式废除奴隶制。

废除奴隶制的宪法第十三条修正案并没有提到性别，对男性黑人和女性黑人同等适用，使他们同获自由。但是，该修正案却给黑人男性和黑人女性带来了不同的影响。获得自由的黑人女性回归了家庭生活，在家庭内部承担了更多的无偿劳动，当时便有人提出，家庭内部丈夫对妻子的控制，以及妻子的从属地位，也是一种强制性奴役，应该禁止。不过，当时参与制订重建宪法修正案的大部分国会议员并不这么看，他们认为，丈夫对于妻子所拥有的权利，是一种自然性权利，根据普通法原则和传统，已婚妇女的某些法律权利可以由其丈夫代行（coverture）；宪法第十三条修正案是要恢复而非破坏黑人家庭内部的这种权利关系（第 53 页）。

宪法第十三条修正案通过之后，安东尼、斯坦顿等主张女性获得选举权的女性主义者，延续了废奴主义者所使用的平等话语，要求继续以宪法修正案的形式，确立女性的平等政治权利。她们已经明确地意识到，"重建是一个罕见的修宪时刻，如果浪费了这次机会，妇女权利的事业将倒退几十年"（第 86 页）。

1865 年底，当第 39 届国会开始讨论宪法第十四条修正案草案问题时，全国妇女忠诚联盟发起了一场新的运动，要求国会禁止各州"以性别为由"剥夺女性选举权。为此，安东尼、斯坦顿等女性主义者成立了美国平等权利协会（American Equal Rights Association），为黑人男性和所有女性争取选举权。

但是，曾经并肩战斗的废奴主义者和女性主义者此时已经出现了裂痕。斯坦顿认为，黑人男性和白人男性一样，都是性别歧视者，"黑人男性一旦获得选举权，就会成为牵制我们的额外力量"。而身为黑人废奴主义领袖的弗雷德里克·道格拉斯（Frederick Douglass）则希望美国平等权利协会推迟要求妇女选举权，因为这样的修正案很难得到国会的通过和各州的批准（第 87 页）。

道格拉斯几乎一语成谶，无论是宪法第十四条修正案，还随后的宪法第十五条修正案，都没有加入任何关于女性选举权的文字。非但如此，重建宪法修正案还将男性选举权第一次明确写进了宪法。第十四条修正案第二款规定，各州不得拒绝或限制本州成年男性公民选举权（参加叛乱或者犯罪者除外），如果各州有类似行为，则相应削减该州在国会的代表权。宪法第十五条修正案在保障合众国公民选举权时，也只是规定不能因为种族、肤色或者以前的奴隶身份，而拒绝或者限制其行使选举权，并未加入当时女性主义者所企盼的性别字样。

当时国会中主持通过这两条修正案的参议员公开表示，宪法中的“人民”一词指的是男性公民；如果赋予女性投票权，将会颠覆家庭管理方式（family government）的基本原则，在人和神的所有惯例和法律上，丈夫都是一家之主（第 118 页）。

对于这两条修正案，女性主义者的反应并不一致，甚至出现了致命的分裂。有些女性活动家认为，宪法第十五条修正案虽然没有要求各州不得因性别原因，拒绝某一类人的选举人，但是也没有阻止各州赋予女性选举权，因此可以视为是向普选权又迈进了一步。但是多数女性活动家认为，这样的修正案为女性获得选举权设置了新的障碍。1869 年 5 月，成立刚满三年的美国平等权利协会在激烈的争论中解散，两派女性分别组建新的权利组织，一派与共和党联手，支持宪法第十五条修正案；另一派则积极争取女性选举权。安东尼、斯坦顿站在后者一边，激烈批评宪法第十五条修正案，认为该修正案对女性是一种羞辱，在此之后，女性将成为各州囚犯和精神病人之外，唯一不具备投票能力的人；这样的修正案将使“每个女性都比任何男性低贱”。曾经与黑人废奴主义者并肩争取选举权的斯坦顿更是用带有种族、族裔偏见的语言表示，就连“无知的中国佬、让妻子套上挽具与牛马一起耕地的德国佬，以及南方的黑人，都能成为我们这些有教养女性的统治者”（第 116 页）。

斯坦顿的这番话充满着对华裔移民的偏见，在 19 世纪末受过良好教育的白人中间，这样的偏见并不鲜见，重建宪法修正案对华人的影响也伴随着各种各样的成见与偏见，持续至今。

四、重建宪法修正案对华人的影响持续至今

谈到重建宪法修正案对美国华人的影响，几乎所有了解美国宪法历史的人都会想到益和案（*Yick Wo v. Hopkins*），美国联邦最高法院 1886 年判决的这件里程碑性案件，已经写入了美国宪法教科书，成为美国宪法传统的一部分。益和是旧金山一家华人洗衣店的牌号，从 19 世纪 50 年代开始，这家洗衣店已经在旧金山经营了二十多年。在排华运动的浪潮中，该市以洗衣业的健康发展和公共安全为由，于 1880 年接连发布条例，要求所有的洗衣店都必须开在砖石结构（而非木结构）的房屋之内；在获得市政监管委员会批准之前，不得在屋顶竖杆拉绳晾晒。这样的市政命令，表面一视同仁，实际上完全是针对华人而来，为的是打压和排挤华人，因为华人洗衣店多开在木屋之内，

多在屋顶竖杆晾晒。当地的华人洗衣店联手聘请律师，将市政当局一直告到了联邦最高法院。联邦最高法院依据宪法十四条修正案第一款的法律平等保护条款，判定华人洗衣店店主虽然不是美国公民，但是既然长期生活在美国，也同样应该受到法律的平等保护。旧金山市的相关管理条例形式上不偏不倚，实际上授予市政当局过多的自由裁量权，使得市政当局在执行条例过程中可以专门针对某一特定人群，给这一特定人群带来了法律之下的不平等。[①] 后来，在黑人等少数族裔争取平等权利的宪法诉讼中，民权律师和联邦最高法院的大法官曾一百多次引用益和案的判决意见，极大地推进了美国宪法平等进程，这也是华人对美国重建宪法修正案的一大贡献。

华人对重建宪法修正案的另一大贡献体现在出生地公民身份问题上。正如前文所言，出生地公民身份问题是重建宪法修正案的核心问题之一，获得自由的黑人极希望通过公民身份获得政治权利，但是联邦最高法院的解释，曲解了宪法第十四条修正案中的公民身份条款，虚化了自由黑人的政治权利——但并未否认黑人的联邦公民身份。而华人就没有这么幸运了，在 1880 年的美国排华运动中，华人被“打入另册”，美国政府通过条约和立法的形式，禁止华工入境。一位出生于美国的名叫黄金德的（Wong Kim Ark）华人，回中国探亲后返美，被入境港口官员拒之门外，还根据排华法否认其美国公民身份。黄金德愤而起诉美国联邦政府，官司打到最高法院，最高法院在判决意见书中肯定了宪法第十四条修正案的出生地公民身份原则，保住了土生华人的公民身份。

宪法第十四条修正案和黄金德案的判决意见也成为 20 世纪以来，美国继续吸引世界各地移民，以及新移民获得公民身份的宪法依据。在唐纳德·特朗普总统任期内，因为非法移民问题争议日趋激烈，特朗普曾表示要废除出生地公民身份这一宪法原则，引发了学界和政界对于宪法第十四条修正案和黄金德案的新关注。

方纳在书中引述了益和案，但是没有提及黄金德案。因为出生地公民身份原则是宪法第十四条修正案第一款的明确规定，无法更改，除非修宪，总统、国会和联邦最高法院都奈何不得。黄金德案只是特殊时期的特殊群体所引发的一场确认公民身份和宪法权利的诉讼，宪法第十四条修正案第一款的本意就是要赋予自由黑人公民身份和相关权益，但是华人通过不屈的抗争，扩大了重建宪法修正案的保护范围，从中受益。

当然，重建宪法修正案给美国华人带来的也不全是福音，在出生地公民

---

① 任东来、陈伟、白雪峰等:《美国宪政历程：影响美国的 25 个司法大案》，中国法制出版社 2013 年版，第 131—132 页。

身份原则和法律的平等保护之外，也有意想不到的影响。比如，宪法第十三修正案禁止奴隶制和强制劳役，当时很多人便将无法自由签订劳动合同的华工（苦力）视为受到强制劳役，应该在宪法第十三条修正案的禁止之列。他们主张利用这条新的宪法修正案，为美国的排华立法寻求宪法依据。以往研究美国排华的学术著作，一般从美国国内政治、种族意识、经济竞争和中美关系角度出发，极少有人涉及宪法第十三条修正案。方纳在此书中注意到了美国学界的最新研究成果：将华工定义为非自由的“苦力”，属于奴役劳动，在宪法第十三条修正案禁止之列（第 51 页）。

而且，重建宪法修正案遭遇排华运动后，还给美国内政带来了另一个意想不到的后果——美国排华最盛的加利福尼亚州因此减少了一名联邦众议员（第 68 页）。根据美国宪法，各州选举的联邦众议员人数与本州的选民人数成正比。重建时期，为了防止各州剥夺黑人男性选举权，宪法第十四条修正案第二款规定，各州不得拒绝或限制本州成年男性公民选举权（参加叛乱或者犯罪者除外），如果各州有类似行为，则相应削减该州在国会的代表权。当时加州并无太多黑人，但是华人不少，排华立法之后，华人无法登记为选民，加州的选民基数因此减少，选举的联邦众议员也随之比宪法第十四条修正案通过之前少了一名。这是重建宪法修正案给美国的排华运动造成的一个出人意料的后果，以往的研究也极少提及，但是方纳留意到了学界的最新研究，并在行文中点出。

对于重建宪法修正案给华人带来的冲击，方纳还提及了一名彪炳美国宪政史册的著名大法官——约翰·马歇尔·哈伦（John Marshall Harlan）。在 19 世纪的美国宪政史上，这位哈伦大法官以支持黑人获得平等的宪法地位而著称，他在写入宪法和历史教科书的普莱西案（1896 年）判决书（不同意见）中，写下了流传至今的名言：“美国宪法是色盲的宪法”，美国并不存在占据统治地位的种族。但是这份宪法平等主义宣言的背后，却隐藏着哈伦大法官的反华偏见，他在普莱西案中之所以反对路易斯安那州的乘车隔离法，主要是因为这部法律竟然允许该州的华人旅客与白人同时乘坐一个车厢，但是却禁止黑人与白人同乘一个车厢——在排华法律之下，华人已经无法归化为美国公民，而经历内战的黑人曾为维护联邦浴血奋战。两年后，在黄金德案中，面对多数大法官所认可的出生地公民身份原则，哈伦大法官再次写下了不同意见，反对授予土生华人出生地公民身份（第 161 页）。

内战结束、横贯北美大陆的铁路建成之后，在美国西部的排华大潮之下，西部地区的很多华人被迫继续内迁，其中有很大一部分定居在密西西比三角洲地区（Mississippi Delta），在种族杂处的南方地区，形成了极具特色的华人社区和文化传统。[①] 夹杂在黑人、白人之间的华人，从肤色上不太容易分类，有些州将华人与白人同等对待，有些州则将华人与黑人归入一类。为此，三角洲地区的华人还曾发起宪法诉讼，争取自身的平等地位。但是联邦最高法院在判决中坚持普莱西案判决确立的种族隔离原则，明确表示，华人虽然没有黑人血统，不是传统语义上的有色人种，但也不是白人；不同种族的孩子上不同的学校，并不违反宪法第十四条修正案所确立的平等保护原则。[②]

尽管华人通过司法抗争，依据重建宪法修正案，获得了法律上的平等保护和出生地公民身份，但在现实的政治和社会生活领域，基本被排挤在美国主流之外。与女性一样，重建宪法修正案也没能满足华人的期待。方纳在书中直言不讳，虽然“我们今天所处的法律时代与十九世纪晚期大不相同，但是，从重建中撤退的阴影依然笼罩着当代司法判决”（第 171 页）。

五、美国民众对重建宪法修正案一直充满期待

美国司法判决从重建中撤退的起点始于 1883 年的民权案判决，联邦最高法院的这项判决推翻了国会制定的 1875 年《民权法》。1875 年《民权法》依据宪法第十三与第十四条修正案的授权，在所有公民一律平等的基础之上，要求各州保障黑人与白人共享公共场所、共同乘坐交通公交、共同担任陪审员。联邦最高法院的多数大法官认为，国会这样的立法超越了重建宪法修正案的授权，将联邦政府的权限延伸到了保留给各州的社会权利领域；而且也违背了重建宪法修正案所确立的州政府行为原则，给各州增加了超越宪法和联邦结构的义务负担。

在联邦最高法院关于重建的所有判决中，民权案引发了最广泛的舆论关注，出现了大量的报纸评论文章和公众评述。从北部的缅因州到南方的佛罗里达州，美国黑人召开了大规模的抗议性集会，批评联邦最高法院的判决。在首都华盛顿召开的一次两千多人的集会上，著名的废奴主义者道格拉斯称，这一判决是一场严重的灾难，“它对宪法的解释公然挑衅国会的意图”，让黑人“无力抵御（来自白人的）粗俗无情的偏见”（第 154 页）。

数年后，美国黑人组织甚至还出版了专门批评联邦最高法院这项判决意见的著作《正义与司法》，这部匿名的著作传递出的信息很清楚：联邦最高法院的司法解释威胁到了重建宪法修正案关于权利平等的承诺；重建宪法修正

---

① See James W. Loewen, *The Mississippi Chinese: Between Black and White,* Long Grove: Waveland Press Inc., 1988. 此书初版于 1972 年（哈佛大学出版社），至今仍是该领域的首选参考著作。

② *Gong Lum v. Rice*, 275 U.S. 86-87（1927）.

案赋予国会广泛的权力，以此在各州推行人人平等；联邦最高法院的判决错误地回到了内战前区分公民权利、政治权利和社会权利的老路。该书还表示，美国社会和工业的进步呼唤真正切合重建宪法修正案精神的新司法判决（第127页）。

方纳在《第二次重建》中数次提到此书，以此论证1883年的民权案判决引发了美国黑人的广泛关注。在宪法条文与相关判决意见书之外广征博引，充分考虑条文与判决的社会影响，这是方纳写作《第二次建国》一书的一大特色。这样的写作方式，极大地扩充和丰富了美国宪法史的内容，让宪法超越条文和判决的传统范畴，延伸到新闻报道、学界评论和民众态度等更深的层面，形成了所谓的大众宪法观。方纳书中也提到了这种新兴学术思潮，并表示，这个时代的大众宪法观“必须成为我们理解重建宪法修正案内容的一部分”（第9页）。

大众宪法观注重宪法和联邦最高法院的判决在民众心中的接受和认可程度，美国宪法学界的图什奈特、克雷默和阿克曼等人，都有专门研究。[①]我国也有学者注意到这一思潮。[②]方纳的这部新著，部头不大，但是吸收了美国学界（包括宪法学界）的最新研究成果，可见其老骥伏枥、退而不休的旺盛学术激情。

作为一部研究美国重建与重建宪法修正案的专著，《第二次建国》具有极高的学术水准，很多地方都是要言不烦，一笔带过；对于不太了解这段历史和相关宪法条文的读者，可能会造成一定的阅读困难。好在方纳教授的大部头奠基性著作《重建：美国未完成的革命》很快就要出版中译本了，[③]耐心的读者，可以稍稍等候，不妨先读完《重建：美国未完成的革命》，再来读《第二次建国》。这样，也许会有更深的体会与更大的收获。

当然，性急的读者也有其他辅助性选择，建议在阅读《第二次建国》的过程中，在线观看美国公共电视网（PBS）2019年推出的纪录片《重建：内战之后的美国》[④]。这部长达四小时的纪录片，由哈佛大学研究非洲裔美国人的著名教授盖茨（Henry Louis Gates，Jr）制作与讲解，从黑人的解放讲到重建宪法修正案的制订；从南方自由黑人的胜利、失败，讲到美国人的重建记忆之争。片中盖茨教授多次采访方纳教授，还有两人关于方纳这本新书的简短对话。

---

① 马克·图什奈特：《让宪法远离法院》，杨智杰译，法律出版社2009年版；拉里·克雷默：《人民自己：人民宪政主义与司法审查》，田雷译，译林出版社2010年版；布鲁斯·阿克曼：《我们人民：奠基》，汪庆华译，中国政法大学出版社2013年版。

② 支振锋：《“美国宪法新理解”学术研讨会述评》，《环球法律评论》2014年第5期。

③ 王希翻译，商务印书馆即将出版。

④ https://www.pbs.org/weta/reconstruction, 2021.2.20.

如果读者们看完方纳教授的《第二次建国》和盖茨教授的《重建：内战之后的美国》后，意犹未尽，也可以进一步搜索 2021 年 1 月 29 日方纳教授与盖茨教授的网络对谈，话题的主题同样是重建及其遗产，[①] 从中可以感受到专业历史学家的现实关怀。有条件的读者，还可以观看美国奈飞公司（Netflix）2021 年 2 月推出的六集纪录片《修正案：为美国而战》（*Amend: The Fight For America*），这部由美国黑人影星威尔·史密斯（Will Smith）主创和主持的纪录片，更是展现出当今美国民众对重建宪法修正案依然充满期待。

（作者系中国政法大学人文学院历史研究所教授）

① https://events.umich.edu/event/80896, 2021.2.20.

柏拉图《申辩》的法律背景*

罗伯特·J. 邦纳（Robert J. Bonner）著　苏峻 译

1893 年问世的尚茨（Schanz）为柏拉图《申辩》精心撰写的导言，重新引起了人们对审判苏格拉底有关的各种问题的兴趣。但除了起诉书（indictment）和被告人提出的替代刑罚（alternative penalty）所涉及的问题外，《申辩》涉及的严格意义上的法律问题还没有得到充分的讨论。[①] 本文的主旨是阐发其辩护的法律背景，并从这个角度与当代法庭演说（forensic speeches）做比较。至于《申辩》是纯粹虚构的还是部分基于事实并不重要——"程式化的真相"（stilizirte Wahrheit），正如贡佩兹（Gomperz）[②] 巧妙的措辞所言。我相信，在色诺芬的《申辩》中，我们有最接近真实演讲的准确报告。[③]

苏格拉底的柏拉图式的辩护包括三个不同的演讲。第一个是他对原告演讲的回答，并涉及有罪或无罪的问题。第二个是在"有罪"的判决作出之后发表的，专门介绍苏格拉底根据雅典惯例提出的替代惩罚（the alternative penalty）。这是目前唯一的此类演讲，因此令人特别感兴趣。第三次是在审判结束后对陪审员的非正式讲话。苏格拉底短暂地离开了法庭（《申辩》39e），而当时官员们（officials）正在准备将他送进监狱，他利用这段时间首先对那些投票赞成定罪的人讲话，然后对那些投票支持无罪释放的人讲话。这可能不需要正式的许可。据我所知，我们在任何其他案件中都没有类似的诉讼程序，尽管在案件结束时陌生人（strangers）向陪审员发表的非正式讲话并非鲜

---

* 本文发表于 1908 年《古典语文学》（*Classical Philosogy*），第 3 卷第 2 期，第 169—177 页。作者罗伯特·J. 邦纳（Robert J. Bonner，1868—1946）生前为芝加哥大学古典学教授，他以对古代雅典法律及政制的研究而闻名于世。著有《雅典法院中的证据》（*Evidence in Athenian Courts*）和《古代雅典的律师和诉讼当事人》（*Lawyers and Litigants in Ancient Athens*）等。

① 门泽尔在他的令人钦佩的专著《苏格拉底审判研究》（*Untersuchungen zum Sokrates-Processe*）、《帝国科学院会议报告（维也纳）》（*Sitzungsberichte der Kaiserlichen Akademie der Wissenschaften in Wien*）第 145 期（1903），II，第 1 页及以下，已经在这方面超越前人做了很多。因为法学训练的背景，他对于专业问题的结论不能被轻易忽略。

②《希腊思想 II》（*Griechische Denke* II），第 81 页，认为它实际上是苏格拉底演讲的逐字报告的观点是不可能的。

③ 尚茨，第 76 页及以下；门泽尔（同上），第 5 页及以下。

为人知。[①]

现代法律程序并没有规定有罪问题（the question of guilt）和刑罚问题（the question of penalty）分开审理。如果陪审团在处罚问题上有自由裁量权（discretion），则只作出一项裁决。但是，如果陪审团确定有罪并且法官确定刑罚，则无需在宣布判决时作出正式判决（the formal judgment）。在死刑案件宣判之前，被告有机会说明为什么不应立即对他宣判，但这只是一种形式，被告所说的任何内容也没有任何影响——即便在那些他不允许作为证人出庭的司法判例中：与苏格拉底在审判结束后的言论唯一相似的现代对应物是，被判刑的罪犯有时会向那些见证他被处决的人发表讲话。

作为初步诉讼程序的一部分，书记官（the clerk）总是在法庭上宣读起诉书（indictments）和索赔陈述（statements of claim）。[②] 有时，诉讼当事人（litigants）在演讲过程中再次宣读它们，或者他们自己逐字逐句读（verbatim）或者就像苏格拉底所选择的实质内容重复它们。[③] 起诉书中的一般性不敬罪指控与腐败青年的具体指控之间的关系引起了很多讨论。尚茨 [④] 将腐败青年视为一种公开的不敬虔行为，而不是单独的指控。门泽尔（第 25 页）认为，由于缺乏证据，无法证明腐败青年是一种特殊的不敬虔。在他看来，违反公共道德的罪行可以与不敬虔的罪名合并，就像阿斯帕西亚（Aspasia）的情况一样。[⑤] 这一观点得到以下事实的证实，即在单一起诉书中包含真正不同的罪行并不违反阿提卡（Attic）的做法。

人们也注意到，苏格拉底小心翼翼地避免了 ὦ ἄνδρες δικασταί（法官们）这样的称谓，而是使用 ὦ ἄνδρες Ἀθηναῖοι（雅典人）或 ὦ ἄνδρες（诸位）这样的称呼。仅仅在他对投无罪票的人们的演讲中，他才使用了通常的称谓，通过解释称呼他们为“δικασταί – ὑμᾶς γὰρ δικαστὰς καλῶν ὀρθῶς ἂν καλοίην.”（译文：诸位法官——我称你们为法官，因为这才是正确的叫法。）这句话引起了这样一种观点，即苏格拉底避免称陪审员为 δικασταί（法官们），是因为由于他们的偏见，他们不配这样的称谓。

但是苏格拉底不可能事先知道陪审员会被证明不配这样的称谓。因为色诺芬明确表示（《回忆苏格拉底》iv. 4. 4），如果他愿意采用通常的劝说方法，

---

① 门泽尔（同上），第 50 页；参考安提丰 6. 21.

② 迈尔—施德曼—利普修斯（Meier-Schdmann-Lipsius），《阿提卡审判》（*Der attische Process*），第 919 页。

③ 狄摩西尼 45，46；安提丰 1, 2；6, 16；柏拉图《申辩》24b。在苏格拉底的讲词的开头部分（19b），正如他所建议的那样，他根据法庭规则给出了虚构起诉书（a fictitious indictment）的确切措辞。

④ 同上，第 12 页；参考《阿提卡审判》，第 367 页及以下。

⑤ 普鲁塔克，伯里克利 32。

他很容易获得无罪释放的结果。反对苏格拉底①的“多数人”仅有微弱的优势，这一点支持了色诺芬的观点。此外，在多次提醒他们有责任只考虑他的辩护是否公正时，他实际上称他们为陪审员（jurymen）。②

尚茨（第 75 页）认为，柏拉图本人对辩护的这一特征负有责任。他的意图是提前表明他对判决的看法。但这一理论经不起仔细推敲。毫无疑问，陪审员（jurymen）的正式头衔是 δικασταί（法官们），习惯上将他们称为 ὦ ἄνδρες δικασταί（译注：此处添加 ἄνδρες/ 男人们，含义并无改变，仅为习惯用法）。但在现存的演讲中，存在着最大可能的多样性（greatest possible diversity）。伊索克拉底在一些演讲中完全避免使用任何形式的称谓。在安多基德斯（Andocides）对不虔诚指控的辩护中（与苏格拉底受审同一年），正式头衔只出现了一次；在其他地方，在一个例外中，我们发现他使用了“诸位”（ὦ ἄνδρες / 译注：字面含义为“男人们”）这样的称谓。③我们还发现安多基德斯、埃斯基涅斯（Aeschines）和戴纳库斯（Deinarchus）使用“雅典人”（ὦ Ἀθηναῖοι）来称呼陪审团（the dicasts）；这也不奇怪，因为雅典的审议（deliberative）和司法（judicial）机构之间没有清晰而明确的界限。④议会（The assembly）偶尔行使司法职能，陪审团只是议会中一个便利的委员会（a convenient committee），被称为“雅典人”与“议员”（ἐκκλησιασταί）同样恰当。在这种情况下，很难相信即使苏格拉底最挑剔的听众或柏拉图的雅典读者，也会重视正式名称的缺失。在审判后（40a），在对部分陪审员讲话时，使用正式头衔是基于不同的理由。那些投票支持无罪释放的人，并未与整个由之组成的陪审团形成对比，而是与那些投票支持有罪的人形成对比。唯独后者是有偏见的，不配名副正式的称谓。之后的一段话证明他现在想到的只有反对的（adverse）陪审员：“ε ἰ γάρ τις ἀφικόμενος εἰς Ἅιδου，ἀπαλλαγεὶς τουτωνὶ τῶν φασκόντων δικαστῶν εἶναι，εὑρήσει τοὺς ὡς ἀληθῶς δικαστάς.”（译文为：因为，一个到达哈得斯的人，摆脱了这样一群所谓的法官后，就会发现据说在那里判案的才是真正的法官。）⑤

---

① 但 501 人中有 281 人投票支持他的定罪：柏拉图《申辩》36a；第欧根尼·拉尔修 ii. 41。

② 18a: αὐτὸ δὲ τοῦτο σκοπεῖν καὶ τούτῳ τὸν νοῦν προσέχειν, εἰ δίκαια λέγω ἢ μή· δικαστοῦ μὲν γὰρ αὕτη ἀρετή.（请至少考虑这一点，并把心思转到这一点上，即看我说的究竟正当与否——因为这是法官之德）；参看 35c。[译注：在此句话中，苏格拉底使用了“法官的美德”（δικαστοῦ ἀρετή）这样的术语。]

③《论神秘》136, 137。

④ 利普修斯（Lipsius），《阿提卡法律与法律程序》（*Das attische Recht und Rechtsverfahren*），第 176 页。

⑤《申辩》40e。在色诺芬的《申辩》中苏格拉底使用了 ὦ ἄνδρες（诸位），如果柏拉图添加 Ἀθηναῖοι（雅典人）有任何意义，可能是他希望他的读者觉得苏格拉底事业的正当性是针对全体公民的；考虑到不利的判决几乎完全是由于普遍的偏见，这将是特别合适的（《申辩》23e；28a）。

显然，这些“所谓的法官”（pretended jurymen）是投票支持定罪的人，而不是整个陪审团——包括他刚刚称其为“法官”（δικασταί）的那些人。

一个普遍的观点是，[①]《申辩》中对引入证据的规定很少。缺少证据是显而易见的，但却不是真实的。事实上，苏格拉底的所有断言都得到了证实。的确，没有提供任何文件（documentary），也几乎没有提供证据（testimonial）；但却充分利用了其他同样有效的佐证手段。有两处（20e，32d）承诺提供证词，尽管在文本中我们没有发现事实上兑现了这些承诺。然而，门泽尔（第 6 页）在色诺芬的《申辩》22[②] 中找到了苏格拉底确实提供了证人的指示（an indication）。由于将证词化约为书面形式的做法尚不流行（not in vogue），因此很容易看出证人如何以或多或少复杂陈述的形式在演讲结束时适当地提供他们的证据。因此，佐证证人和辩护人（συνήγορος）之间的区别实际上可能会消失。文本中没有引入证据的习惯性指示（the customary indication of the introduction of evidence），虽然不寻常，但在现存的演讲中并非没有类似的情况。[③]

贡珀茨的解释（第 81 页），即柏拉图急于避免在细节问题上严格遵守常规实践的现象得到了其他考虑的证实，正如将要出现的那样。[④] 现在，除了涉及查勒丰（Chaerephon）的神谕内容和萨拉米斯的莱昂事件（the incident regarding Leon of Salamis），案件涉及的事实问题少之又少。在他的演讲稍早的部分中（19d），苏格拉底就谈到了批评他的人（his detractors）并断言，说他进行“自然沉思”（physical speculations），并且在否认这一指控时，他完全依赖陪审团的个人知识（personal knowledge）来佐证。他要求那些不时听他谈话的陪审员告诉其他人，他从未使用过阿里斯托芬《云》中归于他的语言。雅典法院经常采用这种佐证方式，根据演说家的说法，没有比在场的陪审团的人更好的证人。[⑤] 苏格拉底不止一次[⑥] 否认他教导青年是为了报酬。显然，他无法以任何可行的方式证明这一点，而且也没有必要这样做。举证责任（the

---

① 波尔曼（Poehlmann），“皇家会议报告”（*Sitzungsber. d. K.*），慕尼黑科学院（*Akad, d. Wiss. zu Miinchen*），1906，第 97 页；贡佩兹，同上 II，第 81 页；尚茨，第 75 页。

② Ἐρρήθη μὲν δῆλον ὅτι τούτων πλείω ὑπό τε αὐτοῦ καὶ τῶν συναγορευόντων φίλων αὐτῷ.（译文为：苏格拉底和在场支持他的朋友，除此还说了别的。）

③ 布拉斯（Blass），《阿提卡演讲》（*Die attische Beredsamkeit*），III. I，第 132 页。

④ 可能有人会反对所有证据都必须是书面的。但是与苏格拉底同一年因不敬虔受审的安多基德斯（《论神秘》14）在法庭上询问了他的一名证人，在《黄蜂》956 及以下，在对一只狗偷奶酪的模拟审判中，“奶酪刮板”作为证人出庭受审。有关支持这一观点的论据的完整陈述，请参看作者所著《雅典法院的证据》（1904 年），第 46 页及以下。参看塔尔海姆（Thalheim），《柏林语文周刊》（*Berliner philologische Wochenschrift*）第 25 期，第 1575 页。

⑤ 狄摩西尼 21. 18；34. 50；44. 66；安提丰 6. 25。

⑥《申辩》19d；31c；33a。

onus probandi）显然在对方那里（19c），他们没有提供任何证人来证明他曾索取或接受过报酬，这充分证实了苏格拉底对此的否认。他的断言（33a）也是如此：在没有相反证据的情况下，他从未私下教过任何人，这一点也不需要任何证据。

关于苏格拉底腐败青年的指控，他并没有满足于提请注意指控方没有提供任何他被指控腐败的人或任一他们的亲属，但他向指控他的人提出质疑（33d 及以下），让他们花一些时间来引入这些证据（如果他们忽略了的话）。与出现在狄摩西尼（Demosthenes）中的那些质疑相比，这个质疑不太正式，但它在安提丰（Antiphon）和安多基德斯（Andocides）的众多口头质疑中都有其对应物（its counterpart）。[①] 演说家（参见狄摩西尼 45，59-61）在很大程度上强调了质疑的证据价值。

但是在苏格拉底的生涯中，有一些事件众所周知，甚至参考陪审团的个人知识来佐证也是多余的。例如，没有人会质疑他在波提狄亚（Potidaea）、安菲波利斯（Amphipolis）和代立昂（Delium）的杰出军事才能，或者他拒绝允许议会（the assembly）以不当方式处理针对阿吉纽西（Arginusae）将军的案件（28e，32b）。值得一提的是，柏拉图小心地将此类事件与苏格拉底拒绝逮捕莱昂（Leon）（32c 及以下）区分开来。后者不是苏格拉底的公开拒绝，因此显然需要证据。

在这一点上，不能忘记，如果苏格拉底知道他们的名字，他会很乐意提供其他一些证人。[②] 谁敢怀疑，在他巧妙的提问下，对他的普遍偏见负有责任的诽谤者会被证明是对他有利的杰出证人？苏格拉底对这些不知名的诽谤者的提及完全被误解了。事实上，他实际上称他们为“控告人”（κατήγοροι），给人的印象是他不知何故认为他们是诉讼的当事人；但后来的一段话表明，他真的把他们当成了证人：“εἰ γὰρ δὴ ἔγωγε τῶν νέων τοὺς μὲν διαφθείρω…χρῆν δήπου…νυνὶ αὐτοὺς ἀναβαίνοντας ἐμοῦ κατηγορεῖν καὶ τιμωρεῖσθαι.”（见 33d，译文为：因为我如果真是在败坏青年……他们现在必定已经亲自登台指控我，替自己报仇。）

καὶ（ἄλλους）πολλοὺς ἐγὼ ἔχω ὑμῖν εἰπεῖν，ὧν τινα ἐχρῆν μάλιστα μὲν ἐν τῷ ἑαυτοῦ λόγῳ παρασχέσθαι Μέλητον μάρτυρα.（见 34a。译文为：我还可以向你们说出很多其他人的名字来，美勒托斯当让尤其应该在他自己发言时传唤他

---

① i. 6；vi. 24；《论神秘》23，26，35，55。尚茨添加了其他演说家的一些实例，却没有注意到这些质疑的证据价值。

② 他承认他知道一个人的名字，即喜剧演员阿里斯托芬，但他的指控是如此荒谬，以至于苏格拉底只需要提到陪审员，就可以证明他的教义与阿里斯托芬笔下的苏格拉底的教义毫无相似之处。

们中的某个人来作证啊。）只要允许口头证据，反方证人（adverse witness）和控告者（accuser）之间的混用（confusion），就像上面提到的有利证人（a favourable witness）和辩护人（an advocate）之间的混用（confusion）一样自然。

因此，似乎柏拉图在任何需要寻求对事实陈述佐证的地方都绝非出现了疏忽。如果利西阿斯（Lysias）为苏格拉底写一篇演讲，他会做得更多吗？（就像他所说的那样）[①] 幸运的是，我们并非完全没有办法尝试回答这个问题。在跛子的案例中，利西阿斯在元老院（the senate）前一次审判（δοκιμασία）中撰写了一篇演讲稿。这个跛子的案例是从律师的角度来看，在许多方面与苏格拉底的情况惊人的相似。[②] 跛子是镇上的知名人物，他也被指控向聚集在他店里的人中散布邪恶的影响（evil influence）。他无疑是一个有优势的人物（a privileged person），但他尖刻的口舌让他成为敌意（φθόνος）的对象，他的所有行为都被歪曲了。[③] 在这两个人的案件中，有一些惊人的相似之处。在现存的演讲中，没有一个被告敢像跛子一样蔑视陪审团（flout the jury）。[④] 除了柏拉图的《申辩》[⑤]，我们在任何其他案例中，都找不到他讲话的这种语气。在证据方面，利西阿斯对他的案件的处理远不及柏拉图。他完全依赖陪审团的个人知识和他们的视觉证据（evidence of their eyesight）（xxiv. 14）。与之相对，柏拉图不仅使用了证人的证据、质疑和陪审团的知识，而且展示了在法庭上有效质问对手的最显著的例子。

不愿意回答破坏性问题（damaging questions）和急于回答有利的问题，这一点体现得很明显。陪审团的干预迫使诉讼当事人回答他对手的问题，这在雅典的法律文献中别无他处可以说明。[⑥] 整个事件利西阿斯对埃拉托色尼（Eratosthenes）和谷物经销商的机械审讯更具戏剧性和效力。[⑦] 因此，人们很可能会怀疑，利西阿斯打算为苏格拉底提出的辩护在证据方面是否优于柏拉图在《申辩》中做的，即使像第欧根尼·拉尔修所假设的那样，他更像是律师而不是哲学家。[⑧]

---

① 西塞罗《论演说家》i 54 重复利西阿斯向苏格拉底提供以他最好的风格撰写的演讲的故事；参见第欧根尼·拉尔修 ii 40。

② 利西阿斯 xxiv。在 δοκιμασία（审判）的其他案件中，利西阿斯像在普通法院审理的案件中一样自由自在地使用证人；参考《演说家 》xvi。

③ 参看《申辩》18d, 28a 和利西阿斯 xxiv 1，3 以及《申辩》33d 以下和利西阿斯 xxiv，第 18—20 页。

④ 利西阿斯 xxiv 20；参看《申辩》30e，36c。

⑤《申辩》31d，参考利西阿斯 xxiv 18；《申辩》36d，参考利西阿斯 xxiv 13。

⑥《申辩》27c，参考 25d；狄摩西尼 lvi 10。

⑦ 利西阿斯 xii 26；xxii 5。

⑧ 第欧根尼·拉尔修 ii 40：δηλαδὴ γὰρ ἦν τὸ πλέον δικανικὸς ἢ ἐμφιλόσοφος（译注：很显然它更加像法庭口吻而不是哲学语气）。

在这方面，可以注意到柏拉图对术语（technical language）的使用与律师的用法完全一致，以便易于理解。但是，通过使用“指控”（ἔγκλημα）、“誓言”（ἀντωμοσία）和“书面回应”来进行起诉，他给人的印象是：他在使用法律术语时并没有比苏格拉底这样的外行更有辨别力（discriminating）。因为“书面回应”（ἀντιγραφή）恰当地表示被告的书面答辩状，希佩里德斯（Hyperides）[①] 提供了演说家中唯一一个将其用于起诉或宣誓声明的例子。柏拉图的整体目标是尽可能避免技术性的细节，以便呈现苏格拉底提到的他所做的是“λεγόμενα τοῖς ἐπιτυχοῦσιν ὀνόμασιν”（见 17c，译文为：随意想到的字词所做的即兴谈话）。但是，尽管演讲具有所谓的“即兴”性质，但也并非完全缺乏陈规定型的（stereotyped）话题和申诉，尽管它们的介绍方式给人以自然的印象。这些是：他第一次出现在法庭上的声明，承诺“说出全部真相，且只说真相”，提到陪审员的誓言和要求安静的听证（a quite hearing）。[②] 所以，他用巧妙的方式寻求（见 20e 及以下）确立德尔斐神谕的接受者查勒丰（Chaerephon）的可信度——通过扩大他明显的民主意见，导致他在 30 人僭主统治期间被驱逐——这符合演讲者的惯常做法，即通过提请注意他对民主政制的坚定支持，来寻求对委托人的同情或对证人的信任。

初看起来，似乎对被告对城邦提供的服务的惯常提及是缺乏的，除非我们提醒陪审团（30e）对苏格拉底的定罪将是他们无法弥补的损失。但我们在这里看到的只是他放弃“外在形式”（resigning the form）而获得“实质内容”（gaining the substance）的另一个例子。因为没有什么比看似随意但非常微妙的对他提供的军事服务的引用更有效，尤其是在波提狄亚（Potidaea）和代立昂（Delium）所呈现的。[③]

柏拉图在整篇演讲中选择介绍他的证据事项，并以不引人注目的方式提出申诉。因为谨慎地遵守演讲者的专业性实践，完全不符合苏格拉底的在《申辩》中呈现的（176），因为他偏离了法庭上经常听到的演讲风格。

很多学者已经研究过如何协调苏格拉底第一次提出的 1 迈纳[④] 作为替代惩罚的建议与他最后提出的 30 迈纳作为一个合适的惩罚的提议。由于这是处理

---

①《为优克森尼帕斯辩护》（*In Defence of Euxenippus*）31；参看《阿提卡审判》第 831 页。

② 呼吁保持沉默异常频繁。这是因为苏格拉底在他的演讲中不断被打断，而柏拉图试图通过在整个演讲中散布这些呼吁来再现真实审判的这一特征。色诺芬《申辩》14，15；柏拉图《申辩》17d，20e，21a，26b，27b，30c。

③《申辩》28e；参考《会饮》219e，221a；《拉凯斯》181b。

④ 古希腊货币单位。

反处罚（counter penalties）[①] 现存的唯一言论，因此不可能找到撤回提议的处罚并替换另一个处罚的相似案例。然而，人们不得不感到，在雅典的实践中没有任何东西可以阻止这样的程序（proceeding）。[②]

（作者系芝加哥大学希腊语系教授，译者系中国政法大学人文学院哲学系讲师）

① 盖斯勒（Geisler）《文法学校之页》（*Blätter für das Gymnasial Schulwesen*）第 42 期，第 38 页及以下，引用了有关该主题的最新文献。他建议删除 38a 的后半部分。他的理由并非基于法律考虑。

② 邦纳教授在本文中引用的古希腊语都为译者自译。此外感谢宋博、孙铁根和李璐对本文中出现的德语（大多数为出版物的缩写）以及法律概念提供帮助。

从“分别地域”的方法看廖平与蒙文通的学术差异

吕明烜

在不同目的的影响下，同样的思路方法将呈现出千差万别的能力和作用。有时，学者会利用目的与方法间的这种有趣关系，来实现某种变革。旧方法犹如一根撬杠，在新思维新目的的作用下，能够平缓而有力地撬动旧有的学术体系，甚至于彻底改变其本来的面貌。灵活运用这种手段而达到完美变革的例子，在古今中外的学术史中数见不鲜。在一些关键性的转折之中，这种手段凭借其隐蔽和有力的特点往往发挥着关键作用。因此，这种手段应当成为我们学术史考察中重点关注的对象之一。

本着这样的想法，本文将讨论廖平与蒙文通之间一个学术方法的承袭问题。廖平和蒙文通都是蜀地学者，有着师生之谊的二人在中国近现代学术史中均占有重要地位。廖、蒙二人相差四十余岁，在不同时代环境的影响下，表现出了不同的治学特点。自冯友兰的哲学史出版以来，廖平就被赋予“经学殿军”的学术形象，人们认为，廖平恪守今文学家法，又在实际学术操作中不断变通，努力探求着斥大经学的各种可能性。而蒙文通生长在一个社会变革风起云涌的时代，受新学启发而又熏习于旧学传统的他，给人们留下学跨经史、创建独到的印象。值得一提的是，蒙文通遍访名师，而于廖平处得益尤深。其早年作品《孔氏古文说》《经学导言》曾经呈于廖平指点，得到廖平的充分肯定。[①] 这一段受学于廖平的经历，对于蒙文通来说意义重大，人们认为，从蒙文通的几部重要著作如《古史甄微》《经学抉原》中都能看到廖平影响的痕迹。由此，如何认识廖平与蒙文通在学术上的关系，是一个非常有意义并且非常有意思的话题。

在探究廖平与蒙文通的学术关系时，思路方法的承袭为我们提供了一个很好的切入点。因为作为廖平的学生，蒙文通的很多研究工作，正是以老师

---

① 1915 年蒙文通作《孔氏古文说》，廖平甚为赞赏，以刻于《国学荟编》。1922 年蒙文通作《经学导言》，廖平特书数纸称赞：“文通文如桶底脱落，佩服佩服，将来必成大家。”

提出的思路方法为基础而展开的。"古史多元论"是成熟于蒙文通《古史甄微》的一个观点，提出中国古史是多系的，而中国的古代学术也存在着多元的叙述。然而，要想深入地认识这个观点，就必须对《孔氏古文说》（1915年）—《经学导言》（1923年）[①]—《古史甄微》（1927年）的思想脉络和方法传承有所了解。就像王汎森指出的，这三部著作间有着非常明显的传承发展关系，《孔氏古文说》和《经学导言》"以地域把古代儒家学术分成几个群组"，而《古史甄微》正是在这个基础上"把古代学术地域化的论旨转化成一种新的论述，即史学上的古史多元论述。"[②]可以看出，蒙文通的这些著作尽管横跨经学与史学，但他们被一个同样的方法所贯穿，即"通过分别地域，来分别学术组群"。

蒙文通的这个方法，是承袭自廖平的。王汎森认为，"'古史多元论'这一震撼当时人心的新说，是蒙氏用历史思维处理廖平这位经学家所提出问题的结果。"王汎森精当地指出二者的思维特点具有共同性并且研究的问题具有延续性。[③]廖平的"一变"之学对蒙文通影响最大，"分别地域"的方法实际上就出自廖平"一变"的思想。这里我们需要对廖平的"一变"的面貌结构做一个简单的考察。

廖平"一变"的代表著作是《今古学考》，在这本书中，他针对经学史上今古二学的纷争发表了卓有见识的看法。这本著作突出了两个重点：第一，廖平指出今学与古学的根本区别在于礼制的差异。第二，廖平就今、古二学的发展进行了一番溯源梳理。廖平的这番梳理颇具启发意义，他从汉代入手，将今古学错综复杂的纷争梳理成几条脉络分明的线索，最终将问题还原为孔子早年之学和晚年之学的差异。廖平认为，孔子早年"从周"，尽主周制，而晚年"改制"，兼采四代并有所发明。[④]"改制"是"今学"的源头，"从周"则为"古学"的滥觞。[⑤]

为了说明经学从孔子到汉代的发展轨迹，廖平使用了一系列复杂而翔实的论证方法。廖平指出，孔子收徒众多，一部分弟子早归而一部分弟子后至，

---

①《经学导言》一书用白话文书写于1923年，后于1928年经增补更名为《经学抉原处违论》即《经学抉原》，用文言文。

② 参见王汎森：《从经学向史学的过渡——廖平与蒙文通的例子》，《历史研究》2005年第2期。

③ 参见王汎森：《从经学向史学的过渡——廖平与蒙文通的例子》，《历史研究》2005年第2期。

④"孔子初年问礼，有'从周'之言，是尊王命、畏大人之意也。至于晚年，哀道不行，不得假手自行其意，以挽弊补偏；于是以心所欲为者，书之《王制》，寓之《春秋》，当时名流莫不同此议论，所谓因革继周之事也。"见《今古学考》，刘梦溪主编：《中国现代学术经典·廖平蒙文通卷》，河北教育出版社1996年版，第40页。（以下仅标注页码，略去出版项）

⑤ 廖平认为，孔子从周的思想为早归弟子继承，并在历史演化中得到很多其他学者的肯定，由此而逐渐丰富成为后来内容杂糅的古学。今文说则较古学为单纯，《王制》为孔子亲著，晚归弟子亦恪守家法，所以直至西汉，还能基本保留孔子晚年的原意。

导致了弟子受业的内容不同。后至的弟子掌握了孔子“改制”的要义并传习经文[①]，而先去的弟子则只习得孔子早年的“从周”之说。由此，便产生了两个观点相左的学派。[②]这个状况在发展中又因为地域差异而变得更加混乱，各地由于风气和距圣人远近不同，[③]使孔学在六国时期划分为鲁、齐、燕赵三派。[④]大致来讲，鲁、齐主张今学，燕赵主张古学。“隐君子”服膺“从周”之说而加入“古学”的队伍，便使问题更为复杂。[⑤]进入汉代，今学立于学官（齐学先立，鲁学后立），古学行于民间，[⑥]到了哀平之间，则有刘歆求立古学。至此今古学的论争才被多数学者所知晓。

我们可以把廖平的这套脉络简化为一个图表：

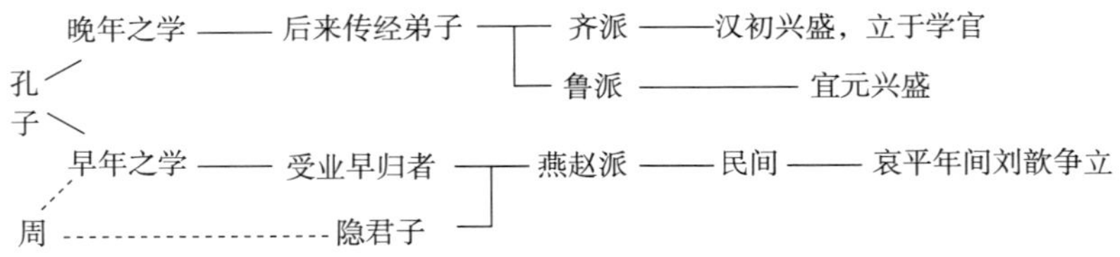

① “后来传经弟子因为孔子首订之文，专学此派，同祖《王制》。”见《今古学考》，第 40 页。

② “孔子传今学派时，受业早归者未闻，故弟子有专用古学者。”见《今古学考》，第 43 页。

③ “鲁齐古三学分途，以乡土而异。邹与鲁近，孟子云：‘去圣人居，若此其近’，盖以鲁学自负也。荀子赵人，而游学于齐，为齐学。《韩诗》燕人，传今学而兼用古义，大约游学于齐所传也。《儒林传》谓其说颇异，而其归同。盖同乡皆讲古学，一齐众楚，不能自坚，时有改易，此韩之所以变齐也。而齐之所以变鲁者，正亦如此。予谓学派由乡土风气而变者，盖谓此也。”见《今古学考》，第 40 页。“今天下分北南中三皿，予取以为今古学。由地而分之，喻古为北皿，鲁为南皿齐为中皿。北人刚强质朴，耐劳食苦，此古派也。南人宽柔敦厚，温文尔雅，此鲁派也。中皿间于二者之间，舟车并用，麦稻交储，习见习闻，渐染中立，此中皿派也。”见《今古学考》，第 50 页。

④ “鲁为今学正宗，燕赵为古学正宗，其支流分派虽小有不同，然大旨一也。鲁乃孔子乡国，弟子多孔子晚年说，学者以为定论，故笃信遵守。燕赵弟子，未修《春秋》以前，辞而先反，惟闻孔子从周之言；以后改制之说未经面领，因与前说相反，遂疑鲁弟子伪为此言依托孔子，故笃守前说，与鲁学相难。一时隐君子习闻周家故事，亦相与佐证，不信今学而攻驳之，乃有《周礼》、《左传》、《毛诗》之作。自为朋党，树立异帜，以求合于孔子初年之说，此古学派为远于孔子兼采时制，流为别派者也。齐人间于二学之间，为乡土闻见所囿，不能不杂采。乃心欲兼善，遂失所绳尺。不惟用今学所无，并今学有明文者，亦皆喜新好异，杂入古学，今不为今，古不为古，不能施行。”见《今古学考》，第 44 页。同时依廖平意《周礼》就是此时燕赵人的仿作：“《周礼》之书，疑是燕赵人在六国时因周礼不存，据己意，采简册模仿为之者。”见《今古学考》，第 56 页。

⑤ “又或别为不受业之隐君子所为，然大约出于受业者多。因欲与受业之今学分别，故全以古学为不受业，非弟子遽无古学也。”见《今古学考》，第 43 页。

⑥ “西汉今学立在学官，古学传之民间，当时学者称古学为‘古文’。盖博士说通行，惟古为异，故加别号别异，目为古也。”见《今古学考》，第 15 页。“初，齐人以经术贵显者，始于伏生，继以公孙弘，故齐学盛。鲁无显达，故以寖微。至于重鲁轻齐，则宣元以后风气改变之言，亦赖当时天子、丞相之力耳。”见《今古学考》，第 53 页。

从上表可以看出，廖平宣告今学和古学是两条并行的传统，在追溯的过程中，他不断地在各个时期为两条传统找到对应的形态，而最终将上溯的线索描绘成为一个不断聚拢的过程：汉代凌乱复杂的经典之争被追溯为相对明了的地域差别，而地域差别又被再次追溯到更为单纯的闻见差异，而闻见差异最终将问题终结于两派弟子的共同导师孔子身上。

由此，廖平“一变”的思维方法就非常明显了。廖平的探索想不断地溯源差异背后的统一，他用地域来消弭经典的纷争，再用弟子来还原地域的差异，而最终用孔子完成了统一的任务。可见，“一变”中的廖平，从各种角度运用不同的方法，不断地统一着差异，最终给今古学的问题提供了一个颇有说服力的答案。

如果对蒙文通的学术有所了解的话，通过以上的分析，我们就能够明显地看出蒙文通对于其师方法的继承所在。可以说，蒙文通从廖平“一变”的方法结构中主要截取了一段，即“分别地域”的方法。蒙氏通过自己的实践，发掘了这一方法背后的潜在力量。

在《今古学考》中，廖平曾对他“分别地域”的方法有过零散的阐发。就方法本身归纳而言，“分别地域”的关键在于两点，一是认为各个地域有其各自相对稳定的地域风气，[①] 二是认为地域风气能够对这片土地上的学说、思想造成影响。[②] 我们发现，蒙文通完整地继承了这个思路，他在《经学导言》与增改而成的《经学抉原》中，便对这种思路有过明确的表达。[③] 在其早年作品中，蒙文通甚至从大体上也依廖平的看法按齐、鲁与三晋的划分来区分孔学的地域差异和今文、古文之不同。[④]

然而进一步，蒙氏便对方法有了自我的发挥。与廖平以孔子为终点的溯源不同，蒙文通就造成“地域风气”的缘由继续发问，将溯源的目光投射向

---

①《今古学考》中，廖平曾就地域风气各自的特点有过描述：“北人刚强质朴，耐劳食苦……南人宽柔敦厚，温文尔雅……中皿间于二者之间，舟车并用，麦稻交储，习见习闻，渐染中立。”见《今古学考》，第 23 页。

② 即廖平所谓“学派由乡土风气而变者”。廖平认为：“鲁齐古三学分途，以乡土而异。邹与鲁近，孟子云：‘去圣人居，若此其近’，盖以鲁学自负也。荀子赵人，而游学于齐，为齐学。《韩诗》燕人，传今学而兼用古义，大约游学于齐所传也。《儒林传》谓其说颇异，而其归同。盖同乡皆讲古学，一齐众楚，不能自坚，时有改易，此韩之所以变齐也。而齐之所以变鲁者，正亦如此。予谓学派由乡土风气而变者，盖谓此也。”见《今古学考》，第 41 页。

③“（邹鲁，齐，燕赵）三方风习犹殊……东方儒墨之学，传之南北，亦遂分徒，莫不受地域之影响。”见《经学抉原》，刘梦溪主编：《中国现代学术经典·廖平蒙文通卷》，河北教育出版社 1996 年版，第 505 页。以下仅标注页码，略去其他信息。

④“孔子的学术，除一个嫡派鲁学之外，又有两个支派，一个便是齐学，一个便是晋学。”（《经学导言》《蒙文通文集》第 3 卷，巴蜀书社 1987 年版，第 30 页。）“孔子的学说，从邹鲁渐渐的流往别处，就有鲁、齐、晋三大分支。”（《经学导言》，第 40 页）

孔子之前。在《经学抉原》的一些地方，蒙氏将地域、文化、历史三者拧结在一起，考索经学之外塑造文化的“更大的传统”。蒙文通指出，“燕赵”孔学在孔学三派中与其他两派差别显著，是因为燕赵之学受到三晋学术风气的影响。三晋之学本以旧史为宗，信任古史传记，所以多以古史传记疑议六经，这和孔子的学术进路是背道而驰的。[①]进而，蒙文通提出，中国的学术可以分成三大派，在三晋、齐鲁之外，南方也有一系，以楚国为主。[②]三大派系的互相影响，构成了先秦的文化史。

可以看出，蒙文通操持着“分别地域”的方法让他的探求突破了孔子的范围，转而着眼于先秦的文化格局，这在某种程度上就已经跳出了经学的考察范围。这种思路实际上源于他在 1927 年创作的《古史甄微》以及同年草创的《天问本事》，[③]这两本著作是不折不扣的史学著作。[④]《古史甄微》为我们展现了“分别地域”的方法是怎样在蒙文通的手中发挥能量的。如果说在《经学抉原》中，由于经学的主题以及时间断限的束缚，地域、文化、历史的结合尚不能足以体现蒙文通的真正想法，那么《古史甄微》中，蒙文通将虚幻的“历史”替代为具体的“民族”，则将他的思考和方法展现得淋漓尽致。[⑤]具体来讲，蒙文通在《古史甄微》中把他的研究直通向古史，他勾勒出三个分别活动于海岱、河洛、江汉地区而风气各异的民族，又将整个古史描述为由这三个民族为主导的多元文化互相交融影响的过程。海岱、河洛、江汉三个民族，贯穿于整个历史，直通向后来的鲁学、晋学、楚学，在蒙文通看来，这个结构可以很好地解释历史中的文化纷争和政治演变。由此，蒙文通将他的三部著作梳理为一个满意的系统，他在《古史甄微》的序言中两次表达心

---

① 参考《经学抉原·晋学楚学第九》，第 500 页。

② 在《经学抉原》中，蒙文通由《孟》《荀》二书进入，提出孔子没后，儒学初亦只分为三，“子张居陈，为南方之儒。子夏居西河，为北方之儒。子游盖东方之儒。”究其原因，“是东方儒墨之学，传之南北，亦遂分途，莫不受地域之影响。”由此，蒙文通联系上了三大传统“三晋以史学为正宗，鲁人以经学为正宗，若楚人之学，则屈宋以来，以辞赋为正宗也。道家者流盛于南方，儒学自盛于邹鲁，而商君、申、韩之徒，并是北人，是法家者北方之学也。”认为这样的传统可以从根本上解决后来的问题。见《经学抉原》，第 504 页。

③ 实际上，正是由于《古史甄微》和《天问本事》的思路，使蒙文通决定将《经学导言》大加增改为《经学抉原》。蒙氏在《经学抉原》的序中谈道：“丁卯春初，山居多暇，乃作《古史甄微》。戊辰夏末，又草《天问本事》。则又知晚周之学有北方三晋之学焉，有南方吴楚之学焉，有东方齐鲁之学焉。乃损补旧稿以为十篇。（而成《经学抉原》）”。见《经学抉原》，第 458 页。

④ 蒙文通在《经学抉原》末尾谈及二书的创作，“蒙作《古史甄微》，究北人之史也，作《天问本事》，究南人之史也，迥与六经乖违。”见《经学抉原》，第 504 页。

⑤ 王汎森曾就蒙文通“种族—地理—文化”思想的形成做过考察，他认为“他（蒙文通）很早便想写《周秦民族与思想》这样一篇文章，至于认真研究周秦民族则始于 1927 年冬；在后来写成的《周秦少数民族研究》中，‘种族—地理—文化’三元一体的观念则已充分展现”。参见王汎森：《从经学向史学的过渡——廖平与蒙文通的例子》，《历史研究》2005 年第 2 期。

迹，认为《经学抉原》使鲁学得其正，《天问本事》可以窥楚学大凡，《古史甄微》则明言晋学旨趣，“三篇循环相通，而文通年来言学大意备于是也。”[①]

从以上的描述中我们可以看到，廖平“分别地域”的方法通过蒙文通的继承而得到了极大的发展。对比二者的运用方式，我们会发现，在廖平处，“分别地域”只是一系列推导中的一个环节，而在蒙文通处，“分别地域”被单独拿出加以丰满，成为支持他整个研究的核心思路。我们可以从方法的结构形态的角度进一步分析，“分别地域”作为廖平推导中环环相扣的一环，与其他环节共同把问题的答案推向孔子，这种不断消弭差异的导源工作具有向源头聚拢的形态，它将纷繁复杂的问题逐步归纳，最终用孔子在源头处统摄一切差异。它在追溯中就形成了一条贯穿时代的回溯目光，将人们的视线聚焦在孔子身上。由此，廖平给人们留下了这样的印象，今古学的问题来源于孔子，一切问题在孔子的源头处都能找到答案。对比而言，蒙文通则将“地域差异”本身作为一个解决所有问题的答案，蒙氏在研究中始终保留着差异，他越过孔子，将一种三足鼎立的结构直通向遥远的古史，由于没有一个原点来统摄三者的差异，鼎立的三条传统可以说始终是平行的。蒙文通认为，这种结构形态还原了古史的实际面貌，为很多古代问题提供了合理的解释。

如何认识这种差别是个相对复杂的问题。就像上文所说的，我认为方法使用的差异源于学术目的的差异。具体到这里，我认为不同的方法结构形态反映了两位学者的不同追求。人们往往对廖平的“一变”目以“客观的学术史梳理”，[②] 实际上，“一变”的叙述还是带有廖平很强的主观目的的。《今古学考》中明言“今祖孔子，古祖周公”，廖平后文对学术发展渊源的描述，让今古问题在孔子的范围中就得到了解决，是倾向今学的鲜明表现。我们同时知道，“尊孔”是廖平学术的一大特色，廖平自道：“平毕生学说专以尊孔尊经为主。”[③]《今古学考》的聚焦结构不断突出着孔子，实际上便是这种尊孔行为的彰显。进一步说，这种结构凸显了孔子的统摄作用，孔子在廖平笔下成为一种标准，能在源头处对后来的今古学走向问题进行判断。可以说，廖平的学术史梳理，始终蒙戴着他的尊孔追求，甚至从某种角度上来说，这种梳理

① 参见《古史甄微》，刘梦溪主编：《中国现代学术经典·廖平蒙文通卷》，河北教育出版社1996年版，第335、348页。

② 从章太炎在学术史的角度大加赞赏廖平之后，人们对于廖平“一变”的评价，多是“提出了今古之分的根本在于礼制的论点，解决了今古之分的重大问题”，很多学者更是认为在这个阶段上，廖平基本上是以一位经学史家的身份，而在从事所谓“客观”的经学史的问题的研究，并且认为，“一变”的思想，是廖平翔实公允、最富价值的研究成果。可以参考黄开国《廖平经学六变的发展逻辑》及黄开国、蔡方鹿《廖平学术思想研究》“一变”部分。

③《廖平选集·孔经哲学发微》，巴蜀书社1998年版，第303页。

的意义就是为突出他的尊孔目的。[①]

蒙文通从廖平的序列中单独拿出“分别地域”的方法，实际上就消除了那个向孔子聚焦的结构。蒙氏将方法从聚焦的结构中抽离出来，看似拓展了方法的能力、拓宽了它的适应范围，而实际上这种抽离取消了这个方法服务于整体的功用，从而改变了方法的性质。蒙氏将“分别地域”变为独立支撑历史的关键线索，并将它贯穿于整个历史序脉，和廖平的聚焦结构形成了巨大的差异。廖平的追溯以孔子为目标，而蒙文通的追溯实际上是没有目标的，也就是说，没有一个如孔子般的存在能在源头处对追溯进行总结和评价，这致使蒙文通的追溯最终只是一种描述，而不能内在地对构成追溯的三个传统进行判断。应该说，这是蒙文通有意为之的结果。蒙文通曾批评廖平治学“尊孔过甚”，“不知史学”，[②]反映了他在追求上与老师的差异。相比廖平寻求尊孔和“统一”，蒙文通的关注点始终放在“求信”上面。蒙文通力求拓展出古史的本来面貌，追寻各种问题形成的深层原因，他在书中不止一次提出，儒学之外“别有信史”，而只有通达了信史，对那个时代形成了全面的了解，才能对问题的来龙去脉有所把握。[③]

我们看出，由于二人学术的追求不同，所以“分别地域”在二人的研究中扮演了不同的角色。这就导致两人对这个方法的态度和认识必然是不同的。从 1887 年起，廖平进入其学术的“二变”，“二变”简化了“一变”的传经线索，加入了“刘歆作伪”的重要命题，而将尊孔的目标更加凸显出来。为了更好地支持其观点，“二变”对“一变”中的很多观点加以裁汰。“分别地域”的方法，就在裁汰之列。为了突出孔学的完整性，廖平主动放弃了自己鲁学、齐学、燕赵学的地域划分，而将其统称为“今学”，认为各家“貌异心同”“义无出入”。[④]廖平为了巩固其尊孔的目标，对于“分别地域”的方法不到三年就毫不犹豫地加以抛弃。对比而言，“分别地域”的方法则贯穿了蒙

---

① 近来，随着廖平研究不断得到重视，一些学者提出要重新认识“一变”在廖平思想中的意义，深入发掘“一变”与尊孔的关系，比如刘小枫认为“一变”突出了尊孔，是为“二变”的“素王说”奠定基础。参见刘小枫：《六译圣人赞》，《读书》2000 年第 11 期。当然，廖平的“六变”与尊孔的关系，以及尊孔的根本意义是一个很复杂的问题，尚有很大的空间等待探索。

② 蒙文通堂弟季甫这样转述其兄批评廖平的话：“尊孔过甚，且不知史学，不能用历史方法以史实核汉师礼制。”见蒙季甫：《文通先兄论经学》，蒙默编：《蒙文通学记》，生活·读书·新知三联书店 2006 年版，第 68 页。

③ 参见《古史甄微》第 337 页，《经学抉原》第 505 页。

④ 参见《古学考》，刘梦溪主编：《中国现代学术经典·廖平蒙文通卷》，河北教育出版社 1996 年版，第 82—83 页。

文通整个的研究中，[1]从1915年创作《孔氏古文》说，到1922年作《经学导言》、1927年成《古史甄微》创《天问本事》，再到1933年讲《周秦民族思想》以及《经学抉原》付梓。十余年中，“分别地域”的方法在蒙氏的研究当中不断得到丰满，一直是蒙氏研究的核心。由于学术追求不同，廖平弃若敝屣的方法，却被蒙文通一直奉若珍宝，对比来看，反差极大。

1915年，廖平在读完蒙文通的《孔氏古文说》后这样评论道：

“古言五帝疆域，四至各殊；祖孙父子之间，数十百年之内，日辟日蹙，不应悬殊若是。盖纬说帝各为代，各传十数世，各数百千年。五行之运，以子承母，土则生金，故少昊为黄帝之子。详考论之，可破旧说一系相承之谬，以见华夏立国开化之远，迥非东西各民族所能及。凡我国人，皆足以自荣而自勉也。”

据说，蒙文通的《古史甄微》，就是本着老师提出的命题向前探索的成果。然而我们知道，廖平并不涉及针对古史的研究，而在1915年的“五变”之时，廖平也早已放弃“一变”“分别地域”的旧说。这里廖平提出“破一系相承之谬以见华夏立国开化之远”当然不能等同于《古史甄微》的多元论。换一个角度来看这段话，我认为这段话恰好说明了廖平和蒙文通在问题意识上的差异。可以看出，对于研究古史的意义，廖平是站在激励国人、团结华夏的角度进行阐发的，换句话说，是站在当下问题的立场上进行阐发的。我们知道，廖平的学术，很大程度上是针对现实问题，针对西方给中国带来的冲击而发。[2]他给蒙文通的这个评论就很能反映他的这种认识，我们看到，廖平希望古史的追溯能够增进国民的自信。虽然蒙文通按照廖平的指点完成了古史的追溯工作，但蒙文通并没有将廖平的这种现实意识贯穿进他的研究之中，实际上蒙文通的考索只是本着不断求实求信的态度，梳理着历史的序脉。所以可以说，对于廖平留下的习题，蒙文通只完成了一半。

当然，无论廖平提出的命题，还是蒙文通的一半回答，其背后都勾勒出更为深远的问题。晚清民国，经史之争成为一个非常热门的话题。西学的涌入、新方法的兴起，对于传统经学造成了很大的挑战，面对经学的衰落，廖蒙二人走上了不同的道路。深受古典熏陶的廖平希望能在经典的范围内挽救危机。作为老派学者，廖平在经学内部寻求发展，期望经过改造的经学能够继续担当重任。而青年人蒙文通则提出严分经史，在保留经学的存在之外，

---

① 到三四变以后，“分别地域”的方法则完全不见踪影。值得一说的是，蒙文通受学于廖平时，廖平的学术已经发展到四变五变之际，而蒙文通治学却对廖平一变的这个方法体认独多，发挥甚大，而对廖平后来的学术持敬而远之的态度（可以参考蒙文通《议蜀学》）。

② 对于廖平学术动机的研究，可以参考黄开国：《驳廖平经学思想的贿逼说》，《四川师范大学学报（社会科学版）》1987年第5期。以及李长春：《廖平思想的坐标》，《中国图书评论》2011年第5期。

将关注点集中于史学上，蒙文通说："自儒者以经为史，而遂古之事，真伪莫察。"① 他在史学的框架内，要求跳出经学的思维，来对客观真实进行探寻。应该说，在那个时代，以史驳经形成了一股颇具力量的潮流，蒙文通的态度虽然没有落入古史辨派"将今学古学一起撕破"的狂热，② 但在大潮流中不免带上了时代的痕迹。这种时代的痕迹自然包含了时代的问题，笃信求真的历史思维让蒙文通在经与史之间树立起森严的壁垒。由于在历史的求实探索中失去了经学的价值导向，③ 蒙文通的古史追溯工作最终忽略了价值判断标准，也忽略了对现实的关怀。④ 可以说，廖平和蒙文通在"分别地域"上的不同态度正是不同道路选择的细化反映。

通过考索"分别地域"这一方法在廖平和蒙文通处的不同使用，我们看到了持同样方法的两位学者不同的研究思路，和不同的学术追求。这一探索促使我们思考学术目的与研究方法间的关系，并指引我们进一步思考学术研究与研究意义间的关系。

（作者系中国政法大学人文学院哲学系副教授）

①《天问本事》，《蒙文通文集》第 3 卷，巴蜀书社 1987 年版，第 346 页。

② 钱玄同曾启发顾颉刚："我们今天，该用古文家的话来批评今文家，又该用今文家的话来批评古文家，把他们的假面目一齐撕破，方好显露出他们的真相。"（顾颉刚：《秦汉的方士与儒生·自序》，上海世纪出版社 2006 年版）实际上，蒙文通由于探究三皇五帝说之形成演变，被古史辨派颇引为同道，后因蒙氏反对古史辨派质疑古书，摒弃故说，才得以辨明差异。（参见蒙默：《蒙文通先生小传》《中国现代学术经典·廖平蒙文通卷》）。

③ 尽管蒙文通也进行经学研究，但通过上文的描述，我们看到，蒙文通对于经学问题的探索往往要借助史学的思维，将经学问题放在一个史学的背景下进行思考，因此，我们可以认定，蒙文通的思维特征是史学化的。

④ 尽管蒙文通不断强调"制""事"既明应进而求"义"，并且也提出"东方文化中之东方文化，斯于学为最美"（参见《古史甄微》，第 348 页），但我们发现蒙文通并没有系统的著述将这种判断落在有意义的实处，提出令人信服的观点。

黄宗羲宪制思想的近代解读*

李　驰

一、解读文献概况

在近代，黄宗羲等明末清初启蒙思想家的宪制思想成为各种政治势力、理论派别所争相诠释的对象，围绕于此产生了大量研究文献。

明末清初儒家“异端”思想家往往被研究者称为“中国的启蒙思想家”。[①]在政治上，他们都明确反对君主专制，具有民主、民权和近代平等思想。在经济上，他们明确反对重农抑商政策，主张平均地权、工商皆本。在学术上，他们批判空谈，主张经世致用。[②]这里所称宪制思想是对国家生活事实、政治关系的经验性、历史性论述，主要涉及构成一国政治、经济、军事、宗教、文化甚至种族等诸多议题。[③]明末清初思想家之宪制思想便是围绕以上议题展开的经典论述。他们的宪制思想不但在当时广为流传，在近代亦得到了热烈呼应。政学人士纷纷从各自立场出发加以阐释，形成了各种立场鲜明的政治议论和学术观点。这些作品散见于民间报刊、学术著作、私人日记、公文奏折中等诸多文本中。仅就报刊而言，相关文献刊载于《国学月刊》《国学丛刊（北京 1941 年）》《大公报》《孤愤》《弘毅（北京）》《申报》《浙赣周刊》《学丛》《法政学报（北京 1918 年）》《真知学报》《东方杂志》《读书通讯》《京沪沪杭甬铁路日刊》《北京大学研究所国学门月刊》《学生》等刊物。其中，不乏名刊大报，大家手笔。

在明末清初思想家群体中，黄宗羲的宪制思想最为人所津津乐道。有鉴于此，本文以其思想为主线展开梳理相关文献。近代以来，借黄宗羲的宪制思想以论证作者本人政治立场和学术思想的文献层出不穷。本文以作者的政

* 本文系国家社科基金重大项目“中国宪法学文献整理与研究”（项目批准号：17ZDA125）的阶段性成果，得到“中国政法大学青年创新团队项目”资助。作者系中国政法大学人文学院讲师。

① 参见侯外庐：《中国思想通史》第 5 卷，人民出版社 1956 年版，第 3—36 页。

② 参见马小红：《中国法思想史新编》，南京大学出版社 2015 年版，第 301 页。

③ 参见苏力：《何为宪制问题？》，《华东政法大学学报》2013 年第 5 期，第 91—92 页。

治立场和学术取向为标准，将相关文献分为传统人士的研究文献与进步人士的研究文献两大类。

其一，传统人士的研究文献。传统人士主要以晚清官僚、学者为主，其主张在既有秩序不变的前提下，调和黄宗羲宪制思想与传统法政理论之间的紧张关系。对此，他们主要持两种态度，即“吸纳宪制思想以稳定既有秩序”和“批判宪制思想以回应革命挑战”。前者以赵启霖、张之洞、胡玉缙、郭曾炘等直接参与“三大家”从祀事件的晚清官僚、文人为代表。后者则以刘汝骥、李滋然、刘绍宽、叶德辉、宋育仁等坚守传统“君臣之伦”观念的官僚、文人为典型。当然，后者也并非全然都是反对新思想的顽固派，刘汝骥、李滋然、宋育仁等人也曾积极参与维新运动、制度改革，只是出于维护“君臣大义”传统法政伦理“底线”，而无法与革命党人达成共识。

其二，进步人士的研究文献。进步人士主要以维新派、革命派、现代知识精英为典型，以梁启超、谭嗣同、章太炎、孙中山、侯外庐为代表。他们借明末清初思想家的宪制思想积极倡导政治改良、民族革命，强调打破传统法政秩序。面对明末清初的宪制思想，该派别主要有四种态度，即借宪制思想以推动民主改革、借宪制思想激发民族革命、借宪制思想论证法治合理性和吸纳宪制思想以重塑历史叙事。

围绕着以上观点，他们撰写了大量有关黄宗羲宪制思想的时事评论、学术论著，其思想成果至今仍有巨大影响。

二、传统人士的解读

在以晚清政治家、学者为代表的传统人士眼中，黄宗羲等儒家异端思想家之思想对既有法政秩序造成了极大挑战。有鉴于此，以张之洞为代表的开明官僚通过分析黄宗羲思想中的传统儒家因素，以达到平衡传统与进步的法政效果。但随着时代剧烈变革，一些保守人士无法接受进步势力通过解读黄宗羲思想否定君主政治的观点，对其进行了激烈批判。

（一）吸纳其思想以稳定既有秩序

在近代，求新求变成为时代主题。进步官僚、学者开始主动回应社会变革，并积极探寻如何在既有秩序不变的前提下，有效地衔接新旧理论。最能反映以上态度的材料是在“三大家”从祀事件中有关黄宗羲宪制思想的讨论。光绪中叶，将黄宗羲、顾炎武和王夫之并称为“三大家”的观点开始逐渐在社会上流行。这主要得益于清末围绕黄宗羲、顾炎武和王夫之从祀展开的热烈讨论。经过旷日持久的政治博弈，三人形象紧密联系在一起，并逐渐被世人并称为“三大家”。[①]

在清末政局中，“三大家”形象被塑造为新兴政治理念的代表人物，从祀事件与清末政治改革紧密联系在一起。当局希望借表彰三人来宣示立宪诚意，以推动政治改革。所以，赞成“三大家”从祀与否就成为新旧势力关于彼时政治走向态度的角力场。围绕着该事件产生了多种诠释“三大家”思想与宪制改革关系的文献。[②]其中，开明官僚群体的言论最为典型。1907 年，赵启霖《请三大家从祀折》一文第一次主张将三人一同从祀孔庙。在此折中，他明确指出黄宗羲、王夫之、顾炎武学问、人品俱佳，理应从祀。[③]自此，开明士大夫们希望借助“三大家”形象，推动宪制改革，稳定既有秩序。例如，在从祀建议受阻后，张之洞在理论上为黄宗羲从祀寻找到了有力支撑。他指出，黄宗羲宪制思想实际上是对孟子学说的继承和发扬，将之视为儒学自然的延伸和拓展，从而成功地化解了其思想与宪制改革之间的紧张关系。[④]除此之外，胡玉缙、郭曾炘等人也都借此契机阐释了“三大家”思想与宪制改革的内在联系。例如，胡玉缙将顾炎武当作“合乎立宪精意”的“立宪派”。[⑤]又如，郭曾炘着重分析了“三大家”思想与立宪之间的关系，并力求在二者之间达到平衡。[⑥]

开明士大夫群体借黄宗羲等人之宪制思想，试图在传统思想与制度变革之间寻求平衡，以回应时代挑战，实现新旧制度之间的平稳过渡。

（二）批判其思想以回应革命挑战

在从祀事件后，如何诠释黄宗羲宪制思想已成为保守与进步势力交锋的重要场域。随着时代变迁，部分传统官僚、文人不能接受革命观念，而一味固守君臣伦理，转向批判黄宗羲宪制思想。他们认为，彼时黄宗羲宪制思想已被革命党利用，导致法政秩序动荡不安。其中，尤以他们针对《明夷待访录》展开的批判最为典型。

从原理上看，《明夷待访录》违背君臣大义。《明夷待访录》撼动了传统法政秩序的根基，破坏了“君为臣纲”的基本原则，是引发革命党动乱的直接原因。最具代表性的文献是刘汝骥《御史刘汝骥奏请张君权折》和李滋然《〈明夷待访录〉纠谬》。刘汝骥认为，黄宗羲“天下为主，君为客”的思想是

---

① 参见何冠彪：《明清人物与著述》，香港教育图书公司 1996 年版，第 64 页。

② 参见段志强：《孔庙与宪政》，《近代史研究》2011 年第 4 期，第 121—133 页。

③ 参见《请三大家从祀折》，《赵启霖集》湖南人民出版社 2012 年版，第 3—5 页。

④ 参见段志强：《孔庙与宪政》，《近代史研究》2011 年第 4 期，第 127—128 页。

⑤ 参见胡玉缙：《拟准御史赵启霖奏请王夫之、黄宗羲、顾炎武从祀孔庙议》，胡玉缙：《许庼遗集》，复旦大学藏版，第 113 页。转引自段志强：《孔庙与宪政》，《近代史研究》2011 年第 4 期，第 131 页。

⑥ 参见沈云龙：《近代中国史料丛刊》第 299 册，文海出版社 1989 年版，第 1271—1274 页。

造成戊戌党人之祸的直接原因。他说道："黄宗羲创天下为主，君为客之说，此立宪之嫡乳也，不轨之士心醉神眩，又从而叫嚣之，遂酿成戊戌党人之祸。盖是非之明也久矣，而追维祸始上实士大夫之议论嚣张，有以启之，前车不远来轸方遒，此可引为股鑒者也故日宿害而无利中。"[①]

李滋然认为，《明夷待访录》悖乱"君为臣纲"原则，已成为革命党人的理论资源。他说道："皆为今日之革命独立、监督政府诸悖说所藉口。"[②]

刘绍宽、李慈铭、叶德辉等人也多持此种观点。刘绍宽、李慈铭认为，黄宗羲"学校"篇是将政治之权交于学校，徒乱法制，于国无益。刘绍宽说道：

"阅《越缦日记》，言梨洲《明夷待访录》论学校，欲以政治之权归师儒，是非之议归诸生，是徒乱法制，而无益于国。其言甚是。近年蔡孑民等鼓煽学堂诸生以挠国政，至今流毒未已，皆崇信《明夷待访录》启之也。"[③]

叶德辉《正界》也反对维新派以黄宗羲等人理论为依据进行改革，并专门驳斥了黄宗羲"原君""建都"思想。叶德辉思想保守，戊戌变法时期，与王先谦等反对变法改良，攻击新学。[④]为了驳斥康有为、梁启超等人的维新思想，叶德辉等人专门组织编撰了《翼教丛刊》一书。正是在此书《正界》一文中，他指出黄宗羲等明朝遗老，生平坎坷，言辞过激，思想不宜付诸实践。他说道："若夫船山、梨洲，前明遗老，孤怀隐志，不得明言，所遭之世既多不平，所持之论亦不无过激，此不可同日而语也。"[⑤]

在《〈辅轩今语〉评》中，他又指出，黄宗羲思想对后世影响产生了极其负面的影响，应为近代以来诸多政治乱象负责。"原君"诋毁君权过于严重，"建都"则启发了太平天国建都南京，贻害无穷。他说道："若夫黄梨洲《明夷待访录》一书，其《原君》篇隐诋君权太重，实开今日邪说之先声；《建都》篇谓金陵为王者都，遂导洪秀全之逆志。儒者立言不慎，则害随之矣。"[⑥]

从内容来看，《明夷待访录》论证无法成立。李滋然、朱一新、宋育仁等人都对黄宗羲《明夷待访录》论证内容做了批判。其中，最为典型的是朱一新《无邪堂答问》。《无邪堂答问》是朱一新晚年主讲广雅书院时与诸生问答之笔录。全书 5 卷，共计 140 余条，并以诸生问答顺序编次，或答复学生所

① 故宫博物院明清档案史料：《清末筹备立宪档案史料》第 1 册，中华书局出版社 1979 年版，第 108 页。

② 参见李滋然：《〈明夷待访录〉纠谬》，孙卫华：《〈明夷待访录〉校释》，岳麓书院 2011 年版，第 117 页。

③《刘绍宽日记》，中华书局 2018 年版，第 2090—2091 页。

④ 参见苏州通史编委会：《苏州通史》，苏州大学出版社 2019 年版，第 10 页。

⑤ 叶德辉：《正界》，苏舆编：《翼教丛编》，上海书店出版社 2002 年版，第 90 页。

⑥ 叶德辉：《辅轩今语评》，苏舆编：《翼教丛编》，上海书店出版社 2002 年版，第 75 页。

问，或批阅学生试卷，内容广泛。[1]其中，朱一新师生多次批判黄宗羲《明儒学案》《明夷待访录》。他指出，《明夷待访录》中诸多论述与史事不符。例如，政治兴衰并不能以丞相存废与否为主要标准。明代中叶之后，实际上承担丞相职责的大臣并不在少数，但“贤臣良相”们并没能挽救明朝大厦将倾的形势。是否有丞相这一职位的设置并不重要，关键在于是否能解决国家真正面临的问题。他说道：“明代虽废丞相，而中叶以后，丞相之实仍未废也。谢迁、刘健之徒，固进退以礼矣；焦芳、严嵩、魏广微辈，倒行逆施，独非大学士乎？崇祯五十宰相，完名者有几？庄烈倚温乌程为腹心，待周宜兴以殊礼，此梨洲所目击者，尚得谓其权之不重耶？国家不可无忠诚，要不可有权臣。权臣者，重臣之所积渐而致也。此中驾驭，全在主德清明，徒法制求之，抑制末矣。……总之，治天下当务实政，不在此等虚文。因时制宜，亦无成迹可泥。”[2]

宋育仁《宋评〈明夷待访录〉》也用批语、评语的形式批判了《明夷待访录》。例如，黄宗羲所称“治法”是指“原法”篇提及的井田、封建、学校、卒乘之大法，而彼时革命党却竟然以此为“放任”与“法洋”的依据，实在荒谬。[3]

值得注意的是，虽然他们对明末清初思想家持批判态度，但也并非在思想上顽固不化。刘汝骥、李滋然、宋育仁等人也都同情或支持过维新运动或宪制改革。这种现象更反映出近代以来政、学两界人士在处理明末清初宪制思想时的复杂态度。

三、进步人士的解读

近代政治上的维新派、革命党，学术上政治学家、历史学家都积极诠释黄宗羲宪制思想，使之成为服务于其政治与学术目的之思想史素材。也正是在此背景下，黄宗羲宪制思想与民主、法治等现代因素发生了联系。

（一）借助其思想以推动民主改革

持该立场者主要以早期维新派为主，其主要诉求是削弱君权、强化民权，推行君主立宪政治。这些思想与黄宗羲不谋而合。他们的主要观点有二：一是宣扬民主。他们主张应削弱君权，强化民权。一方面，积极诠释其宪制思想中的民本因素。另一方面，主动将其与西方启蒙思想家的民主思想家类比，

① 参见《朱一新全集》上册，上海人民出版社2018年版，“出版前言”第1—3页。

②《无邪堂答问》卷一，《朱一新全集》上册，上海人民出版社2018年，第23—24页。

③ 参见宋育仁：《宋评〈明夷待访录〉》，《中国近代思想家文库·宋育仁卷》，中国人民大学出版社2015年版，第409页。

并以此证明中国古代亦存在民主思想。二是鼓动改革。维新党人的最终目的是在原有政治秩序不变的前提下，积极推动“自上而下”的宪制改革。宋恕、梁启超、谭嗣同、康有为都是典型代表。

宋恕十分赞赏黄宗羲思想，积极刊刻《明夷待访录》，并利用报馆、学会、书院积极宣扬此书，在晚清维新运动中推广黄宗羲宪制思想不遗余力。[①] 他自称深受黄梨洲和颜习斋思想影响，并指出清代学术以黄宗羲《明夷待访录》为最佳，颜习斋《四存篇》次之。[②] 中国政治昌明应当以“黄氏之说为体，以颜氏之说为用”[③]。

梁启超、谭嗣同也对扩大黄宗羲思想影响发挥了重要作用。一提起黄宗羲《明夷待访录》在近代的传播，人们一般都会引用梁启超在《清代学术概论》中的经典论述。梁氏称：“而后梁启超、谭嗣同辈倡民权共和国之说，则将其书节钞印数万本，秘密散布，于晚清思想之骤变，极有力焉。”[④]

“又窃印《明夷待访录》《扬州十日》等书，加以案语，秘密分布，传播革命思想，信奉者日众，于是湖南新、旧派大哄。”[⑤]

虽然该说法受到了质疑，但此材料仍是佐证黄宗羲《明夷待访录》在清末拥有巨大影响力的重要证据。质疑者如朱维铮认为，维新党人的论著中较少提及黄宗羲或《明夷待访录》，并不能证明他们曾积极传播黄宗羲等人思想。[⑥] 但孙卫华等人对此持不同态度。其一，湖南时务学堂的积极推广，扩大了此书的影响力。1898 年 7 月 4 日至 8 月 23 日期间，《湘报》刊登了新刻时务书 15 种的广告，其中就包括黄宗羲《明夷待访录》。之所以如此推荐这些书，是因为此 15 种推荐书目是时务学堂选拔人才的参考材料。由此足见，湖南时务学堂、维新党人与黄宗羲《明夷待访录》之间的紧密关系。其二，彼时反对人士遏制《明夷待访录》等书实际上间接宣扬了此书。叶德辉等人参与编写的《翼教丛编》批判了康有为等维新党人的思想。这实际上间接对《明夷待访录》进行了宣传，扩大了其影响。[⑦] 总的来说，梁启超等人对于宣扬黄宗羲宪制思想起到了关键作用。

康有为也是黄宗羲宪制思想的坚定支持者。例如，康有为与朱一新论辩

---

① 参见孙卫华：《宋恕与明夷待访录》，《中南大学学报（社会科学版）》2015 年第 5 期，第 227—232 页。

② 参见《致钱念劬》，《宋恕集》（上），中华书局 1993 年版，第 536 页。

③《六字课斋卑议（印本）· 自叙印行缘起》，《宋恕集》（上），中华书局 1993 年版，第 117 页。

④ 黄宗羲：《明夷待访录》，中华书局 2011 年版，第 237 页。

⑤《清代学术概论》，《梁启超全集》第 10 册，中国人民大学出版社 2018 年版，第 278 页。

⑥ 参见朱维铮：《在晚清思想界的黄宗羲》，《天津市工会管理干部学院学报》2001 年第 9 期，第 57—60 页。

⑦ 参见孙卫华、袁用武：《明夷待访录对晚清湖南风气的影响》，《船山学刊》2018 年第 4 期，第 35—40 页。

《新学伪经考》的通信正是在理解、诠释《明夷待访录》基础上展开的。只是碍于朱一新，康有为才没有在文中公开提及黄宗羲与《明夷待访录》。在宋恕极力推广后，他才在《万木草堂讲义》中直接称赞黄宗羲其人其书，并将之视为清代学术第一人。[①]

综上，宋恕、梁启超、谭嗣同、康有为等早期维新派对宣扬、传播黄宗羲宪制思想起到了至关重要的作用。

（二）借助其思想以激发民族革命

该立场多见于革命党人。他们借助于黄宗羲宪制思想，宣扬民族革命，抨击清政府。革命领袖孙中山对黄宗羲宪制思想十分重视。主要表现有二：一是积极印发，甚至随身携带《原君原臣》，二是将之赠与日本友人南方熊楠。革命党所印发的这本小册子现在仍保存于日本南方熊楠纪念馆。[②]

亦有其他材料可以侧面证明黄宗羲宪制思想对孙中山思想的影响。1911年《中国同门会本部宣言》（以下简称《宣言》）中直言其宗旨是进行民族主义革命，并完成包括黄宗羲在内的明末遗老之政治遗愿。《宣言》称："维我黄祖，桓桓武烈，戡定乱祸，实肇中邦，以遗孙子。……故老遗民如史可法、黄道周、倪元潞、顾炎武、黄宗羲、王夫之诸人，严春秋夷夏之防，抱冠带沉沦之隐，孤君一旅，修戈矛于同仇，下笔千言，传楮墨于来世。"[③]

此外，李书城《辛亥前后黄克强先生的革命活动》也可以侧面证明，以孙中山为代表的革命党人曾借黄宗羲等人的思想宣扬民族革命。该文记述道，孙中山在日本旅居时，曾向留日学生教授"排满革命"的道理，并向其推广《嘉定屠城记》《扬州十日记》以及黄梨洲、顾亭林、王夫之等明末清初遗老的大作，以激发其民族情感。[④]《国粹报》主编黄节对此现象也有敏锐观察。其称，清末的民族革命论远承黄宗羲、顾炎武和王夫之。光绪中叶之后，满族政权日益昏聩，孙中山、章太炎倡导排满，此后刘申叔、黄晦闻也都持此论。[⑤]

可见，黄宗羲宪制思想成为20世纪初期革命党人加以借鉴、利用的重要理论资源。胡朴安在总结彼时政学状况时说道，黄宗羲等明末清初思想家宪制思想是革命党人借以排斥满清政权，发扬汉族之光，塑造良好政治和法律

---

① 参见杨际开：《〈待访录〉在清末的传播源、影响及其现代意义》，《上海师范大学学报（哲学社会科学版）》2011年第60卷第6期，第23—34页。

② 参见岛田虔次：《黄宗羲·横井小楠·孙文》，方真译，《中共宁波市委党校学报》2008年第11期，第111—112页。

③《中国同盟会本部宣言》，（明）王夫之：《船山全书》第16册，岳麓书社2011年版，第858页。

④ 李书城：《辛亥前后黄克强先生的革命活动》，（明）王夫之：《船山全书》第16册，岳麓书社2011年版，第868—869页。

⑤ 参见钱仲联：《清诗纪事》，凤凰出版社2004年版，第3739页。

秩序的重要依据。他称:“推开亭林、船山、梨洲诸先生之学说,以扬汉族之光,以革满清之命。革命之军,即以种族学为旗帜。种族学者,其纯一之目的,以排除满洲为事;无论如何良好之政治,良好之法律,苟不出自汉族之经营,皆无政治法律之可言;对于满洲,毫无商量之余地。”①

但这并不意味着革命党在初期仅仅借黄宗羲思想宣扬民族因素,而不重视民主因素。例如,陈天华在其创作于 1904 年冬至 1905 年 11 月的小说《狮子吼》中,热烈赞扬了黄宗羲《明夷待访录》之于革命的意义。他借书中人物之口说道,《原君》《原臣》两篇虽不如卢梭《民约论》完备,但暗含民约之理。他反倒认为黄宗羲只是强调了民权思想,而没能突出民族思想。②

辛亥革命之后,学界运用该范式研究黄宗羲宪制思想的成果仍不断涌现,并能将之与三民主义宪制思想相联系。其中,较有代表性的论述有:1925 年,雷雨琴《黄宗羲的政治思想》论述黄宗羲反抗君主专制,主张民主政治的立场。黄宗羲宪制思想具有革命性,是中国民主政治第一人。辛亥革命的动机受黄宗羲少许暗示。③1938 年,章衣萍编选、上海儿童书局出版的《黄梨洲》将黄宗羲视为“大革命家”。这从侧面说明彼时黄宗羲“革命家”身份在社会上已深入人心。1941 年,庄观澄发表的《民权主义与黄梨洲的“原君”思想》一文从三民主义角度来解析黄宗羲民本思想。④1945 年,钱穆发表的《人治与法治》借黄宗羲“原法”篇论证中国传统社会的重法治传统。此外,他也将之与彼时推行之五权宪法相联系,并指出孙中山之所做如此宪制设计,正在于考虑我国实情。⑤

总之,黄宗羲宪制思想成为近代革命党人的一面理论旗帜。他们借此宣扬民主、民族思想,将之运用在理论诠释的过程中。

（三）借助其思想论证法治的合理性

随着法学专业人士的出现与成熟,从现代法学角度诠释黄宗羲宪制思想的成果开始涌现。相关研究主要有两种范式,一是直接评论黄宗羲思想中的法治因素,二是借助其思想以论证彼时推行法治的合理性。

其一,直接评论和分析黄宗羲宪制思想中的法治因素。例如,1926 年,吴其昌撰写《黄梨洲政治学述》一文。其文认为,黄宗羲政治思想的重要特

---

① 胡朴安:《二十年学术与政治之关系》,《东方杂志》1924 年第 21 卷第 1 期,第 11—14 页。

② 参见《陈天华集》,湖南人民出版社 2011 年版,第 119 页。

③ 参见雷雨琴:《黄宗羲的政治思想》,《法政学报（北京 1918 年）》1925 年第 4 卷第 3 期,第 35—42 页。

④ 参见庄观澄:《民权主义与黄梨洲的原君思想》,《浙赣周刊》1941 年第 2 卷第 11 期,第 9—12 页。

⑤ 参见钱穆:《人治与法治》,《东方杂志》1945 年第 41 卷第 17 期,第 7—11 页。

点是将法律视为一切政治行为标准，足以解决一切之纠纷。[①]黄宗羲宪制思想以澄清君、民、臣三者关系为着眼点，其法治思想亦围绕此展开。其宪制设想是在厘清三者关系的基础上，以法为治，以达到约束君权的效果。“然以此亦可见梨洲之重视‘法治’．其言外之意，以谓：‘果能为天下想，以法律之本身为根据，则其所产生之法，固可以一切之标准，固足以解决一切之纠纷。’”[②]

又如，1936年，罗经撰写《黄梨洲的政治思想》一文。其文认为，黄宗羲政治思想来源于孟子、晏子，主张民本君末，已具有法治观念。[③]由于圣贤之君不出，非法之法难以再现，因而需要制定一种“法治的标准”来约束君权。其文称：“可是圣贤之君不世出，而有得者未必有信，所谓无法之法，当亦难于实现，故他以为至不得已时，则惟有先立一‘法治的标准’，盖既有一标准的法，则为民上者有所遵循，庶不至任其桎梏以为民害。”[④]

其二，间接引用黄宗羲宪制思想论证推行宪制的合理性。除了直接分析黄宗羲思想中的法治因素外，亦不乏论者借助黄宗羲观点以论证彼时推行法治的合理性。例如，愧生《评陈茹玄著〈中国宪法史〉》称：“由于民主国家不能无宪法和我国旷代大哲黄梨洲先生说了句‘有治法然后有治人’的话，成立了三十六年的民国，尽管很多纠纷，似乎不能不有一部宪法。”[⑤]又如，1945年，赵庚《书黄宗羲〈明夷待访录〉后》一文围绕黄宗羲治人与治法的命题展开，讨论了法律性质应符合民主要求。[⑥]

综上，在认可黄宗羲宪制思想与现代法治思想具有类似性的前提下，近代学者或直接分析黄宗羲思想中的法治因素，或间接分析黄宗羲宪制思想以论证推行法治的合理性，充分利用了其思想资源。

（四）吸纳其思想重塑历史叙事

随着马克思主义的传播，以此为视角重新梳理中国历史的成果开始出现，中国古代史研究领域亦不能例外。其中，侯外庐早期启蒙论最具典型性。侯外庐以此为视角重新为黄宗羲宪制思想在思想史上进行定位。

---

① 参见吴其昌：《黄梨洲政治学述》，《弘毅（北京）》1926年第1卷第2期，第25—40页。

② 吴其昌：《黄梨洲政治学述》，《弘毅（北京）》1926年第1卷第2期，第38页。

③ 参见罗经：《黄梨洲的政治思想》，《孤愤》1936年第4期，第17—21页。

④ 参见罗经：《黄梨洲的政治思想》，《孤愤》1936年第4期，第21页。

⑤ 愧生：《评陈茹玄著中国宪法史》，《大公报（上海版）》1947年10月30日，第9版。

⑥ 参见赵庚：《书黄宗羲〈明夷待访录〉后》，《国学丛刊（北京1941年）》1945年第15期，第49—50页。

早期启蒙论将中国启蒙思想的发端提前至了明末清初之际。[①] 侯外庐认为，彼时社会出现了“资本主义萌芽”，由此导致社会阶级关系变革。例如，长江流域以无锡为中心的东林党运动，就具有中等阶级城市反对派性质。又如，长江流域和其他地区市民暴动，含有平民反对派性质。[②]

黄宗羲宪制思想成为早期启蒙论重塑中国古代思想史叙事的重要理论给养。持此论者认为，随着社会经济基础的变迁，明末清初思想家们也逐渐具有了与西方启蒙思想类似的“中国启蒙思想”。侯外庐称，16 世纪末以至 17 世纪中国启蒙思想家的观点是对当时社会经济发展特点、中国社会条件的客观反映。[③] 黄宗羲正是该时期“早期启蒙思想家”群体的代表。《明夷待访录》中“原君”“原臣”“原法”“学校”诸篇也正是彼时启蒙宪制思想的代表性论述。侯外庐指出：“十七世纪中国的启蒙思想，是建设‘三代’的王国，即建设梦想的圣世王国于地球之上，客观上都属于市民的要求。宗羲在人民的财产所有的权利上主张齐之均之的制度，在人民的权利关系上主张‘天下大公’制度。”[④]

黄宗羲宪制思想的启蒙性直接表现是在生产力发展、阶级关系变化的基础上继承、发展了传统民本思想。侯外庐等人在充分诠释、吸收黄宗羲等明末清初思想家宪制思想基础上，提出并完善了中国早期启蒙论叙事，并以此为重要依据重述了中国古代思想史。

日本中国史学界也存在与早期启蒙论类似的“中国思想近世说”。日本学界对中国思想“近代性”的定位最早可以追溯到内藤湖南的“唐宋变革论”。内藤湖南及其学说又影响了其后以宫崎市定为首的京都学派。[⑤] 伊东贵之评价道，此进路之目的在于同西方文艺复兴相比拟，以证明中国古代亦具有相对的“先进性”。[⑥] 葛兆光也指出，“唐宋变革论”反映了彼时学界在“民族主义”

---

① 侯外庐“早期启蒙论”确立于其抗战时期其撰写的《中国近世思想学说史》一书，该书于 1945 年由重庆三友书局出版，1947 年更名为《近代中国思想学说史》并由上海生活书店再版。20 世纪 50 年代中期，侯外庐又将该书中从明末到鸦片战争前的部分单独修订成书，改名为《中国早期启蒙思想史》，并将之列为《中国思想通史》第 5 卷。1959 年，侯外庐又发表《王廷相的唯物主义哲学思想》《李贽的进步思想》《十六世纪中国的进步的哲学思潮概述》等文章，将早期启蒙思想上溯至 16 世纪中叶（明嘉靖年间）。他在《中国思想通史》第 4 卷中集中阐释了这一观点。参见萧萐父：《吹沙三集》，巴蜀书社 2007 年版，第 40 页。

② 参见侯外庐：《中国思想通史》第 5 卷，人民出版社 1956 年版，第 23 页。

③ 侯外庐：《中国思想通史》第 5 卷，人民出版社 1956 年版，第 26—27 页。

④ 侯外庐：《中国思想通史》第 5 卷，人民出版社 1956 年版，第 159 页。

⑤ 参见胡戟等：《二十世纪唐研究》，中国社会科学出版社 2002 年版，第 11—12 页。

⑥ 参见伊东贵之：《中国思想史上的近世》，《中国近世的思想典范》，杨际开译，徐兴庆校，台大出版社 2015 年版，第 2 页。

与“世界主义”之间的纠葛。[①]此后，岛田虔次、沟口雄三、岸本美绪等人也都撰文指出中国思想近代化起源于明末。同样，持此论者也将黄宗羲宪制思想视为论证历史叙事观点的重要依据。在此意义上，黄宗羲宪制思想已成为中日两国论者们挖掘传统资源、重塑历史叙事的重要理论依据。

总之，在中国古代史研究领域，黄宗羲成为历史书写的重要依据。黄宗羲及其思想被视为中国近代思想的古代源流。

四、解读现象的评价

近代以来有关黄宗羲宪制思想研究的相关文献类型呈多元化特点。大多数文献在本质上都是在或积极或消极地回应现代化挑战。

（一）解读的特点：文献种类多样化

相关研究之所以如此复杂多变，是因为不同研究者对待现代化态度的多样。解析有关黄宗羲宪制思想的文献，亦应当以此为切入点。这正如剑桥学派主张，思想史研究应该是一种“历史语义学”（historical semantics），而并非观念史式的研究。[②]回到近代的语境中，由于同样面对“古今未有之变局”，晚清民国的思想家认定时局与明清之际十分相似，因而他们将二者进行比拟、阐发。[③]晚清民国著名学者如章太炎、梁启超、康有为、谭嗣同、孙中山等人虽持不同政治立场，但都对黄宗羲宪制思想进行了不同程度的发掘，并希望以此为资源来应对中国现代化的复杂局势。彼时学者们实际上是借“不在场”之中西思想家形象来修饰自己的现代化方案，是一种“为我所用”式的观念史书写方式。[④]例如，章太炎对黄宗羲由褒到贬的对立态度。[⑤]又如，明末清初“三大家”形象在近代的确立[⑥]，都可视作从属于此说的代表性成果。

（二）解读的动因：回应现代化挑战

在谈及黄宗羲宪制思想时，近代政学人士都有意或无意地从自身立场进行解读，其本质都是在回应现代化造成的挑战。

在中文语境中，自近代以来，“现代化”的概念就模糊不清。该概念与

---

① 参见葛兆光：《观念史的研究方法》，葛兆光：《思想史研究课堂讲录》，生活·读书·新知三联出版社 2005 年版，第 266 页。

② 参见刘小枫：《中译版前言·被斩首的人民身体》，徐震宇译，恩内斯特·康托洛维茨：《国王的两个身体》，华东师范大学出版社 2018 年版，第 11 页。

③ 参见秦燕春：《清末清初的晚明想象》，北京大学出版社 2008 年版，第 11 页。

④ 参见马小红：《中国法思想史研究的应有之义》，《孔学堂》2015 年第 2 期，第 22—28、127—136 页。

⑤ 参见秦燕春：《章太炎的晚明想象》，《中国现代文学研究丛刊》第 2017 年第 1 期，第 127—149 页。

⑥ 参见段志强：《孔庙与宪政》，《近代史研究》2011 年第 4 期，第 120—133 页。

英文 modernization 类似，但又不能简单对等。“现代化”“近代化”等概念术语经常被混同使用。由于近代中国历史的特殊性，“现代化”概念支配下的历史认知是进步主义心态。在此背景下，民本、法治、现代化等关键词便成为衡量历史进步与否的标准。没有“现代化”的“过去”便是陈旧、落后、一无可取的。以此为依据评价历史人物也难免会落入以今非古、后见之明的窠臼。[①]

现代化话语蕴含东西方对立的二元视角。在近代，东西方对立的叙述方式获得了不证自明的合法性。在整理、分析中国传统法政思想的研究成果中，也蕴含着东西方现代化之争。一种思路是，“现代化”等同于“西方化”。在该框架中，研究者们认为，“西方”便是“现代”、“先进”，“东方”或“中国”便是“传统”、“落后”。黄宗羲宪制思想之所以“现代”，正是因为其与西方民主观念有类似之处。另一种思路是，“现代化”不等于“西方化”。在该视角下，研究者认为，西方化并不是实现现代化的唯一出路，中国现代化应从传统理论资源中创生。黄宗羲宪制思想之所以“保守”，原因便在于其思想底色仍归属于儒学传统。

正是学者们在面对现代化困境时所呈现出的不同态度，使得其在阐释黄宗羲宪制思想时得出了不同结论。

（三）解读的路径：“模仿”与“竞争”

学者们回应西方法政思想现代化叙事的研究进路大致可分为“模仿”和“竞争”两种。在近代相关研究中，“模仿”进路一度占据主流。但随着学术研究本土意识的觉醒，持“竞争”进路的学术成果逐渐增多。

在面对现代化时，论者们表现出认同或否认两种态度。前者往往会以“追赶”西方为目的，而后者则往往以“超越”西方为追求。这正对应王汎森所称“模仿”和“竞争”两种叙述方式。前者是用西方的概念、架构和方法来解析中国传统思想。最为典型的现象是将黄宗羲比作“中国之卢梭”。后者则是为了与西方竞争，而有意在阐释中国历史文化时在内容、形式和重点上进行策略性书写，以用“模仿的西方”去对抗西方。[②]

总之，近代诠释者所做的工作主要是发掘和阐释传统法政思想中的近现代因素，以回应现代化挑战，并建构起能与西方宪制思想现代化媲美的叙事。

---

① 参见潘光哲：《想象“现代化”》，《新史学》2005 年第 16 卷第 1 期，第 112—113、116—117 页。

② 参见王汎森：《执拗的低音》，生活·读书·新知三联出版社 2014 年版，第 16 页。

结　语

无论是“传统人士”，还是“进步人士”在解读黄宗羲宪制思想时，作者都是以阐明自身立场为最终目的。相关解读文献背后是他们或积极或消极应对现代化挑战的立场。这导致黄宗羲在近代思想变迁中呈现出不同面孔。在面对有关黄宗羲宪制思想纷繁复杂的解读文献时，应当由此出发进行解析，才能把握住关键。

（作者系中国政法大学人文学院法治文化研究所讲师）

会议综述

中国政法大学第二届“政治哲学与法哲学（青年）论坛——黑格尔与马克思在当代”会议综述

陈　聪　苏　飞

2019 年 6 月 15 日至 16 日，由中国政法大学人文学院哲学系举办的第二届“政治哲学与法哲学（青年）论坛——黑格尔与马克思在当代”，于中国石油大学翠宫招待所第九会议室召开。来自北京大学、中国社会科学院、《新华文摘》、北京科技大学、西南政法大学、华东政法大学、海南大学、北方工业大学、西北政法大学、上海社会科学院及我校的三十余名师生参加了本次盛会。

15 日上午的研讨会由中国社会科学院哲学研究所鉴传今研究员主持。

北京大学哲学系韩水法教授讨论的主题是“遥远的自由——论黑格尔《法哲学原理》中的一个历史倒错”。首先，他认为黑格尔《法哲学原理》本身包含了一个历史倒错：它以普遍的自由为整个体系的出发点，所有权、家庭、市民社会和国家均是从中发展而来。但现实历史的发展次序却正好相反，普遍的自由和权利乃是最后达到的成果。从西方的实际历史来看，起先没有普遍的自由，即使是一般的人的概念也是从基督教才开始有的；因此，在描述历史的时候就没有这些概念，以普遍的自由作为出发点是一个历史倒错；许多西方学者，例如阿克塞尔·霍耐特（Axel Honneth）、尤尔根·哈贝马斯（Jürgen Habermas）等都没能指出这一点，反而深受其影响。其次，他认为如果黑格尔承认社会契约论，那么他的历史倒错可以在理论上得到一定程度的合理解释，然而黑格尔恰恰反对社会契约论，因而使得这个倒错成为一个无法改正的错误和理论模式。再次，他认为黑格尔的法哲学理论受到当时的《普鲁士普通邦法》的影响。《普鲁士普通邦法》是普鲁士于 1794 年 2 月 5 日颁布的一部法典，它集中地体现和反映了普鲁士国家当时所谓开明、法治与专制、封建熔于一炉的矛盾和政治、社会状态。《法哲学原理》和《普鲁士普通邦法》的结构具有相似性，并且在等级制、契约等理论方面受其影响。《普鲁士普通邦法》构成了黑格尔法哲学理论的历史倒错的现实原因。最后，在方法论上，韩水法教授对霍耐特的《自由的权利》和《论我们贫乏的自由》提出了批评，认为霍耐特犯了与黑格尔类似的历史倒错。黑格尔式的历史倒错——现代社会理想前提和现实后果的普遍的个人自由在《法哲学原理》的结尾消融于国家权力中，而不是如历史本身所揭示的那样，直到今天还在继续它落实到社会各种领域和层面的进程。这种历史倒错后来也成了法兰克福学派的一个传统。

在评议阶段，中国社会科学院哲学研究所鉴传今研究员认为，韩水法教授在方法论上的批评具有历史决定论的嫌疑，然而现实中我们并不能超越历史的处境，至于如何看待这个实际的历史处境，如何描述实际的历史则是一个需要关注的问题。

海南大学社会科学研究中心谢永康教授认为黑格尔的《法哲学原理》不是应和或复写时代的理论，而是有一个现代性批判的维度。只从历史描述的角度理解黑格尔的《法哲学原理》似乎是行不通的，我们可以从其辩证的结构这个角度来理解，如此一来，起点就是终点，想要实现的东西或者说结果就是起点。霍耐特在其理论中将黑格尔的这一逻辑结构的前提去掉了，认为这一逻辑结构的东西不合时宜，就此而言似乎还有待商榷。

中国政法大学马克思主义学院孙美堂教授提出普遍的自由可不可以作为一个预设，发展至越来越具体、丰富的自由的问题韩水法教授在回应中强调，预设不是在先的、古已有之的，预设应该成为未来的目标。在方法论上，法哲学是实践哲学，应该解决实际的现实、历史问题；不解决问题的，应归入到审美的、艺术的理论，或者一种思辨的游戏，只做概念的联系，例如柏拉图的《智者》和《巴门尼德》，黑格尔也是如此。

西南政法大学马克思主义学院文学平教授认为，一方面，黑格尔本人有着非常深重的历史感，他本人应该对其所处的历史有着更全面的理解，对现实的掌握也似乎要比我们全面，因而应该不存在一个历史倒错的问题；另一方面，作为起点之普遍的自由不是政治学、日常生活意义上的自由，按照黑格尔自己的表述应该是意志或精神的自由，它经历了从普遍的自由到特殊的自由，再到普遍和特殊的自由的统一，这里有一个逻辑的结构、精神自身的逻辑发展，它与实际的历史描述的结构不同；马克思描述过一种“研究的顺序”和“叙述的顺序”与此类似；在黑格尔这里，应该区分出“事物本身的逻辑”和“逻辑本身的事物”，黑格尔关注的是后者而非前者。韩水法教授在回应中强调，从方法论的意义上，法哲学应该是一门实践哲学，而并非一种纯逻辑的思辨。

西南政法大学行政法学院朱学平教授认为，一方面，从事实来看，黑格尔《法哲学原理》的现实对应物不是《普鲁士普通邦法》，而是法国大革命。

《普鲁士普通邦法》作为启蒙运动时期的产物与《法哲学原理》的内容差别也很大。在《法哲学原理》中最想强调的是伦理国家，也是这一理论的实际的出发点。在《法哲学原理》中的“定在”不是个人的实际存在，而是意识的、精神的定在，如果没有精神，个人的自由就是偶然的而非必然的，只有提升到精神的高度，这一个人的自由才有必然性、才有现实化的力量；另一方面，从逻辑来看，黑格尔并非不承认主体性，而是要超越主体性，单独在个体意义上的自由并不能解决现实的历史问题。经历过大革命，法国获得了统一，而德国却还是一盘散沙。黑格尔曾梳理过从马基雅维利一直到其当下的历史，他对封建制度的延续是抱反对态度的，他认为德国急需获得统一。黑格尔实际上不是在讲历史，而是在讲未来，强调德国应该像法国一样尽快成为一个现代国家。

中国政法大学政治与公共管理学院丛日云教授首先解释了政治学中的两个传统：一是对政治现象做一个哲学的解释，这是一种本体论的分析，如黑格尔的《法哲学原理》，但它不仅是政治哲学，还是法哲学、伦理学、历史哲学；另一个是强调实践的政治智慧，不是抽象的哲学思考，例如美国联邦党人的政治理论。其次，关于黑格尔的法哲学有没有历史倒错，丛日云教授认为，黑格尔的《法哲学原理》是其精神哲学之客观精神的一个环节，其理论可与亚里士多德做一类比。亚里士多德认为，整体在历史上可能是在后的，但是在逻辑上却是在先的。例如关于城邦与个人的分析，对人的本质的定义依赖于城邦。没有城邦，一个人就不是完善的人，而是一个潜在的人，就像细胞和有机体，细胞的本质是作为整体的有机体的一部分才得以实现的。家庭与国家在历史顺序中是家庭在先的，但就黑格尔自己的逻辑而言，是不存在历史倒错的。最后，在《法哲学原理》的伦理阶段中还有一个对历史的分析，但一般都被人忽略了，就是将其分为家庭、市民社会和国家三个阶段，这其实是在分析历史。这是历史上出现的人类社会组织的三种类型。在家庭中，个体还没有获得独立，个体与其整体有一种直接的低层次的统一，这里没有个体与整体的对立，没有个体的分化，也没有个体的权利或自由这个问题。在市民社会中，黑格尔将市民社会等同于契约论学派，经历了社会契约，独立、自由、平等的个体建立了一个政治社会，从而以个体为基础，在个体和共同体之间划出一道界限。而国家是黑格尔对现代性的批判和超越现代性的一种诉求。经由法国大革命和英国光荣革命带来了社会个体化进程，19 世纪的德国就有了一个如何超越这样一种个体化的自由主义的思潮。因而黑格尔的做法就是既要承认个体的自由独立、主观性和权利，还要在国家这个阶段实现一个更好的整合。丛日云教授认为，黑格尔错在表面上似乎是承认了 17、18 世纪的现代的进步，但他对现代自由主义的超越是一种现代性的整体主义，事实上将个体彻底地消融到国家当中了。类似的，卢梭、马克思都是一种现代性的整体主义，表面上承认个体，事实上是否定了个体。

15日下午第一场研讨会由《新华文摘》编辑部王善超副总编辑主持。

海南大学社会科学研究中心谢永康教授讨论的主题是："所有的自由和生产的自由——'1844年手稿'与马克思的主体哲学"。他首先阐明了自己文章的目的。自阿尔都塞以来就有了关于"两个马克思"的各种主张，为了坚持对马克思哲学的统一性解释，就需要找到一个足以统摄马克思前后期文本的概念或命题。从贯穿马克思整个哲学生涯的理论动机和任务这一角度来看，可以发现共产主义、人的自由解放是马克思哲学的终极目标和总的动力；马克思哲学意图奠基于现实的、感性的人来完成自由的论题，我们可以将马克思哲学定位为一种主体性哲学。其次，他阐明了自己文章的主要内容。他认为既然马克思的自由解放目标是由主体性支撑的，那么首先的任务就是展开马克思哲学主体性结构，并由这个结构导向自由解放的目标。马克思在1844年手稿中对人的规定是对象性的存在物和普遍的存在物，或者说"对象性活动"和"类存在物"。基于马克思对"异化"的规定，可以展开对象性活动的两个方面，即所有活动和生产活动，这两种活动所产生的异化对应着两方面的自由，即所有的自由和生产的自由，这两方面的协调统一才能构成真正的人类自由；自由的损失以及自由的追求均是出自主体性的内在结构所提供的动力。最后，鉴于自己的文章还未完全完成，谢永康教授做出了几点补充，期待各位同仁提出批评和建议。

在评议阶段，中国社会科学院哲学研究所鉴传今研究员认为将"马克思的自由"划分为"所有的自由"和"生产的自由"是一种较为静态的理解，应该在文本上通过利用其他材料，拓展理论的内在联系，而不仅仅局限在1844年手稿的部分。中国政法大学马克思主义学院孙美堂教授认为将"所有的自由"和"生产的自由"并列似乎不太合适，生产、劳动似乎是一个更为原初的含义，因而具有更为深层的内容。北京科技大学马克思主义学院王俊博博士认为，一方面，从1857年、1858年手稿来看，劳动、生产和所有的关系似乎更为复杂，应该结合起来讨论，另一方面应该注意到马克思对费尔巴哈和黑格尔的批判吸收，费尔巴哈强调感性对象性，这是一种静态的直观，而黑格尔强调一种动态的异化，最终在马克思那里呈现为动态的感性对象性活动，即实践。上海社会科学院哲学研究所薛丹妮博士认为，"所有的自由"似乎将私有财产所有权绝对化，将其等同于不可侵犯的人格。西北政法大学刑事法学院王金霞博士认为"马克思没有法哲学"这一点值得商榷。

中国政法大学人文学院文兵教授指出了两个问题：一方面，只强调1844年手稿中的"四个异化"的前三个方面，即劳动者同自己的劳动产品相异化，劳动者同自己的劳动活动相异化，人同自己的类本质相异化、即人同自由自觉的活动及其创造的对象世界相异化，是不够的，恰恰是异化的第四个方面，即人同人之间相异化，构成了一种解决问题的出口或动力。如果只将自由归为一种主体性哲学，可能会有所缺失。另一方面，关于异化的“实然—应然”和“潜能—现实”的两种解释模式，在黑格尔那里其实是一个循环的模式，而马克思的阐释事实上吸收了黑格尔的这一点。

15 日下午第二场研讨会由中国社会科学院哲学研究所贾红莲研究员主持。

西南政法大学行政法学院朱学平教授围绕“超越自然、抑或返回自然——重审青年马克思对黑格尔法哲学的批判”一文与大家进行交流。在主旨发言中，朱学平教授强调：本篇文章的出发点在于澄清那种认为“黑格尔的市民社会和国家的分离是建立在经济发展的基础之上”的流行观点。本篇文章重点探讨两个问题：第一，当黑格尔提出市民社会理论的时候，他到底在想什么？第二，当马克思在批判黑格尔的时候，他又在想什么？我们需要做的是，站在今天的角度，来看一看究竟谁的看法可能更为合理，或者说至少我们要搞清楚他们背后的根据是什么。显然，黑格尔之所以要将市民社会与政治国家分离，在表面上是受到宗教与国家分离的影响，但这个问题背后隐藏的却是古希腊的自然精神与基督教的自由精神之间的根本争执。黑格尔最初的立基点是对希腊精神和现代主体性都有一定的同情与接纳，随着他在耶拿后期接受基督教的主体性原则，黑格尔转而在这一基础上构建出了全新的伦理体系。随后，他又在对主体性原则与实体性原则及其关系的全新理解的基础上构建出了独特的市民社会与国家的分离理论。而青年马克思对于黑格尔批判主要是从希腊民主制度的角度出发，他实际上并不管黑格尔在讲什么，只是一味从自己认为的角度出发，认为在类似希腊这样的民主制度里就不存在市民社会与国家的分离。所以，简而言之，黑格尔和马克思两人的根本分歧实际上在于：到底是要选择古典希腊式的自然理想，还是选择基督教化下所形成的现代世界；到底是认为摆脱并超越自然政治的精神因素，还是古典实体性的伦理政治与政治伦理，构成形塑人类存在的根本；最终而言，到底是要超越自然的自由，还是要返回自然的自由。

在评议环节，中国社会科学院哲学研究所贾红莲研究员首先从编辑的角度指出：现在对青年马克思的研究，尤其是批判性的文章越来越成为一个热点。而我们之所以去研究这些早期批判就是为了更好地理清这些问题的延续性，以期获得更加全面的认识，所以朱学平教授的研究是很有意义的。贾红莲研究员认为美中稍显不足的是：本篇文章的视野和结论同它本身强大的文本相比显得有些狭窄和仓促。建议朱学平教授可以从整个马克思的思想发展史，以及整个现代性的发展历史中，去宏观地理解黑格尔和马克思的这种批判关系。朱学平教授对此回应道：这篇文章之所以没有从整体出发进行全面的论述，主要还是想把主旨表达得更明确一些，集中限定在马克思早期法哲学思路之下。

中国政法大学人文学院文兵教授对朱学平教授主张的青年马克思的基本立场是古希腊式的自然理想，而黑格尔的基本立场是基督教教化下所形成的现代世界这一观点提出异议。文兵教授指出，这一看法缺少了对马克思博士论文的研究。在马克思的博士论文中，他重点对伊壁鸠鲁和德谟克利特的思想进行了一个比较，而这个比较里面恰恰彰显了自我意识。此外，马克思出生在被法国占领多年的莱茵河地区，从小深受法国大革命思想的影响，因而，他的思想当中具有浓厚的人本主义精神。综上，文兵教授认为，青年马克思的思想仍然是在黑格尔的语境里面来谈的，仍然是接受黑格尔的，即他不是要回到古希腊式的那种自然，而是追求一种主体的自我意识觉醒。朱学平教授对此回应道：虽然马克思在博士论文中强调了自我意识的自由，但是这一论文中引述最多的还是亚里士多德的观点，从这一点中，我们就可以看到马克思对古希腊的迷恋程度是非常深的。所以马克思实际在多大程度上是真正拥护这个自我意识哲学，并把它作为基本原则的，朱学平教授是心存疑问的，故这篇文章没有涉及有关自我意识的论述。

海南大学社会科学研究中心谢永康教授提出：这篇文章是否有必要再增加一个考察马克思和席勒及浪漫主义之间关系的维度。这里，朱学平老师回应道：其实马克思和浪漫主义有很深的渊源，青年马克思是非常沉迷谢林的，马克思的 1840 年手稿就带有浪漫主义的深刻烙印，这个提议非常好。

上海社会科学院哲学研究所薛丹妮博士提出了两个问题：第一，为什么把主体性原则归因于基督教，而不是启蒙？第二，为什么在文章中强调马克思也做了类似黑格尔的融合？朱学平教授回应道：不应当割裂地看问题，主体性的形成并不是在某一个节点中突然迸发的，它的形成是一个漫长的过程，也就是说主体性原则的形成贯穿于中世纪的宗教到近代的启蒙，这段时间都是对欧洲人进行教化的一个阶段，这个教化最终的目的就是到康德时主体性意识的完全呈现。第二个问题，其实朱学平教授并没有做这样的论断，他只是强调黑格尔和马克思在自然的实体性上的统一。

西南政法大学马克思学院文学平教授对朱学平教授的文章提出了三个问题：第一，社会革命究竟是原则化的个人得以产生的原因，还是结果或偶尔经过的阶段？第二，文学平教授并不认为消解异化，即消解人与人之间的那种隔膜仅通过社会革命就可以实现，他认为马克思在 1844 年手稿中提到的生产力才是消除异化的根本途径。第三个主要是行文结构问题，文学平教授认为应当在行文过程中准确区分原本、复本、复本的复本，这样的话，论述起来条理和结构会更加清晰。对此，朱学平教授回应道：根据他所阅读的两个文本，马克思主要是从政治革命的意义上去理解原则化的个人。而无论是以生产力的方式，还是以政治的方式，从根本上说这都是外在的方式，问题的关键应该是人内心的改造。

华东政法大学政治学与公共管理学院黄涛副研究员从个人解放的角度出发，声称马克思在其 1844 年手稿以及后期的思想中还是极其强调对经济的异化。这也就是说，人的解放恰恰是在政治异化和经济异化完全克服的情况下才得以形成的。朱学平教授对此回应道：这不是一个简单的所谓经济学的问题，而应当从黑格尔讲的人的思维、人的观念的一个转化当中去理解。

中国政法大学马克思主义学院孙美堂教授指出他从总体意义上来说并不认同这篇文章的观点。首先，马克思虽然引用了亚里士多德研究古希腊的一些文本，但这在多大程度上能够证明马克思就是用这个方式去解决最后的问题，恐怕还需要谨慎。其次，以黑格尔法哲学批判的时间前后为背景，我们很难找得到像支持这篇文章所阐述的观点——把马克思解读为“重返自然”的依据。再次，我们不能抽象静态地理解私有制。朱学平教授对此回应道：自己本身对私有制的理解并不一定是正确的，他的相关论点主要是从马克思的著作中推理出来的。但他始终坚持认为，黑格尔和马克思之间的分歧主要体现在是否选择返回自然这一问题上。

北京科技大学马克思主义学院王俊博博士对朱学平教授用前现代的方法来解释马克思表示了担忧，他指出晚年马克思的思想包含对主观自由的这一维度。对此朱学平教授回应道：为回答这个问题，我们需要考虑的是马克思的这个设想在多大程度上具有现实性。如果从黑格尔的理论出发，马克思还是失败了的。

16 日上午第一场研讨会由中国政法大学人文学院宫睿教授主持。

中国政法大学人文学院文兵教授主要围绕文章《超越“市民社会”，重思权利与权力的关系》与大家进行了热烈的讨论。这篇文章主要是站在哲学的立场上去谈论权利和权力的关系。从现实情况来看，试图用私人权利去制约国家权力的说法是行不通的，自由主义也不是现代国家模式的唯一选项。本篇文章共分四个部分，第一部分是超出权力和权利的主体固化。在这里，文兵教授主要是从英美法系和大陆法系中的德国语境下去重新分析权力和权利的内涵，他指出，在这两种语境下，权力和权利都不是截然对立的。第二部分主要是介绍权力和权利的虚假对立。第三部分主要是讲权力和权利的真实关系。第四部分主要是论述超越市民社会，这里文兵教授主要是立足于马克思哲学，即不同于之前哲学都立足的市民社会，本文立足于社会化的人和人的社会这样一种关系。

在评议环节，北方工业大学文法学院刘叶深教授认为文兵教授的这篇文章主要处理了两个不同的问题，第一个是人们总是倾向于认为 right 和 power 是固化到某种主体之上的，而这显然是片面的；第二个是人们总是认为 right 是与市民社会以及私人利益联系在一起的，而 power 是与公共利益联系在一起，文兵教授想超越这样一种对立。针对第一个问题，刘叶深教授首先引入了霍菲尔德关于 right 的定义，在霍菲尔德看来权力和权利并不是截然对立的，权利当中就包含有权力。刘叶深教授认为如果文兵教授可以借鉴霍菲尔德的这一理论，兴许可以把权力和权利之间的复杂关系揭示得更清楚一些；其次，刘叶深教授指出从分析法学的视角来看，文兵教授在本文中混淆了规范性权力和暴力或实力的区别，而这两者在本质上是完全不同的。针对第二个问题，刘叶深教授认为文兵教授提出的超越 right 对应私权利以及 power 对应公权力，可能在中国的语境中比较有意义，但是放到西方世界里可能就比较弱了，因为这一问题已经在西方法理学，包括西方政治哲学当中得到了比较明确的澄清。对此，文兵教授就第一个问题回应道，这个问题提得非常好，下面会进一步学习研究，不断地进行完善；关于第二个问题，文兵教授指出，自己所指的“超越”，其实就是要超越狭隘的视角，刘叶深教授的观点主要还是站在法学领域里的规范法学派的角度来看，而自己恰恰就是要超出法学和政治学之外，从哲学的角度加以重新审视。

中国政法大学人文学院吴照玉博士针对文兵教授在文章第一部分关于国家是否具有 right 的论证上提出了两个问题。第一，能否用康德在《法权论》一书中的观点去论证国家享有 right ？这本书主要是在论证国家的 power，而不是 right。第二，在黑格尔的客观精神这种国家层面对 power 和 right 的对应问题进行论证是否存在一些问题。对此文兵教授分别回应道：其一，关于康德的这句话到底是指代 right 还是 power 确实很难说，而 power 往往是一个禁止性的，即不得做某事，right 则是要求必须做某事。所以他认为康德还是在 right 的意义上来谈这个权力的。其二，黑格尔关于市民社会和政治国家的关系确实是二分的，在现实层面它们是分离的，在客观精神层面它们又是统一的，而我们对黑格尔的批判主要体现在客观层面上。

西南政法大学行政法学院朱学平教授认为刘叶深教授和文兵教授的观点存在根本差异。例如英美法学可以从个人资产的分离方式出发来分解国家，但黑格尔和马克思绝对不可以。其次，朱学平教授不是很能理解文兵教授在文章里谈到的“吞噬”的意思，他认为按照黑格尔的观点，市民社会和政治国家是要进行严格分离和划清界限的，也就是说只有当私权利影响公权力的时候，国家才会进行干预，如果私人利益是正当的，国家肯定不能干预。对于这一看法，文兵教授表示赞同，并会进一步研究康德，试图把问题说得更加清楚。

华东政法大学政治学与公共管理学院黄涛副研究员首先肯定了这篇文章的深刻意义。黄涛副教授认为“马克思在其思想成熟期，对权利这样的概念明确持否定的态度”这样的表述实际上否定了 right 的意义，并且文章第三节用 power 取代了 right。按照这一说法，马克思那里到底有没有 right 的观点？文兵教授认为，在马克思那里，权利和义务都是一些骗人的字眼。因为马克思从本质上对国家十分反感，但无产阶级专政并不能直接跳过国家这一阶段，所以在万不得已的情况下，马克思才在“过渡时期”谈论了权利和义务。因此，从本源上讲，马克思是否认权利这个概念的。

上海社会科学院哲学研究所薛丹妮博士对黑格尔在进入国家层面后并没有留下充足的政治方面的 power 这一主张存在异议。她认为黑格尔为市民社会进入国家之后留足了政治权力，例如市政议员就可以很好地行使这一权力。其次，她认为权利对应的并不是公民，而应该是市民。因为公民是在政治国家意义上谈的，纯粹属于政治国家的人，是一种抽象的人，不是现实性的人，而市民表达的则是自然人意义上的人权。最后，她提出“超越市民社会”这种提法是否会与马克思的初衷相悖？因为马克思坚定地主张市民社会的问题就应该在市民社会当中得到解决，而主张市民社会的问题只有在超越市民社会之后才能得到解决恰恰是黑格尔的研究路径。文兵教授着重回答了第三个问题，指出马克思的市民社会具有两层意思，一层是指经济基础，另一层是指资本主义社会特有的经济基础。很显然，文章题目中所讲到的“超越”，指的是后者。

16 日上午第二场研讨会由中国政法大学马克思主义学院孙美堂教授主持。

西南政法大学马克思学院文学平教授首先就自己的文章《马克思对功利主义的批判及其伦理归属》同与会师生进行了交流。文学平教授指出：关于马克思是不是功利主义者，学界存在广泛争论。支持者认为，马克思追求的目标是每个人的幸福生活，他诉诸功利论证来判定行为的正当性，并以人的需要的满足程度评价人类活动，所以得出了马克思是个功利主义者的论断。反对者则认为，马克思注重的是多重价值，而不仅仅关注人的快乐，功利也不可能通约量化，并且非功利主义也可以考虑行为后果，因此马克思不是一个功利主义者。文学平教授经过细致的文本考察和分析后，认为马克思的伦理思想可以被划入理想的消极功利主义范畴。

而后，华东政法大学政治学与公共管理学院黄涛副研究员就《互相承认与伦理国家——黑格尔〈精神现象学〉中的法权演绎学说》一文阐释了自己的一些看法。法权演绎是德国古典哲学的基础性论题，其演绎核心是要论证人与人之间的结合。法权演绎在黑格尔的伦理国家中达到了最终形态，但追本溯源，这一论证的基础却出现在《精神现象学》当中。但长期以来，学界却忽视了《精神现象学》中的法权演绎，也即忽视了主奴辩证法发展的第三个阶段——思维地把握民族生活的阶段。黄涛副研究员详细梳理了《精神现象学》中法权演绎的一般形式。

随后，上海社会科学院哲学研究所薛丹妮博士围绕《理念、机体与消解——〈黑格尔法哲学批判〉国家学说研究》阐述了独到的见解。虽然马克思和黑格尔都从现代世界主要矛盾的相同基本观点出发，并都以统一普遍和特殊为最终目的，但马克思追求的是克服矛盾，消解国家实现人类解放；黑格尔则坚持调和矛盾，捍卫国家实现具体自由。在这其中，薛丹妮博士认为马克思与黑格尔的分歧并不在于制度选择上的差异，而在于马克思关于黑格尔国家学说批判的有效性差异。

紧接着，西北政法大学刑事法学院王金霞博士以《列斐伏尔日常生活批判理论的法哲学建构——一种初步的论纲》为题与大家交流了心得与体会。日常生活批判理论是列斐伏尔的重要贡献，他也因此被西方学界誉为“日常生活批判理论之父”。而日常生活批判理论主要发展了马克思主义的一些理论，是当代国外马克思主义的重要分支。尽管日常生活批判理论并不直接讨论法学问题，但在法哲学领域，法和日常生活之间的关系是我们这个时代需要讨论的重要问题。因此，如何在法哲学的语境中讨论列斐伏尔的日常生活批判理论意义十分重大。

最后，北京科技大学马克思主义学院王俊博博士就文章《〈法哲学原理〉的“市民社会”究竟是霍布斯模型还是斯密模型》发表了自己的一些看法。市民社会是个体性和统一性分离的产物。学界主流认为，市民社会主要分为两大模型：霍布斯模型和斯密模型。在霍布斯模型中，自利与利他是冲突的，不同个体的自利行动是敌对的，所以人人必须限缩自身的权益，以维护共同体的存在，这就导致了契约论的政治模型。在斯密模型中，自私以利他为条件，不同个体的自利行动具有互补性，所以每个人必须最大限度地发挥自身的能力以满足其他个人以及整个社会的需要，从而使自己的需要得到满足，这就诞生了黑格尔的有机国家观。在这种有机国家观中，个体必须要将自身从意识和行动上提升到与共同体达到一致，但反过来，这种共同体又必须以个体最大限度地发展自身、满足自身为前提，后者才是赋予黑格尔法哲学体系现代化特征的关键要素，其主要体现便是他的市民社会观。

（陈聪系中国政法大学人文学院博士研究生；苏飞系中国政法大学人文学院硕士研究生）